Tour 16
Tour 20
Tour 26
Etappe 1
Tour 2
Tour 6
Tour 12
Tour 17
Tour 21
Tour 27
Etappe 2
Tour 3
Tour 7
Tour 13
Tour 18
Tour 22
Tour 28
Etappe 3
Tour 4
Tour 8
Tour 14
Tour 19
Tour 23
Tour 29
Etappe 4
Tour 9
Tour 15
Tour 24
Tour 30
Etappe 5
Tour 10
Tour 25
Etappe 6

John Sykes

Die schottischen Highlands
Wanderführer

„Auch die schottischen Lowlands
muss man gesehen haben,
aber es sind die Highlands,
die das Herz höher schlagen lassen
- und man sollte sie einmal jedes Jahr
wie auf einer Wallfahrt besuchen."
Thomas Gray, 1763

Impressum

John Sykes
Reise Know-How: Die schottischen Highlands – Wanderführer
Diese Auflage wurde unter Mitarbeit von Lilly Nielitz-Hart aktualisiert
erschienen im
Reise Know-How Verlag Peter Rump GmbH
Osnabrücker Str. 79, 33649 Bielefeld

4., neu bearbeitete und aktualisierte Auflage 2018

Gestaltung
Umschlag: G. Pawlak (Layout und Realisierung)
Inhalt: G. Pawlak (Layout), Svenja Lutterbeck (Realisierung)
Karten: Thomas Buri
Fotonachweis: John Sykes (js); Lilly Nielitz-Hart (ln); Donatus Klein (dk); Ryszard Rybicki (rr); Thomas Schmitt (ts); Marcus Venzke (mv); Birgit Weber (bw)
Titelfoto: John Sykes (Motiv: Fluss Abhain Rath im Ben-Nevis-Gebirge)

Lektorat: Hermann Anthe
Lektorat (Aktualisierung): Svenja Lutterbeck

Druck und Bindung: D3 Druckhaus, Hainburg

ISBN 978-3-8317-3062-9
Printed in Germany

Dieses Buch ist erhältlich in jeder Buchhandlung Deutschlands, der Schweiz, Österreichs, Belgiens und der Niederlande. Bitte informieren Sie Ihren Buchhändler über folgende Bezugsadressen:

Deutschland
Prolit GmbH, Postfach 9, D-35461 Fernwald (Annerod)
sowie alle Barsortimente

Schweiz
AVA Verlagsauslieferung AG, Postfach 27, CH-8910 Affoltern

Österreich
Mohr Morawa Buchvertrieb GmbH, Sulzengasse 2, A-1230 Wien

Niederlande, Belgien
Willems Adventure, www.willemsadventure.nl

Wer im Buchhandel trotzdem kein Glück hat, bekommt unsere Bücher auch über unseren
Büchershop im Internet: www.reise-know-how.de

Wir freuen uns über Kritik, Kommentare und Verbesserungsvorschläge, gern auch per E-Mail an info@reise-know-how.de.

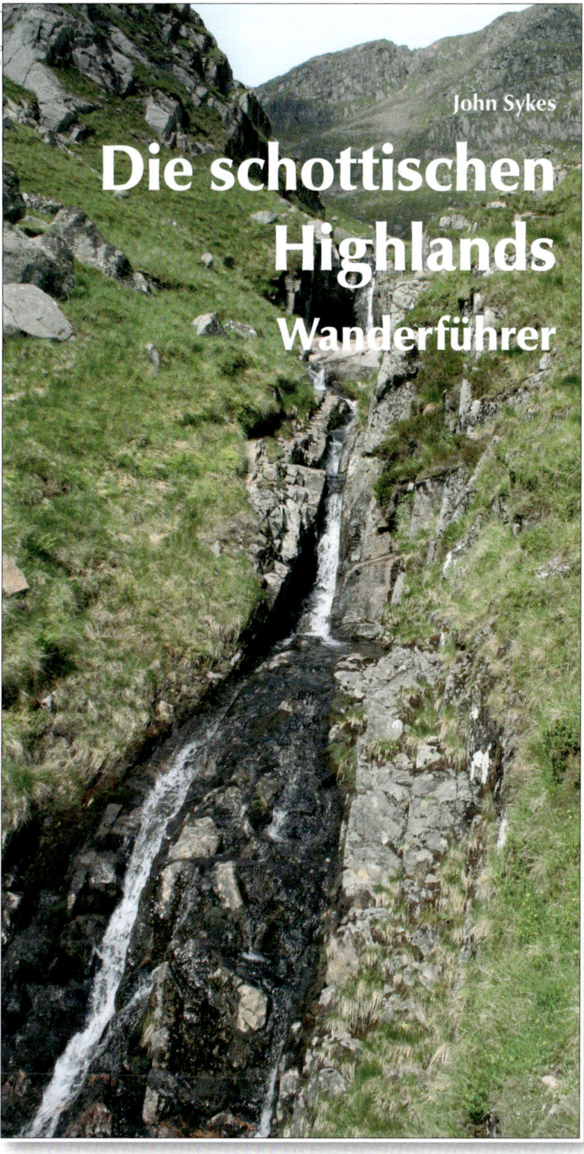

088_high Foto: js

Einladung in die schottischen Highlands

Die Erlebnisse eines Wanderurlaubs in Schottland sind vielfältig. Im Spätsommer breitet das Heidekraut seine purpurne Decke über ganze Berghänge aus. Im Frühling erhellen weiße Windröschen und Sauerklee den Kiefernwald, und Schwertlilien blühen gelb an seichten, von Schilf gesäumten Seen. An warmen Tagen sonnen sich auf der Insel Skye Robben auf den Felsen der Meeresbucht Loch Scavaig. Von den Wanderern, die zum Abschluss ihrer Steilküstentour eine kurze, aufregende Kletterpartie direkt über den Wellen absolvieren müssen, nehmen sie keine Notiz. Im Glen Nevis wiederum leuchten am Waldboden dichte Mooskissen in einer herbstlichen Palette von intensiven Grün- und Rottönen; 1300 m höher schreiten Gipfelstürmer durch die Mondlandschaft des Ben Nevis zum höchsten Punkt Großbritanniens und hoffen, dass der ständige Wechsel der Wolken bald einen Blick auf die Küste und die umliegenden Berge gewährt.

Cuillin Hills auf der Isle of Skye

120_high Foto: ln

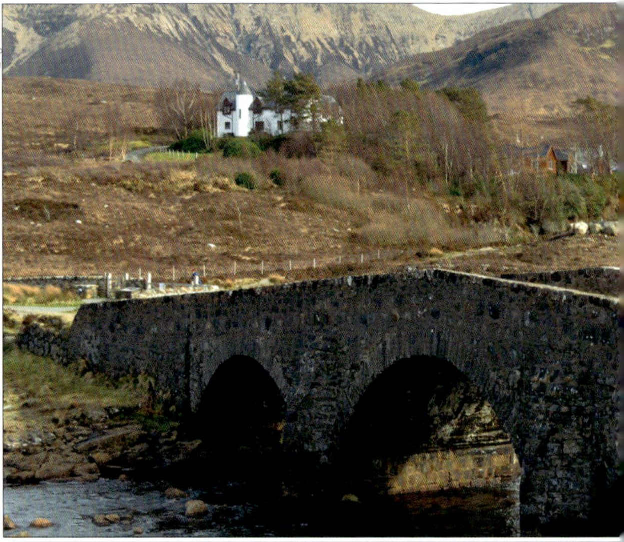

Zwei sich ergänzende Wandererfreuden, Einsamkeit und Geselligkeit, lassen sich in den schottischen Highlands voll auskosten. Wer im September am unbesiedelten, von keiner Autostraße durchzogenen Rannoch Moor in Corrour Station, dem unwahrscheinlichsten Bahnhof des Landes, aus dem Zug steigt, steht zumeist allein am einzigen Gleis und kann sich auf eine Tagesstrecke freuen, die einige Stunden lang vom Röhren der Hirsche, aber von keiner Menschenstimme begleitet wird. Auf anderen Touren ergeben sich immer wieder kurze, herzliche Begegnungen mit anderen Wanderern. Man fragt einander nach Woher und Wohin und weist auf Schwierigkeiten oder günstige Wegalternativen hin. Abends in der Herberge werden Berichte über die Tageserlebnisse ausgetauscht oder man schaut gemeinsam auf die Wanderkarte. Spätestens nun, wenn man sich näher kennen lernt, wird deutlich, dass die Schotten keinesfalls knauserig sind, sondern gastfreundlich und offen.

Auch Naturliebhaber mit speziellen Interessen kommen in Schottland auf ihre Kosten. Ornithologen haben Gelegenheit, Stein-, Fisch- und Seeadler zu beobachten oder an der Küste Seevögel in großer Zahl und Vielfalt. Seit Generationen hat es

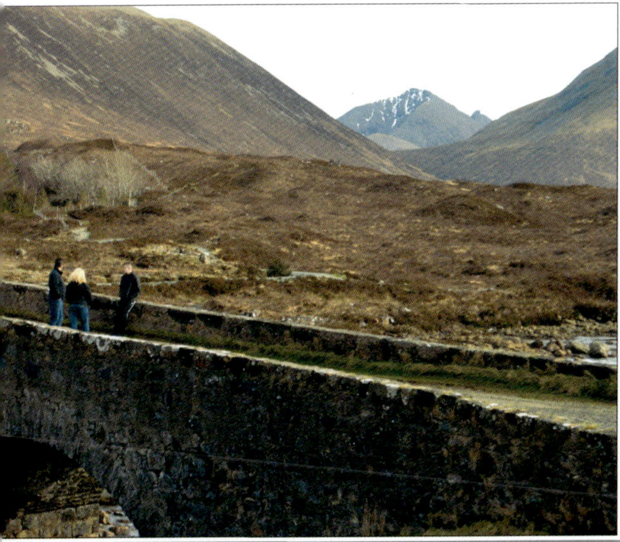

Geologen in die Highlands gezogen. Zu ihren Zielen gehören die Cairngorms, ein Granitmassiv in einer von Gletschern geformten Umgebung, die Insel Skye mit ihren durch gewaltige Erdrutsche geformten Landschaften und ihren vulkanischen Gesteinsarten, dazu die bis in die frühe Erdgeschichte zurückreichenden Formationen im Nordwesten. Die Küstennähe der Wanderrouten ist für Freunde des Meereslebens und für Freunde von Meeresfrüchten gleichermaßen ein Segen.

Schottland ist eine der preiswertesten Regionen Großbritanniens und der Wechselkurs für den Euro steht momentan sehr günstig. Lebensmittel, Dinge des täglichen Gebrauchs und Kleidung sind hier günstiger als anderswo im Land. Da die Unterbringungsmöglichkeiten in den Highlands aber begrenzt sind, liegen die Preise für Unterkünfte im Schnitt etwas höher. In den folgenden Kapiteln stehen preiswerte Unterkünfte und Gaststätten im Mittelpunkt.

Wer sich etwas gönnen will, entdeckt eine überraschend gute und abwechslungsreiche Küche mit besten Zutaten aus heimischen Gewässern und von schottischen Weiden, dazu edle Landhotels, die keinen Wunsch offen lassen. Wahre Freuden müssen aber nicht teuer sein: Der gelungene Abschluss eines Wandertages findet in einem gemütlichen Pub statt, wo gälische Tradition in Form von Whisky und Musik alle Erinnerungen des Tages in ein warmes Licht taucht.

Die sieben in diesem Band beschriebenen Wandergebiete repräsentieren unterschiedliche Landschaftstypen. In jedem Gebiet stehen sowohl leichte als auch anspruchsvolle Touren zur Auswahl. Alle sind als Tagesausflug mit öffentlichen Verkehrsmitteln von dem jeweils empfohlenen regionalen Standort aus erreichbar.

Buchten, Inseln, grüne Hügel: Oban und die Westküste

Tief ins Binnenland greifende Meeresarme, große und kleine bewohnte Inseln mit ihrer jeweils eigenen Lebensweise und ein mildes, vom Golfstrom beeinflusstes Klima, das die Hügel begrünt und exotische Pflanzen in den Gärten der Grafschaft Argyll gedeihen lässt – all das verbindet sich zum Bild einer bezaubernden Küstenlandschaft. Die Hafenstadt Oban ist der geeignete Standort für Ausflüge auf die nahezu verkehrsfreien Inseln Kerrera und Lismore, zu Touren entlang der Küste und, für

Sportliche, zur Besteigung des spitzgipfligen Ben Cruachan, höchster Berg der Region.

Der höchste Punkt: Fort William und das Ben Nevis-Massiv

Für viele ist der Ben Nevis, die höchste Erhebung Großbritanniens, ein Muss. Im Vergleich zu den Alpen erscheint die Höhe des Gipfels (1344 m) recht bescheiden, aber die Strapazen des auf Meeresniveau beginnenden Aufstiegs sind nicht zu unterschätzen, und die vegetationslosen oberen Hänge wirken menschenfeindlich. Neben dem Ben Nevis sind noch etliche andere Berge auf einsamen Wegen zu entdecken. Das Tal Glen Nevis bietet flache Wanderungen vor einer großartigen Bergkulisse. Das weite, unbesiedelte Rannoch Moor besitzt eine raue Schönheit und ist Ausgangspunkt für sanfte ebenso wie für härtere Touren fernab vom Autoverkehr. Zwischen Meer und Bergen gelegen, ist Fort William der ideale Standort für diese attraktive Region.

Die Wolkeninsel: Skye

Das steil aufragende Inselgebirge hüllt sich gern in Nebel. Die Wikinger gaben Skye den Namen „Wolkeninsel“ und unterstrichen damit die mythisch anmutende Erscheinung der Inselhöhen und Küstenlinien. Wer zu Fuß auf Skye unterwegs ist, kann sich leicht vorstellen, die Fantasy-Landschaft eines Tolkien-Romans zu durchwandern, etwa bei Passage der schroffen, teils unzugänglichen Gipfel der Black Cuillin oder beim Anblick der spektakulären Felsnadeln von Storr und Quiraing im Norden der Insel. Nach allgemeiner Auffassung bietet Skye die eindrucksvollsten Gipfellandschaften und – für Kletterer oder ehrgeizige Wanderer – die aufregendsten Bergtouren Großbritanniens. Dank der Brücke zum Festland ist Skye leichter zu erreichen als die anderen großen Inseln vor der schottischen Westküste. Beim Besuch der alten Whisky-Brennerei Tallisker an der Westküste oder beim keltischen Musikabend *(ceilidh)*. Nicht nur in der Inselhauptstadt Portree erlebt man das gälische Erbe der Insel – so sind hier z.B. die Schilder zweisprachig. Die Sprache wird u.a. an der Universität Sabhal Mòr Ostaig für gälische Sprache und Kultur im Osten der Insel gelehrt. Heute sprechen noch etwa 30 % aller Inselbewohner Gälisch.

Wild und steinig: Assynt

Auch der Name einer dünn besiedelten Region im schottischen Nordwesten, Assynt, entstammt der Sprache nordischer Seefahrer und bedeutet „steinige Gegend". Noch zutreffender kann man Assynt als ein Gebiet von Wasser und Fels bezeichnen. Vereinzelte Berge mit markanten Formen ragen aus einer Landschaft von unzähligen, in Fels und Moor eingefassten Seen empor. Hier haben Gipfelstürmer einen unvergleichlichen Blick auf Meeresbuchten, Inseln und ein karges, siedlungsarmes Land. Bei günstigen Sichtverhältnissen schweift der Blick am höchsten Berg der Region, Ben More Assynt, über halb Schottland vom Moray Firth, einem Arm der Nordsee, bis zum Atlantik und den Inseln der Hebriden. Wer das einsame Wandererlebnis sucht, ist in Assynt am rechten Platz.

Wälder und Hochplateau: Das Cairngorm-Gebirge

Der Cairngorms National Park ist mit einer Fläche von 3800 km² der größte britische Nationalpark; er umfasst 10 % der Highlands-Region. Dazu gehören ganz unterschiedliche Naturräume, z.B. die wichtigsten Bestände der ursprünglichen Bewaldung Schottlands, in denen viele seltene Tier- und Pflanzenarten ein Refugium finden. Um eine von rauem Klima gezeichneten Hochebene gruppieren sich die nach dem Ben Nevis fünf höchsten Berge des Landes. Der namengebende Gipfel Cairn Gorm ist Spielplatz britischer Wintersportler, aber abseits der mäßig stark besuchten Pisten ist eine nur wenig berührte Natur zu entdecken. Am Fuß dieser Berge geht der Wanderer auf abwechslungsreichen Pfaden: Einsame Talwanderungen führen zum steinigen Bergpass Lairig Ghru und zum abgelegenen Loch Eanaich, gut gewartete Waldwege durch den zauberhaften Caledonian Forest und rund um Loch Morlich, wo Otter und Fischadler Beute machen.

Berge und Seen: Die Trossachs

Das Trossach-Gebirge, der östliche Teil des Loch Lomond und Trossachs National Park, ist ein Seengebiet mit Gipfeln mittlerer Höhe, weniger wild und schneller erreichbar als andere Wanderregionen. In der Zeit der Romantik wurde dieses Gebiet der

Highlands als touristisches Ziel entdeckt. Vielen gilt Loch Katrine, auf dem der 1899 gebaute Ausflugsdampfer „Sir Walter Scott" verkehrt, als schönster See. Obwohl die Region für den Tourismus gut erschlossen ist, herrscht Stille auf den Gipfeln ebenso wie in den Wäldern und Seitentälern. Zu den besonderen Reizen der Trossachs gehört es, dass man bereits nach einem Aufstieg von nur wenigen hundert Metern Panoramaausblicke genießt.

Von Küste zu Küste: Die Weitwanderung Great Glen Way

Für alle, die sich mit Tagesausflügen nicht zufrieden geben, wartet Schottland mit Fernstrecken auf. Eine der attraktivsten ist der 117 km lange Great Glen Way zwischen Fort William an der Westküste und der Highland-Hauptstadt Inverness im Osten. Great Glen bezeichnet einen geologischen Bruch, der als tief eingeschnittenes Tal die nördlichen von den südlichen Highlands trennt. Die Strecke, bequem zu gehen und mit Wegweisern klar markiert, bietet dem Wanderer ganz unterschiedliche Landschaftstypen. Teils geht es ohne Steigung auf dem Treidelpfad des Caledonian Canal dahin, teils durch Wald oder Hochmoor; mal wandert man am Seeufer und schaut auf das Ben Nevis-Massiv, mal weiter oben mit Blick hinunter auf Loch Ness.

Inhalt

Einladung in die schottischen Highlands 6

Aufbruch in die Highlands

Reisevorbereitung 18
Anreise 28

Vor Ort

Unterwegs 42
Zentren und Stützpunkte 64
Stützpunkt Oban
Argyll und die Westküste, Touren 1–4 65
Stützpunkt Fort William
Ben Nevis und Umgebung, Touren 5–10 70
Stützpunkt Portree
Die Insel Skye, Touren 11–15 74
Stützpunkte Ullapool und Lochinver
Assynt, der wilde Nordwesten, Touren 16–19 78
Stützpunkt Aviemore
Das Cairngorm-Gebirge, Touren 20–25 84
Stützpunkt Callander
Trossachs-Seengebiet, Touren 26–30 88

Wandern in den schottischen Highlands

Die im Wanderführer beschriebenen Wanderungen sind zur Darstellung des jeweiligen Schwierigkeitsgrads (s. Anforderungsskala auf S. 61) durch vier verschiedene Farben gekennzeichnet.

Grün = Anforderung 1, Blau = Anforderung 2,
Rot = Anforderung 3, Violett = Anforderung 4

Argyll und die Westküste/Stützpunkt Oban

1 Eine beschauliche Inselwanderung
Von der Achnacroish-Fähre zum Loch Fiart auf Lismore . . 94
2 Seichte Seen und ein Gezeiten-Spektakel
Von den Falls of Lora zu den Black Lochs 100

3 Meerblick und Burgruinen
Auf der Insel Kerrera 106
4 Auf den Hexenberg
Von Loch Awe zum Gipfel von Ben Cruachan 114

Ben Nevis und Umgebung/Stützpunkt Fort William

5 Wildes Hochmoor fernab der Zivilisation
Von Corrour Station rund um Loch Ossian 124
6 Im Schatten des Ben Nevis
Auf Waldwegen ins Tal Glen Nevis und zurück entlang des River Nevis 130
7 Mit Meerblick zu einem abgelegenen See
Von Kinlochleven zum Loch Eilde Mor 136
8 Ein Panoramagipfel
Vom Dorf Glencoe auf den Pap of Glencoe 142
9 Großbritanniens „Dach“
Auf den Ben Nevis, den höchsten Gipfel des Landes 148
10 Eine alte Handelsroute
Auf einem alten Fernweg ins obere Glen Nevis 156

Die Insel Skye/Stützpunkt Portree

11 Bizarre Felsen – von unten und von oben
Um die Quiraing-Felsen an der Ostküste von Skye 166
12 Felsnadeln und ein hoher Berg
Zum „Old Man of Storr“, auf den Gipfel von „The Storr“ . 172
13 Zwei Red Cuillin-Gipfel
Von Sligachan auf den Beinn Dearg Mor 178
14 Küstentour zu einem verborgenen See
Von Elgol nach Loch Coruisk und ins Glen Sligachan 184
15 Durch zerklüftete Gipfellandschaft
Von Sligachan auf den Black Cuillin-Gipfel Bruach na Frithe 194

Assynt, der wilde Nordwesten/ Stützpunkte Ullapool und Lochinver

16 Zum „karibischen“ Strand
Moor- und Küstenwanderung von Lochinver nach Achmelvich 204

17 Stille Seen und ein einsames Tal
Von Elphin durch Glen Canisp nach Lochinver 210
18 Schottlands höchster Wasserfall
Von Inchnadamph zum Loch na Gainmhich 216
19 Ausblicke von der Nordsee zum Atlantik
Von Inchnadamph auf zwei Munro-Gipfel:
Conival und Ben More Assynt 224

Das Cairngorm-Gebirge/Stützpunkt Aviemore

20 Wälder, Seen und eine verfallene Inselburg
Von Inverdruie nach Loch an Eilein 232
21 Die Heimat der Auerhähne
Von Glenmore Forest Visitor Centre um Loch Morlich
nach Coylumbridge 238
22 „Feensee" und Aussichtsgipfel
Von Glenmore nach An Lochan Uaine und
zum Gipfel Meall a' Bhuachaille 244
23 Durch ein einsames Tal zu einem Bergsee
Von Coylumbridge durch Gleann Eanaich
nach Loch Eanaich 250
24 Hinauf zu einem steinigen Pass
Durch den Chalamain Gap zum Lairig Ghru 256
25 Die Cairngorm-Hochebene
Von der Bergbahn-Talstation auf Cairn Gorm und
Cairn Lochan 262

Das Seengebiet der Trossachs/Stützpunkt Callander

26 Waldpartie mit Seeblick
Von Aberfoyle zum Loch Ard Forest 272
27 Ein Aussichtspunkt über Loch Lubnaig
Von Strathyre auf den Beinn an t-Sidhean 278
28 Kahle Hänge und ein königlicher Jagdgrund
Von Brig o' Turk rund um den Meall Cala
und zurück durch Glen Finglas 284
29 Gipfeltour am See
Von Loch Achray Hotel auf den Ben Venue 290
30 Himmlische Aussichten
Hinauf zum Gipfel Ben Ledi 296

Weitwanderung Great Glen Way

Einführung ... 304
1 Zwischen Kanal und Fluss
Von Fort William nach Gairlochy ... 308
2 Loch Lochy zur Rechten
Von Gairlochy nach Laggan ... 316
3 Loch Oich und River Oich zur Linken
Von Laggan nach Fort Augustus ... 322
4 Entlang von Loch Ness
Von Fort Augustus nach Invermoriston ... 326
5 Loch Ness zum Zweiten
Von Invermoriston nach Drumnadrochit ... 330
6 Abschied von „Nessie"
Von Drumnadrochit nach Inverness ... 336

Hintergründe

Naturraum schottische Highlands ... 348
Kulturraum Schottland ... 356
Ortsregister ... 365
Kartenverzeichnis ... 371
Über den Autor ... 372

Exkurse

Die Mückenplage ... 20
Whisky – das schottische „Lebenswasser" ... 47
Schottische Busfahrpläne – eine Wissenschaft für sich ... 50
Gälisch für Wanderer ... 56
Die Insel des eiligen Heiligen ... 99
Wo der König starb und die Burg brannte ... 113
Munros ... 118
Der hohle Berg und die Hexe ... 120
Jagdgut Corrour ... 129
Das Massaker von Glencoe ... 147
Bergmüll – der Preis des Ruhms ... 155
Der große Erdrutsch ... 170
Red Cuillin, Black Cuillin ... 180
Lords und Bauern in Assynt ... 215
Glen Finglas ... 289
Loch Katrines berühmte Insel ... 295
Gottes Berg ... 300
Der Caledonian Canal ... 315
Loch Ness und sein Ungeheuer ... 335

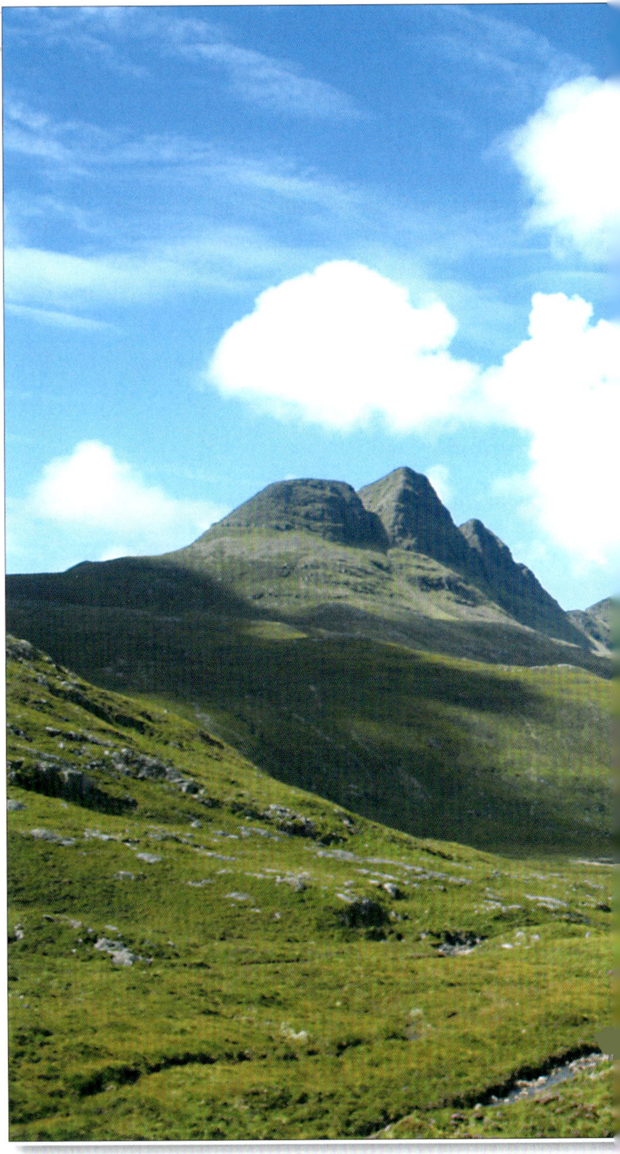
056_high Foto: js

Aufbruch in die Highlands

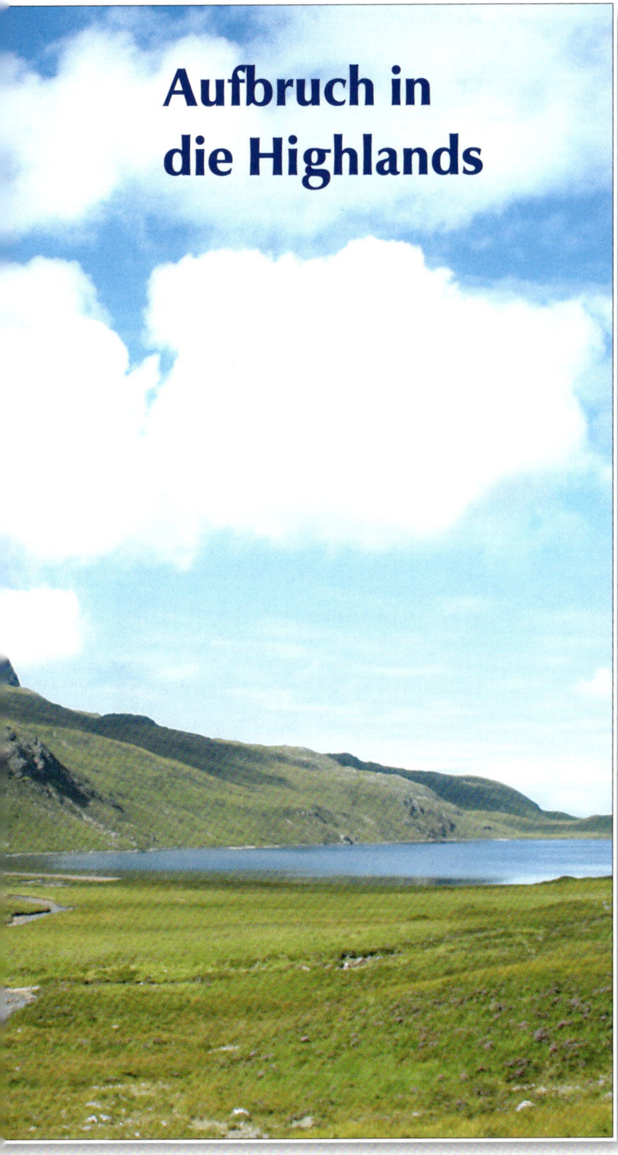

Reisevorbereitung

Information

Das **Britische Fremdenverkehrsamt VisitBritain** und der schottische Ableger **VisitScotland** sind für jeden, der Auskunft sucht, die ersten Anlaufstellen. Umfangreiche Informationen mit Links und praktischen Informationen werden auf den Internetseiten www.visitbritain.de und www.visit scotland.com angeboten. Reisepässe, Eintritt zu historischen Stätten und mehr können online bei www.visitbritainshop.com erworben werden. Die Auslandsvertretungen des Fremdenverkehrsamtes haben leider keinen Publikumsverkehr und keine telefonische Beratung mehr im deutschsprachigen Raum: Es soll möglichst alles über die Webseiten geschehen.

- Die **schottischen Regionen** in diesem Band haben eine eigene englischsprachige Website für den Tourismus: www.visithighlands.com.
- Über http://traveline.info finden Sie **Fahrpläne** für alle Verkehrsmittel, über www.streetmap.co.uk **jede Straße,** auch über die Postleitzahl. Wer eine Vorschau sucht, kommt mit Google Maps und Streetview auch in manch entlegenes Tal.

Spezifische Auskunft für Wanderer bieten die folgenden Organisationen und Websites:

- **VisitScotland,** www.visitscotland.com/see-do/activities/walking (auch mit Seiten in Deutsch).
- **The Mountaineering Council of Scotland,** The Old Granary, West Mill St, Perth, PH1 5QP, Tel. 01738/49 39 42, www.mcofs.org.uk.
- **Walk Highlands,** www.walkhighlands.co.uk. Hier findet man viele Routenbeschreibungen und Erlebnisberichte von Wanderern.
- **Fernwanderwege:** West Highland Way, www.west-high land-way.co.uk; Great Glen Way, www.highland.gov.uk/ggw; Speyside Way, www.speysideway.org; Rob Roy Way, www.robroyway.com.

Vorherige Seite:
Im wilden Assynt: der Berg Suilven und Loch na Gainimh (Tour 17)

Reisezeit und Wetterverhältnisse

Auch im **Winter** lohnt Schottland einen Besuch. Wenn man im Urlaub aber in den Bergen wandern will, ist die Zeit von November bis März ungünstig, allein, weil es früh dunkel wird und längere Unternehmungen nicht möglich sind. Zur kalten Jahreszeit ist das Klima an der Westküste übrigens milder als im Osten. Wenn im Gebirge Eis und Schnee liegen, sind für viele Touren in höheren Lagen spezielle Ausrüstung und entsprechende Bergerfahrung erforderlich. Winterwanderungen in den schottischen Highlands sind nichts für Ungeübte!

Schon im März, während der deutschsprachige Raum noch friert, kann es in Schottland frühlingshaft sein. Die Wege im Moor sind dann aber durch Schmelzwasser oft noch sehr matschig.

Ideale Wandermonate sind Mai und Juni. Dann sind die Tage lang, bei klarem Himmel ist es noch um 23 Uhr hell, und die Mücken schwärmen noch nicht aus (s. S. 20). Gut unterwegs ist man dann wieder ab Ende August, wenn das Heidekraut blüht. Im September wird es herbstlich schön, und auch der Oktober ist, sofern man die hellen Stunden voll ausnutzt, ein prachtvoller Wandermonat.

Wer es ruhig liebt, sollte **die Hauptsaison meiden,** vor allem die Schulferien von Anfang Juli bis Mitte August. Weil das Schuljahr in England etwas später beginnt als in Schottland, nämlich Anfang September, können bis Ende August in beliebten Wandererstützpunkten wie Fort William die Unterkünfte ausgebucht sein. Zu dieser Zeit ist Vorbuchung ratsam, etwa über die Buchungsadresse von VisitScotland (s. S. 18).

Generell gilt: Zu jeder Jahreszeit ist in Schottland mit **wechselhaftem Wetter** zu rechnen: *All four seasons in one day*, wie das geflügelte Wort lautet.

Schulferien

2018
19./20. Februar
28. März–16. April
29. Juni–21. August
12. Oktober–29. Oktober
21. Dezember–7. Januar 2019

2019
18./19. Februar
5. April–23. April
4. Juli–20. August
11. Oktober–28. Oktober
20. Dezember–6. Januar 2020

Die Termine sind nicht in allen Regionen identisch. Hier die Termine für die Highlands, www.highland.gov.uk. Auskunft über die weiteren Jahre: ww.gov.scot/topics/Education/Schools/Latest/schoolholidays

Die Mückenplage

Ein berühmt-berüchtigter Problemfall der schottischen Natur darf nicht verschwiegen werden: die *midges*. Im Juli und August können diese winzigen, in Schwärmen auftretenden Mücken die Camping-Idylle oder den warmen Sommerabend gründlich verderben. Sie lieben Windstille und Dunkelheit, erscheinen im Juni und verschwinden im September wieder. Die vielen Gewässer und feuchten Wälder des Landes begünstigen sie, aber auch am Strand und sogar auf Berggipfeln können sie zum Ärgernis werden.

Was kann man dagegen tun? Es spricht einiges dafür, statt im Hochsommer im Juni und September nach Schottland zu reisen. Helle Kleidung und das Vermeiden von dunklen Orten wie Wäldern hilft. Wer sich bewegt, bleibt meist unbehelligt; legt man aber eine Pause ein, schon erscheinen die Quälgeister. Wenn es wirklich schlimm wird, versteckt man sich unter einem Hut mit Netz. Verschiedene Abwehrmittel zum Auftragen auf die Haut werden vor Ort verkauft. Ein wirksames Mittel, das nicht als Mückenschutz entwickelt, aber zufällig in seiner Wirksamkeit entdeckt wurde, ist ein Körperpflegeprodukt der Firma Avon, „Original Dry Oil Spray" mit Jojobaöl. Die britische Armee lässt, wenn sie in den Highlands Manöver durchführt, die Avon-Beraterin ganze Lkw-Ladungen davon in die Kasernen bringen.

Gesundheit, Kondition

Wenn Sie sonst nicht oder nur selten wandern, sollten Sie bei einem Wanderurlaub in Schottland zunächst mit leichteren Wanderungen beginnen und **Kondition aufbauen,** bevor Sie zum anstrengenden Gipfelsturm aufbrechen.

Der **staatliche Gesundheitsdienst** NHS National Health Service (www.nhs.uk) bietet Besuchern kostenlose ambulante Behandlung bei niedergelassenen Ärzten und in Krankenhäusern. Rezepte und stationäre Behandlung müssen nicht bezahlt werden, wenn man als Bürger eines EU-Landes die EU-Krankenversicherungskarte mitführt. Um die langen Wartezeiten der britischen Gesundheitsdienste zu vermeiden, empfiehlt sich vor Antritt der Reise der Abschluss einer Reisekrankenversicherung.

Apotheken heißen *Dispensing Chemist* oder *Pharmacy*. In vielen Supermärkten und in den Filialen der großen Drogeriekette Boots findet man auch eine Pharmacy.

Ausrüstung

Bei Wanderungen in den schottischen Bergen ist vor allem das launische Wetter in Rechnung zu stellen: Schutz vor Regen und Kälte kann im Extremfall sogar über Leben und Tod entscheiden. Gute, mehr als knöchelhohe **Wanderschuhe** sind für die rauen Bergpfade und den oft feuchten Boden unentbehrlich. Gerät man in tiefhängende Wolken, können **Wanderkarte** und **Kompass** überlebenswichtig werden. Machen Sie sich unbedingt vor Reiseaufbruch mit der Handhabung eines Kompasses vertraut. Bitte unterschätzen Sie das schottische Hochland nicht! Eine Höhe von „nur" 1000 Metern bedeutet vor allem durch starke Winde wesentlich tiefere Temperaturen als im deutschen Mittelgebirge oder in den Alpen, die ja viel weiter südlich liegen. Nehmen Sie bei Höhenwanderungen immer, auch im Sommer, **warme Kleidung** mit, am besten verschiedene Kleidungslagen, die man nach dem Zwiebelprinzip an- und ausziehen kann. Die modernen atmungsaktiven und wasserdichten Textilien sind für Schottland-Fans ein wahrer Segen. Aber in den hohen Cairngorms oder auf dem Ben Nevis, wo im Mai und September Eisregen und schneidend kalter Wind keine Seltenheit sind, reicht auch die **wasserdichte Jacke** allein nicht aus: Packen Sie noch **Handschuhe** und eine **warme Mütze** ein.

Achten Sie auf die **Qualität Ihrer Ausrüstung:** Wanderschuhe sollten so wasserdicht wie möglich sein, die **Regenhose** mit Reissverschlüssen unten an den Beinen versehen sein, damit man sie bei plötzlichen Regenschauern schnell überstreifen kann. Im Sommer gehört auch **Sonnenschutz** (Kopfbedeckung, Sonnencreme, Sonnenbrille) ins Tagesgepäck. Bei Gipfeltouren ist es durchaus möglich, dass Sie sich an den unteren Hängen einen Sonnenbrand holen und oben in der Kälte frösteln.

Turn- oder leichte Sportschuhe sind nur für ganz wenige Touren in diesem Band geeignet und ansonsten nur für Ortsgänge und Besichtigungen in den Städten empfehlenswert. Man sollte bedenken, dass **Baumwollbekleidung** anfällig ist gegen Regen. Zum Schutz sollte man daher eine wasserdichte Jacke bzw. Überhose dabei haben. Auch wenn Sie einen sogenannten **wasserdichten Rucksack** besitzen, sollten Sie zusätzlich unbedingt eine **Rucksackhülle** mitführen, eine wasserdichte, mit Gummizügen versehene Plane, die außen über den Rucksack gezogen wird. Die Schwachstelle dieser Hülle ist der obere Kontaktbereich zum Rücken, der ungenügend geschützt bleibt. Bei Dauerregen sickert es nass in die Rückenpartie des Rucksacks. Dagegen schützt ein **Regenumhang** mit Kapuze, der über den Rucksack reicht, aber das ist unbequem und man kann schwitzen. Viele Wanderer verzichten deshalb auf einen Regenumhang und sichern den Inhalt der oberen Rucksackkammer zusätzlich durch einen zweiten, einen **inneren Plastiksack** (z.B. eine geräumige Mülltüte). Das angesprochene Problem ist gerade in Schottland nicht bloß akademischer Art: Nach einigen Stunden Dauerregen bleibt kaum ein Rucksack trocken, und das eindringende Wasser ruiniert Bücher, Karten, Handy und Kamera – und durchfeuchtet Ihre Ersatzkleidung.

Rucksackinventar

Gepäckstücke und Kleidung

Rucksack (ca. 50–60 l), Rucksacküberzug, regen- und winddichte Jacke (mit mehreren Innen- und Außentaschen), mittelschwere, überknöchelhohe Wanderschuhe und geeignete Sockenpaare oder leichte Sportschuhe, bequeme, unempfindliche Hosen möglichst mit Taschen, Gürtel (eventuell mit Tasche für Dokumente und Geld), Regenhose, Gamaschen, Funktionswäsche und -unterwäsche, Pullover/Fleece, Mütze, Handschuhe, Schal, Oberteile und Unterwäsche je nach Länge des Aufenthalts. Als Kopfbedeckung empfehlen sich vor allem Strickmützen, die vom Wind nicht weggeblasen werden können. Im Sommer eignen sich z.B. Baseballkappen als Schutz gegen starke Sonneneinstrahlung.

Dokumente

Reisepass (in Großbritannien ist der Reisepass zum Ausweisen üblich, da es keine Personalausweise gibt), auch Kinder und Jugendliche brauchen ab der Geburt ein eigenes Reisedokument; Dokumente für Autofahrer, Maestro-(EC-)Karte, Kreditkarte, evtl. Brustbeutel, Versicherungsunterlagen, Reiseunterlagen, Fotokopien aller Dokumente (wichtige Hilfe bei Verlust).

Hygiene und Medikamente

Wer mehrere Tage in den einsameren Regionen der Highlands verbringt, sollte Dinge des täglichen Bedarfs wie Kosmetika, Waschmittel, etc. mitbringen, da man hier nicht zwingend an einem

Laden vorbeikommt. Sonnencreme mit hohem Schutzfaktor ist empfehlenswert, ebenso Papiertaschentücher (ein größerer Vorrat ist sinnvoll), Sonnenbrille, Schmerzmittel, regelmäßig benötigte Medikamente, Pflaster, Verbandszeug für Notfälle, Waschmittel aus der Tube, Wäscheleine, Toilettenpapier und Mückenschutz.

Sonstige Artikel

Ein Taschenmesser mit vielen Funktionen (Korkenzieher, Flaschen- und Dosenöffner, kleine Schere) ist sinnvoll, ebenso Nähzeug, Sicherheitsnadeln, Taschenlampe, Feuerzeug, Plastiksack für den Innenschutz des Rücksacks, Trillerpfeife, Armbanduhr, Kompass (eventuell auch einen Höhenmesser), Fernglas (eventuell), Wörterbuch (falls man kein Englisch spricht), Wanderführer und Wanderkarten, Wanderstöcke (für Fotografen: mit Stativgewinde), verschließbare Behältnisse für Lebensmittelvorräte, Trinkwasserflasche (1 l; im Frühjahr und Herbst eventuell leichte Thermoskanne), Adapter für Elektrostecker (s.u.). Bei Mitnahme eines Smartphones sollte man Bedenken, dass es vielerorts kein Signal in den Bergen gibt. Auf jeden Fall sollte man das Ladegerät nicht vergessen.

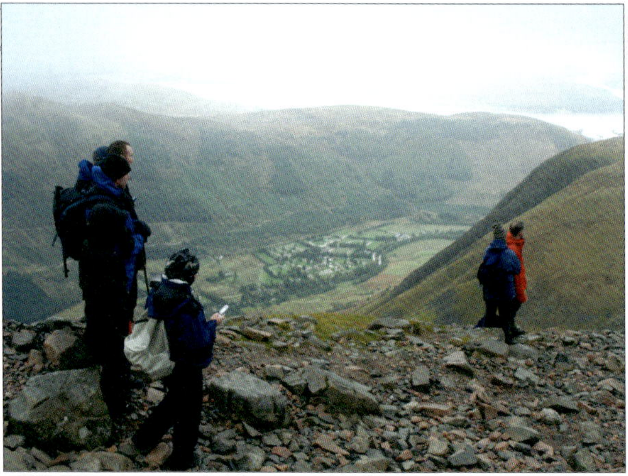

092_high Foto: js

Elektrizität

Deutsche Elektrogeräte können im britischen Netz (240 V/50 Hz) benutzt werden, aber kontinentaleuropäische Stecker passen nicht in britische Steckdosen. Sie müssen also vor Reiseantritt unbedingt einen **Adapter** kaufen, wenn Sie z.B. ihr Mobiltelefon oder Akkus für die Kamera aufladen wollen.

Geld und Reisekosten

Schottland ist zwar eine der preiswertesten Regionen Großbritanniens. Unterkünfte und Restaurants in den Highlands sind jedoch dünn gesät und können teuer sein.

An allen **Geldautomaten** kann man mit deutschen EC-Karten Bargeld ziehen. Im Gegensatz zu Maestro-(EC-)Karten werden die gängigen **Kreditkarten** in fast allen Geschäften, Restaurants, Hotels und Jugendherbergen akzeptiert, in manchen Bed & Breakfast-Unterkünften jedoch nicht. Geldautomaten sind in entlegenen Gebieten dünn gesät, aber in allen in diesem Band beschriebenen Standorten vorhanden.

Öffnungszeiten der Banken: Mo–Fr 9–16.30 Uhr (manche Zweigstellen in Städten auch samstagvormittags).

Scheine und Münzen: 100 Pence = 1 Pound (£). Es gibt Münzen zu 1, 2, 5, 10, 20 und 50 Pence sowie 1 und 2 Pfund, Scheine im Wert von 5, 10, 20 und 50 Pfund. Die Royal Bank of Scotland gibt eigene Geldscheine heraus. Englische Banknoten sind in Schottland gültig und umgekehrt – allerdings wird in englischen Geschäften schon mal gemeckert, wenn man dort mit schottischen Scheinen zahlen will.

Im Abstieg vom Ben Nevis (Tour 9)

Die **Kosten** für eine Wanderreise in den schottischen Highlands können je nach Saison, Vorausbuchung und Wahrnehmung von Sonderangeboten stark variieren. **Flüge und Unterkünfte** bucht man am besten mehrere Monate im Voraus, um die besten Preise zu bekommen. Budget Hotels in Edinburgh und Glasgow, wie z.B. Ibis oder Premier Inn, bieten so erhebliche Vergünstigungen. Die Hotel-Ketten haben auch Filialen in anderen Städten wie Perth, Aberdeen, Fort William und Inverness (DZ ab ca. 60 £). Wer eine Ferienwohnung oder ein Cottage bucht (ca. 500–1200 £ pro Woche) bzw. Camping mag (Zelt ab ca. 15 £), kann als Selbstversorger nicht nur bei der Unterkunft, sondern auch bei den Verpflegungskosten sparen.

Innerhalb Schottlands sind **Zug- und Fernbustickets** auch bei kurzfristiger Buchung noch recht günstig zu haben, sodass man auch mal spontan seinen Wanderplan ändern kann, wenn z.B. das Wetter mal nicht mitspielt.

Wanderkarten

Die sehr zuverlässigen und detaillierten, über den deutschen Buchhandel erhältlichen topografischen Landkarten des Vermessungsamts **Ordnance Survey** decken mit ihren zwei Blätterserien jeden Flecken des Landes ab: Die Landranger-Serie im Maßstab 1: 50.000 ist ordentlich und nützlich genug, dem Wanderer aber sei die Explorer-Serie mit ihren Karten im Maßstab 1: 25.000 empfohlen. Allerdings dienen die Ordnance Survey-Karten seit je den verschiedensten Zwecken, sie wurden nicht speziell für Wanderer gemacht und markieren die Wanderwege nicht besonders deutlich. Die Online-Version der Karten kann jedoch sehr hilfreich sein: https://osmaps.ordnancesurvey.co.uk.

Dagegen wurde die **Serie Harvey Superwalker** eigens für Touren in den beliebtesten Bergregionen (Cairngorms, Ben Nevis, Skye, Trossachs) konzipiert. Diese Karten bestehen aus wasserabweisendem Papier und sind ganz auf die Ansprüche der Wanderer zugeschnitten.

Information/Katalog:

- www.ordnancesurvey.co.uk
- www.harveymaps.co.uk

Reiseliteratur

- **Fontane, Theodor: Jenseits des Tweed** (1858). Eine Reisebeschreibung, die auch heute noch unterhaltsame Lektüre ist, vor allem, wenn man an Orten wie Oban und Loch Katrine die Beobachtungen des Schriftstellers mit den Zuständen von heute vergleicht. Baltic Sea Press E.K., 2015.
- **Jackson, Michael: Malt Whisky – Das Standardwerk.** Dorling Kindersley Verlag, 2016. Der unbescheidene Buchtitel ist keineswegs unzutreffend. Der 2007 verstorbene Jackson beschrieb kenntnisreich und liebevoll das berühmteste Zeugnis der Highlands und stellte die kleinen Whisky-Brennereien auf eine Art und Weise vor, die zum Besuch einlädt. Seine Nachfolger führen das Werk souverän weiter. Natürlich kein Buch für den Rucksack.
- **Die Stuarts: Geschichte einer Dynastie,** Ronald G. Ash, C.H. Beck Wissen, 2011. Ash erzählt die wechselvolle Geschichte der schottischen Königsfamilie der Stuarts, die das Land bis zur Vereinigung mit England 1707 regierten.
- **Das Schottland-Lesebuch: Impressionen und Rezepte aus Highlands und Lowlands,** Almut Irmscher, Create Space Independent Publishing 2014. Irmscher beschreibt Landschaften, Regionen sowie Gebräuche Schottlands und macht Lust auf das Land.
- **Scott, Walter: Rob Roy (1817).** Das Revier des Romanhelden Rob Roy war das Trossach-Gebirge. Scotts Roman spielt im 18. Jahrhundert, zur Zeit der Nationalbewegung der Jakobiter, durch das noch heute der Wanderweg „Rob Roy Trail" führt. Durch seine romantischen Darstellungen der wilden Highlandlandschaft und seine Arbeit für die Highland Society förderte Scott maßgeblich den Tourismus in der Region und gilt noch heute als Nationalheld.
- **Stevenson, Robert Louis: Entführt oder Die Erinnerungen des David Balfour an seine Abenteuer im Jahre 1751** (1886). Ein spannendes Abenteuer, das auf wahren Begebenheiten an der Küste zwischen Glencoe und Oban beruht. Stevensons Großvater baute viele der Leuchttürme an den schottischen Küsten. Zahlreiche deutsche Ausgaben, zuletzt Berlin (Das Neue Leben) 2006.

Anreise

Mit dem Flugzeug

Die wichtigsten internationalen Flughäfen in Schottland sind **Edinburgh** (www.edinburghairport.com) und **Glasgow International** (www.glasgowairport.com). Beide Städte werden von Flughäfen in Deutschland, Österreich und der Schweiz regelmäßig von Linien- und Billigfliegern angeflogen. Als Alternative bietet sich ein Flug mit Umsteigen in London an. Die *Lufthansa* hat sogar einen Direktflug nach Aberdeen im Programm. Mit der *KLM* kann man über Amsterdam auch nach Inverness fliegen. Von Glasgow und Edinburgh verkehrt *Loganair* innerhalb von Schottland nach Aberdeen, Inverness, auf die Orkneyinseln und die Shetlandinseln.

Nach Edinburgh und Glasgow fliegen Linienflüge der *Lufthansa* und *British Airways* von vielen deutschen Großstädten. Auch die Billigflieger *Easyjet, Eurowings* und *Ryanair* fliegen von Berlin, Hamburg, München, Stuttgart, Leipzig, Dresden, Nürnberg, Frankfurt/Hahn, Düsseldorf (Weeze) und Baden-Baden entweder nach Edinburgh oder Glasgow. Die beiden Großstädte liegen nur 75 km voneinander entfernt und sind mit regelmäßigen Zügen gut aneinander angebunden, daher kann man durchaus nach Glasgow fliegen, aber sich in Edinburgh einquartieren oder umgekehrt.

- **British Airways,** www.britishairways.com
- **Easyjet,** www.easyjet.de
- **Eurowings,** www.eurowings.com
- **KLM,** www.klm.com
- **Lufthansa,** www.lufthansa.de
- **Ryanair,** www.ryanair.de

Vom Flughafen in die Stadt

- **Edinburgh:** mit Expressbus Airlink 100 (https://lothianbuses.co.uk) zur Stadtmitte, £ 4,50 einfache Fahrt, £ 7,50 hin und zurück, 25 Min. Fahrzeit, tagsüber alle 15 Min. Wahlweise fährt man mit der Straßenbahn Edinburgh Trams (http://edinburghtrams.com), alle 7 Minuten (6.15–

22.45 Uhr), £ 5,50 oder nimmt spät abends den Nachtbus N22, alle 30 Min. Außerdem Straßenbahn zum Bahnhof Haymarket und nach Princes Street, alle 8–10 Minuten, Fahrzeit 35 Minuten, £ 3 (das Ticket gilt die ganze Nacht).
• **Glasgow International:** mit Glasgow Airport Express Bus Nr. 500 zur Stadtmitte, £ 8 einfache Fahrt, £ 12 hin und zurück, 25 Min. Fahrzeit, tagsüber alle 10 Min., abends alle 15–30 Min. (www.firstgroup.com/greater-glasgow/routes-and-maps/glasgow-airport-express).

Mit der Bahn

Die Anreise nach Schottland erfolgt über London mit dem Hochgeschwindigkeitszug **Eurostar** (www.eurostar.com). Dieser benötigt nur 2 Std. von Brüssel-Midi durch den Kanaltunnel zum Bahnhof London-St. Pancras/King's Cross. Den schnellsten Zubringer nach Brüssel bietet der **ICE International** von Frankfurt über Köln (ab Köln ca. 2 Std., ab Frankfurt ca. 3 Std., www.bahn.de/p/view/angebot/international/ice-bruessel.shtml). Auch der **Thalys** (www.thalys.com) bietet eine Verbindung von Köln nach Brüssel, die ca. 3 Std. dauert. Von King's Cross fahren regelmäßig Züge nach Edinburgh ca. 4:20 Std. und von London Euston nach Glasgow Central in 4:45 Std. (einfache Fahrt ab je ca. 60 £).

Edinburgh ist die empfehlenswertere Verbindung, da man ab London vom selben Bahnhof weiterfahren kann, denn St. Pancras und King's Cross sind unterirdisch miteinander verbunden. Von Edinburgh fahren außerdem alle 30 Minuten Züge nach Glasgow. Zur Weiterfahrt in die Highlandstädte Stirling, Perth, Inverness, Fort William oder Aberdeen steigt man dann in Edinburgh oder Glasgow um (www.nationalrail.co.uk, www.scotrail.co.uk).

014_high Foto: js

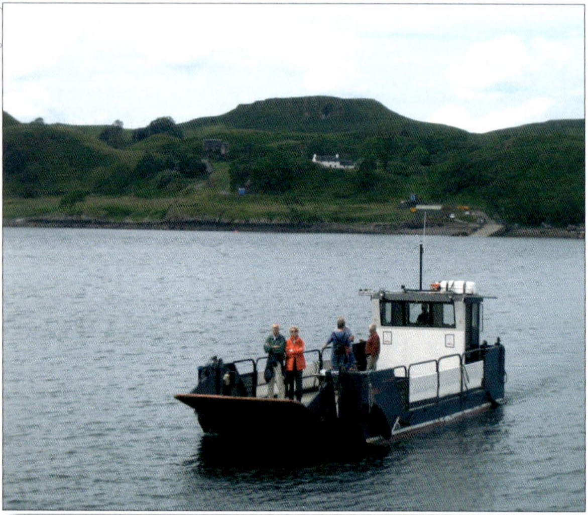

Mit dem Bus

Täglich fahren Busse der **Eurolines** von deutschen Städten nach London-Victoria Station, Tel. 06196/ 207 85 01, www.eurolines.com/de. Die Fahrzeit von Frankfurt nach London beträgt 14 Std. Die Preise variieren je nach Buchungsdatum, Auslastung und Saison (Sonderangebote bereits ab ca. 80 Euro). Man muss hier im Voraus buchen, denn die Sitzplätze sind begrenzt.

In London Victoria kann man umsteigen in die Busse des *National Express* (www.nationalexpress.com) nach Edinburgh (Direktverbindung 9:30 Std.) oder nach Glasgow mit Umsteigen in Birmingham (ca. 11 Std.), einfache Fahrt ab ca. 25 £. Von Edinburgh und Glasgow steigt man dann um in die Anschlussbusse nach Perth, Inverness, Fort William oder andere Städte. Von London Victoria fährt auch der Billiganbieter **Megabus,** http://uk.megabus.com. Einfache Fahrt London–Edinburgh ab ca. 17 £.

Mit Auto und Fähre

Die Autoanfahrt nach Schottland über den Ärmelkanal mit der Autofähre Calais–Dover oder durch den Kanaltunnel ist sehr lang: 1500 km oder mehr von Zielen in Deutschland. Wenn man den Schottland-Urlaub nicht mit einem England-Aufenthalt verbindet, sind andere Routen sinnvoller.

Am nächsten kommt man dem Ziel auf der Route **Amsterdam** (Ijmuiden)–**Newcastle** (Nordostengland), denn Newcastle liegt nur ca. 200 km von Edinburgh entfernt. Eine Alternative ist die Anreise von **Zeebrügge** und **Rotterdam** über Nacht nach Hull in Nordengland (www.poferries.com). Von Hull sind es ca. 4 Std. bis Edinburgh über die M 62 und die A1/M1.

Einreisebestimmungen

Deutsche (Kinder benötigen ein eigenes Reisedokument), Schweizer und Österreicher benötigen einen Personalausweis, wobei Nicht-EU-Bürger eine Besucherkarte an der Grenze ausfüllen müssen.

Die Mitnahme von Tieren ist nur unter strengen Auflagen möglich. Hunde und Katzen, denen nach der Impfung gegen Tollwut ein Zeugnis ausgestellt und ein Mikrochip implantiert wurde, dürfen einreisen. Nähere Informationen über www.VisitBritain.de, DEFRA (Department for Rural Affairs, www.gov.uk/defra) oder beim Tierarzt.

Zollbestimmungen

Reisende aus EU-Ländern unterliegen Einfuhrbeschränkungen für Tabakwaren und Alkoholika nur noch, wenn es um Mengen/Größenordnungen geht, die den persönlichen Bedarf über-

Fähre nach Kerrera (Tour 3)

steigen. Eingeführt werden dürfen 800 Zigaretten, 400 Zigarillos, 200 Zigarren und 1 kg Tabak sowie 10 Liter Spirituosen, 20 Liter weinhaltige Getränke, 90 Liter Wein (davon maximal 60 Liter Sekt), 110 Liter Bier.

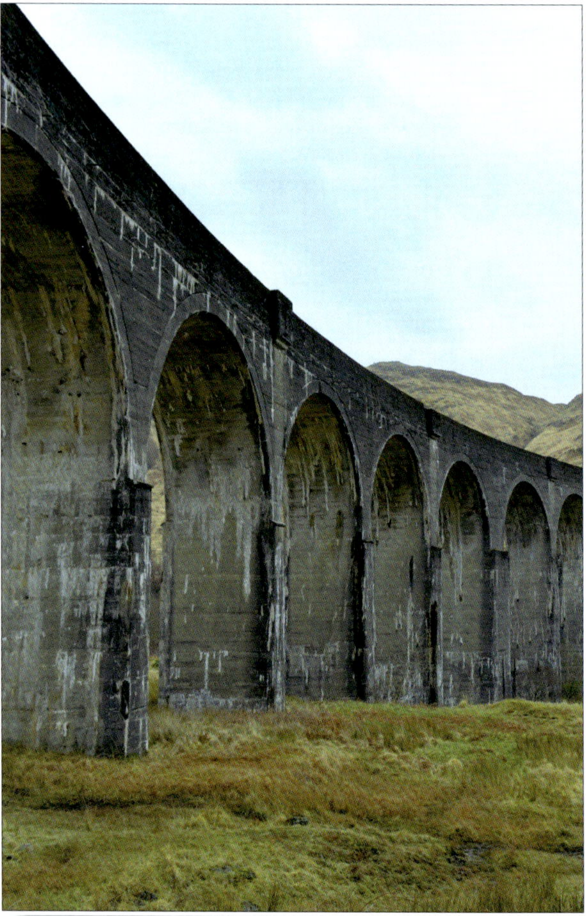

121_high Foto: ln

Über Glasgow und Edinburgh in die Highlands

Für viele, die ins schottische Hochland reisen, ist eine Zwischenübernachtung in Glasgow oder Edinburgh notwendig oder sogar erwünscht. Edinburgh, die wunderschöne historische Hauptstadt Schottlands, bietet Sehenswürdigkeiten für einen längeren Aufenthalt. Auch im lange Zeit unterschätzten Glasgow, der größten und wirtschaftlich führenden Metropole des Landes und heutigen Kulturhochburg, lohnt sich ein mehrtägiger Aufenthalt. In beiden Städten erwartet den Besucher ein breites Angebot an Unterkünften in allen Preiskategorien. Wir beschränken uns hier auf Empfehlungen für mittelpreisige Übernachtungen und geben Informationen für die Weiterreise.

Glasgow

Auskunft & Zimmervermittlung

• **iCentre Glasgow,** Gallery of Modern Art, Royal Exchange Square, G1 3AH, www.visitscotland.com, geöffnet tägl. 10–16.45, Fr/Sa ab 11 Uhr. Zusätzliche Informationen im Internet: People Make Glasgow, https://peoplemakeglasgow.com.

Preiswerte Unterkunft

• **Euro Hostel,** 318 Clyde Street, Tel. 08455/39 99 56, www.euro-hostels.co.uk. 364 Betten, ab £ 10 im Mehrbettzimmer. Direkt neben der Central Station, wo die Züge aus England ankommen. Sehr einfache, aber saubere und annehmbare Unterkunft. Es gibt auch eine Filiale in Edinburgh.

• **SYHA Jugendherberge,** 8 Park Terrace im Stadtteil West End, Tel. 03452/93 73 73, www.syha.org.uk, 110 Betten, WLAN, £ 16–19, Bus 44 oder 44A (Richtung Knightswood, Cowdenhill Rd.) ab Central Station (Hope St.) oder von Bath St., wenn man ab Buchanan St. Busstation kommt, erste Haltestelle an der Woodlands Road aussteigen. Überdurchschnittlich komfortable Herberge.

Das Glenfinnan-Viadukt an der Strecke Fort William – Mallaig

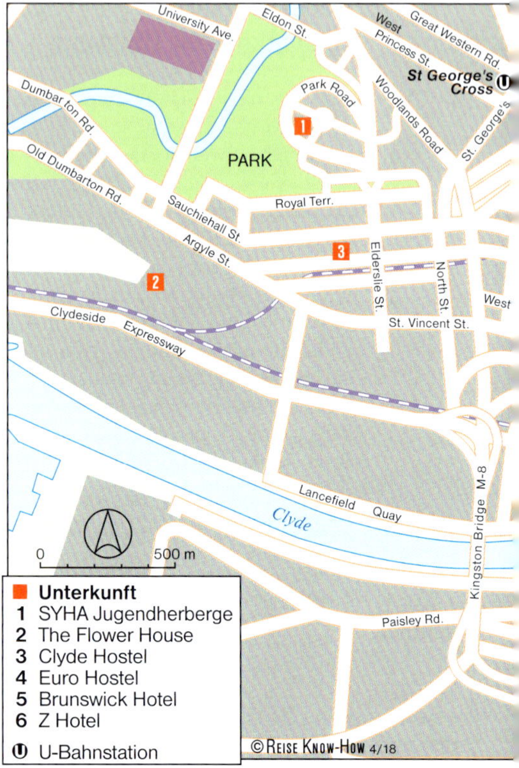

- **Clyde Hostel,** 65 Berkeley Street, Tel. 0141/221 17 10, http://clydehostel.co.uk. Sehr zentrale Lage, die Bahnhöfe Queen Street und Central Rail sowie der Busbahnhof Buchanan sind zu Fuß erreichbar. Übernachtung im Mehrbettzimmer ab £ 10, DZ ab 25 £.
- **The Flower House,** 33 St Vincent Crescent, Tel. 0141/204 28 46, http://theflowerhouse.net. Bed & Breakfast, günstige Lage zwischen dem schicken West End und der Stadtmitte. Zimmer ohne privates Bad, DZ ab £ 60–100.
- **Brunswick Hotel,** 106-108 Brunswick St., Tel. 0141/552 00 01, www.brunswickhotel.co.uk. Im schicken, sanierten Viertel Merchant City gelegen. Kleine Zimmer, einfach, aber unschlagbar günstig für diese Lage. DZ ab £ 50.
- **Z Hotel,** 36 North Frederick Street, G1 2BS, Tel. 0141/212 45 50, www.thezhotels.com/z-glasgow. Moder-

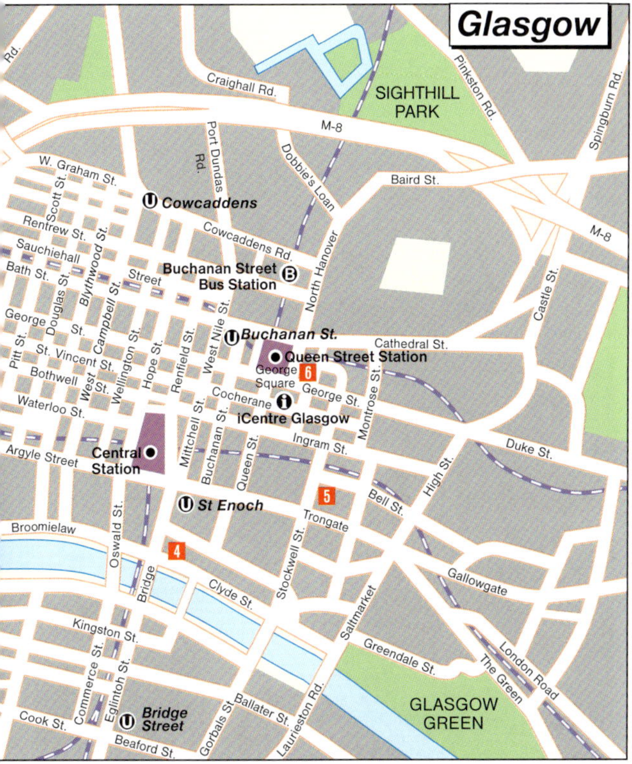

nes Budget-Hotel in der Merchant City mit Komfort. Preis je nach Zimmer und Ausstattung.

Weiterreise Von Glasgows Hauptbahnhöfen **Glasgow Central** und **Glasgow Queen Street** fahren Züge ins Umland und man hat Anbindung an das nationale Streckennetz. Nach Edinburgh dauert die Fahrt ca. 54 Min., (www.scotrail.co.uk). Fernbusse fahren von der **Buchanan Bus Station** (www.spt.co.uk/bus) am nördlichen Rand der Stadtmitte ab.

026_high Foto: js

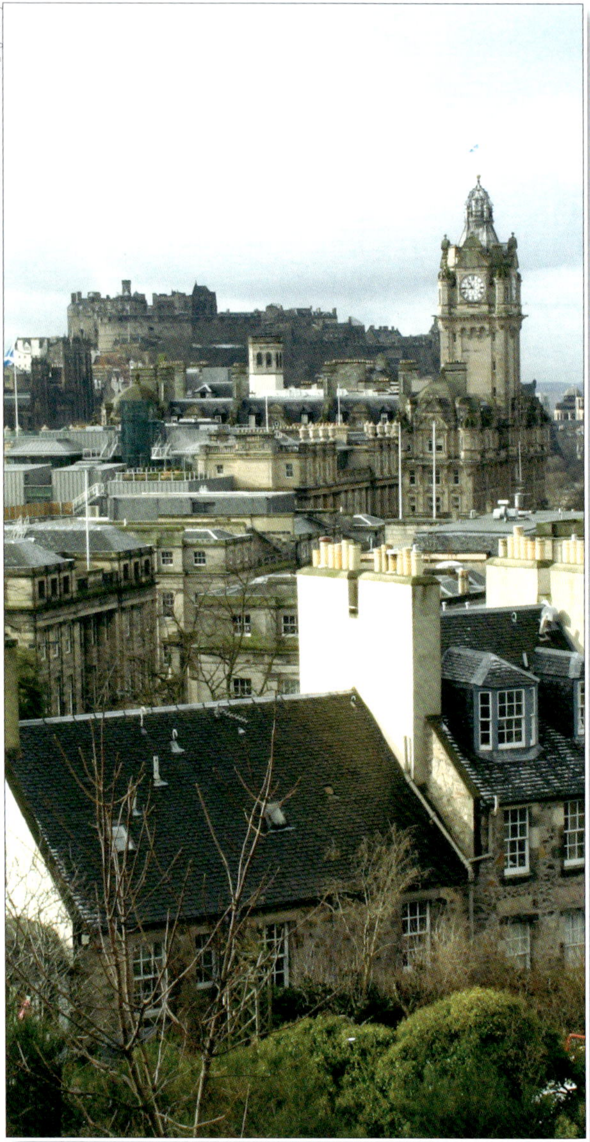

Edinburgh

Auskunft & Zimmervermittlung

- **iCentre Edinburgh,** Princes Mall, 3 Princes Street, EH2 2QP, Tel. 0131/473 38 68.

Preiswerte Unterkunft

- **SYHA Jugendherberge,** Edinburgh Central, 9 Haddington Place, Tel. 0131/524 20 90, 271 Betten, WLAN, £ 17–21. Nur 5 Fußminuten von St Andrews Bushof (über Leith Walk). Moderne Herberge, auch mit EZ und DZ.
- **Royal Mile Backpackers,** 105 High Street, Tel. 0131/557 61 20, www.scotlandstophostels.com, 40 Betten, ab £ 12. Mitten in der Altstadt, nur kurze Entfernung vom Bahnhof Waverley und von der Burg.
- **Smart City Hostel,** 50 Blackfriars Street, Tel. 0131/524 19 89, www.smartcityhostels.com. Hostel-Unterkunft mit 132 Betten und 5 Sternen: Zimmer mit eigenem Bad, Frauenetage, WLAN, Bistro und Küche zum Selberkochen. Ab £ 12 Mehrbettzimmer, DZ ab £ 50.
- **Edinburgh Terrace Hotel,** 37 Royal Terrace, EH7 5AH, Tel. 0131/556 34 23, www.terracehotel.co.uk. Auf der Royal Terrace unterhalb des Calton Hill gelegenes einfaches B&B, DZ ab 45£.
- **Apex City Hotel,** 61 Grassmarket, Tel. 0131/243 34 56; www.apexhotels.co.uk. Modernes Komforthotel mitten an einem der schönsten Plätze in der Altstadt gelegen. Außerhalb der Saison relativ preisgünstig, ab £ 90 (teurer in der Hauptsaison).
- **Edinburgh Holiday Appartments,** Tel, 0131/661 60 60, www.edinburgh-holiday-accommodation.co.uk. Hier wird eine große Auswahl an Ferienwohnungen zu unterschiedlichen Preisen angeboten.

Weiterreise

Zugverbindungen z.B. nach Glasgow, Aviemore und Inverness ab **Waverley Station** (www.nationalrail.co.uk) an der Prachtstraße **Princes Street.** Der Busbahnhof befindet sich in der **Elder Street,** am St. Andrews Square, etwa fünf Fußminuten nördlich von Waverley Station.

Edinburgh: Blick vom Calton Hill zur Burg

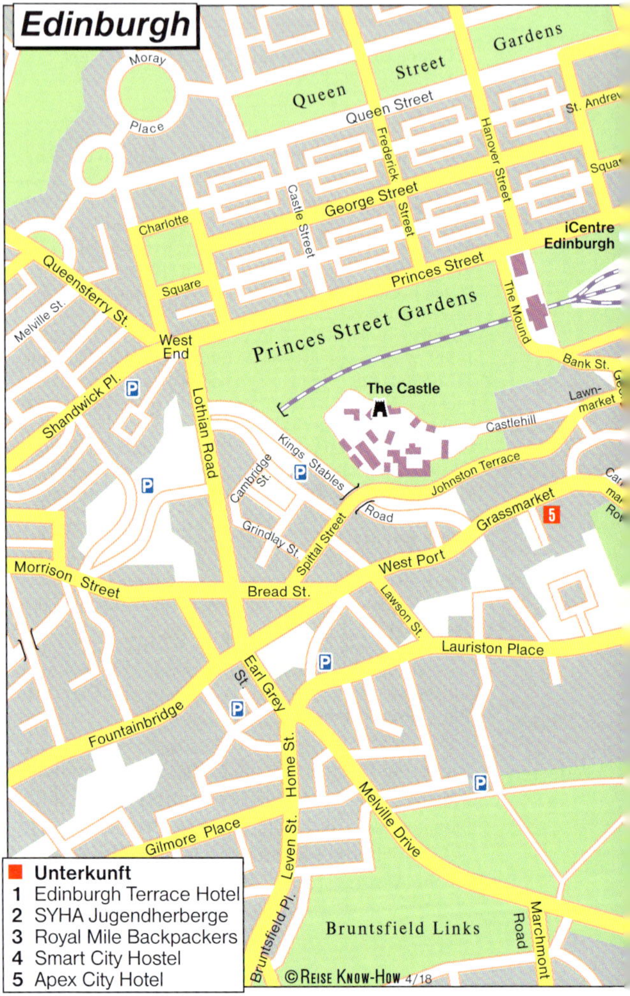

■ **Unterkunft**
1 Edinburgh Terrace Hotel
2 SYHA Jugendherberge
3 Royal Mile Backpackers
4 Smart City Hostel
5 Apex City Hotel

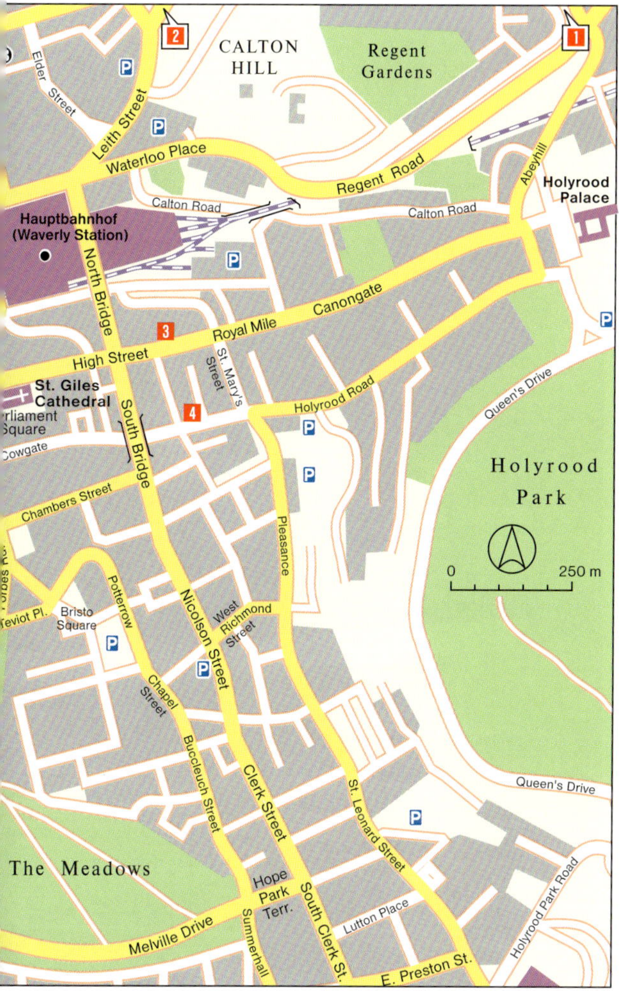
CALTON HILL
Regent Gardens
Elder Street
Leith Street
Waterloo Place
Regent Road
Calton Road
Calton Road
Abeyhill
Holyrood Palace
Hauptbahnhof (Waverly Station)
North Bridge
Canongate
Royal Mile
High Street
St. Mary's Street
St. Giles Cathedral
Holyrood Road
Queen's Drive
Holyrood Park
South Bridge
Cowgate
Chambers Street
Pleasance
0
250 m
Potterrow
Teviot Pl.
Bristo Square
Nicolson Street
West Richmond Street
Chapel Street
Buccleuch Street
Clerk Street
St. Leonard Street
Queen's Drive
The Meadows
Hope Park Terr.
South Clerk St.
Summerhall
Melville Drive
Lutton Place
E. Preston St.
Holyrood Park Road

099_high Foto: js

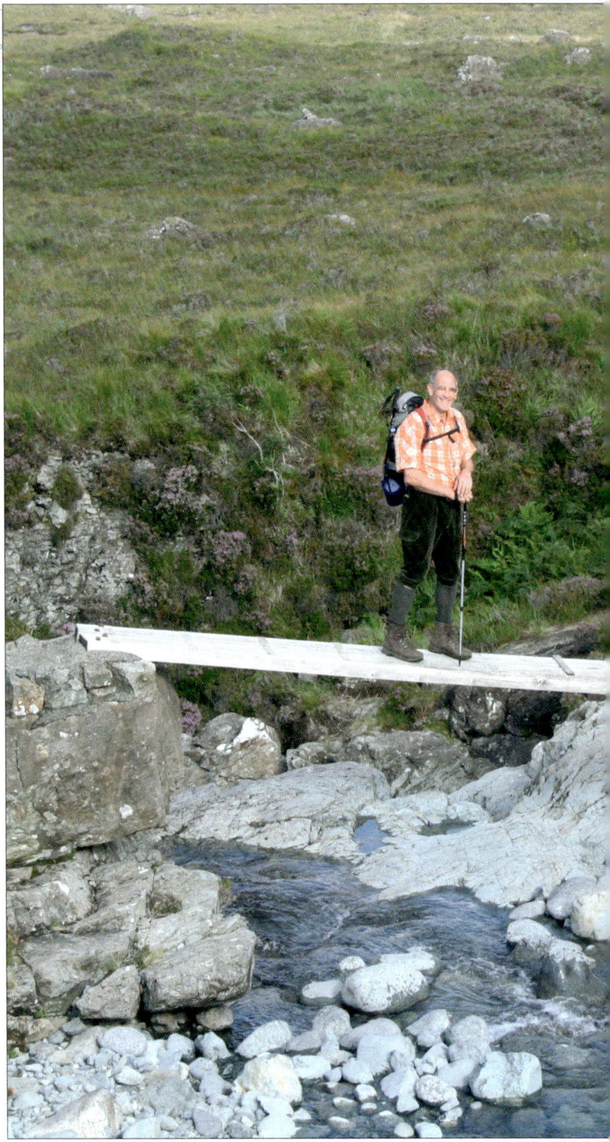

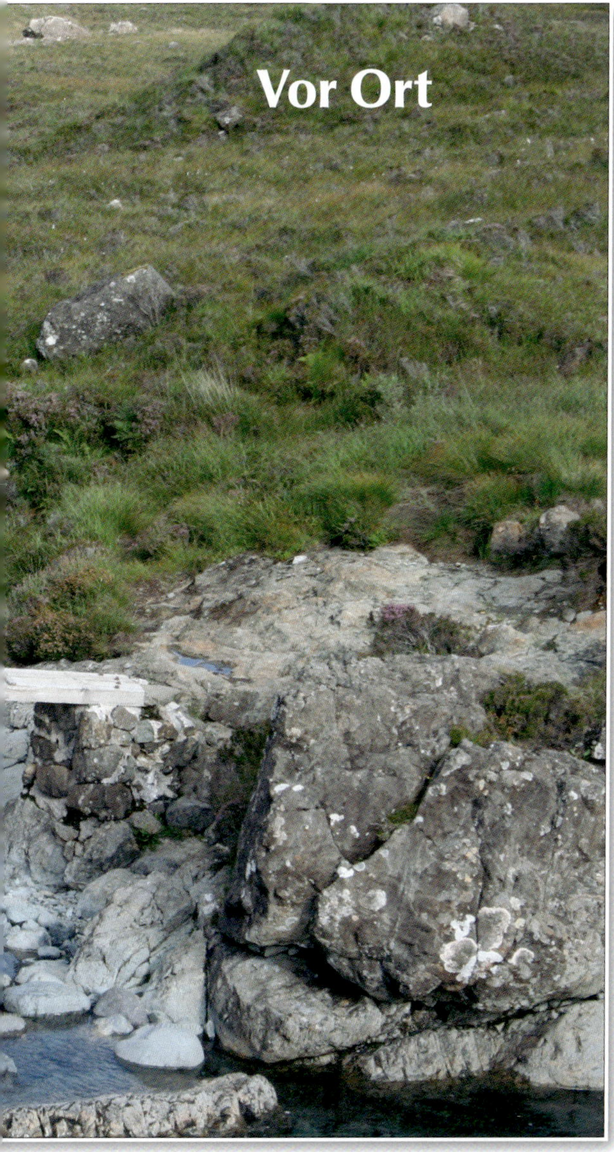
Vor Ort

Unterwegs

Unterkunft

Vorbuchungen

Vom noblen Golf- und Schlosshotel bis hin zur Jugendherberge und einfachen Nothütte stehen in allen Landesteilen Unterkünfte zur Verfügung, wenn auch nicht unbegrenzt. Im Kapitel „Zentren und Stützpunkte" liegt der Schwerpunkt auf preiswerten Übernachtungen.

Im Hochsommer sind viele Häuser, auch Jugendherbergen, zeitweise ausgebucht, vor allem an Wochenenden. Während des Edinburgh Festivals von Juli bis September sind dann auch in den Nachbarorten die günstigen Unterkünfte bereits lange vorher belegt. Die Touristeninformationsstellen, iCentres genannt, die man in den meisten größeren Städten findet, vermitteln und sorgen dafür, dass alle Besucher irgendwo unterkommen, aber wer sich ohne Vorbuchung auf den Weg macht, geht nicht zuletzt preislich ein Risiko ein. Es gibt dann außerdem keine Garantie, dass man am gewünschten Ort unterkommt.

VisitScotland, iCentre Edinburgh, Princes Mall, 3 Princes Street, Edinburgh EH2 2QP, Tel. 01314/73 38 68, www.visitscotland.com (Seiten auch auf Deutsch), für das Hochland www.visithighlands.com.

Ferienwohnungen und Cottages

Die Ferienwohnungen in Schottland sind so vielseitig wie ihre Anbieter. Wer sich eine oder zwei Wochen in einer bestimmten Region aufhalten und von dort aus Wanderungen unternehmen möchte, für den sind Ferienwohnungen die ideale Lösung. Tagesausflüge sind von einem festen Standort in alle Richtungen möglich und die Entfernungen sind oft gar nicht so weit, wie man denkt. Ein ganzes Cottage schlägt preislich zwar zu Buche, – die Preise reichen von £ 400 bis 1500 pro Woche, dafür wohnt man aber mit großem Komfort und in toller Umgebung und kann sich selbst versorgen, anstatt teuer Essen zu gehen.

Vorherige Seite: Trittsicher über den Bach Allt Dearg Mor (Tour 15)

Wenn man sich den Aufenthalt mit Familie oder Freunden teilt, wird es preiswerter, denn meist sind bis zu acht Schlafplätze vorhanden.

Websites: www.walkhighlands.co.uk/cottages.shtml; www.cottages.com/scotland/highlands; www.airbnb.de, www.fewo-direkt.de, www.homeaway.co.uk, www.unique-cottages.co.uk, www.uniquescotland.com, www.mackaysholidays.com, www.scottish-country-cottages.co.uk.

Hotels

Schottland hat wunderschön gelegene Hotels mit allem Komfort zu bieten, andererseits aber auch verstaubte kleine Herbergen der so genannten Mittelklasse - und alles, was in Bezug auf Preis und Qualität dazwischen liegt. £ 60–80 pro Doppelzimmer gelten zu jeder Jahreszeit als preiswert. In vielen größeren Städten, auch in den Highlandstädten Perth, Inverness, Aberdeen und Fort William, gibt es Filialen von Budget-Ketten wie Premier Inn (www.premierinn.com), Ibis (www.accorhotels.com) und Best Western (www.bestwestern.com). Bei entsprechender Vorausbuchung kann man hier 20–50% sparen. Für eine stilvolle Unterkunft sind £ 100 etwa die Untergrenze. Frühstück ist in der Regel im Preis inbegriffen. Ein Bed & Breakfast der oberen Klasse ist meist besser als ein mittelmäßiges Hotel. Dafür bieten Hotels eine flexiblere Buchung bzw. Änderung der Buchungsdaten, WLAN und andere Serviceleistungen. Es lohnt sich auch, auf den Websites der einzelnen Häuser und der offiziellen Tourismusorganisationen nach Sonderangeboten Ausschau zu halten.

Bed and Breakfast (B&B)

B&B bietet gute Gelegenheit, die **Schotten in ihren eigenen Wohnungen kennenzulernen.** Manchmal handelt es sich um charaktervolle alte Wohnhäuser, deren Besitzer ihre Gäste herzlich empfangen, die Zimmer geschmackssicher eingerichtet haben und ein hervorragendes gekochtes Frühstück anbieten. In anderen Fällen sind die Zimmer klein und einfach, aber auch dann kann man freundliche Gastgeber und ein reichhaltiges Frühstück erwarten.

VisitScotland prüft und bewertet B&Bs: 4- und 5-Sterne-Häuser sind überdurchschnittlich gut. Das Online-Angebot der Organisation Scotland's Best B&Bs führt nur diese Kategorien: www.scotlandsbestbandbs.co.uk (auch deutschsprachig).

Zur Orientierung: Ein Doppelzimmer unter £ 60 pro Übernachtung ist preiswert. Luxus-B&Bs können über £ 100 kosten. Oft gibt es Ermäßigung, wenn drei Nächte oder mehr gebucht werden.

Jugend- und Backpackerherbergen (Hostels)

Das schottische Jugendherbergswerk SYHA unterhält **landesweit große und kleine Häuser.** Die Ausstattung reicht von spartanisch bis recht komfortabel. Manche Häuser besitzen eine landschaftlich atemberaubende Lage, die kein Luxushotel bietet. Private Backpacker- und Wandererherbergen sind oft gemütlicher als die größeren Häuser des SYHA. £ 16–20 pro Person pro Nacht, manchmal inklusive Frühstück, ist ein typischer Preis für ländliche Herbergen, in Herbergen des SYHA zuzüglich der Jahresgebühr £ 10 oder einer Gebühr von £ 3 pro Nacht.

Scottish Youth Hostels Association (SYHA), 7 Glebe Crescent, Stirling FK8 2JA Tel. 01786/89 14 00, www.syha.org.uk. Die internationale Mitgliedskarte ist auch in Deutschland erhältlich: Deutsches Jugendherbergswerk, Bismarckstr. 8, 32756 Detmold, Tel. 05231/740 10, www.jugendherberge.de.

Um die 120 private Herbergen haben sich in der Organisation Scottish Independent Hostels zusammengeschlossen: Auskunft unter www.hostel-scotland.co.uk.

Noch einfacher als ein Hostel ist ein **Bunkhouse.** Im Hostel wird beispielsweise Bettwäsche immer zur Verfügung gestellt, und es gibt meistens eine gut ausgestattete Küche und Gemeinschaftsräume. Für die Übernachtung im Bunkhouse sollte man einen Schlafsack mitbringen, denn man erhält nicht viel mehr als einen Schlafplatz – aber eben für wenig Geld, meist unter £ 10.

Bothy

Berghütten ohne Betten, Sanitäranlagen und ohne jede Verpflegung heißen *bothy*. Die Bezeichnung leitet sich wohl vom gälischen *botan* (kleine Hütte) her. Sie sind nie abgeschlossen, und Aufenthalt bzw. Übernachtung sind kostenlos. Der Gast hat ein Dach über dem Kopf und Platz zum Schlafen auf dem Fußboden oder auf Bänken. Meist ist ein Kamin vorhanden, nicht immer aber auch Brennholz. Manche dieser Hütten sind einigermaßen sauber, andere nicht. Auf langen Touren in wilder Landschaft sind die *bothies* als Zwischenstation oder Zuflucht nützlich. Für einen längeren Aufenthalt taugen sie natürlich nicht.

Campingplätze

Wildes Campen ist in Schottland grundsätzlich erlaubt, jedoch nicht in der Nähe von Siedlungen. In allen Wanderregionen findet man Campingplätze. Gebühren sind recht unterschiedlich: z.B. ab £ 6 pro Person, oder auch £ 10–15 pro Platz für Zelt, Wohnmobil oder Wohnwagen. In der Hochsaison können selbst Campingplätze ausgebucht sein.

Die Website von VisitScotland hat eine Suchfunktion für Campingplätze. Weitere Informationen findet man unter www.campingandcaravanningclub.co.uk und www.scottishcamping.com.

Verpflegung

Selbstversorgung

Selbstversorger haben es nicht schwer. Filialen der landesweit operierenden Supermarktketten wie Coop, Morrisons und Tesco, die ein sehr breites Sortiment an Lebensmitteln führen, sind in den größeren und mittleren Städten vertreten. In Kleinstädten finden sich bescheidenere Lebensmittelgeschäfte, viele Dörfer aber besitzen gar keinen Laden mehr. An Campingplätze ist in der Regel ein Geschäft mit dem Allerwichtigsten angeschlossen. Die Supermarktketten in größeren Städten haben Mo bis Sa oft bis 22 Uhr geöffnet, So bis 16 Uhr. Bei kleinen Ecklädchen in den Highlands sind die Öffnungszeiten und das Angebot begrenzt.

Schottische Küche

Die schottische Natur bietet alle Voraussetzungen für eine reichhaltige, gute Küche. Das Meer, die Flüsse und Seen bringen Fisch in allerbester Qualität hervor – Schottland exportiert zahlreiche Meeresfrüchte nach Frankreich. In den grünen Tälern grasen Hochland-Rinder und solche der Aberdeen-Angus-

Rasse, während in den Bergregionen die Schafzucht wichtig ist. Für ausgezeichnetes Lamm- und Rindfleisch ist also gesorgt. Auf großen Anwesen, die oft viele Tausend Hektar Wald-, Moor- und Berggebiet umfassen, ist die Jagd eine wichtige Erwerbsquelle. Weltberühmt ist das Moorhuhn *(grouse)*. Auch Fasan und Gerichte vom Rotwild *(venison)* finden sich oft auf den Speisekarten.

Das Nationalgericht der Schotten heißt *haggis*. Es besteht traditionell aus den in einem Lammmagen mit Hafer gegarten Innereien eines Schafes. Auch wenn das eher abschreckend klingt – es lohnt sich, *haggis* einmal zu probieren. In guten Restaurants wird das Gericht mit anderen Zutaten veredelt, mit raffinierten Soßen kredenzt oder erscheint sogar in vegetarischer Version auf dem *menu*. Zum *haggis* reicht man traditionell Steckrüben und Kartoffelbrei *(neeps and tatties)*.

Das schottische Frühstück gehört zu den kulinarischen Höhepunkten des Tages und liefert die Energie für eine lange Wanderung. Beim „Scottish Breakfast" kommen neben Speck, Eiern und gebratenen Würstchen häufig Blutwurst *(black pudding)*, Haferbrei *(porridge)*, sogar Fisch, z.B. *kippers* (geräuchterter Bückling) oder *arbroath smokies* (geräucherter Schellfisch), auf den Teller.

Essen gehen ist – bei vergleichbarer Qualität – in Schottland teurer als im deutschsprachigen Raum. Zu den erfreulichen Entwicklungen der letzten Jahre gehört, dass die schottische Küche verstärkt auf einheimische Produkte und Zutaten setzt. Die Zahl der Köche, die von der französischen oder mediterranen Küche gelernt haben und mit Soßen und Gewürzen schmackhafte Gerichte aus heimischen Produkten zaubern können, ist deutlich größer geworden als noch vor einer Generation.

Restaurants und Pubs

Die in einem modernen europäischen Land zu erwartende Auswahl an Gaststätten aller Kategorien fehlt auch in Schottland nicht. Wer in den Alpen unterwegs war, wird indessen Berghütten vermissen. Selten gibt es während einer Wanderung eine Einkehrmöglichkeit.

Wenn Sie für wenig Geld satt werden möchten, bietet sich die Pub-Küche an. Viele Pubs besitzen einen Restaurantbereich mit Bedienung, bieten aber auch die Möglichkeit, einfache *bar*

Whisky – das schottische „Lebenswasser“

Mit Whisky verfügt Schottland über ein weltweit bekanntes Produkt, das längst zu einem Getränk für Kenner avanciert ist. Die Rede ist von Single Malt Whisky, der immer aus einer einzigen Brennerei stammt und ausschließlich mit gemälzter Gerste hergestellt wird. Entstehungsort und Herstellungsmethode verleihen dem Getränk individuelle Eigenschaften. Je nachdem, ob das verwendete Wasser über Torf oder über Granit geflossen ist, ergeben sich starke Geschmacksunterschiede. Auch die Brenngefäße, die in jeder Brennerei eine andere Form und Größe haben, wirken sich auf das Ergebnis aus. Die rauchigen Whiskys der Isle of Islay, wie Lagavulin und Laphroaig, erhalten ihren Beigeschmack durch den Torf, der beim Mälzen der Gerste verbrannt wird. Samtig und fein im Geschmack sind dagegen die mit Quellwasser gebrauten Speyside Whiskys aus der Region der Cairngorms mit bekannten Marken wie Glenfiddich, Glenlivet und Ardbeg.

Im Gegensatz zu den Single Malts stehen die sogenannten Blended Whiskys, Verschnitte aus den Erzeugnissen verschiedener Hersteller mit einem Anteil von nicht-gemälzter Gerste. Whisky wurde in Schottland seit dem 15. Jahrhundert gebrannt. Nach der Vereinigung von Schottland und England im Jahr 1705 wurden hohe Steuern auf den Handel erhoben. Um diese zu umgehen, wurde illegal gehandelt und geschmuggelt. Erst im 19. Jahrhundert wurde das Brennen und der Verkauf der Destille durch Gesetze geregelt, wodurch sich der Weltmarkt öffnete. Heute ist das Getränk eines der wichtigsten Exportprodukte Schottlands.

Viele Brennereien öffnen ihre Pforten für Besucher. Die Wanderungen in vier Regionen dieses Bands lassen sich leicht mit einer solchen Besichtigung verbinden: In Oban wird der gleichnamige Whisky gebrannt, in Fort William wird Ben Nevis Whisky gebrannt und auf Skye kann man die wunderbare Talisker-Brennerei besuchen. Aviemore liegt am Rande des Gebiets Speyside, das eine besonders große Konzentration von Produktionsstätten aufweist.

106_high Foto: js

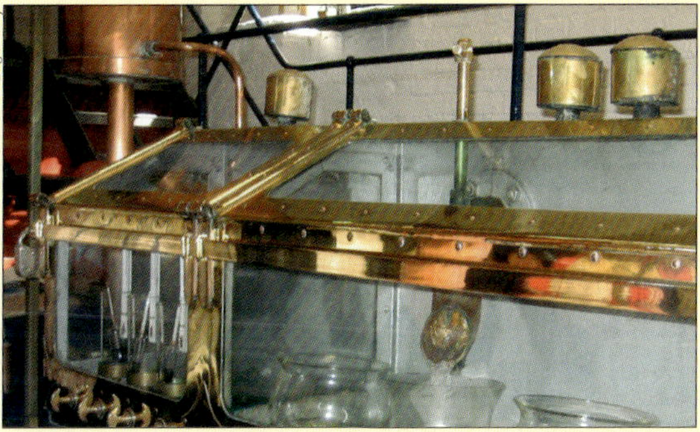

meals an der Theke zu bestellen. In den Bergregionen servieren Pubs und Restaurant oft jedoch nur bis 21 Uhr warme Küche. In Küstennähe findet das britische Nationalgericht Fish & Chips zuweilen zu wahrer Größe: Die Chips (Pommes frites) sind zwar häufig mehlig, aber das in Teig frittierte Fischfilet, meist Schellfisch, schmeckt in den Hafenstädten der Westküste in der Regel ausgezeichnet.

Verkehrsmittel

Fahrplanauskunft für alle Verkehrsmittel und eine Website mit Links zu einzelnen Anbietern (für die Buchung): www.traveline scotland.com, Tel. 0871/200 22 33.

Pkw

Man kann das ganze Land ohne Auto bereisen, muss sich dann aber natürlich etwas mehr Zeit lassen als bei Pkw-Benutzung. Will man flexibel bleiben und in kurzer Zeit viel sehen, hat das Auto seinen Vorteil. Der Nachteil ist die lange Anreise bzw. die relativ hohen Kosten, wenn man vor Ort ein Auto mietet und die Kosten für Benzin. Wer in entlegenere Gegenden der Highlands fährt, sollte übrigens bedenken, dass Tankstellen nur in größeren Ortschaften zu finden sind.

Die meisten Autofahrer aus dem deutschsprachigen Raum gewöhnen sich schnell an den **Linksverkehr.** Beim Kreisverkehr fährt man im Uhrzeigersinn, und meistens hat derjenige Vorfahrt, der sich schon im Kreis befindet, d.h. von rechts kommt. Nur bei Überholmanövern auf Landstraßen ist der Fahrer eines kontinentaleuropäischen Wagens deutlich benachteiligt.

Die besondere Herausforderung für Autofahrer in Schottland ist die *single track road with passing places*, eine einspurige Straße also mit Buchten, in die man einbiegt, um den Gegenverkehr vorbeizulassen. Erschwerend kommen Serpentinen hinzu, wo man die Straße nicht gut sehen kann.

Das Straßennetz ist gut ausgebaut und beschildert. Es gibt vier Kategorien von Straßen: Autobahnen *(motorways)*, die mit „M" nummeriert sind und nicht viel weiter nördlich als Glasgow und Edinburgh reichen, nummerierte „A"- und „B"-Straßen, dazu unklassifizierte kleine Landstraßen.

Geschwindigkeitsbegrenzungen: innerhalb geschlossener Ortschaften 30 Meilen (48 km/Std.), auf Landstraßen 60 (96 km/Std.), auf Autobahnen und vierspurigen Straßen 70 Meilen (112 km/Std.).

Pannenhilfe: AA (Automobile Association), Tel. 0800/88 77 66, www.theAA.com; RAC (Royal Automobile Club) Tel. 0844/ 774 91 46, www.rac.co.uk. Es empfiehlt sich, vor Antritt der Reise einen im Ausland gültigen Schutzbrief zu erwerben. Deutsche und englische Automobilklubs haben Vereinbarungen über gegenseitige Hilfe getroffen.

Die bekannten internationalen **Autovermieter** haben an den Flughäfen und in den größeren Städten ihre Vertretungen. Buchungen über deutsche Reisebüros und Fluggesellschaften sind möglich. Preiswertere Offerten finden sich bei den kleineren Anbietern im Lande. Da die Fähren nicht billig sind und die Autofahrt vom deutschsprachigen Raum nach Schottland je nach Fährhafen und Zielgebiet weit über 1000 Kilometer lang sein kann, ist eine Kombination von Flug und Mietwagen unter Umständen die günstigste Lösung.

In die entlegeneren Regionen der Highlands kommt man ohne Auto nur schwerlich, zudem gibt es mehrere Straßen, die bewusst den schönsten Ausblicken und Landschaften folgen wie die **A830 Road to the Isles** (www.road-to-the-isles.org.uk) von Fort William nach Mallaig und die **A87 durch das Glen Shiel zur Isle of Skye.** Die nördlichen Highlands kann man außerdem seit neustem auf der **North Coast 500** umrunden, eine Fernstraße, die an den schönsten Küstenstrichen und Landschaften vorbeiführt (www.northcoast500.com).

Bus

Da es in den Highlands nur wenige Bahnstrecken gibt, ist „öffentliches Verkehrsmittel" in vielen Gegenden ein Synonym für Bus. Generell, auch an ausgewiesenen Bushaltestellen, gilt die goldene Regel: **Winken Sie dem Fahrer beherzt zu,** wenn der Bus naht, damit er anhält.

Der wichtigste Anbieter für längere Strecken ist Scottish Citylink: Tel. 0871/266 33 33, www.citylink.co.uk. Die Verbindungen der Firma Megabus mehrmals täglich zwischen Edinburgh, Glasgow, Inverness und Perth sind nicht nur schnell, sondern auch sehr preiswert. Informationen unter http://uk.megabus.

com. Bei Online-Buchung sind die Fahrkarten von Citylink und Megabus erheblich billiger.

Bei www.macbackpackers.com, Tel. 0131/558 99 00, auch deutschsprachig, finden Reisende mit kleinem Portemonnaie Minibus-Verbindungen zwischen den firmeneigenen Herbergen.

Die Anfahrt zu den in diesem Band beschriebenen Touren erfolgt meist mit örtlichen Buslinien. Dort, wo die Wahl zwischen Citylink und lokalen Linien besteht, z.B. von Fort William in Richtung Glencoe und auf Skye zwischen Portree und Sligachan, ist Citylink immer die teurere Alternative. Viele Verbindungen in den Highlands werden von der Firma Stagecoach (www.stagecoachbus.com) betrieben, andere z.B. durch die First Group (Edinburgh, Glasgow, Aberdeen, www.firstgroup.

Schottische Busfahrpläne und Tarife – eine Wissenschaft für sich

Eigentlich doch ein Kinderspiel, den Busfahrplan zu lesen! Bei den Fahrplänen schottischer Landbusse kann man freilich gar nicht genug aufpassen. Und wenn es nur zwei Verbindungen täglich gibt, kann ein Fehler ärgerliche Folgen haben. Am besten sieht man direkt auf der Website des Veranstalters nach, denn PDFs im Internet können veraltet sein.

Mancherorts kommen zu den Unterschieden zwischen Sommer- und Winterfahrplan noch solche für eine Zwischensaison. Sommer heißt bei manchen Routen Mai bis Oktober, bei anderen Juni bis Mitte August. Viele Busverbindungen beschränken sich auf Schultage und sonntags fahren in den Highlands nur Fernbusse.

Ein ausgeklügeltes System von Fahrplansymbolen zeigt, welcher Bus nur dienstags und donnerstags fährt, welcher täglich (aber nur an Schultagen), welcher erst ab Ende Mai usw. Besorgen Sie sich im Tourist Information Centre oder online die Fahrpläne für Ihr Zielgebiet und studieren Sie sie sorgfältig. Sie sind nicht immer fehlerfrei – fragen Sie also zur Sicherheit noch einmal bei den Einheimischen nach, die Ihnen dann vielleicht sagen: „Ja, diese Woche kommt der Bus nur am Donnerstag; steht so nicht im Plan".

Die zu den Wanderungen dieses Bands angegebenen Verbindungen sind aber nur als Orientierungshilfe zu betrachten. Prüfen Sie selbst vor Ort, und zwar (spätestens) am Abend vor einer geplanten Wanderung, ob die Angaben noch stimmen, denn Änderungen sind in Schottland immer möglich.

Für jede Tour sind nur die relevanten Verbindungen aufgeführt. Es würde den Rahmen dieses Bandes sprengen, alle Busabfahrtzeiten für

com) oder West Coast Motors (www.westcoastmotors.co.uk) – nach Regionen gegliederte Fahrpläne stehen jeweils auf den Websites. Unter www.travelinescotland.com kann man bei „Plan your journey" die gewünschte Route, Datum und Uhrzeit eingeben und sieht dann Verbindungen inkl. Liniennummern. Der vollständige Fahrplan kann als PDF gespeichert werden. Ähnlich funktioniert auch die Seite Busbud, www.busbud.com.

Die Fahrkosten sind je nach Anbieter regional unterschiedlich. Als Richtwert kann man davon ausgehen, dass ein Einzelfahrschein vom Quartier zum Startpunkt der Wanderung ca. £ 3–4 für eine kurze Strecke bis 10 km kostet, £ 4–6 für längere Strecken bis ca. 25 km. Teurer wird es, wenn man kurze Strecken mit den Fernbussen von Citylink zurücklegt.

jede Jahreszeit anzugeben. Es wurden Verbindungen gewählt, die bei normaler Schrittgeschwindigkeit und angemessener Pausenzeit eine Anfahrt zum Ausgangspunkt und die Rückfahrt vom Endpunkt am selben Tag ermöglichen. Sparmaßnahmen der letzten Jahre haben dazu geführt, dass es keinen Bus mehr zum Startpunkt der Touren 3, 28 und 29 gibt.

Die gute Nachricht: Die Busse sind meist pünktlich und die Busfahrer hilfsbereit; sie halten auf Anfrage dort, wo der Wanderer ein- und aussteigen muss.

Wer sich durch die Fahrpläne gewühlt hat, muss dann immer noch den **Preis für das Ticket** herausfinden. Auch hier gibt es eine Fülle von Möglichkeiten, die sich meist an Pendler richten und oft nicht einmal Einzeltarife ausweisen. In einigen Städten kann man inzwischen Ticket-Apps auf das Smartphone herunterladen und auf diesem Weg die Reise vorplanen. Auch bei Online-Buchung ohne App gibt es günstigere Tarife, wenn man z.B. für mehrere Tage bucht. Edinburgh, https://lothianbuses.co.uk/tickets/m-tickets; Glasgow, www.firstgroup.com/greater-glasgow/tickets/mtickets-0 oder Stirling, www.one-ticket.co.uk/buy. Es ist auf jeden Fall empfehlenswert, sich in der Touristeninformation der größeren Städte wie Edinburgh oder Glasgow vorab über die besten Tarife und Verbindungen für Busreisen in die Highlands zu informieren.

Warnung vor dem Sonntag: Auf den Inseln und in den meisten Teilen der Highlands bleibt sonntags so gut wie alles geschlossen, und örtliche Buslinien verkehren nicht. Nur in den wichtigsten Ferienorten wie Aviemore und Callander kann man während der Saison an diesem Tag einkaufen. Züge und Fernbusse fahren sonntags zwar, jedoch mit reduziertem Fahrplan.

Bahn

Die schottischen Highlands verfügen über ein nur schwach ausgebildetes Eisenbahnnetz. Gerade einmal bei zwei Wanderungen in diesem Band, den Touren 5 und 10 ab Fort William, erfolgt die Anreise zum Ausgangspunkt mit der Bahn (Tour 4 wahlweise Bahn oder Bus). Die West Highland Line von Glasgow nach Fort William ist eine landschaftlich sehr schöne Strecke. Von Fort William nach Mallaig verläuft der Dampfzug **Jacobite Steam Train** fast paralell zur **Road to the Isles.** Der Zug und die Strecke mit ihrem atemberaubenden Viaduct bei Glenfinnan ist aus den Harry Potter-Büchern als Hogwarts Express bekannt (www.westcoastrailways.co.uk). Ebenfalls schön ist die Strecke durch die östlichen Highlands nach Aviemore und Inverness, doch ist sie als Verkehrsmittel bei der Anfahrt zu den Wanderungen weniger nützlich.

Mitfahrgelegenheiten

Natürlich gelten auch in Schottland die üblichen Hinweise zu den Risiken, per Anhalter zu fahren. Wenn man den letzten Bus verpasst, hat man jedenfalls gute Chancen, mitgenommen zu werden. Vor allem motorisierte Wanderer, welche die Problemlage kennen, zeigen Hilfsbereitschaft.

Ein Tipp: Es kann sich lohnen, im Pub, im Lebensmitteladen oder in der Herberge zu fragen, wie man am leichtesten zum Zielort kommt. In den dünn besiedelten Highlands-Gebieten kennt jeder jeden. Einheimische wissen, wer die gleiche Strecke hat, und vermitteln schon mal eine Mitfahrgelegenheit.

Radfahren

Für Mountain Biker eignen sich die Highlands bestens, bei Radtouren auf Landstraßen hält sich der Spaß in Grenzen. Der schottische Gegenwind bläst heftig, es geht steil auf und ab, und es gibt immer noch viel zu wenige Radwege. Auf Hauptstraßen fahren Autos mit hohem Tempo dicht am Radler vorbei. Auch Nebenstraßen, kurvenreich und unübersichtlich wie sie sind, bergen Gefahren.

Wer sich von diesen Hinweisen nicht abschrecken lässt, kann längere Strecken auf dem entstehenden National Cycle Network zurücklegen. Dieses Netz mit einer Gesamtlänge von über 2000 km in Schottland besteht aus mit Wegweisern gekennzeichneten Radwegen, die national von der Organisation Sustrans verwaltet werden (www.sustrans.org.uk/ncn/map/natio nal-cycle-network).

Für kurze Anfahrten vom Quartierort zum Ausgangs-/Endpunkt einzelner Wanderungen (Ziel- oder Rundwanderungen) stehen Leihräder fast überall für £ 8–20 pro Tag und £ 35–65 pro Woche zur Verfügung. VisitScotland hält praktische Informationen bereit, auch online: www. visitscotland.com, dann „Aktivitäten" und „Radtouren".

Fähren

Die Firma Caledonian MacBrayne (Calmac) ist der wichtigste Betreiber von Fähren, z.B. zur Insel Skye und zu den kleinen Inseln bei Oban (Touren 1, 3). Tel. 0800/066 50 00, www.cal mac.co.uk.

Kommunikation

Post

Öffnungszeiten der Postämter: Mo–Fr 9–17.30 Uhr, meist auch Sa 9–12.30 Uhr. Viele Dörfer besitzen inzwischen kein eigenes Postamt mehr, vielmehr ist die Post Teil eines Dorfladens. Briefe von Zentren wie Glasgow und Edinburgh in andere EU-Länder und in die Schweiz werden nach zwei bis drei Tagen zugestellt; bei Aufgabe der Briefe in irgendeinem Hochland-Örtchen müssen Sie einen Tag mehr rechnen. Ein Standardbrief von maximal 10 g Gewicht kostet £ 0,97 Porto.

Internet

Internetcafés sind mittlerweile recht dünn gesät, da immer mehr Gaststätten, Bed & Breakfast-Häuser und Hotels einen kostenlosen Internetzugang per WLAN („free WiFi") anbieten. Auch in ganz kleinen Orten findet man meistens ein Café oder einen Pub mit dieser Dienstleistung. Wenn Sie Ihren eigenen Netbook oder Laptop mitnehmen und viel surfen wollen, kann es sich lohnen, einen Surfstick *(Dongle)* mit SIM-Karte eines lokalen Anbieters zu kaufen. Führende Anbieter sind Vodafone, O2, T-Mobile, Orange und Three (3).

Telefon

Aus dem Ausland erreichen Sie einen schottischen Anschluss, indem Sie zunächst die 0044 für Großbritannien, dann die örtliche Vorwahl ohne (!) die erste Null (also z.B. 141 statt 0141 für Glasgow) wählen. Das gleiche gilt bei Anrufen aus Schottland in den deutschspachigen Raum. Auch hier entfällt nach der Ländervorwahl (zur Erinnerung: 0049 für Deutschland, 0043 für Österreich, 0041 für die Schweiz) die erste Null der Ortsvorwahl (man wählt also z.B. 221 statt 0221 für Köln).

Öffentliche Fernsprecher sind selten bis unauffindbar und wenn, dann nur noch mit Kreditkarten zu bedienen. Wer von einem Festnetz *(landline)* anrufen will, sollte dies daher vom Hotel aus tun. Ansonsten muss man sich mit dem Mobiltelefon behelfen, wobei in den Bergregionen außerhalb von Ortschaften auch mit Signalausfall zu rechnen ist.

Die Wanderwege

Der **Zustand der Wanderwege** weist große Unterschiede auf. Bequeme, regelmäßig gewartete und entwässerte Wege gibt es in Wäldern, die von der Forstbehörde verwaltet werden (z.B. Touren 21, 26, Teile der Touren 6, 27, 29) oder in Gebieten, die gezielt für Freizeitaktivitäten erschlossen sind (Great Glen Way, Touren 9, 22). Anderswo erleichtern von der Land- oder Wasserwirtschaft genutzte Erdfahrwege das Wandern (z.B. Touren 23, 28). Vielfach, und bei Höhen über 500 m, sind die Wanderwege abwechselnd feucht und steinig, oft uneben und schmal. In höheren Lagen und entlegenen Tälern müssen Bäche und sumpfige Stellen übersprungen oder auf Trittsteinen überquert werden. Auf rauen, steilen Bergpfaden ist gelegentlich Handeinsatz erforderlich.

Wegweiser, Orientierung, Kartenkoordinaten

Durchgängige **Wegmarkierungen** dürfen Sie nur in einigen Forstgebieten und auf Weitwanderrouten wie dem **Great Glen Way** oder dem **West Highland Way** erwarten. Auf vielen Touren finden Sie zwar einzelne Wegweiser an wichtigen Kreuzungen oder Gabelungen, aber ausgewiesene Routen mit Farbmarkierungen an Steinen und Bäumen, so wie in den Alpen, sind nicht vorhanden. Bei Gipfeltouren und Wanderungen fern der Autostraßen gehören deshalb der Kompass und eine gute Wanderkarte in den Rucksack.

Auf topografischen Landkarten ist das für ganz Großbritannien gültige **Koordinatensystem** eingezeichnet. Das gesamte Land wurde in Quadrate von 100 km mal 100 km eingeteilt, die alphabetische Bezeichnungen erhielten, z.B. Quadrat NN. Die Karten zeigen in einem zweistelligen Raster von 00 bis 99 Unterteilungen in Quadrate von 1 km mal 1 km. Innerhalb eines Quadratkilometers schätzt man oder misst mit Lineal die Zehntelkilometer. Die Koordinaten eines Ortes werden entsprechend mit je

098_high Foto: js

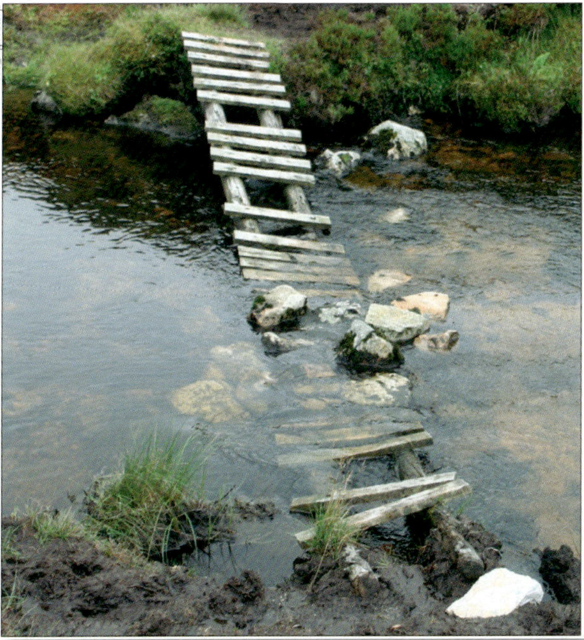

Eine Bachquerung, die es in sich hat

Gälisch für Wanderer

Die allermeisten Namen von Flüssen und Bergen, auch viele Ortsnamen, sind gälische Wörter. Hier eine Auswahl der Begriffe, die Sie häufig auf der Landkarte finden werden.

abhain	Fluss
allt	Bach
aonach	Grat
beag	klein
bealach	Pass zwischen zwei Hügeln
beinn, ben	Berg
bhan	weiß
bidean	Gipfel
clachan	Dorf
cnoc	runde Hügelkuppe
coire (corrie)	von Gletschern ausgeschliffenes Hochtal
crag, creag, craig	Fels, felsiger Vorsprung oder Gipfel
dearg	rot
drochaid	Brücke
druim	Kamm
dubh, duibh	dunkel, schwarz
dun	Festung
eas	Wasserfall
eilean	Insel
fionn	weiß
fraoch	Heidekraut
glas	grau
gleann, glen	Tal
gorm	blau
inver	Flussmündung
kin	Kopf
lairig	Bergpass
linne	Tümpel
lochan	kleiner See
luib	Biegung
meall	runder Berg
mhor, mor	groß
ness	Landspitze
sgorr, sgurr	spitzer Berg
sneachd	Schnee
stob	Gipfel
strath	breites Tal
traigh	Strand

Anmerkung: Für die Buchstaben des gälischen Alphabets stehen 18 Pflanzen und Bäume. Sie sind als Bestandteile vieler Ortsnamen erkennbar.
A: *ailm*, Ulme; B: *beith*, Birke; C: *coll*, Hasel; D: *dair*, Eiche; E: *eadha*, Espe; F: *fearn*, Erle; G: *gort*, Efeu; H: *uath*, Weißdorn; I: *iogh*, Eibe; L: *luis*, Eberesche; M: *muin*, Rebe; N: *nuin*, Esche; O: *onn*, Ginster; P: *Beith Bhog*, Moorbirke; R: *ruis*, Holunder; S: *suil*, Weide; T: *teine*, Stechginster; U: *ur*, auch Eibe.

drei Zahlen für die West-Ost- und für die Süd-Nord-Achse angegeben. So hat das Straßenkreuz in der Mitte der Stadt Callander die Koordinaten NN 627079: Großquadrat NN, von Westen nach Osten 62 (eingezeichnet) und 7 Zehntel (auf 100 m geschätzt), von Süden nach Norden 07 (eingezeichnet) und 9 Zehntel (auf 100 m geschätzt).

In diesem Band sind die Koordinaten der wichtigen Wegpunkte und Kreuzungen in den Tourenbeschreibungen angegeben – als Schätzung auf 100 m. Wer mit einem GPS-Gerät wandert, kann die Einstellung wählen, die das britische Koordinatensystem zeigt, und die Position mit Bezug auf die Wanderkarte wesentlich genauer bestimmen.

Wegerecht und der Scottish Outdoor Access Code

2003 regelte das schottische Parlament den Zugang zum Land. Ziel der Gesetzgebung war es, allen Menschen den Genuss der Natur und Freizeitaktivitäten zu ermöglichen, gleichzeitig aber die Interessen der Bauern und Grundbesitzer zu wahren. Die Rechte und Pflichten von Wanderern und anderen hält der Scottish Outdoor Access Code (Code zum Zugangsrecht, (www.outdooraccess-scotland.com) fest.

Das **Recht** auf freien Zugang gilt für Berge und Wälder, für Acker- und Weideland, für Strände, Seen und Flüsse. Ausgenommen sind die unmittelbare Umgebung von Wohnhäusern, sowie Gärten und Felder, auf denen Erntefrüchte angebaut sind.

Die **Pflichten** werden folgendermaßen zusammengefasst: Besucher sollten pfleglich mit der Natur umgehen; Eigenverantwortung übernehmen; die Privatsphäre anderer respektieren; Bauern, Landbesitzern und anderen helfen, ihrer Tätigkeit sicher und effektiv nachzugehen. Für Wanderer heißt das konkret:

- Hinterlassen Sie Tore und Gatter so, wie Sie sie vorgefunden haben.
- Blockieren oder verstellen Sie keine Einfahrten oder Wege.
- Suchen Sie nach einer Wegalternative, ehe Sie eine Weide mit Tieren betreten.
- Füttern Sie keine Tiere.
- Beschädigen Sie keine Zäune oder Mauern.
- Beschädigen Sie die Ernte nicht, indem Sie querfeldein laufen (stets nur auf dem Randstreifen von Feldern gehen oder über Gelände, auf dem nichts angebaut ist).

Jagd

Gelegentlich kann es zu Konflikten von Wanderern und Jägern kommen. Streitpunkt ist dann meistens, dass die Jäger bei ihrer Pirsch auf Rotwild ungestört bleiben möchten. Die Jagdsaison für Rotwild reicht vom 1. Juli bis zum 20. Oktober (Hirsche vor allem September/Oktober) und vom 21. Oktober bis zum 15. Februar (Hirschkühe vor allem im Dezember). Dann sollte man auf den Wegen bleiben und nicht quer durchs Gelände und über die Hänge gehen. Auf der Website www.outdooraccess-scotland.com/Practical-guide/public/Heading-for-the-Scottish-Hills kann man weiterführende Infos und Telefonnummern bekommen und die dazugehörigen PDFs herunterladen. Bleibt man auf den Wegen der hier beschriebenen Touren, sind Schwierigkeiten höchst unwahrscheinlich. Am ehesten trifft man bei den Touren 5 und 10 auf Jäger; die Hillphone-Nummer hierfür ist 01397/73 23 62.

Gehzeiten

Bitte beachten Sie, dass die in diesem Buch angegebenen Gehzeiten „reine" Gehzeiten sind. Als solche sind sie natürlich fiktiv. Denn sie gehen von einem fiktiven Wanderer aus, der nie eine Rastzeit einlegt. Aber wie soll man Gehzeiten anders bemessen als in solchen „reinen" Angaben? Der eine Wanderer mag eine halbe Stunde, der andere nur zwei Minuten am Pass oder in einer Ortschaft rasten, und wie sollen die individuellen Verschnauf- oder Fotografierpausen angemessen erfasst werden?

Die „reine Gehzeit" gibt Ihnen für die Planung immerhin die grundlegenden Anhaltspunkte. Sie ist berechnet auf einen Wanderer mittleren Alters und mittlerer Kondition, der auf Wegen und Pfaden der Klassen 1 bis 3 etwa 350 m pro Stunde aufsteigt und gut 500 m pro Stunde absteigt. Bei schlechten Witterungsverhältnissen können sich die Gehzeiten deutlich erhöhen. Andererseits werden athletische, konditionsstarke Wanderer sie bis zu einem Drittel unterbieten können.

Je nach Länge der Etappe müssen Sie die „reine Gehzeit" zur „realen Gehzeit" hochrechnen. Aus 3 Std. werden dann vielleicht 3:30 Std., aus 5 Std. womöglich volle 6 Std. Sie werden schon bald einschätzen lernen, was die abstrakten Wegzeiten dieses Buchs ganz konkret für Sie und Ihre individuelle Art zu wandern bedeuten.

Gerade aber weil „Gehzeit" im Kern ein so interpretationsbedürftiger Begriff ist, wird in diesem Buch nicht an einer künstlichen Übergenauigkeit à la 4:55 Std. gefeilt. Vielmehr ordnen sich die Zeitangaben, abgesehen von der ersten Wanderstunde, wo wir es genauer nehmen, nach Viertelstunden-Schritten, zuweilen mit den Beiwörtern ‚reichlich' oder ‚knapp' die Tendenz signalisierend.

Wasser

Nehmen Sie grundsätzlich einen ausreichenden Wasservorrat mit (mindestens 1 l, bei hohen Temperaturen eine Reserveflasche). Jeder längere Anstieg ist schweißtreibend, aber auch beim Gehen auf ebenen Wegen kann der Körper bei sommerlicher Hitze austrocknen. Bei Bergbächen ist die Gefahr einer Verunreinigung durch Tiere oder Menschen selten vollkommen auszuschließen.

Wettervorhersage

Allgemeine Vorhersagen für eine ganze Region sind nur mit Einschränkungen nützlich. In den Tourist Information Centres oder in Wandererherbergen hängt oft eine recht genaue Vorhersage für die nahen Berge aus – mit Wolkenhöhe, Temperatur und Windgeschwindigkeit auf den Gipfeln usw.

Zwei Internetadressen: Über das Wetter in den Bergen unterrichtet: www.mwis.org.uk; Wettervorhersagen nach Ort oder Postleitzahl: www.bbc.co. uk/weather.

Sicherheit und Anforderungen

Vor der schottischen Bergwelt ist Respekt geboten. Auf dem Breitengrad der Highlands, ca. 56–58°, hat eine Höhe von 1000 Metern einen anderen Stellenwert als etwa in den Alpen. Eisiger Wind, Nebel oder ein plötzlicher Wetterumschwung bedeuten Gefahr, wenn die richtige Ausrüstung für die Berge fehlt. Jedes Jahr sterben Bergsteiger und Wanderer in den Highlands. Eine häufige Todesursache ist Unterkühlung: Wer allein wandert und sich verletzt oder nicht rechtzeitig vor Einbruch der Dunkelheit den Weg hinunter ins Tal findet, erfriert. Deshalb **einige Grundregeln:**

- Überschätzen Sie Ihre Kondition nicht. Sofern Sie nicht regelmäßig in den Bergen wandern, sollten Sie mit leichten Touren beginnen.
- Beachten Sie die Angaben zu den Gehzeiten und berücksichtigen Sie die jeweilige Zeit des Sonnenuntergangs.
- Füllen Sie das in Jugendherbergen und anderen Unterkünften ausliegende Sicherheitsformular mit Angaben über die Tagesroute aus, vor allem, wenn Sie allein unterwegs sind. Wenn Sie abends nicht zurückkommen, weiß die Bergrettung, wo die Suche beginnen sollte.
- Achten Sie auf die Wettervorhersage.

Die **Anforderungsziffern** im Vorspann zu den jeweiligen Etappen beziehen sich auf die neue sechsstufige schweizerische Skala für den Bergwanderer SAC-Wanderskala (www.sac-cas.ch/unterwegs/schwierigkeits-skalen.html), die differenzierter ist als die bisher üblichen Skalen mit nur drei Schwierigkeitsgraden. In den schottischen Highlands bewegen sich die Anforderungen üblicherweise in den Kategorien 1 bis 4. Anmerkung: Touren in den Schwierigkeitsklassen 1 und 2 sind durchweg auch mit Kindern gehbar.

Es sollte aber unbedingt beachtet werden, dass die verwendete Skala die technischen Schwierigkeiten erfasst und nur am Rande die konditionellen Ansprüche bewertet. Eine Etappe kann technisch einfach und für jedermann gehbar, aber allein durch

Schwierigkeitsgrad 4: „The Bad Step“ (Tour 14)

Anforderungsskala

(orientiert an den Kriterien des schweizerischen Alpenclubs SAC)

●**1** = Spaziergänge/Wanderungen in ebenem oder welligem Gelände, die keinerlei Orientierungsprobleme aufwerfen; man geht auf breiten Naturwegen oder Spazierpfaden, manchmal leider auch auf Teer/Asphalt
●**2** = Wanderungen in Hügel- oder Berggelände, meist nicht sonderlich steil, doch kann das Gelände seitwärts abschüssig sein; nur ausnahmsweise Orientierungsprobleme
●**3** = Wanderungen auf Bergpfaden, die da und dort Orientierungsprobleme aufwerfen können und aufgrund von Steilstellen, leicht ausgesetzten Wegabschnitten oder unbequemem Untergrund (z.B. Geröll) Ansprüche stellen und Trittsicherheit voraussetzen
●**4** = Wanderungen auf meist schmalen Berg- oder Schluchtpfaden (zuweilen auch auf nur noch schwachen Wegspuren) in abschüssigem, schwierigem Gelände, das immer wieder Handeinsatz erfordert. Vertrautheit mit exponiertem Gelände, ein gutes Orientierungsvermögen, Trittsicherheit und relative Schwindelfreiheit sind Voraussetzung. (Dies ist in den Wanderführern von Reise Know-How die höchste Schwierigkeitskategorie.)

●*5 = Meist unmarkierte und sehr anspruchsvolle (Kletterstellen bis II) Bergroute, die absolute Schwindelfreiheit und Bergerfahrung voraussetzt.*
●*6 = Überaus anspruchsvolle (alpine und hochalpine) Touren; nervenstarken, bestens geübten, absolut schwindelfreien Wanderern vorbehalten, deutlich schwieriger als gesicherte Klettersteige und gewöhnliche Bergsteigerrouten*

049_high Foto: js

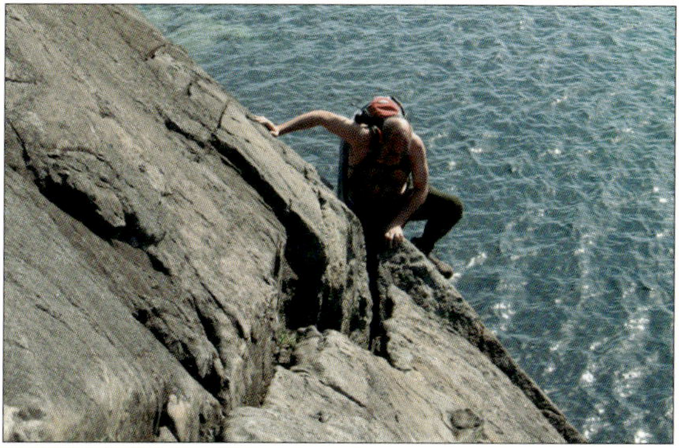

Länge/Gehzeit oder erhebliche Höhenunterschiede konditionell fordernd und ermüdend sein.

Notfälle

Alarmsignal im Notfall: sechs kurze Signale hintereinander mit Trillerpfeife oder Taschenlampe, jede Minute wiederholen.

Notruf für Polizei, Feuerwehr, Krankenwagen: Tel. 999 (bei Problemen in den Bergen sollten Sie nach Mountain Rescue fragen).

Wenn Sie einen Zwischenfall/Unfall an die Rettungskräfte melden, sollten Sie folgende Informationen bereit halten:

- Lage des Unfallorts: Kartenkoordinaten, Name des Bergs/Gebiets?
- Wie viele Personen sind betroffen – Namen, gesundheitlicher Zustand?
- Was ist passiert, welche Verletzungen/Probleme gibt es?
- Wetter- und Sichtverhältnisse, welche Ausrüstung ist am Unfallort vorhanden?
- Welche Auffälligkeiten, z.B. im Terrain, erleichtern den Helfern, den Unfallort zu finden?
- Von wo aus melden Sie den Unfall, wenn nicht vom Ort des Geschehens?

Gehen Sie nicht davon aus, dass Sie mit einem **Mobiltelefon** überall in den Highlands Empfang haben. Manchmal können Gipfelstürmer vom Berg aus telefonieren, um Daheimgebliebenen den Erfolg zu melden. Am nächsten Tag wandert man dann wieder stundenlang im Schatten von Felswänden und ist ohne Empfang.

Unfall im Abstieg vom Ben Nevis.
Ein Hubschrauber der Royal Air Force im Rettungseinsatz

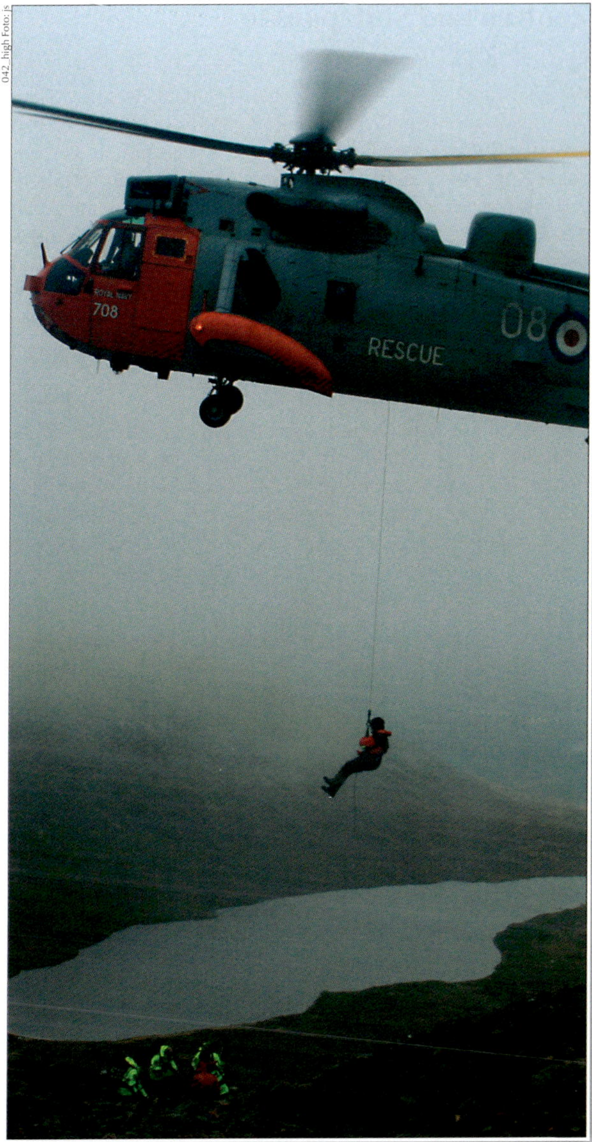

042_high Foto: js

Zentren und Stützpunkte

Jedes in diesem Band beschriebene Zielgebiet hält herrliche Wanderrouten bereit, die eine ganze Urlaubswoche füllen. Wenn Sie nur eine Woche bleiben und möglichst viel von Schottland erleben wollen, wählen Sie am besten ein Gebiet, das sowohl Meer als auch Berge bietet, z.B. Oban für mehrheitlich leichte Strecken oder Fort William für eine attraktive Mischung aus Bergtouren und gemächlicheren Wanderungen. Bevorzugen Sie eine wilde, einsame Landschaft mit Bergen und zerklüfteten Küsten, sind die Insel Skye und die Region Assynt im Nordwesten die Favoriten; allerdings dauert die Anreise länger. Die kürzeste Anreise hat man beim Besuch des Trossach-Gebirges.

Wenn Sie zwei Wochen oder mehr Zeit haben, empfiehlt es sich, den Standort zu wechseln. Dann kann man z.B. die weniger schroffen Trossachs mit den hohen Cairngorms vergleichen und nebenher noch die Highlands-Hauptstadt Inverness oder eine Whisky-Brennerei im Spey-Tal nördlich von Aviemore besuchen. Der berühmte See Loch Ness ist landschaftlich reizvoll, aber gewiss nicht das schönste Gebiet Schottlands und kein Muss.

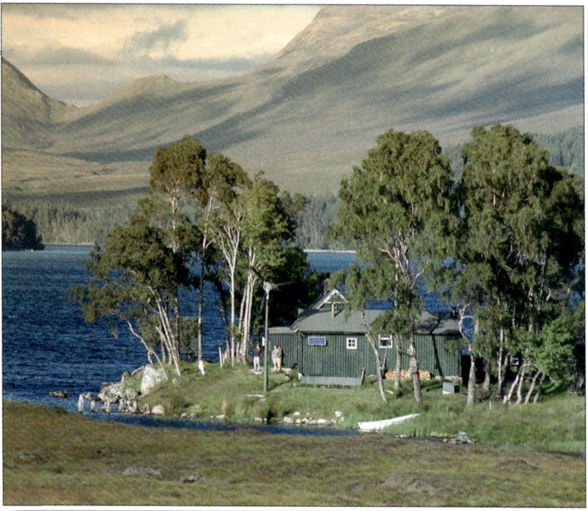

112_high Foto: mv

Stützpunkt Oban

Argyll und die Westküste: Touren 1–4

Orientierung

Die 8600-Einwohner-Stadt Oban ist der wichtigste Hafen an der schottischen Westküste, Anlaufstelle für Fähren zu den Hebriden-Inseln und Fischereihafen zugleich. Oban besitzt eine schöne natürliche Lage zwischen grünen Hügeln und einer von der Insel Kerrera geschützten Bucht. Oban entwickelte sich im 18. Jahrhundert zu einem Exporthafen für Whisky, Wolle und Schiefer und rundherum wuchs die Stadt stetig an. In der 1794 gegründeten **Oban Distillery** (www.malts.com/en-row/distilleries/oban) kann man ein Muster des angenehmen Tröpfchens Oban kaufen.

Der Geschäftsmann John Stuart McCaig erbaute 1887 den an ein römisches Collosseum erinnernden **McCaig's Tower,** der auf dem Hügel über der Stadt thront und zu dem man hinaufwandern kann. Das Stadtzentrum mit seinen Geschäftsstraßen erstreckt sich rund um die Hafenpromenade, wo man vorbei an zahlreichen Restaurants und Bars flanieren und gut einkehren kann. In den vielen Fischrestaurants kommen alle Spezialitäten fangfrisch aus den hiesigen Gewässern. An der Promenade kann man noch weiterwandern bis zur Ruine des **Dunollie Castle,** das den Hafen bewacht.

Für „wanderfreie" Tage bieten sich Inselausflüge an, z.B. die kurze Überfahrt nach Mull mit der reizenden Inselhauptstadt Tobermory, vielleicht kombiniert mit einem Besuch der heiligen Insel Iona und den Basaltsäulen der Höhle auf Staffa. Am Hafen werden **Ausflüge zu Robbenkolonien und „Whale und Dolphin Watching",** d.h. Schiffstouren, bei denen man Wale und Delfine sieht, angeboten. Das **Sea Life Sanctuary** einige Kilometer nördlich in Benderloch dokumentiert anschaulich die vielfältigen Lebensformen schottischer Gewässer. Wunderbare Gärten, z.B. Arduaine Garden 30 km südlich der Stadt, bezeugen das milde Klima der Westküste.

Herrlich gelegen: die Jugendherberge am Loch Ossian

Praktische Informationen

Anreise

- **Bahn** ab Glasgow Queen Street mehrmals tägl. (So. und Winterhalbjahr dreimal), Fahrzeit 3:30 Std., Abfahrt z.B. 8.21, 10.37, 12.21, 16.37 Uhr, bei Buchung am selben Tag einfache Fahrt £ 24,40, bei Vorausbuchung ab £ 10. Ab Edinburgh 1 Std. länger, in Glasgow umsteigen.
- **Bus** z.B. mit Citylink Bus 976 ab Glasgow Buchanan Street, 6.40 oder 10.30 Uhr, ca. 4:30 Std., einfache Fahrt £ 27,80.

Auskunft

- **Oban iCentre,** 3 North Pier, PA34 5QD, Tel. 01631/56 31 22, www.oban.org.uk.

Unterkunft

Die Stadt verfügt über einige Hotels und eine große Anzahl von B&B-Häusern.

- **SYHA Jugendherberge,** Corran Esplanade, Tel. 01631/56 20 25, www.syha.org.uk, 100 Betten, ganzjährig geöffnet, ab £ 19. Kürzlich renovierte 5-Sterne-Herberge, direkt am Meer in einer schönen alten Villa nördlich des Bahnhofs, von dort 15 Min. zu Fuß. Man hat die Wahl zwischen Mehrbett-, Einzel- und Familienzimmern, teils mit eigenem Bad.
- **Gramarvin Guest House,** 5 Strathhaven Terrace, PA34 5PE, 01631/56 46 22, www.gramarvin.co.uk. Einfaches, modernes B&B in viktorianischem Stadthaus oberhalb des Hafens, ab 35 £ pro Person, Preis inkl. schottischem Frühstück.

040_high Foto: js

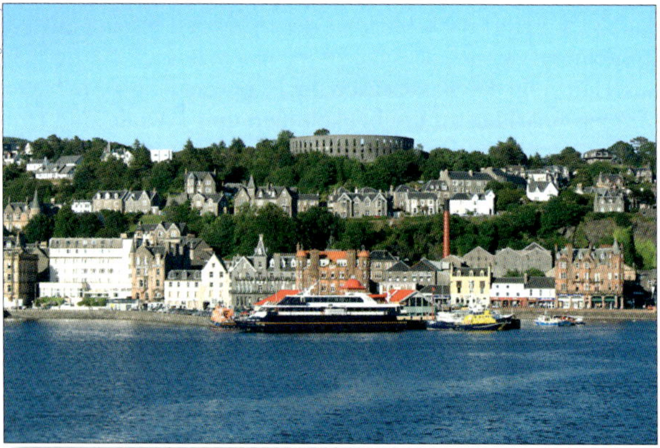

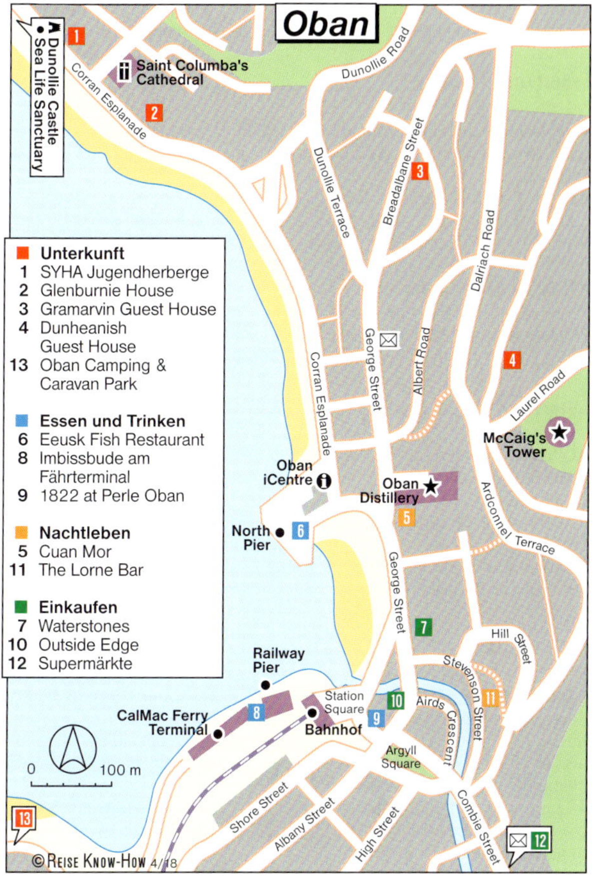

- **Dunheanish Guest House,** Ardconnel Road, Tel. 01631/56 65 56, www.dunheanish.com, £ 32–45 pro Person. Hochklassiges B&B neben dem Aussichtspunkt McCaig's Tower, sechs gut eingerichtete Gästezimmer, teils mit Blick auf die Bucht. WLAN und ein hervorragendes Frühstück.
- **Glenburnie House,** Esplanade, Tel. 01631/56 20 89, www.glenburnie.co.uk, 12 Zimmer, DZ ab £ 90, mit Meeresblick ab £ 110. Modernes, gediegenes kleines Hotel mit Meeresblick, sehr empfehlenswertes Frühstück.
- **Oban Camping & Caravan Park,** Gallanach Road, Tel. 01631/56 24 25, www.obancaravanpark.com, April–Mitte Okt., £ 16 für Zelt, £ 20 für Wohnmobil, Ferienwohnungen und Kabinen ab £ 310–700 pro Woche, je nach

Größe der Lodge und Personenanzahl. Schön gelegen an der Küste mit Blick auf die Insel Kerrera, 3 km südwestlich der Stadtmitte.

Essen und Trinken

- **Imbissbude am Fährterminal** (nur tagsüber): Preiswert erhalten Sie hier schmackhafte, frische Meeresfrüchte, z.B. Hummersandwich und Krabbencocktail.
- **Eeusk Fish Restaurant,** North Pier, PA34 5QD, Tel. 01631/56 56 66, www.eeusk.com, tägl. 12–15, 17.45–21 Uhr. Hier kommen Fisch und Meeresfrüchte wie Langoustinen, Muscheln und Austern aus dem seeverbundenen Loch Linnhe. Hauptgerichte ab £ 13–24.
- **1822 at Perle Oban,** Station Square, PA34 5RT, Tel. 01631/70 03 01, www.perleoban.com, tägl. 18–21.30 Uhr. Wer einmal etwas feiner ausgehen möchte, ist in diesem Hotelrestaurant richtig, Fisch- und Fleischspezialitäten aus Schottland in freundlicher Atmosphäre. Hauptgerichte £ 15–24.

Einkaufen

- **Lebensmittel:** zwei große Supermärkte, Tesco und Coop, dazu eine Lidl-Filiale 500 m südlich der Stadtmitte an der A 816; kleinere Geschäfte in der Stadtmitte.
- **Ausrüstung:** Outside Edge, 6 Macgregor Court, PA34 4DJ, Tel. 01631/56 66 17, nahe Bahnhof. Spezialist für Wassersport und Wandern.
- **Bücher/Karten:** Waterstones, 12 George St. PA34 5SB, Tel. 01631/57 14 55 (auch das Tourist Office ist sehr gut sortiert).

Unterhaltung

- **The Lorne Bar,** Stevenson Street, Oban PA34 5NA, Tel. 01631/57 00 20, http://thelornebaroban.co.uk, geöffnet Mo–Do 12–1, Fr–So 12–3 Uhr, Küche 12–21 Uhr. Freitags und sonntags legt hier bis spät ein DJ auf, samstags spielen Live-Bands. Wahlweise kann man hier auch eine Pub-Mahlzeit bekommen.
- **Cuan Mor,** 60 George Street, Oban PA34 5SD, Tel. 01631/56 50 78, www.cuanmor.co.uk. Dieser Pub braut sein eigenes Bier, als Live-Unterhaltung spielen regelmäßig Folkbands.

Vorherige Seite: Der Hafen von Oban; im Hintergrund McCaig's Tower

An diesem Tag lieferte die Fähre nach Lismore Kohlensäcke und die Post (Tour 1)

Kommunikation

- **Post:** 128 George Street, Oban PA34 5NT, Tel. 01631/56 98 96, Mo–Sa 6–22 Uhr.

Transport und Weiterreise

- **Fahrpläne** im Tourist Office und unter www.argyll-bute.gov.uk („Roads, Travel and Parking").
- **Taxi:** Lorn Taxi, 12 Lorn Ave, Oban PA34 5AP, Tel. 01631/56 47 44. Etive Taxis, 11 McCall's Terrace, Oban PA34 4JE, Tel. 01631/56 68 80.
- **Fahrradvermietung:** Oban Cycles, 87 George Street, Oban PA34 5NN, Tel. 01631/56 60 33, www.obancyclescotland.com. RCS Cycles, Barr Bheag, Taynuilt, Tel. 01866/82 27 36, www.rcscycles.co.uk.
- **Weiterreise** zu anderen Wandergebieten: Busse mehrmals tägl. nach Fort William, dort Busse nach Inverness und Ullapool, Bus oder Bahn zur Insel Skye.

082_high Foto: js

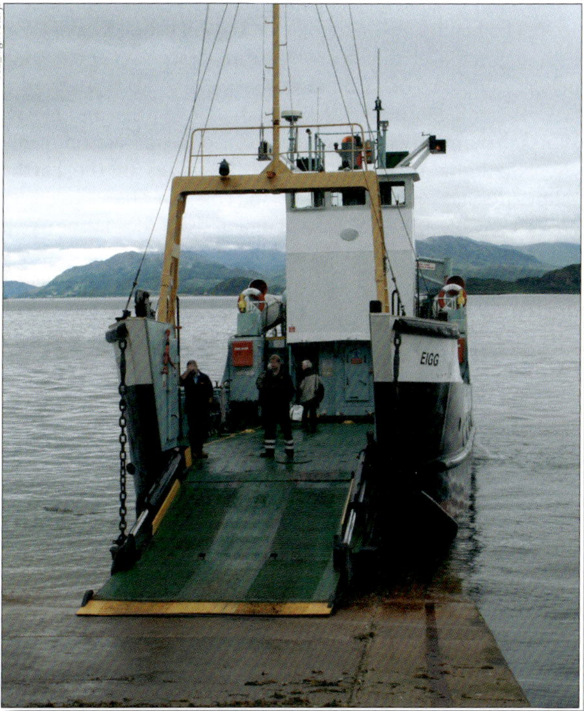

Stützpunkt Fort William

Ben Nevis und Umgebung, Touren 5–10

Orientierung

Als touristisches Zentrum für das Gebirge um den Ben Nevis und für das westliche Great Glen bietet Fort William (ca. 10.000 Einwohner) eine große Auswahl von Unterkünften und sämtliche relevanten Einkaufsmöglichkeiten. Es ist Ausgangs- oder Endpunkt für Wanderer auf dem West Highland Way und dem Great Glen Way. Fast alles gruppiert sich um die lange High Street, wo es einige empfehlenswerte Speisegaststätten gibt. Zwar werden Bootsausflüge auf dem Meeresarm Loch Linnhe angeboten, ein pittoresker Hafen aber fehlt dem Städtchen.

Die Stadt begann ihr Leben als Verteidigungsanlage im Jahr 1698. Die heutige Betonarchitektur ist wenig attraktiv, dafür hat man aber auf allen Seiten spektakuläre Ausblicke auf die Bergmassive und den Loch Linnhe.

An Regentagen bieten sich Besichtigungen der **Ben Nevis-Whiskybrennerei** (www.bennevisdistillery.com) am nordöstlichen Stadtrand, der **Ausstellung „Treasures of the Earth"** (http://treasuresoftheearth.co.uk) mit Fossilien, Edelsteinen usw. im Vorort Corpach oder ein Rundgang durch das kleine **West Highland Museum** (www.westhighlandmuseum.org.uk) am Cameron Square an. Auch ein Schwimmbad gibt es hier. Beeindruckende Landschaftsbilder erlebt man südlich im **Glen Coe,** auf der abgelegenen Halbinsel Ardnamurchan (Autofähre über Loch Linnhe von Corran, 13 km südlich an der A 82) oder bei einer **Fahrt mit dem Jacobite Steam Train** (www.westcoastrailways.co.uk) entlang der Küste nach Mallaig (der letzte Dampfzug Schottlands war im Kino als Hogwarts Express zu sehen). Im August herrscht Hochkonjunktur. Dann sollte man nicht nur die Unterkunft, sondern auch einen Tisch im Restaurant rechtzeitig buchen.

Statt in Fort William kann man auch im wunderschönen Tal **Glen Nevis** unterkommen, nur 4 km entfernt und zwischen Mai und September mit Busverbindung nach Fort William ausgestattet. Vorteil: die Touren 6 und 9 beginnen direkt im Glen Nevis.

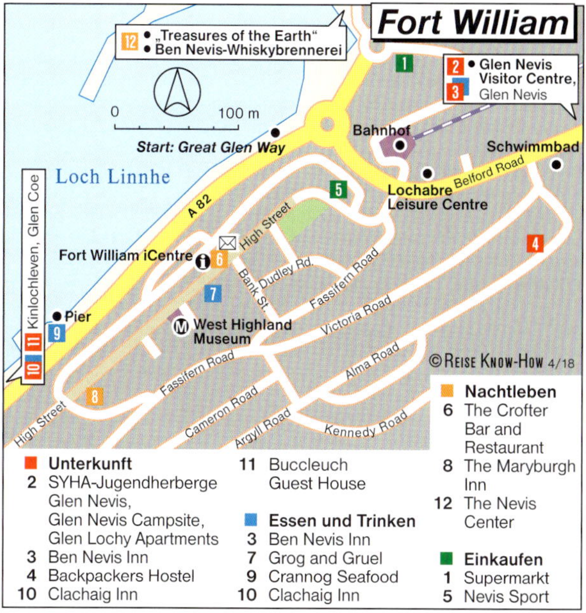

Praktische Informationen

Anreise

- **Bahn** ab Glasgow Queen Street dreimal tägl. (So. zweimal) durch herrliche Landschaft, Fahrzeit 3:40 Std., z.B. Abfahrt 8.21, Ankunft 12.08 Uhr, einfache Fahrt um £ 28, bei Vorausbuchung ab £ 13. Ab Edinburgh: In Glasgow umsteigen.
- **Bus** ab Glasgow achtmal tägl., Fahrzeit gut 3 Std., z.B. Abfahrt 9, Ankunft 12.08 Uhr, einfache Fahrt £ 34. Ab Edinburgh: einmal täglich direkt, Fahrzeit 4 Std., oder in Glasgow umsteigen.

Auskunft

- **Glen Nevis Visitor Centre,** an der Straße durch Glen Nevis, Tel. 01397/70 59 22, www.visitfortwilliam.co.uk.
- **Fort William iCentre,** 15 High Street, Tel. 01397/70 18 01.

Unterkunft

- **Backpackers Hostel,** Alma Road, Tel. 01397/70 07 11, www.macbackpackers.com, einige Mehrbettzimmer, ab £ 17, DZ ab £ 40. Ein charaktervolles altes Haus mit freundlicher, international geprägter Atmosphäre nahe der Stadtmitte; Glen Nevis ist zu Fuß erreichbar. Die Firma MacBackpackers führt auch Herbergen in Edinburgh, Pitlochry, Oban, Inverness sowie auf Skye und organisiert Minibus-Rundreisen, die diese Orte verbinden.
- **SYHA-Jugendherberge Glen Nevis,** Tel. 01397/70 23 36, www.syha.org.uk, 91 Betten, manche in kleinen Zimmern, £ 14, EZ £ 46. Der Preis und die Lage sind die Vorteile des SYHA-Hauses, das allerdings gegenüber dem oft ausgebuchten Ben Nevis Inn zweite Wahl im Glen Nevis ist.
- **Ben Nevis Inn,** Achintee, Glen Nevis, Tel. 01397/70 12 27, www.ben-nevis-inn.co.uk, 20 Betten, £ 15. Einfaches, wegen der Nähe zu einigen hohen Munro-Gipfeln von erfahrenen Wanderern bevorzugtes Bunkhouse mit angeschlossener, sehr gemütlicher Kneipe (gute Ale-Sorten, deftige Küche mit Hauptgerichten ab £ 9, dienstags im Sommer gelegentlich gälische Live-Musik). Bettwäsche wird gestellt.
- **Glenlochy Apartments,** Nevis Bridge, Tel. 01456/45 93 02, www.glenlochyguesthouse.co.uk, 5 Appartements für Selbstversorger, ganz in der Nähe bietet die Ben Nevis Woollen Mill Frühstück an, Zimmer für 3 Personen oder Familienzimmer ab £ 70. Schöne Lage am Stadtrand nahe dem Fluss und dem Eingang zum Glen Nevis.
- **Buccleuch Guest House,** Achintore Road, PH33 6RQ, Tel. 01397/70 12 76, www.buccleuchfortwilliam.co.uk, DZ ab ca. £ 70. Traditionelles B&B in historischem, viktorianischen Steinhaus mit Blick auf den See.
- **Clachaig Inn,** Glencoe, Tel. 01855/81 12 52, www.clachaig.com, 23 Zimmer, DZ ab £ 110. Eine legendäre Herberge südlich von Fort William, mitten im Glencoe auf der A 82, mit guter Küche, Pub-Teil mit Kaminfeuer und 150 Whisky-Sorten sowie Live-Musik.
- **Glen Nevis Campsite,** nahe Jugendherberge und Glen Nevis Visitor Centre, PH33 6SX, Tel. 01397/70 21 91, www.glen-nevis.co.uk. £ 17 pro Zelt oder Wohnmobil plus £ 5 pro Person. Eindrucksvolle Lage in dem grünen Tal, das von Schottlands höchstem Berg überragt wird. Mit angeschlossenem Restaurant, Ferienhäuschen und Wohnwagen werden vermietet.

Essen und Trinken

- **Grog and Gruel,** 66 High Street, Tel. 01397/70 50 78. Unten Pub-Küche in uriger Atmosphäre, oben Restaurant mit Hauptgerichten ab £ 8, eklektisches Angebot an Pizza, Pasta, Tex-Mex-Gerichten und dergleichen; gute, wechselnde Auswahl an schottischen Biersorten.
- **Crannog Seafood Restaurant,** Town Pier (am Hafen), Tel. 01397/70 55 89, www.crannog.net, tgl. 12–14.30, 18–21 Uhr. Fangfrischer Fisch ab ca. £ 16.
- siehe auch **Ben Nevis Inn** und **Clachaig Inn.**

Einkaufen

- **Lebensmittel:** Morrisons Supermarkt neben dem Bahnhof.
- **Bücher und Karten:** Tourist Office.

Ausrüstung: Etliche Outdoor-Shops entlang der High Street. Nevis Sport am nördlichen Ende der Straße bietet eine große Auswahl an Wanderschuhen und -kleidung.

Unterhaltung/Freizeit

The Crofter Bar and Restaurant, 7–11 High Street, PH33 6DH, Tel. 01397/70 48 99, www.crofterbar.co.uk. Hier spielen regelmäßig junge schottische Bands und es gibt gute Burger.

The Maryburgh Inn, 36 High Street, PH33 6AT, Tel. 01397/70 22 87, https://en-gb.facebook.com/themaryburgh, tägl. 11–1 Uhr. In diesem kleinen Pub gibt es sonntags und mittwochs Karaoke und dienstags Open mic, d.h. jeder darf das Mikrofon ergreifen.

The Nevis Center, An Aird, Fort William PH33 6AN, Tel. 01397/70 07 07, www.neviscentre.co.uk, an der Straße nach Glenlochy, 100 m hinter Morrisons Supermarkt: Bowling, Kino, Konzerte u.a. Veranstaltungen.

Lochabre Leisure Centre, Belford Rd, Fort William PH33 6BU, Tel. 01397/70 43 59, www.highlifehighland.com/lochaber-leisure-centre. In diesem Freizeitzentrum gibt es ein Fitness-Studio, Squash Courts und ein Schwimmbad.

Kommunikation

Post: 4 Tweeddale, High Street, PH33 6EU, Tel. 03456/11 29 70, Mo–Sa 9–17.30 Uhr.

Transport und Weiterreise

Busfahrpläne: www.stagecoachbus.com.

Fahrradvermietung: Nevis Cycles, 4 Lochy Rd, Inverlochy, PH33 6NG, Tel. 01397/70 55 55, www.neviscycles.com.

Taxi: Lochaber Taxis, 1 Polmona, PH33 6QH, Tel. 01397/70 60 70, 01397/70 33 34, www.lochabertaxis.com. Criost's Taxi, PH33 6AT, Tel. 07591/15 16 15, https://crioststaxi.godaddysites.com.

Weiterreise: häufige Citylink-Busse nach Oban, Fahrzeit 1:20 Std., und durch das Great Glen nach Inverness, Fahrzeit 1:50 Std. In Inverness umsteigen, um in den Nordwesten (Ullapool) und ins Cairngorm-Gebirge (Aviemore) zu gelangen. Fernbusse von Edinburgh und Glasgow zur Insel Skye halten in Fort William, ebenfalls die Züge zur Skye-Fähre (Mallaig). Die Bahnstrecke (West Highland Line und Jacobite Steam Train, www.westcoastrailways.co.uk) gehört zu den landschaftlichen Highlights einer Schottland-Reise.

Stützpunkt Portree

Die Insel Skye, Touren 11–15

Orientierung

Portree, die Hauptstadt von Skye, ist mit 2500 Einwohnern das einzige Städtchen, in dem der Wanderer eine breitere Auswahl an Unterkünften und Gaststätten findet, dazu Busverbindungen zu allen Teilen der Insel. Rund um den Hauptplatz des Ortes, der oberhalb einer wunderschönen Bucht mit historischem Hafen liegt, finden sich Geschäfte, Cafés, Pubs und Hotels.

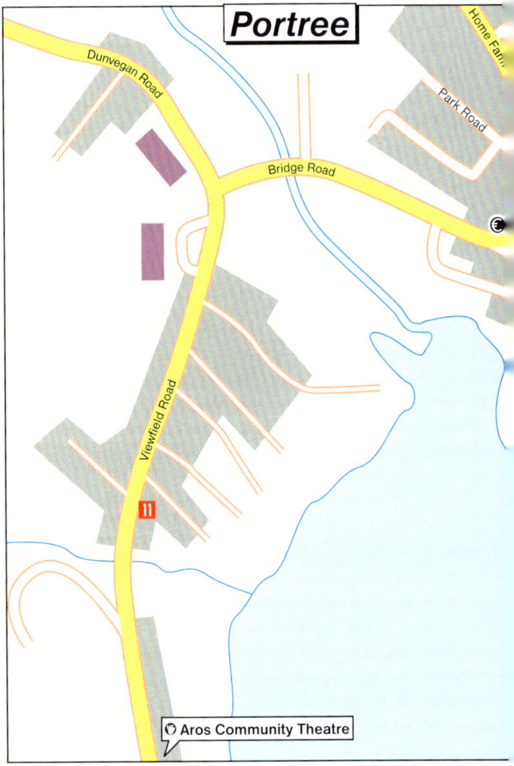

Von hier aus führt ein schöner Spazierweg mit Küstenblick zu einem Aussichtsturm aus dem 19. Jh. und einem runden Sportplatz für die traditionellen Highland Games. Am südlichen Ortsrand befindet sich das Kulturzentrum **Aros Community Theatre,** das als Kino, Theaterbühne und Ausstellungszentrum fungiert.

Wer auf der A87 durch die Highlands zur Inselbrücke von Skye beim Kyle of Lochalsh anreist, passiert unterwegs eines der schönsten Highland-Täler, das **Glen Shiel.** Einen Abstecher ist hier das malerische **Eilean Donan Castle** wert. Die an drei Seiten von Wasser umgebene Burg diente oft als Filmkulisse, nicht zuletzt in den „Highlander"-Filmen. Infos: Eilean Donan Castle, Dornie, Kyle of Lochalsh V40 8DX, www.eileandonancastle.com.

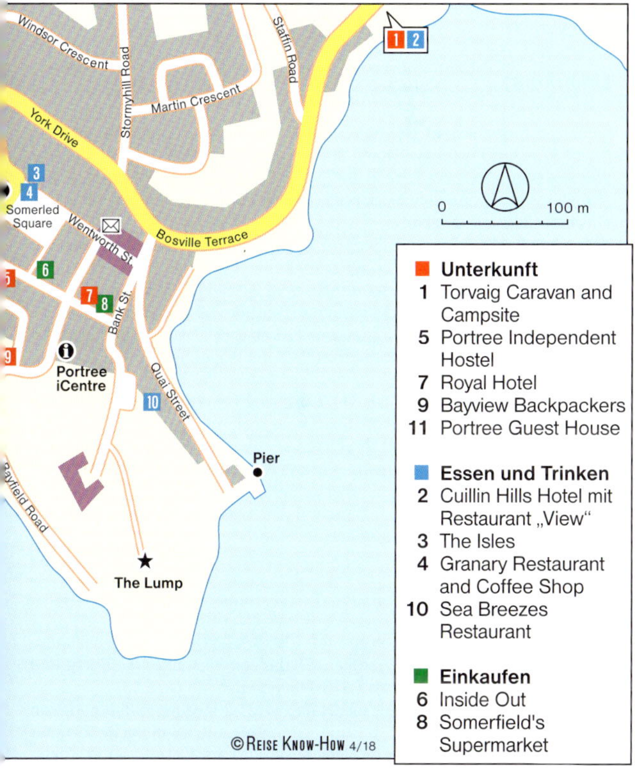

Praktische Informationen

Anreise

- **Bahn** ab Glasgow Queen Street zur Fähre in Mallaig viermal tägl. (So. zweimal), Fahrzeit ca. 5 Std., eine Strecke durch wunderbare Landschaft, z.B. Abfahrt 8.21, Ankunft 13.34 Uhr, einfache Fahrt £ 34,70, Angebote ab £ 16, dann weiter mit Stagecoach Bus (www.stagecoachbus.com). Ab Edinburgh: In Glasgow umsteigen.
- **Bus** ab Glasgow mit Citylink dreimal tägl., Fahrzeit 6:15 Std., z.B. Abfahrt 7 Uhr, Ankunft 13.15 Uhr, einfache Fahrt ab £ 40. Ab Edinburgh: in Fort William oder Glasgow umsteigen.

Auskunft

- **Portree iCentre,** Bayfield Road, Portree IV51 9EL, Tel. 01478/61 29 92, www.visitscotland.com und www.skye.co.uk.

Unterkunft

- **Portree Independent Hostel,** Old Post Office, The Green, Tel. 01478/61 37 37, www.hostelskye.co.uk, 60 Betten in der ehemaligen Hauptpost von Skye, ab £ 19. Gute Lage in der Ortsmitte, große Küche, WLAN, Gäste aus aller Welt. Hinter dem Haus befindet sich ein Waschsalon, nicht nur für Gäste des Hostels nutzbar.
- **Bayview Backpackers,** Bayfield, Tel. 01478/61 22 31, www.skyehostel.co.uk, 24 Betten, ab £ 15,50, DZ ab £ 30. Kleine Herberge in der Ortsmitte mit Meerblick von der Terrasse und aus dem Gemeinschaftsraum.
- **Portree Guest House,** Viewfield Road, Portree IV51 9ES, Tel. 01478/61 20 93, www.portree-guest-house.com, DZ ab £ 80. Etwas außerhalb vom Stadtzentrum freundliches, modernes B&B mit Blick über die benachbarte Bucht.
- **Royal Hotel,** Bank Street, Tel. 01478/61 25 25, www.royalhotel.scot, DZ £ 100–120. Günstige Lage in der Stadtmitte, nicht besonders modern, aber das Preis-Leistungs-Verhältnis stimmt.
- **Torvaig Caravan and Campsite,** Portree IV51 9HU, Tel. 01478/61 18 49, www.portreecampsite.co.uk. Sauber geführter Campingplatz für Wohnwagen, Wohnmobile und Zelte, £ 9 pro Person. Aussichtsreich auf einem Hügel gelegen, WLAN, 1,5 km nördlich der Stadt.

Essen und Trinken

- **Cuillin Hills Hotel,** IV51 9QU, Tel. 01478/61 20 03, www.cuillinhills-hotel-skye.co.uk. Elegantes Vier-Sterne-Hotel mit Blick über die Bucht und dem Restaurant „View“, DZ ab £ 110, Hauptgericht ab ca. £ 13.
- **The Isles,** Somerled Square, Tel. 01478/61 21 29, www.accommodationskye.co.uk/accommodation_portree_skye.html, auch 8 einfache Zimmer zum Übernachten ab DZ £ 45. Der beste Pub am Ort mit guter Küche

(Hauptgerichte ab £ 10), Bier von der Inselbrauerei. An vielen Abenden gälische Live-Musik.
- **Granary Restaurant and Coffee Shop,** Somerled Square, V51 9EJ, Tel. 01478/61 28 73, www.granary-skye.co.uk, Mo–Sa 9–21, So 10–17 Uhr. Café-Bistro mit Kuchen, kleinen Gerichten und Kaffeespezialitäten.
- **Sea Breezes Restaurant,** 2 Marine Buildings, Quay Street, IV51 9DE, Tel. 01478/61 20 16, http://seabreezes-skye.co.uk, April–Okt., 12–14, 17–21.30 Uhr. Fangfrischer Fisch und Meeresfrüchte von Muscheln bis Lachs, direkt am historischen Hafen.

Einkaufen

- **Lebensmittel:** Somerfield's, kleiner Supermarkt in der Bank St. Außerhalb der Stadtmitte, an der Straße nach Dunvegan, unterhält Coop einen großen Supermarkt.
- **Ausrüstung:** Inside Out, Varragill House, The Green, IV51 9BY, www.inside-out-skye.com. Gut sortiertes Geschäft für Wandern, Klettern, Camping.
- **Wanderbücher und -karten:** Portree iCentre.

Unterhaltung/Freizeit

- *Ceilidh* (schottische Musikabende, manchmal mit Tanz) in der **Gemeindehalle** und im Pub **The Isles** (s.o.).
- **Aros Community Theatre,** Viewfield Road, Portree IV51 9TQ, Tel. 01478/61 37 50, http://aroscommunitytheatre.co.uk. Theater, Kino und Veranstaltungen.
- **Arainn Fhinn,** The Fingal Centre, Viewfield Road, IV51 9ET, Tel. 01478/61 48 19, www.highlifehighland.com/fingal-centre. Kletterwand, Fitness-Studio, Schwimmbad, Sauna und Dampfbad.

Kommunikation

- **Post:** 4 Wentworth St, IV51 9EJ, Tel. 01478/61 25 33, Mo–Sa 9–17.30 Uhr.

Transport und Weiterreise

- **Busfahrpläne:** im Tourist Information Centre www.stagecoachbus.com, unter „Skye“ suchen.
- **Taxi:** Kenny's Taxis, Tel. 01478/61 18 44.
- **Fahrradvermietung:** Island Cycles, The Green, Tel. 01478/61 31 21, www.islandcycles-skye.co.uk.
- **Weiterreise:** Bus nach Inverness dreimal tägl., dort nach Ullapool und Cairngorms umsteigen; Bus nach Fort William dreimal tägl., dort nach Oban umsteigen.

Stützpunkte Ullapool und Lochinver

Assynt, der wilde Nordwesten, Touren 16–19

Orientierung

Der schottische Nordwesten ist eine wildes, dünn besiedeltes Gebiet. Busse fahren nicht häufig, und das einzige Städtchen (ca. 1500 Einwohner), **Ullapool,** liegt ca. 40 km von den in diesem Band beschriebenen Wanderungen entfernt. Autofahrer, welche die Anfahrt (durch großartige Landschaft) in Kauf nehmen, können in dieser reizvoll am Loch Broom gelegenen Kleinstadt, ausgestattet mit einer guten Auswahl an Restaurants und Kneipen, übernachten. Kürzungen bei den Busfahrplänen bedeuten, dass es nicht mehr möglich ist, diese Touren als Tagesausflug von Ullapool mit öffentlichen Verkehrsmitteln zu machen. Touren 16 und 17 sind als Tagesausflug mit Bus von Lochinver möglich. Für Touren 18 und 19 sind entweder ein eigenes Auto, eine Taxifahrt oder gute Kondition zum Rad fahren notwendig.

Vom Hafen in Ullapool setzen Fähren zum Hafen Stornoway auf den Inseln Lewis und Harris über, Ausflugsboote fahren zu den idyllischen Summer Isles und zu Vogelkolonien am Fjord des Loch Broom. Bei schlechtem Wetter findet man im Lochbroom Leisure Centre in der Quay St. u.a. Hallenbad und Fitness-Studio vor. Ein kleines Heimatmuseum, Ullapool Museum, befindet sich in Argyle St. West.

Die **Assynt-Halbinsel,** die nördlich von Ullapool ins Meer ragt, ist Teil des **Northwest Geopark der UNESCO** und gehört zu den schönsten Gegenden Nordwestschottlands. Zudem verstecken sich zwischen den Klippen immer wieder Badebuchten mit weißen Sandstränden, die teils nur zu Fuß oder per Boot erreichbar sind.

Das winzige **Fischerdorf Lochinver** verfügt über eine nur bescheidene touristische Infrastruktur, dafür befinden sich alle Unterkünfte in einer spektakulären Landschaft. Vom Hafen werden außerdem Bootsausflüge angeboten, bei denen man Delfine, Robben und Seevögel beobachten kann. Der große Vorteil aber: Alle vier Wanderungen in dieser Region (Touren 16–19) lassen sich mit dem Bus von Lochinver aus unternehmen.

In der **Inchnadamph Lodge** am Startpunkt der Touren 18 und 19 findet man eine sehr angenehme Unterkunft und die Gesellschaft von Wandersleuten und am **Achmelvich Beach** eine traumhaft gelegene, aber einfach ausgestattete Jugendherberge.

Praktische Informationen

Anreise

- **Bus** Inverness–Ullapool mit Citylink zweimal tägl., Fahrzeit 1:20 Std., Abfahrt 8.10, Ankunft 9.30 Uhr bzw. 15.00–16.20 Uhr. Von Edinburgh gelangt man mit dem Zug nach Inverness, von Glasgow mit dem Bus. Die Anreise nach Ullapool von Edinburgh oder Glasgow empfiehlt sich aber nur mit Zwischenübernachtung in Inverness. Weiterreise von Ullapool nach Lochinver: Mai–Sept. Mo–Sa 10.40–11.39 Uhr, bzw. 8.50 Uhr ab Inverness, Juli/August auch sonntags (D&E Coaches, www.decoaches.co.uk, Nr. 804).

Ullapool

Auskunft

- **Ullapool iCentre,** 6 Argyle Street, Ullapool IV26 2UB, Tel. 01854/61 24 86, www.visitscotland.com. Weitere Infoseite der Stadt: www.ullapool.com.

Unterkunft

- **SYHA Jugendherberge,** Shore Street, Tel. 01854/61 22 54, www.syha.org.uk, 53 Betten, ab £ 20, Zimmer ab £ 60. Großer Gemeinschaftsraum, geräumige Küche, angenehmes Ambiente und gute Lage am Meeresufer nahe dem Fährterminal.
- **The Sheiling Guesthouse,** Garve Road, Tel. 01854/61 29 47, www.thesheilingullapool.co.uk. 6 Zimmer, alle mit eigenem Bad, DZ £ 90. Am Meerufer, 5 Gehminuten von der Ortsmitte gelegen. Sehr komfortables B&B mit hervorragendem Frühstück, WLAN.
- **Broomfield Holiday Park,** West Lane, IV26 2UT, Tel. 01854/61 20 20, www.broomfieldhp.com. Campingplatz direkt am Meer, nur 5 Gehminuten von der Ortsmitte, £ 15–20, April–Sept.
- **The Ceilidh Place** (s.u.).

Essen und Trinken

- **The Seaforth,** Quay Street, am Hafen, www.theseaforth.com. Preisgekrönte, fangfrische Fish & Chips.
- **Royal Hotel and Waterfront Bar,** Garve Road, IV26 2SY, Tel. 01854/61 21 81, www.royalhotelullapool.co.uk, 17.30–20.30 Uhr. In dem Hotelrestaurant gibt es italienische Küche und die Bar führt 200 Whiskysorten.

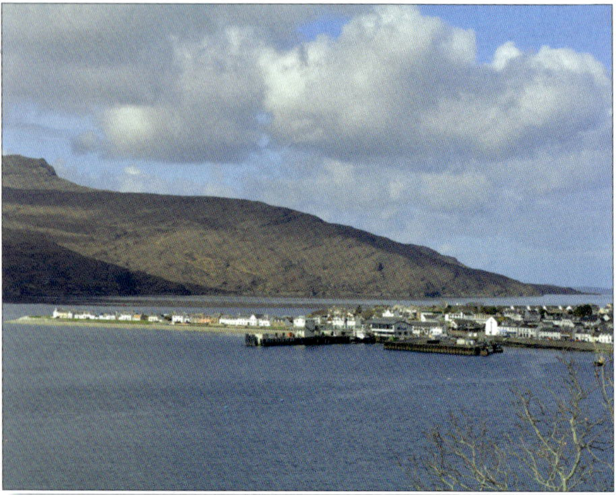

122_highl Foto: ln

- **The Ceilidh Place,** 14 West Argyle St., Tel. 01854/61 21 03, www.theceilidhplace.com. Sehr gemütlicher Coffee Shop und Restaurant, preiswerte Suppen und kleine Gerichte, auch anspruchsvolleres Abendessen, Hauptgerichte ab £ 10. Über dem Café einige bequeme Zimmer zum Übernachten, DZ ab £ 69. Zudem preiswerte Unterkunft in einem Bunkhouse mit Mehrbettzimmern, £ 18–19.
- **The Arch Inn,** 10–11 West Shore St., Tel. 01854/61 24 54. Fisch und Meeresfrüchte vom Hafen, schottische Lamm- und Rindfleischgerichte, Hauptgerichte £ 11–18. 10 Zimmer zum Übernachten, DZ ab £ 75.

Einkaufen

- **Lebensmittel:** Tesco Supermarkt in der Latheron Lane, IV26 2XB.
- **Bücher und Karten:** Ullapool Bookshop und Ceilidh Place.
- **Ausrüstung:** North West Outdoors, West Argyle St., www.northwestoutdoors.co.uk.

Unterhaltung/Freizeit

- **Ferry Boat Inn:** Traditioneller Pub für Einheimische und Touristen mit guter Whisky-Auswahl, Live-Musik und Veranstaltungen. Live-Musik gibt es auch im **Argyll Hotel** gleich nebenan, das von denselben Inhabern geführt wird.

Ullapool am Loch Broom

•**The Ceilidh Place** (s.o.): Das Hotel-Restaurant dient auch als Kulturzentrum mit Buchladen und Veranstaltungen wie Konzerten, Ausstellungen, etc.
•**Ullapool Museum,** 7 und 8 West Argyle Street, IV26 2TY, Tel. 01854/61 29 87, www.ullapoolmuseum.co.uk. Mo–Sa 11–16 Uhr, Eintritt Erw. £ 3,50, Kinder bis 16 Jahre frei. Im Heimatmuseum erfährt man Näheres über die Region am Loch Broom.
•**Lochbroom Leisure Centre,** Quay Street, IV26 2UE, Tel. 01854/61 28 84, www.highlifehighland.com/lochbroom-leisure-centre. Fitness-Studio, Tennisplätze, Sporthalle und Schwimmbad.
•**Loopallu:** Das Musikfestival lockt alljährlich Ende Sept. bekannte Rockgrößen und viele Zuschauer nach Ullapool, www.loopallu.co.uk.
•Zudem gibt es ein **Gitarrenfestival** (im Okt.) und ein **Buchfestival** (im Mai).

Kommunikation

•**Post:** 1 Shore St, IV26 2UJ, Tel. 01854/61 24 48, Mo–Sa 6.30–18, So 7.30–12 Uhr.

Transport und Weiterreise

•**Busfahrpläne:** im Tourist Information Centre.
•**Taxi Ullapool:** Ewen's of Ullapool, Tel. 01854/61 29 66, www.ewensofullapool.co.uk.
•**Weiterreise:** mit dem Bus über Inverness oder nach Lochinver (siehe Anreise).

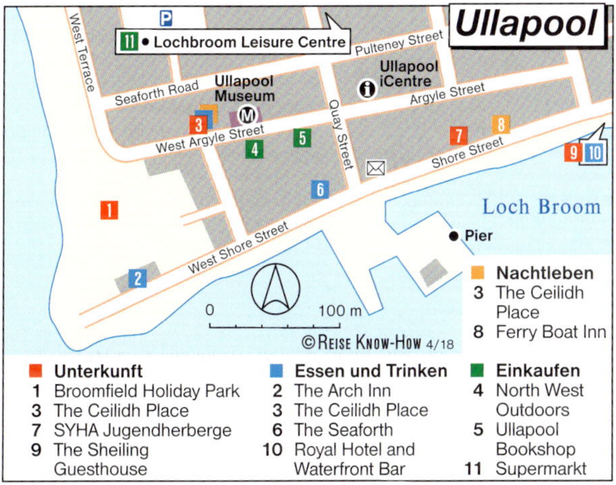

Lochinver und Umgebung

Auskunft

- **Assynt Visitor Centre,** Main Street, IV27 4LX, Tel. 01571/84 41 94, www.discoverassynt.co.uk/visitor-centre.php, Mo–Sa 10–16.30, So bis 15 Uhr. Das Visitor Centre an der Hauptstraße zeigt eine informative Ausstellung über die Natur und Traditionen der Region Assynt (einige Infos auch in deutscher Sprache). Daneben stehen Videos und Bücher zur Verfügung.
- **Northwest Geopark Visitor Centre,** The Rock Stop, Unapool, Kylesku, IV27 4HW, www.nwhgeopark.com, Ostern–Mai Fr, So 11–16, Sa 10–16 Uhr, Mai–Okt. tgl. 11–16 Uhr. Im Besucherzentrum des Geoparks an der A894 kann man alles über die Geologie der Formation des Moine Thrust Belt erfahren, der durch Überschiebung die hiesigen seltsamen Bergformationen bildete. Auch geführte Wanderungen sind buchbar.

Unterkunft

- **SYHA Jugendherberge Achmelvich Beach,** an der Küste, 6 km von Lochinver (s. Tour 16), Tel. 01571/84 44 80, www.syha.org.uk, nur April–Sept. geöffnet. 22 Betten, ab £ 20, Zimmer ab £ 47. Sehr einfache, abgelegene Unterkunft am Strand, nur für Selbstversorger – darin liegt der Charme. Kein Geschäft in der Nähe, abends im Sommer Fish & Chips am benachbarten Campingplatz.
- **An Cala Cafe and Bunkhouse,** Culag Park, IV27 4LE, Tel. 01571/84 45 98, www.ancalacafeandbunkhouse.co.uk. Hostel mit angegliedertem Restaurant, ab £ 22, DZ ab £ 40. Modern und sauber, vom Frühstück bis zum Abendessen wird man im Café gut versorgt.
- **Creigard Self Catering,** Badnaban, IV27 4LR, Tel. 01571/84 44 48, www.creigardholidays.co.uk, £ 375–545 pro Woche. Die Lodge und das Cottage, das hier privat vermietet wird, befinden sich in spektakulärer Lage.
- **Inchnadamph Lodge,** Tel. 01571/82 22 18, www.inch-lodge.co.uk. B&B-Hostel ab £ 22, DZ ab £ 64. Kein Restaurant – Abendessen kann man in der großen Küche selber zubereiten oder 5 Min. entfernt im Inchnadamph Hotel einnehmen. Tolle, einsame Lage, direkt am Anfang der Touren 18 und 19.
- **Tigh Na Sith,** IV27 4LD, Tel. 01571/84 45 88, www.tighnasith.com. Drei sehr komfortable Zimmer im Dorf mit Blick auf die Bucht, WLAN, warmherziger Empfang und gutes Frühstück, ab £ 35 pro Person.

Essen und Trinken

- **Lochinver Larder – Pie Shop,** Main St., Tel. 01571/84 43 56. Tagsüber ein gemütliches Café mit sehr guten Pies, also Teigtaschen mit herzhafter oder süßer Füllung. Am Abend öffnet das **Riverside Bistro** auf der Rückseite zum Fluss hin. Schottische und internationale Hauptgerichte ab £ 12.
- **Caberfeidh,** Main St., Tel. 01571/84 43 21, www.thecaberfeidh.co.uk, Di–Do Bar 17–21.30 (Fr/Sa bis 23), Restaurant 18–20.30, So Bar 12.30–

21.30, Restaurant 12.30–20.30 Uhr. Kneipe und Restaurant, schottische Küche (vor allem Fischgerichte) ab £ 11.

- **The Albannach Hotel,** Baddidarroch, IV27 4LP, Tel. 01571/84 44 07, www.thealbannach.co.uk. Gehobenes Niveau mit Michelin-Stern. An der Straße nach Badidarrach an der Nordseite der Bucht gelegen. Auch fünf teure Zimmer ab £ 300.

Einkaufen

- **Lebensmittel:** Spar-Supermarkt auf der Main Street.
- **Bücher und Karten:** im Assynt Visitor Centre. Außerdem Achin's Book Shop and Coffee Shop im Nachbarort Inverkirkaig, Tel. 01571/84 42 62, www.facebook.com/achinsbookshop, im Sommer tägl., im Winter Mo–Sa 10–17 Uhr. Erstaunlich gut sortierte Buchhandlung mit angeschlossenem Café.

Unterhaltung/Freizeit

- **Pub Caberfeidh,** s.o.
- **Wayfarer's Bar im Culag Hotel,** The Pier, IV27 4LQ, Tel. 01571/84 42 70, www.culaghotel.co.uk. Hier gibt es 100 verschiedene Single Malt Sorten zu probieren.
- **Assynt Leisure Centre,** Culag Pier, IV27 4JP, Tel. 01571/84 41 23, www.assyntleisure.co.uk. Fitness-Studio, Sporthalle.
- **Bootsausflüge:** Seascape Expeditions, Ullapool Harbour, Tel. 07511/29 00 81, www.sea-scape.co.uk. Inver Cruises, Lochinver Marina, Tel. 01571/ 84 44 06, 07949/56 20 89, www.facebook.com/Invercruises.

Kommunikation

- **Internet:** im Assynt Leisure Centre, s.o.
- **Post:** im Spar-Supermarkt auf der Main Street, Mo–Fr 8.30–18, Sa 9.30–17 Uhr.

Transport und Weiterreise

- **Taxi:** Northwest Wheels, Tel. 01571/84 45 18, http://northwestwheels.co.uk.
- **Weiterreise:** Bus nach Ullapool.

Stützpunkt Aviemore

Das Cairngorm-Gebirge, Touren 20–25

Orientierung

Touristisch erschlossen wurden die Cairngorms bereits zu Zeiten von Queen Victoria, die hier 1852 mit ihrem deutschen Gemahl Prinz Albert auf Schloss Balmoral eine Ferienresidenz einrichtete. Mit der neu ausgebauten Eisenbahnstrecke kamen schon damals die Touristen ins benachbarte Dörfchen Braemar, wo heute noch jedes Jahr die legendären **Highland Games** stattfinden.

In den 1960ern prophezeite man den Cairngorms eine rosige Zukunft als Skigebiet, und Aviemore im oberen Spey-Tal erlebte damals eine stürmische Entwicklung. Billigflüge in die Alpen machten diese hoch gesteckten Hoffnungen in den Jahrzehnten danach zwar zunichte, doch das Städtchen (ca. 2400 Einwohner) mit der langen Hauptstraße blieb und bleibt touristisches Zentrum der Region – und die schlimmsten Bausünden der 1960er und 1970er wurden durch Abriss beseitigt. Mittlerweile ist Aviemore mit seinen vielen Unterkünften, Gaststätten und Geschäften als Quartier durchaus wieder empfehlenswert. (Wer die Nähe zu den Bergen sucht, übernachtet in der Jugendherberge im 11 km entfernten Glenmore am Loch Morlich, ausgezeichnet durch eine ruhige, unschlagbar schöne Lage im Naturschutzgebiet des Glenmore Forest.) In der Hauptsaison verschafft die Busverbindung zur Cairngorm-Bergbahn schnellen Zugang zum Ausgangspunkt vieler Wanderungen.

Die Cairngorms mit ihrer vielseitigen Landschaft sind zu jeder Jahreszeit attraktiv und immer gut besucht. Unter den 55 Berggipfeln befinden sich fünf der sechs höchsten Berge Schottlands. Hier kreisen Goldadler und in den Kiefernwäldern leben Wildkatzen. Wer Wildtiere aus der Nähe sehen möchte, kann einen **Wildpark** und ein **Reservat für Fischadler** besuchen. Im Sommer sieht man neben Wanderern auch viele Radfahrer, auf den Seen wird Wassersport angeboten und mit der Strathspey Steam Railway kann man zum Ausflugsort Boat of Garten fahren.

Leichtere Strecken als die in diesem Band beschriebenen bieten einzelne Abschnitte des **Speyside Way,** einer 8- oder 9-tägigen Weitwanderroute. Der Speyside Way führt entlang des River

Spey von Kincraig in den Cairngorms bis zur Spey Bay am Moray Firth. Dabei führt er vorbei an Aviemore in Richtung Osten bis ins Kerngebiet der Herstellung der Speyside Whiskys. Man kann verschiedene Streckenabschnitte wandern, so z.B. 10 km nach Boat of Garten oder 18 km nach Nethybridge und wieder mit dem Bus nach Aviemore zurückfahren.

Praktische Informationen

Anreise

- **Bahn** ab Edinburgh mehrmals tägl. z.B. 8.34–11.20 Uhr, ab ca. £ 40, Fahrzeit knapp 3 Std. Ab Glasgow Queen St. zweimal direkt, öfter mit Umsteigen in Perth z.B. 8.41–11.20 Uhr, ab ca. £ 40. Ab Inverness fünf- bis achtmal tägl., Fahrzeit 40 Min, einfache Fahrt ab ca. £ 12,40.
- **Bus** ab Glasgow ab Buchanan Street mit National Express 7.25 Uhr, 3:45 Std. ab £ 17. Ab Edinburgh Princes Street, 7.54–11.40 Uhr, £ 29,80. Ab Inverness sechsmal tägl., Fahrzeit 50 Min, £ 10,40.

Auskunft

- **Aviemore iCentre,** 7 Grampian Rd, Aviemore PH22 1RH, Tel. 01479/ 81 09 30, www.visitaviemore.com, https://visitcairngorms.com.
- **Speyside Way,** Wanderkarten und Informationen über die Route sind vor Ort und unter www.morayways.org.uk sowie www.speysideway.org erhältlich.

Unterkunft

- **SYHA Jugendherberge,** Aviemore, 25 Grampian Road, Tel. 01479/81 03 45, www.syha.org.uk, 96 Betten, ab £ 15, DZ ab £ 36. Ganzjährig geöffnete, moderne Herberge ca. 400 m südlich des Bahnhofs.
- **Aviemore Bunkhouse,** Dalfaber Road (ruhige Straße nahe der Ortsmitte), Tel. 01479/81 11 81, www.aviemore-bunkhouse.com, 44 Betten, auch Familien- und Doppelzimmer mit eigenem Bad, Bett ab £ 19, DZ ab £ 50. Bettwäsche wird gestellt.
- **Ravenscraig Guest House,** Grampian Road, Tel. 01479/81 02 78, www.aviemoreonline.com. 14 Zimmer, DZ £ 70–90, auch Einzel- (ab £ 45) und Familienzimmer (£ 85–115) in einem komfortablen Gästehaus an einem ruhigen Abschnitt der Hauptstraße.
- **Ardlogie Guest House,** Dalfaber Road, Tel. 01479/81 07 47, www.ardlogie.co.uk. 5 Zimmer in ruhiger Lage, freundliche und aufmerksame Gastgeber, Preise sehr variabel je nach Jahreszeit und Zimmer, DZ ab £ 85.
- **Cairngorm Hotel,** Grampian Road, Tel. 01479/81 02 33, www.cairngorm.com. Schottische Gemütlichkeit in einem architektonisch ansprechenden alten Haus mit einem guten Restaurant. Komfortable DZ ab £ 105, EZ ab £ 75.

- **SYHA Jugendherberge,** Glenmore, Tel. 01479/86 12 38, www.syha.org.uk, 72 Betten, ab £ 17, Zimmer ab £ 39, Ende Feb.–Ende Nov. Das alte, zur Jugendherberge umgebaute Jagdhaus mit großer Küche, Aufenthaltsräumen, Wasch- und Trockenräumen liegt am Loch Morlich mit Blick auf die Cairngorm-Gipfel und ist somit den Bergen näher als die SYHA-Herberge in Aviemore.
- **Glenmore Lodge,** Glenmore, Tel. 01479/86 12 56, www.glenmorelodge.org.uk. Die Lodge fungiert als Schottlands „National Outdoor Training Centre" mit Schwerpunkt Berg- und Paddelsport und bietet eine breite Palette von Kursen an, dazu B&B für £ 83 pro Zimmer; leider oft ausgebucht – Kursteilnehmer haben Priorität. Auch Ferienwohnungen. Allen offen steht die Bar mit guten Ales der Cairngorm-Brauerei und deftiger Küche, Hauptgerichte ab £ 7. Warme Küche Mo, Di 17–19 Uhr, Mi–So 17–21 Uhr.
- **Speyside Gardens Caravan & Camping Park,** Aberlour, AB38 9LD, Tel. 01340/87 15 86, www.speysidegardens.com. Campingplatz in der Speyside-Region, auch mit Ferienwohnungen.

Essen und Trinken

- **The Winking Owl,** 123 Grampian Rd, PH22 1RH, Tel. 01479/81 23 68, http://thewinkingowl.co, Mo–Do 12–23, Fr/Sa 11–1, So 12.30–23 Uhr, warme Küche 12–21.30 Uhr. Von der Cairngorm Brauerei geführtes Pub-Restaurant mit schottischer und internationaler Küche und natürlich gutem Bier.
- **The Old Bridge Inn,** 23 Dalfaber Rd, PH22 1PU, Tel. 01479/81 11 37, www.oldbridgeinn.co.uk, tägl. 12–14.30, 17.30–21 Uhr. Gemütlicher Pub mit Pub Food und Live-Musik.
- **Mountain Café,** 111 Grampian Road, Aviemore, PH22 1RH, Tel. 01479/81 24 73, http://mountaincafe-aviemore.co.uk, Mo–Fr 8.30–16.30, Sa/So 8.30–17 Uhr. Modernes Café mit leckerer Frühstücks- und Lunchauswahl.
- Verschiedene italienische und Hamburger-Lokale liegen an der Hauptstraße von Aviemore.
- **Boat of Garten Hotel,** Boat of Garten, PH24 3BN, Tel. 01479/83 12 58, www.boathotel.co.uk. Schottische Spezialitäten wie Wild- und Fischgerichte. Hauptgerichte und Menü.

Einkaufen

- **Lebensmittel:** Tesco, großer Supermarkt, Grampian Road; Riverdale, Bioladen und Café neben dem Bahnhof.
- **Ausrüstung:** Outdoor-Läden an der Hauptstr, z.B. Nevisport und Active Aviemore (hier können auch geführte Outdoor-Aktivitäten gebucht werden, www.activeoutdoorpursuits.com, Tel. 01479/78 00 00).
- **Bücher und Karten:** im Aviemore iCentre.

Unterhaltung/Freizeit

- Bar im **Cairngorm Hotel,** s.o., Pub-Lunch und Live-Musik.
- **Old Bridge Inn,** s.o., regelmäßiges Musikprogramm.

Kommunikation

- **Post:** Grampian Road, PH22 1WD, Tel. 01479/81 10 56, Mo–Fr 9–17.30, Sa 9–12.30 Uhr.

Transport und Weiterreise

- **Fahrpläne:** im Aviemore iCentre.
- **Taxi:** Aviemore Taxis, Tel. 01479/81 11 11, www.taxisinaviemore.com. Cairngorm Cars, Tel. 07707/68 58 54, www.cairngorm-taxi-aviemore.co.uk.
- **Fahrradvermietung:** Bothy Bikes, 5 Granish Way, Granish PH22 1UQ, Tel. 01479/81 01 11, www.bothybikes.co.uk. Mountainbikes s. Active Aviemore.
- **Weiterreise:** Häufige Bahn- und Busverbindungen nach Inverness (s.o.), von dort zur Westküste (Fort William, Oban, Skye, Ullapool). Bus und Bahn nach Stirling, von dort Bus in die Trossachs.

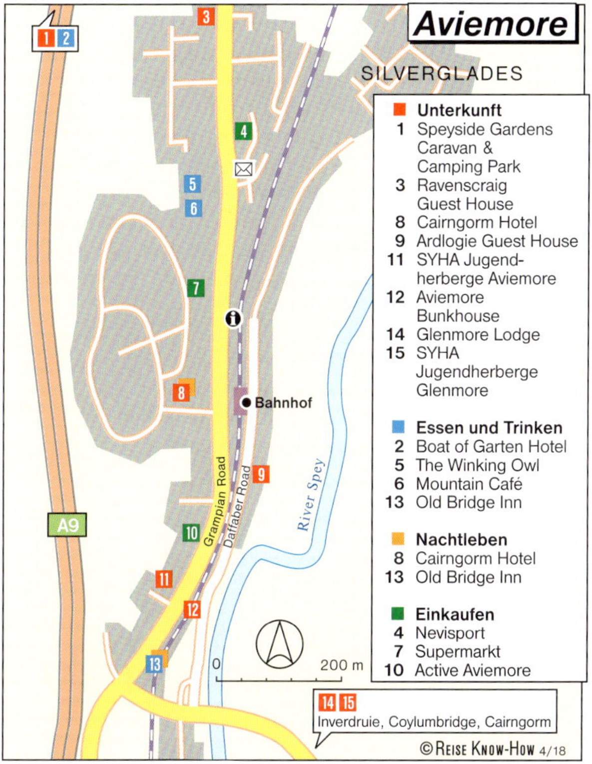

Stützpunkt Callander

Trossachs-Seengebiet, Touren 26–30

Orientierung

Callander beansprucht für sich den Titel „Tor zu den Highlands" und genießt tatsächlich eine günstige Lage: Direkt westlich liegen die Seen und kleineren Berge der Trossachs, noch weiter westlich die hohen Berge um Loch Lomond und im Norden schöne Seen wie Loch Katrine, Loch Lubnaig, Loch Earn und Loch Tay, die von beeindruckenden Gipfeln wie Ben Vorlich und Ben Lawers umgeben sind. Die wichtigsten Einrichtungen der Kleinstadt verteilen sich entlang der A84, die gleichzeitig die Hauptstraße des Ortes ist. Neben Hotels, Supermarkt, Eiscafé und einigen Pubs lockt im **Antiquitätenladen Lady Kentmores Antiques** (s.u.) eine Ausstellung über den Highland-Rebellen „Rob Roy", den Sir Walter Scott in seinem gleichnamigen Roman verewigte. Rob Roy, d.h. Robert MacGregor, stammte aus dem nördlich gelegenen Bergdorf Balquhidder am Loch Voil, wo sich heute noch das Familiengrab der MacGregors befindet. Die MacGregors waren Viehtreiber, die auch immer wieder des Viehdiebstahls bezichtigt wurden. Der 128 km lange „Rob Roy Way" (www.robroyway.com) folgt den Spuren der Viehtreiber durch die saftig grünen Hügel der Trossachs.

Für Autofahrer ist das Dorf **Strathyre** (der Name bedeutet soviel wie Geschütztes Tal), 13 km von Callander entfernt am nördlichen Ende von Loch Lubnaig, als Stützpunkt eine reizvolle Alternative. Das Dorf verfügt über Unterkünfte und Gaststätten, allerdings nicht über günstige Busverbindungen.

Praktische Informationen

Anreise

- **Bus und Bahn:** Zug nach Stirling mehrmals tägl. von Edinburgh (Fahrzeit ca. 52 Min.) einfache Fahrt £ 8.70, oder von Glasgow Queen Street (ca. 40 Min.) £ 9.10, dann weiter mit dem Bus von Stirling Bus Station (stdl.).

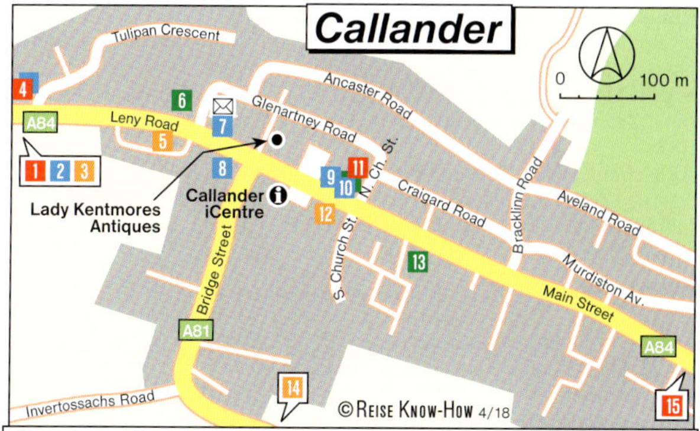

Unterkunft
- 1 Loch Voil Hostel, Rosebank House Bed and Breakfast, Airlie House
- 4 Poppies Hotel & Restaurant
- 11 Annfield Guest House
- 15 Keltie Bridge Caravan Park

Essen und Trinken
- 2 Brig o' Turk Tearoom, The White Stag
- 4 Poppies Restaurant
- 7 The Old Bank Restaurant
- 8 Callander Meadows Restaurant
- 9 Mhor Fish
- 10 Atrium Café

Nachtleben
- 3 Lade Inn
- 5 The Riverside Inn
- 12 Waverley Hotel
- 14 McLaren Leisure Centre

Einkaufen
- 6 Tesco Express
- 10 CCW Clothing
- 13 Co-op

Auskunft

- **Callander iCentre,** 52–54 Main Street, Callander, FK17 8BD, Tel. 01877/33 03 42, www.incallander.co.uk, im Winter 9.30–16, im Sommer bis 17 Uhr.

Unterkunft

- **Loch Voil Hostel,** Monachyle Tuarach, South Loch Voil Road, Balquhidder, FK19 8PB, Tel. 07989/68 25 85, www.hostel-scotland.co.uk/hostels/Loch-Voil-Hostel, ab £ 17, DZ £ 45. Einsam, aber in der wunderschönen Landschaft des „Rob Roy Country" am Loch Voil gelegene Herberge. Mit dem Bus von Stirling aus zu erreichen. Mit Proviant sollte man sich vorher eindecken, denn es gibt keine Gaststätte.
- **Annfield Guest House,** North Church Street, Tel. 01877/33 02 04, www.annfieldguesthouse.co.uk. 7 Zimmer, DZ ab £ 85. Gepflegte B&B-Unterkunft in einer stattlichen Villa aus dem 19. Jh. mit schönem Garten.
- **Poppies Hotel & Restaurant,** Leny Road (Verlängerung der Hauptstraße nach Westen), Tel. 01877/33 03 29, www.poppieshotel.com. 9 Zimmer, DZ ab £ 95. Gemütliches familiengeführtes Hotel mit einem guten Restaurant: Hauptgerichte £ 16–23,50; auf der Speisekarte stehen Steaks, einheimisches Wild und Fisch.

- **Keltie Bridge Caravan Park,** Stirling Rd, Callander FK17 8LQ, Tel. 01877/ 33 06 06, http://keltiebridge.co.uk (ca. 1,5 km von der Stadtmitte, östlich an der A 84). Zelt und Auto ab £ 18, Hochsaison £ 21.
- **Airlie House,** Strathyre, Tel. 01877/38 42 47, www.airliehouse.co.uk. B&B mit 4 Zimmern, DZ ab £ 80. Überdurchschnittlich gutes, sehr freundliches B&B.
- **Rosebank House Bed and Breakfast,** Main Street, Strathyre FK18 8NA, Tel. 01877/38 42 08, www.rosebankhousebnb.com, DZ ab £ 79. Privat geführtes, modernes B&B in historischem Haus.

Essen und Trinken

- **The Old Bank Restaurant,** 5 Main St., Tel. 01877/33 06 51, http://oldbankcallander.co.uk. Kaffeehaus und Restaurant, tagsüber, für Mittagessen und Nachmittagstee.
- **Atrium Café,** 79–81 Main St, FK17 8DX, hell und angenehm; preiswerte, herzhafte Gerichte, guter Kuchen.
- **Mhor Fish,** 75–77 Main St., FK17 8DX, Tel. 01877/33 02 13, http://mhorfish.net. Fisch wird täglich frisch geliefert von Scrabster an der Nordküste. Fish & Chips in bester Qualität zum Mitnehmen, Fischgerichte mit gehobenem Niveau im Restaurant.
- **Brig o' Turk Tearoom,** Brig o' Turk, FK17 8HT, Tel. 01877/37 62 83, http://brigoturktearoom.co.uk, Do–Sa 10–21, So 10–17 Uhr. Diese bescheiden aussehende Hütte im gleichnamigen Dorf (s. Tour 28) entpuppt sich als modernes Restaurant und serviert ein deftiges Frühstück ab 10 Uhr, ist auch für Mittag- und Abendessen empfehlenswert.
- **Callander Meadows Restaurant,** 24 Main Street, FK17 8BB, Tel. 01877/ 33 01 81, Do–So 12–14.30, 18–20.30 Uhr. Hotel-Restaurant mit modern schottischer Küchenrichtung, Fisch- und Fleischgerichte, Hauptgerichte £ 12–19.
- **The White Stag,** Main Street, Strathrye FK18 8NA, Tel. 01877/38 42 24, www.thewhitestagfk18.uk, DZ ab £ 70. Dieser kleine Pub bietet auch Zimmer an.

Einkaufen

- **Lebensmittel:** Tesco Express, Main Street, FK17 8AL, tägl. 6–23 Uhr; Co-op, 174 Main Street, FK17 8BG, tägl. 7–22 Uhr.
- **Bücher und Wanderkarten:** s. Callander iCentre.
- **Ausrüstung:** CCW Clothing, 79–81 Main Street, www.ccwclothing.com, Mo–Sa 9–17.30, So 10.30–17.30 Uhr. Stylische Thermojacken, Pullis und Mützen.

Unterhaltung/Freizeit

- Jedes Jahr Ende September findet das **Callander Jazz- and Bluesfestival** statt (www.callanderjazz.com).
- **The Riverside Inn,** 8–10 Leny Road, FK17 8BA, Tel. 01877/33 17 62, www.riversideinncallander.co.uk, So–Do 11–24, Fr, Sa 11–1 Uhr. Gemütlicher Pub mit einfachen Gerichten. Jeden Samstag Live-Musik.

- **McLaren Leisure Centre,** Mollands Road, FK17 8JP, Tel. 01877/33 00 00, www.mclarenleisure.co.uk. Hier stehen Schwimmbad, Kletterwand, Sauna, Fitnessstudio und mehr zur Verfügung – eine Alternative für Regentage.
- **Lady Kentmores Antiques,** 35–39 Main Street, Callander FK17 8DX, Tel. 01877/33 98 35, www.ladykentmores.com, Mo–Sa 9–17 Uhr. Ein Laden, prall gefüllt mit Kuriositäten, inklusive Gruselkabinett. In der Ausstellung über den Highland-Helden Rob Roy sollte man mehr Fikton als Fakten erwarten.

Kommunikation

- **Post:** 5 Station Road, FK17 8DT, Mo–Fr 9–17.30, Sa 9–12.30 Uhr.

Transport und Weiterreise

- **Busfahrpläne:** im Visitor Centre.

Die Zahl der **Busverbindungen** im Trossachs-Gebiet wurde deutlich reduziert. Stattdessen fahren Taxifirmen subventioniert zum Preis von ÖPNV. Buchung 24 Stunden im Voraus mit Angabe der Zeit und des genauen Abholorts ist dafür erforderlich.

- **Taxi:** J. Morgan Taxis, Tel. 01877/33 04 96, Trossachs Cabs (Aberfoyle) 01877/38 21 08, Crescent Cabs 01877/38 25 87, www.crescentcabs.co.uk, (Stirling).
- **Fahrradvermietung:** Wheelology, 4 Ancaster Square, FK17 8ED, Tel. 01877/33 10 52, www.cyclehirecallander.co.uk. Strathyre Bike Hire, The Old Church, Strathyre FK18 8NA, Tel. 01877/38 42 95, http://strathyrebikehire.co.uk.
- **Weiterreise:** über Stirling Anschluss an die häufigen Bus- und Bahnverbindungen zwischen Glasgow und Edinburgh und Aviemore und Inverness; Busse mehrmals tägl. nach Crianlarich, dort (Bus oder Bahn). nach Fort William, Oban, Skye umsteigen.

037_high Foto: js

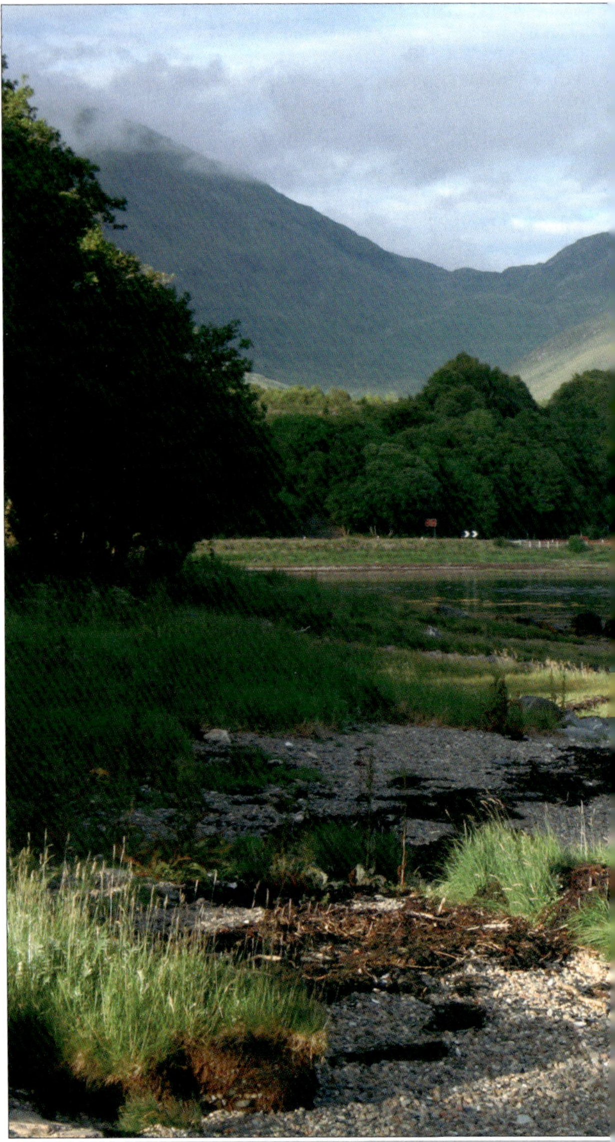

Argyll und die Westküste – Stützpunkt Oban

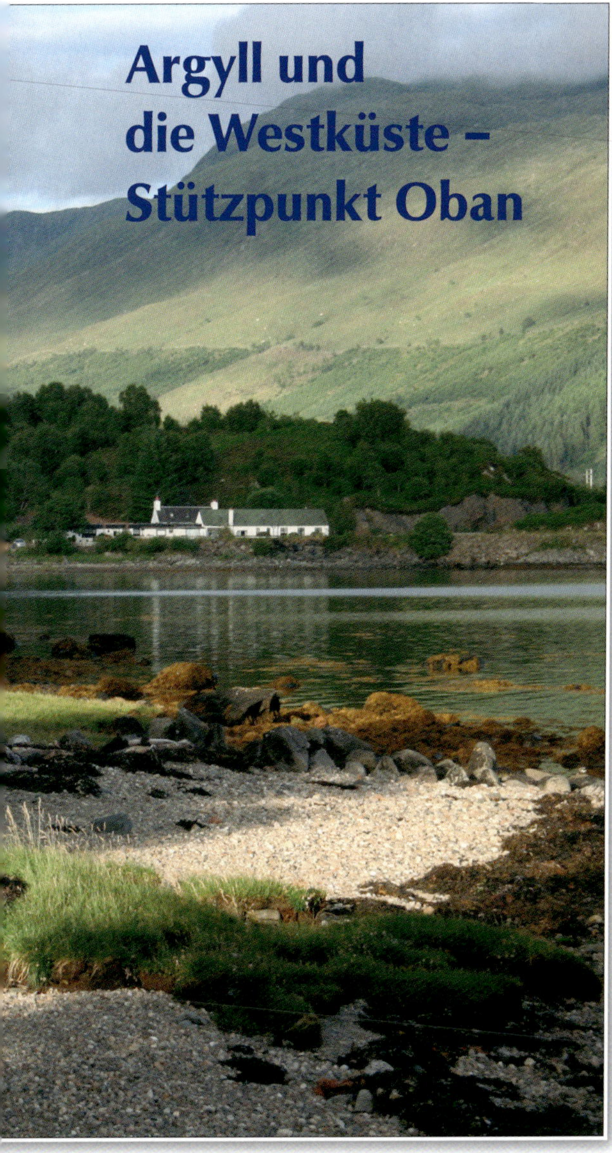

Tour 1
Eine beschauliche Inselwanderung

3:30 Std.
▲ 50 m ▼ 50 m
Anforderung 1

Eine ruhige und flache Wanderung auf einer fast verkehrsfreien Insel im Archipel der südlichen Hebriden, zu der Fähren gerade häufig genug verkehren, um die Hin- und Rückfahrt an einem Tag zu ermöglichen. Auf Lismore erlebt man die liebliche Seite der schottischen Landschaft: grüne Hügel, stille Bäche und Seen.

079_high Foto: js

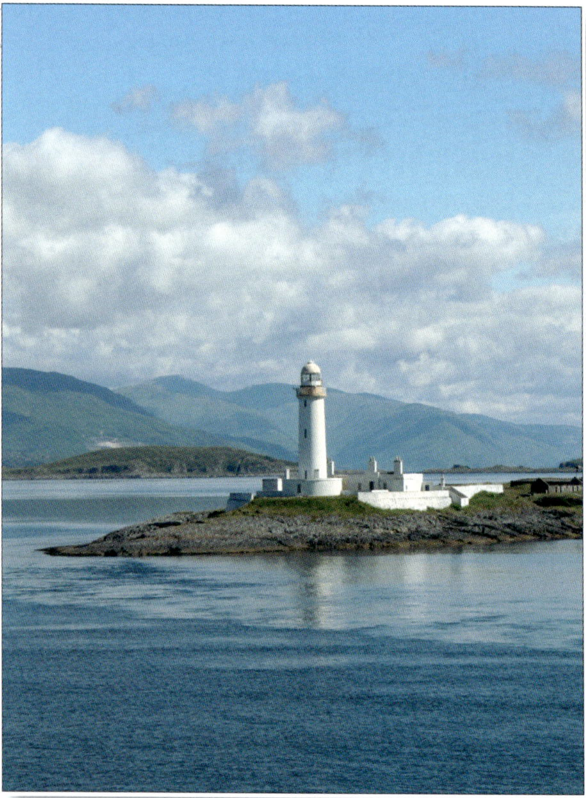

Von der Achnacroish-Fähre zum Loch Fiart auf Lismore

Landschaft: Lismore ist eine 16 km lange, nur 2,5 km breite und an ihrer höchsten Stelle nur 127 m hohe Insel mit niedrigen, weitgehend baumlosen Hügeln; die Küste ist felsig, nur wenig eingebuchtet und ohne hohe Klippen; das Inselterrain besteht weitgehend aus Viehweiden und Felsen. Info: www.isleoflismore.com
Routencharakter: Zielwanderung auf der südlichen Hälfte der Insel; Küstenblick
Auf und Ab/Höhenlage: keine nennenswerten Steigungen; der gesamte Weg liegt zwischen 0 m und 50 m über Meeresspiegel (es wurde deshalb auf die Erstellung eines Routenprofils verzichtet)
Gehzeit: 3:30 Std., ca. 16 km (bis Rowan Tree Cottage 45 Min; bis Rastplatz oberhalb Loch Fiart 1:45 Std.)
Anforderungen: 1; diese Tour ist die leichteste der in diesem Band beschriebenen Wanderungen
Wegmarkierung: Wegweiser an wichtigen Wegekreuzen
Wegvariante: Wer schnell zu Fuß ist, kann den Weg an Loch Fiart vorbei bis zur Südspitze der Insel fortsetzen und dennoch die Nachmittagsfähre zurück nach Oban erreichen
Einkehrmöglichkeit: keine, Wasser und Verpflegung mitführen
Ausrüstung: Der Weg ist weitgehend asphaltiert; Wanderschuhe sind nicht erforderlich
Karten: Ordnance Survey Explorer Nr. 376, Oban & North Lorn 1: 25.000; Ordnance Survey Landranger Nr. 49, Oban & East Mull 1: 50.000
Anfahrt: Autofähre von Oban nach Lismore (www.calmac.co.uk). Sommer- und Winterfahrplan, genaue Zeiten auf der Website

Vorherige Seite: Loch Creran nördlich von Oban
Linke Seite: Der südlichste Zipfel von Lismore

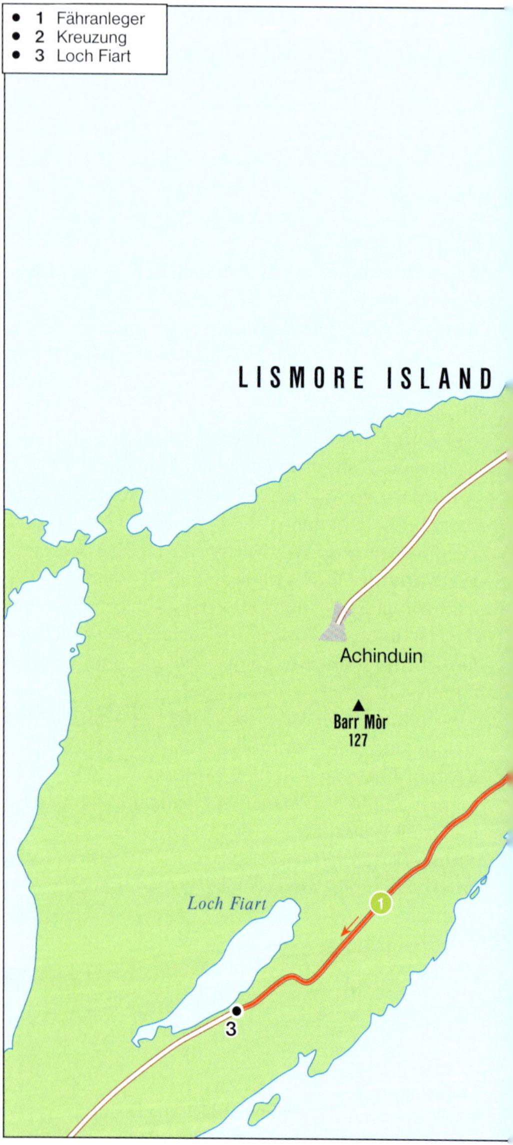
1 Fähranleger
2 Kreuzung
3 Loch Fiart
LISMORE ISLAND
Achinduin
Barr Mòr
127
Loch Fiart
1
3

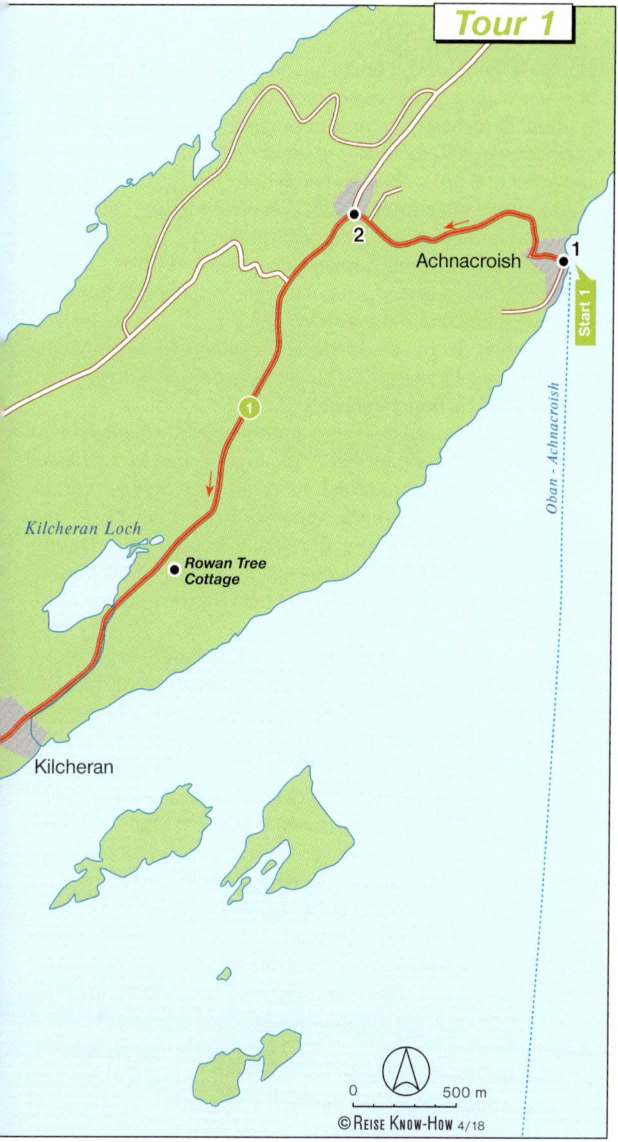
Tour 1
Achnacroish
1
2
Start 1
Oban - Achnacroish
1
Kilcheran Loch
Rowan Tree Cottage
Kilcheran
0
500 m
© Reise Know-How 4/18

Die Route

Schon die Überfahrt von **Oban** mit der urigen kleinen Autofähre gibt einen Vorgeschmack auf die Lebensverhältnisse auf Lismore. Die Insel hat recht wenig Verkehr und nur etwa 200 Bewohner. Das sind zwar 50% mehr als vor einer Generation, als der Tiefstand erreicht wurde, aber nur ein Zehntel der Bevölkerung, die vor 200 Jahren auf Lismore lebte. Diese Wanderung stellt keine sportliche Herausforderung dar, die Landschaft ist eher lieblich als spektakulär, aber der Ausblick auf Meer und Küste, die von Autoverkehr kaum gestörte Natur und die wohltuende Ruhe auf Lismore machen Überfahrt und Wanderung zu einer reizvollen Angelegenheit. Sechs verschiedene Orchideen- und viele Vogelarten, darunter Graureiher, Mäusebussarde und Kornweihen, lassen sich auf Lismore beobachten.

Nach dem Verlassen der Fähre am **Anleger** (Koordinaten NM 853409; **1**) gehen wir auf der Asphaltstraße den Hang hinauf durch das Dorf **Achnacroish** und an der Schule vorbei. Zwischen Schafweiden entfernen wir uns von der Küste und erreichen die Kreuzung mit der wenig befahrenen **„Hauptstraße" (2)** der Insel, B8045, die von Port Ramsay an der Nordspitze bis Kilcheran, fast bis zum Loch Fiart im Süden führt. Knapp 30 Min.

Hier geht es für uns links, d.h. nach Südwesten, in Richtung Achinduin. (Für den Abstecher nach rechts zur Post mit dem Dorfladen würde man hin und zurück knapp 45 Min. benötigen.) Nach weiteren 500 m lassen wir den Abzweig rechts nach Achinduin aus. Aus der leichten Höhenlage, in der wir wandern, genießt man immer wieder Aussicht nach links zur Küste. Geradeaus sind im Vorblick die zwischen Oban und Mull verkehrenden Fähren zu sehen. Bald verlieren wir etwas an Höhe und gelangen zum Haus Rowan Tree Cottage. Jenseits des Hauses ein kleiner Teich und **Kilcheran Loch.** 45 Min.

Der reizvolle Bach, der Kilcheran Loch mit dem Meer verbindet, fließt im folgenden Wegstück direkt neben der Straße. Im Frühsommer blühen hier viele gelbe Schwertlilien, im Bach wachsen Wasserminze und Brunnenkresse. Hinter dem Gehöft Balligrundle wird der Zustand der Asphaltdecke mit jedem Kilometer schlechter, bis Gras in der Straßenmitte wächst. Es geht durch ein **Metalltor** und weiter auf der Straße, die bald eher als Piste zu bezeichnen ist. 1 Std.

Unser Weg steigt an, bietet nun einen herrlichen Blick nach Südosten auf Oban und die Insel Kerrera. Auf diesem Wegstück sind links kleine vorgelagerte Inseln, rechts die höchste Erhebung von Lismore, der 127 m hohe Barr Mor, zu sehen. Nach etwa einer weiteren halben Stunde knickt der Weg nach rechts, dann nach links, quert einen Bach und erreicht ein **zweites Tor.** Ca. 200 m weiter verlassen wir den Weg und wandern über den kleinen Hang zur rechten Seite (Koordinaten NM 809375), der bis jetzt den Blick auf **Loch Fiart (3)** versperrt hat. Hier, oberhalb des einsamen, schilfbestandenen Sees lässt sich gut eine Rast einlegen. Reichlich 1:45 Std.

Die Rückkehr zur Fähre erfolgt auf dem Anweg.

Die Insel des eiligen Heiligen

Die weitgehend aus Kalkstein bestehende, fruchtbare Insel Lismore war bereits in der Steinzeit besiedelt. Argyll und die südlichen Hebriden waren im 6. Jh. das Reich der von Irland eingewanderten Gälen und ihrem Königreich Dalriada, mit einem spirituellen Zentrum auf dem der Insel Mull vorgelagerten Iona. Auf Lismore christianisierte der heilige Moluag ab 520 die Bewohner. Sein Bischofsstab befindet sich noch im Besitz der auf Lismore ansässigen Familie Livingstone, deren Oberhäupter den Titel Baron von Bachuil tragen. Der Legende nach wollte Moluag dem Heiligen Kolumban von Iona zuvorkommen und als erster die Insel Lismore zum rechten Glauben bekehren. So groß war seine Eile, dass er sich im Boot einen Zeh abschnitt und im voraus an Land warf, um möglichst schnell dort „Fuß zu fassen".

Ab dem 8. Jh. beherrschten die Wikinger die Hebrideninseln und vom 13.–16. Jh. war Lismore wieder unter schottischer Flagge und Sitz des Bischofs von Argyll. Die Pfarrkirche im Norden der Insel ist aus dem Chor der ehemaligen Kathedrale hervorgegangen. Bis in die 1930er Jahre waren Kalköfen in Betrieb. Heute leben die Bewohner von der Rinder- und Schafzucht. Von der Eile, die St. Moluag einst empfand, ist nichts mehr zu spüren.

Tour 2
Seichte Seen und ein Gezeiten-Spektakel

3 Std.
▲ 70 m ▼ 70 m
Anforderung 2

Nach den sehenswerten „Meerwasserfällen" an der Connel-Brücke führt diese Rundwanderung durch ein dünn besiedeltes Gebiet mit schilfbestandenen Seen. Sofern man nicht mit dem Auto angefahren ist, besteht die Möglichkeit, direkt nach Oban zurückzuwandern.

084_high Foto: js

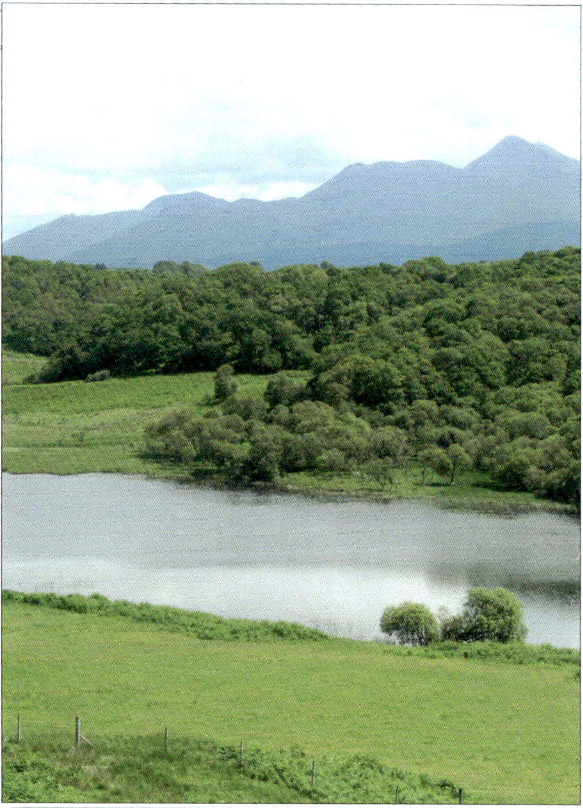

Von den Falls of Lora zu den Black Lochs

Landschaft: Niedrige Hügel an der Küste, offene Weideflächen und seichte, von Schilf gesäumte Seen. Info: www.fallsoflora.info.
Routencharakter: Rundwanderung ab der Connel-Brücke mit zwei Varianten (z.B. alternativ als Zielwanderung von Connel nach Oban zurück)
Auf und Ab/Höhenlage: nur ca. 70 m; Beginn der Wanderung am Meer; höchster Punkt: 50 m (es wurde deshalb auf die Erstellung eines Routenprofils verzichtet)
Gehzeit: 3 Std., ca. 11 km (bis Cuil-Uaine 40 Min.; bis drittes Black Loch 1:30 Std.; bis Asphaltstraße 2 Std.); in der Wegvariante als Zielwanderung nach Oban 3:45 Std.
Anforderungen: 1–2; ein Teil des Weges verläuft auf Asphalt, sonst gute und leicht zu begehende Pfade
Wegmarkierung: einige Hinweisschilder
Einkehrmöglichkeit: Oyster Inn an der Connel-Brücke
Abbruchmöglichkeit: keine; aber auch bei schlechtem Wetter stellt diese Wanderung keine große Herausforderung dar
Wegvarianten: s. Routenbeschreibung
Ausrüstung: Standard; auch Turnschuhe oder leichte Sportschuhe sind ausreichend
Karten: Ordnance Survey Explorer Nr. 376, Oban & North Lorn 1: 25.000; Ordnance Survey Landranger Nr. 49, Oban & East Mull 1: 50.000
Anfahrt: Zug von Oban nach Connel Ferry, Fahrtzeit ca. 15 Min., etwa alle 2–3 Std., £ 2.80. Busse Linie 918 in Richtung Fort William, Mo–Sa 9.30 Uhr ab Oban Bahnhof, 12.32 und 18.27 Uhr ab Connel Bridge Junction Richtung Oban, Fahrtzeit 10 Minuten; Linie 410 ab Oban Station Road, So ab 10.20 bis 17.20 Uhr stdl., zurück ab Connel Bridge Junction ab 11.16 stdl. bis 17.16 Uhr. Auto: Parkplatz am Meer direkt westlich der Connel-Brücke an der A 85, 8 km nordöstlich von Oban
Rückfahrt: (s. auch Wegvarianten A und B; auf ihnen zu Fuß nach Oban zurück)

Linke Seite: Wasserflecken in ländlicher Idylle

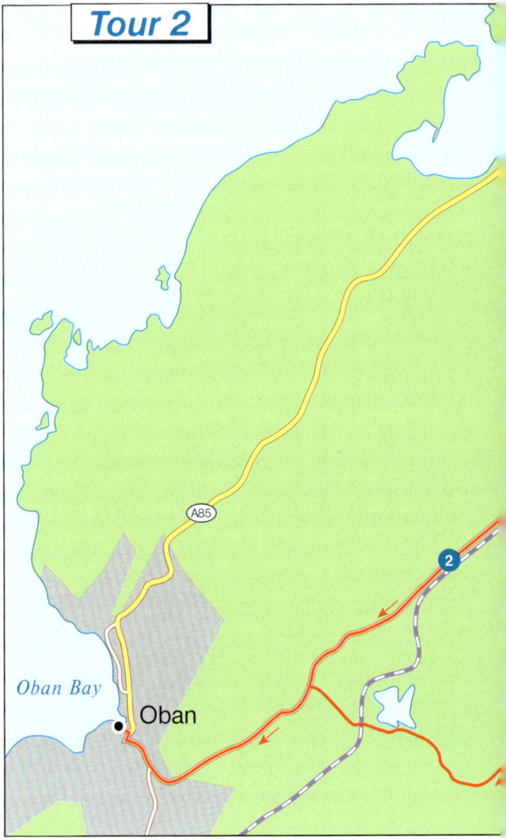

Die Route

Nördlich von Oban befindet sich die Mündung des fast 30 km langen Meeresarms Loch Etive. Vor der Fertigstellung der Brücke in Connel im Jahr 1906 musste Verkehr, der die Fähre nicht benutzen konnte, einen 110 km langen Umweg über Glen Coe machen, um das nördlich gelegene Ballachulish zu erreichen. Das Meeresufer an der Connel Bridge ist der Aussichtspunkt für ein Naturschauspiel, das unter dem Namen „Falls of Lora" bekannt ist. Zweimal am Tag bei Flut drängen Wassermassen

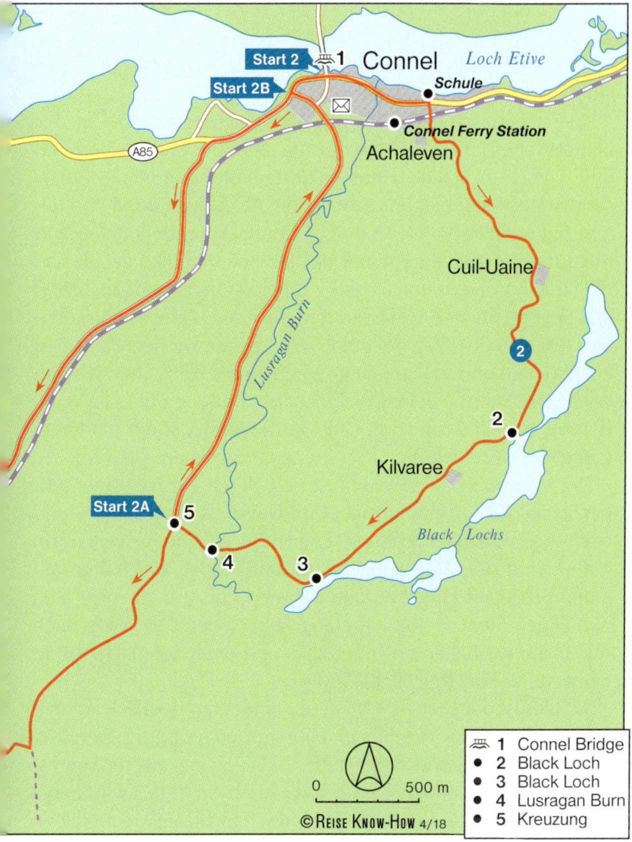

vom offenen Meer, dem Firth of Lorn, durch den engen Eingang in Loch Etive, zweimal täglich fließt das Wasser wieder zum Meer hinaus. Eine Felsstufe im Meeresboden verlangsamt dieses Abfließen, so dass Wasserfälle entstehen. An der Oberfläche des Meeres kocht und brodelt es, und auch bei Flut sind vom Ufer oder vom Fußgängerweg auf der Brücke starke Strömungen zu beobachten.

Ausgangspunkt unserer Wanderung ist die **Connel-Brücke** (Koordinaten: NN 079267; **1**). Der Parkplatz gegenüber dem Oyster Inn ist ein guter Aussichtspunkt für das Naturschauspiel der Falls of Lora. Die Bushaltestelle Connel Bridge liegt 200 m weiter in Richtung Oban. (Wer mit dem Bus zum Post Office fährt, geht ein kurzes Stück nach Norden zum Meer hinab und stößt an der A 85 auf die Route.)

Zuerst geht es – man ist nur 10 Min. unterwegs – an der Hauptstraße A 85 in Richtung Osten unter der Brücke hindurch und weiter zur Schule. Einige Schritte hinter der Schule verlassen wir die A 85, biegen rechts in die **Achaleven Road** und unterqueren die Bahn. Der Bahnhof Connel Ferry befindet sich in Richtung Westen. Kurz hinter der Eisenbahnbrücke gabelt sich die Straße. Wir gehen nach links auf einen Bauernhof zu, halten uns dort rechts und verlassen den Teerweg. Direkt hinter dem Hof teilt sich der Weg nochmals. Hier gehen wir nach links den Hang hinauf und steigen einige Minuten an. Bald sehen wir den ersten der Seen, genannt Black Lochs, an denen uns die Wanderung vorbeiführen wird. Links in der Ferne ist der markante Gipfel des 1126 m hohen Ben Cruachan zu sehen. 30 Min.

Der Weg führt auf zwei Häuser zu, durch ein Tor – hier gibt ein Schild den Ortsnamen an: **„Cuil-Uaine"**, Grüne Senke – und nach rechts an einer großen Esche vorbei zu einem zweiten Tor, hinter dem der Weg zunächst undeutlich ist. Wir halten auf einen niedrigen Hügel zu und nehmen Kurs auf einen großen auffälligen Stein rechts am Hang. Dort zweigt ein Weg nach rechts ab; wir halten uns aber links und erreichen nach 100 m ein weiteres Tor. Reichlich 45 Min.

Ab hier ist der breite Weg wieder eindeutig, der Blick auf den See mit dem Ben Cruachan im Hintergrund großartig. Der Weg knickt nach links und steigt sanft ab. Wenn der **zweite See (2)** erreicht ist, passieren wir zwei Tore. Auch ein drittes wird dabei sichtbar. Durch dieses gehen wir jedoch nicht, vielmehr bleiben wir zwischen dem Zaun auf der linken und einem niedrigen Hang mit zwei kleinen Geröllfeldern auf der rechten Seite. Bald ist **Kilvaree Farm** zu sehen. 1:15 Std.

Der Pfad wird zu einem breiten Schotterweg, der uns zum **dritten Black Loch (3)** führt. Nach weiteren 15 Minuten wandern wir am Ufer dieses seichten, mit Schilf bestandenen Sees entlang. Der Weg schwenkt nach rechts, verlässt den See, überquert den Bach **Lusragan Burn (4)** und trifft auf eine **Asphaltstraße** (Koordinaten NN 901313; **5**). 2 Std.

Der direkte Weg nach Connel zurück führt nach rechts. Auf der wenig befahrenen Straße geht es auf und ab zwischen grünen Hängen und Schafweiden und an Bauern- und Ferienhäusern vorbei. Nach einer knappen Stunde sind wir an einer Neubausiedlung und unterqueren die Bahnlinie. Dahinter stoßen wir auf die Zubringerstraße zur Connel Bridge. Hier geht es nach links zum Ausgangspunkt der Wanderung an der **Brücke (1)** zurück. 3 Std.

Zwei Wegalternativen verlängern die Wanderung und enden jeweils in Oban.

Wegvariante A

Wenn Sie diese Variante wählen, verlängert sich damit die auf Asphalt zu wandernde Strecke deutlich; andererseits geht es durch reizvolle grüne Landschaft, und es gibt nur wenig Verkehr. In diesem Sinne: Wenn nach ca. 2 Std. Gehzeit die **Asphaltstraße (5)** erreicht ist (s.o.), müssen Sie links abbiegen. Nach einer halben Stunde (gut 1,5 km) nimmt man die Straße nach rechts, nach weiteren 3 km am nächsten Straßenkreuz geht es dann nach links, und man steigt zur Stadtmitte von **Oban** ab. Von dort kann man den Zug bis Connel Ferry nehmen (s.o.). 3:45 Std.

Wegvariante B

Eine zweite, recht angenehme Möglichkeit, zu Fuß nach Oban zurückzukehren, ist die so genannte „Old Coach Road" ab Connel, die teils an der heutigen Bahnstrecke entlangführt. Wer nach der dreistündigen Rundwanderung noch Energie hat oder den Busfahrplan ungünstig findet, kann die 7 km zwischen der Brücke und Oban in ca. 2 Stunden zurücklegen. Von **Connel** geht es zunächst kurz auf der Hauptstraße A 85 in Richtung Oban, bis rechts die **Old Shore Road** abgeht. Hier sollte man auf die linke Seite der A 85 wechseln. Die Straße steigt in der Folge ein wenig an. Etwa an der höchsten Stelle zweigt ein Erdweg – bekannt eben als **Old Coach Road** – nach links ab und führt parallel zur Bahnlinie direkt nach Oban zurück. Die Strecke ist eindeutig und nicht anstrengend. Sie steigt leicht an zu einem **kleinen Pass** (102 m) und fällt dann als Teerstraße nach **Oban** ab (Zugfahrt ab Oban s.o.). 5 Std.

Tour 3
Meerblick und Burgruinen

3 Std.
▲ 220 m ▼ 220 m
Anforderung 2

Nach der Überfahrt mit einer Fähre führt diese Rundwanderung zu einer eindrucksvollen Burgruine und zu einer verlockenden Teestube in einem alten Bauernhof. Die zweite Hälfte der Wanderung bietet ein herrliches Meerespanorama mit Inseln und fernen Bergen.

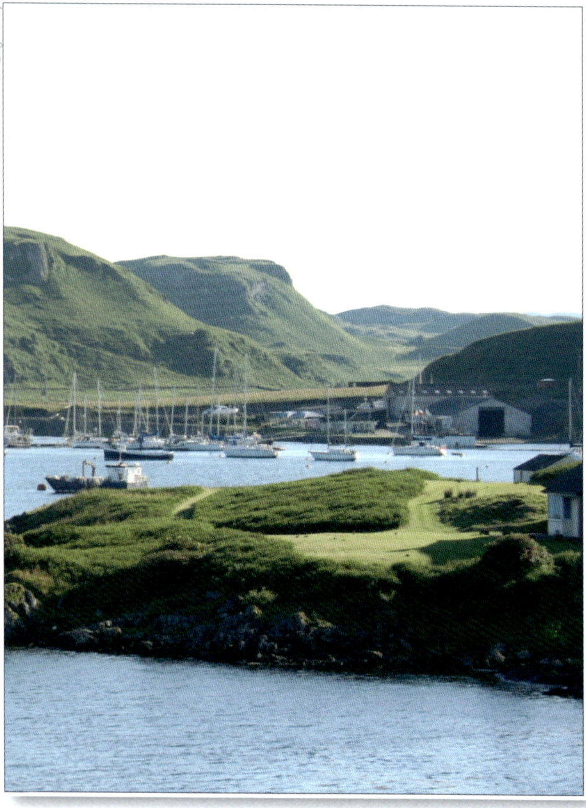

085_high Foto: js

Auf der Insel Kerrera

Landschaft: Die kleine verkehrsfreie Insel Kerrara hat nur 35 Einwohner. Mit ihren niedrigen grünen Hügeln und Schafweiden, die Küste eingebuchtet und felsig mit Stein- und Sandstränden ist sie ein beliebtes Ziel für Tagesausflügler. Info: www.southernhebrides.com/isle-of-kerrera
Sehenswertes: Burgruine Gylen Castle an der Südküste von Kerrera
Routencharakter: Rundwanderung im Küstenbereich der Insel; wenig Baumbestand, mit Gras und Farnkraut bewachsene Hänge; eventuell als Rückweg: Streckenwanderung über einen 70 m hohen Hügel von der Kerrera-Fähre zurück nach Oban-Stadtmitte
Auf und Ab: ▲ 220 m ▼ 220 m ; sanfte Auf- und Abstiege auf der zweiten Hälfte der Wanderung
Höhenlage: zwischen dem Meeresufer und gut 100 m (Höhe nach Barr nam Boc)
Gehzeit: 3 Std., ca. 10 km (bis Gylen Castle 1:15 Std.; bis Barr nam Boc 2:15 Std.). Wahlweise eine weitere knappe Stunde (gut 3 km) von der Fähre nach Oban zurück. Hinweis: Bei gutem Wetter lädt die Südküste nahe Gylen Castle zum Picknicken, Faulenzen und Baden ein
Anforderungen: bis 2; fast ausschließlich gute Wege. Drei kleine Bäche werden übersprungen oder auf Steinen überquert, eine kurze Strecke ist sumpfig (bis Gylen Castle = 1, ab Gylen Castle = 2)
Risiken: einige steile Abhänge um die Burg Gylen; der Weg ist sicher, teilweise aber dem Westwind ausgesetzt
Wegmarkierung: einige Wegweiser auf der ersten Strecke nach Gylen
Einkehr- und Übernachtungsmöglichkeit: Kerrera Tea Garden and Byre, Lower Gylen (ca. 50 Min. vom Fähranleger), www.kerrerabunkhouse.co.uk, Tel. 01631/56 63 67, Ostern–Sept. tägl. 10.30–16.30 Uhr. Wer möchte, kann auf der kleinen Insel auch übernachten. Die Betreiber bieten auch ein Bunkhouse (Schlafbarracke) sowie ein Wigwam-Zelt (Koch- und Waschstelle nahebei) an

Jachthafen im Norden von Kerrera

Abbruchmöglichkeit: Bei schlechtem Wetter kann man nach einem Drittel des Weges in Gylen umkehren
Ausrüstung: Standard; evtl. Badesachen mitnehmen
Karten: Ordnance Survey Explorer Nr. 359, 1: 25.000; Ordnance Survey Landranger Nr. 49, Oban & East Mull 1: 50.000
Fähre: Terminal in Gallanach, Gallanach Slip Road, PA34 4QH, www.calmac.co.uk. 2017 hat Calmac den Fährbetrieb über den wenige hundert Meter breiten Kerrera-Sund übernommen. Im Sommer tägl. von Gallanach ab 8.45 ca. alle 30 Min. bis 18 Uhr; So erste Fähre 10.40 Uhr, Hin- und Rückfahrt, £ 4,65.
Anfahrt: Leider gibt es keinen Bus zum Fähranleger. Der Bus hält dort nur auf dem Weg zurück nach Oban. Daher muss man mit dem Auto bzw. Taxi anreisen oder wandern. Zu Fuß sind es ca. 3,5 km vom südlichen Stadtrand in Oban bis zur Gallanach Slip Road. Fußweg: am südlichen Ende von Albany St. geradeaus auf dem Fußweg bergauf (kürzt die Kehren der Straße ab), dann weiter südlich über Glenmore Road und Pulpit Drive, dann links auf einen von der Scottish Rights of Way Society markierten Weg, der südlich parallel zur Küste zur Fähre führt (s. Karte S. 111). Auto ab Oban: Küstenstraße Gallanach Road, 3 km zum Parkplatz an der Kerrera-Fähre.
Rückfahrt: Bus 417 von der Fähre zum Bahnhof Oban, Mo–Fr während der Schulzeiten, d.h. Juli und erste Hälfte des August nicht, jeweils 8.24 und 16.09 Uhr oder mit dem Taxi oder zu Fuß von der Fähranlegestelle nach Oban zurück.
Wegvariante: Der reizvolle Rückweg von der Kerrera-Fähre zur Stadtmitte von Oban ist unten beschrieben. Wer ganz auf Bus und Auto verzichten will, kann die gesamte Strecke von Oban hin und zurück zu Fuß absolvieren – in diesem Fall beträgt die reine Gehzeit ca. 5 Std. für 16 km (3 Std. plus je 1 Std. für den An- und Rückweg)

Die Route

Von der **Anlegestelle (1)** führt ein Fahrweg weiter, der sich nach ca. 200 m teilt. Wir halten uns links und wandern in Richtung Süden entlang der Ostküste der Insel. Hier wie im späteren Verlauf ist der Weg für Geländewagen befahrbar, aber dies ist nur für Einheimische erlaubt, ansonsten ist die Insel verkehrsfrei. Beim **Hof Ardchoric** gehen wir durch ein Tor. 15 Min.

Rechts begleiten uns teils Schafweiden, teils ein steiler, mit Farnkraut und Fingerhut bewachsener Hang, links haben wir herrlichen Ausblick auf die Meerenge und die hügelige Küste. An einer rundlichen Bucht, **Little Horseshoe Bay (2),** passieren wir wieder ein Tor. 30 Min.

Nach fünf weiteren Minuten schwenkt der Weg nach rechts, entfernt sich von der Küste und steigt ein wenig an, um nach weiteren 20 Min. wieder sanft abzusteigen. Bald haben wir den Wegweiser für Gylen Castle vor uns. Der Pfad dorthin zieht nach links durch ein Tor und über eine grüne Wiese zur Südküste der Insel. Es lohnt sich aber, noch weitere zwei Minuten auf dem Fahrweg zu bleiben und im charmanten Tea Garden von **Gylen** einzukehren. Mittags gibt es dort herzhafte Suppen

015_high Foto: bw

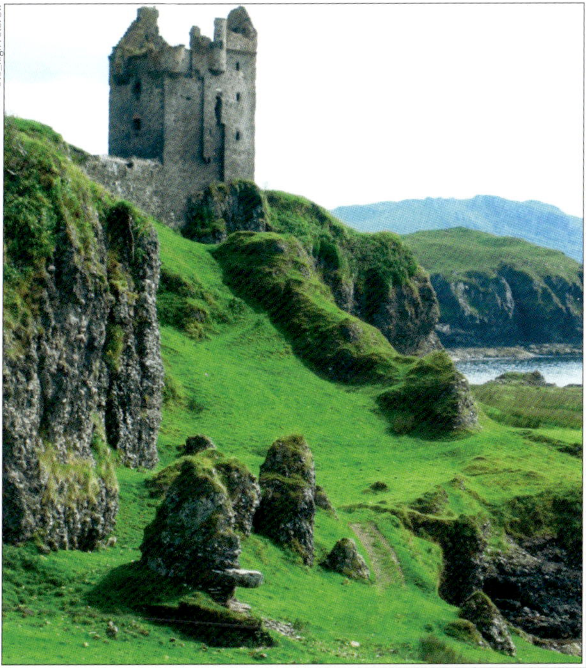

Imposante Burgruine: Gylen Castle

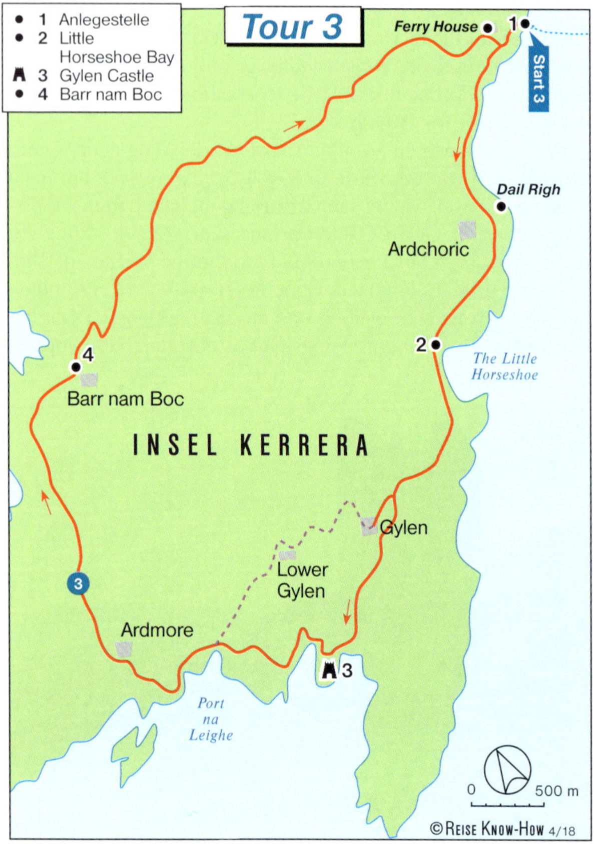

und Hauptgerichte, nachmittags hausgemachten Kuchen zum Tee und Kaffee. Bei schlechtem Wetter steht der umgebaute Kuhstall *(byre)* als Unterstand zur Verfügung. Nach dem Abstecher nehmen wir den grünen Weg nach **Gylen Castle (3);** die Burg ist nach ca. 15 Min. erreicht. 1:15 Std.

Ihre Lage auf einer Anhöhe mit Blick auf die felsigen Buchten im Süden von Kerrera und zum Festland ist beeindruckend. Wer den Pfad zur Burg hinauf einschlägt, nimmt einen kleinen Umweg nach links in Kauf. Denn die Rundwanderung um die

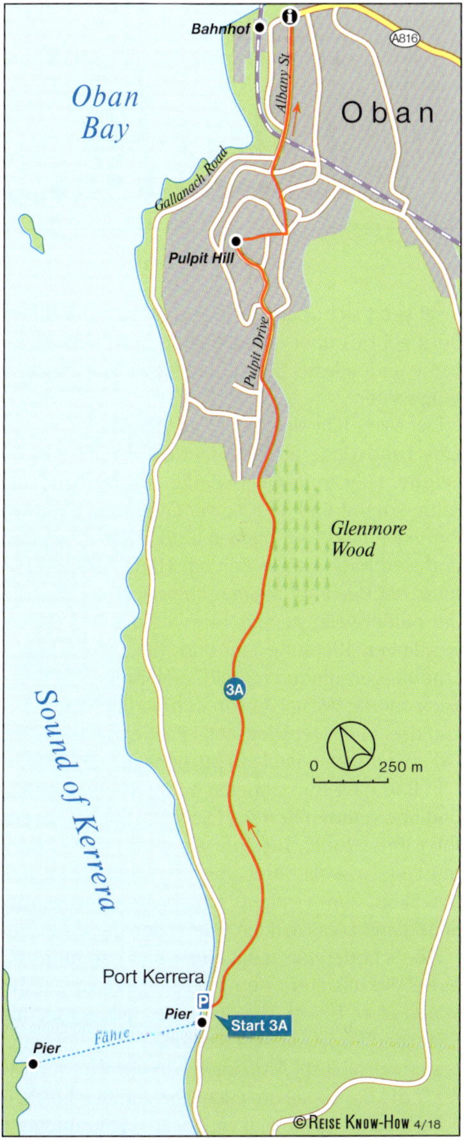
Bahnhof
A816
Oban Bay
Albany St
Oban
Gallanach Road
Pulpit Hill
Pulpit Drive
Glenmore Wood
3A
Sound of Kerrera
0
250 m
Port Kerrera
P
Pier
Start 3A
Fähre
Pier
©Reise Know-How 4/18

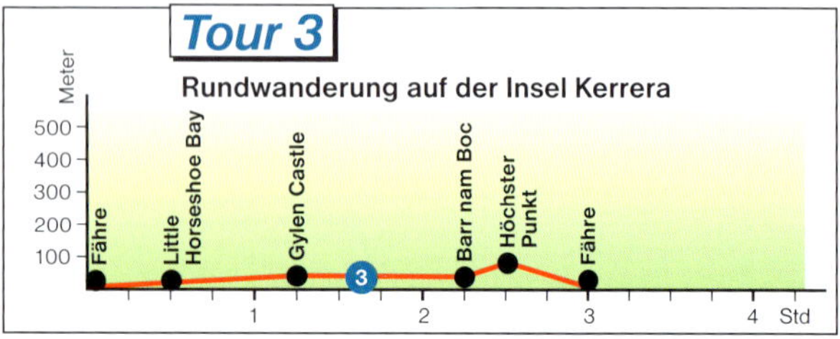

Insel setzt sich rechts fort. Am Steinstrand direkt westlich der Burg geht es über einen kleinen Bach hinweg und auf stellenweise undeutlicher Spur über feuchte Wiesen in westlicher Richtung weiter.

Der Weg hält sich nicht am Meeresufer, sondern überquert eine Landzunge als Abkürzung zur nächsten Bucht, **Port na Leighe.** Hier treffen wir wieder auf den Fahrweg, der von der Fähre kommt und über Lower Gylen führt. Wir wenden uns auf ihm nach links und bleiben an der Küste, gehen durch ein Tor und sind nach kurzer Zeit am **Haus Ardmore.** Vor dem Haus muss ein Bach auf Steinen überquert werden. Danach verlässt der mittlerweile steinige Fahrweg die Südküste, steigt in nordwestlicher Richtung an und führt zwischen zwei kleinen Erhebungen hindurch. Bald genießen wir einen wunderbaren Blick auf die Westseite von Kerrera und über das Meer hinüber zur Insel Mull. Der Weg steigt zum einsamen Hof **Barr nam Boc (4)** an der gleichnamigen Bucht hinab. 2:15 Std.

In Barr nam Boc landeten bis ins 19. Jh. Viehhändler aus Mull und überquerten Kerrera. Die letzte Etappe unserer Wanderung folgt ihrer Route, bekannt als „Old Drove Road". Die Rinder mussten anschließend über den Sund, den heute die Fähre bewältigt, zum Festland schwimmen und wurden quer durch Schottland zum Markt in Crieff nahe der Ostküste getrieben.

Der Schotterweg steigt hinter Barr nam Boc an, erreicht nach einer Viertelstunde den höchsten Punkt, eine Höhe von nur knapp über 100 m. Wieder öffnet sich ein grandioser Blick auf Küste und Inseln, auch in Richtung Oban. Bei gutem Wetter sieht man die Halbinsel Ardnamurchan nördlich von Mull und in weiter Ferne die Gipfel um Glen Coe und Ben Nevis. Der stets deutliche Weg steigt danach wieder zum **Fähranleger (1)** ab. 3 Std.

Wegvariante

Die leichte und sehr reizvolle Kurzwanderung von der **Kerrera-Fähre** zurück nach Oban hat eine Länge von 3 km und dauert nicht einmal eine Stunde. Am Fähranleger steht ein Wegweiser und zeigt uns den „Public Footpath to Pulpit Drive". Er steigt als grüner Erdweg hügelan. Nach etwa einer Viertelstunde geht es durch ein Tor, dann am Wald **Glenmore Wood** entlang und auf die Stichstraße **Pulpit Drive.**

Bald darauf ist ein Abzweig zum **Pulpit Hill** (Kanzelhügel) ausgeschildert. Von diesem Hügel blickt man auf Oban und die nördlich liegenden Inseln, bei klarem Wetter bis zum Ben Nevis im Norden. Die Sitzbank hier ist eine wunderbarer Platz bei Sonnenuntergang. Ein eckiger Granitstein, der „Priest's Stone", geht möglicherweise auf Riten vorchristlicher Zeit zurück. An diesem Stein geht es (ausgeschildert) auf einem Pfad hinunter zur Glenmore Road, die in Kehren (zwei Pfadabkürzer) zur Stadtmitte hinabzieht. Man kommt in **Oban** am südlichen Ende der Albany Street heraus. Knapp 4 Std.

Wo der König starb und die Burg brannte

Kerrera, gerade einmal 10 km lang, ist historisch nicht ganz unbedeutend. Im Jahr 1249 machte sich der schottische König Alexander II. auf, um die Hebrideninseln von den Norwegern zurückzuerobern, nachdem Verhandlungen erfolglos geblieben waren. Allerdings ereilte ihn unterwegs auf Kerrera der Tod. Der Überlieferung nach starb er auf dem Feld Dail Righ (Königsfeld) nahe dem Hof Ardchoric (Ardachoire), ca. 1 km südlich des Fähranlegers.

Das sichtbare Zeugnis einer bedeutenderen Vergangenheit ist Gylen Castle an der Südküste. Duncan, 16. Oberhaupt des Macdougall-Clans, ließ die Burg 1582 errichten. Nach einer längeren Belagerung im Jahr 1647 durch General Leslies Covenanter-Armee ergab sich die Mannschaft. Die Covenanters (ein Bündnis protestantischer schottischer Adligen, die gegen die katholischen Tendenzen des Königs Charles I. rebellierten) steckten die Burg in Brand. Heute steht sie als imposante Ruine vor uns, ohne Dach zwar, aber fast noch in voller Höhe. Die vorkragenden runden Ecktürme sind teilweise erhalten und zeigen, dass Gylen Castle seinerzeit nicht nur als zweckmäßige Festung, sondern auch als repräsentative Residenz diente.

Tour 4
Auf den Hexenberg

6 Std.
▲ 1100 m ▼ 1100 m
Anforderung 4

Ben Cruachan ist der mit Abstand höchste Gipfel dieser Region, der Aufstieg auf teils rauen Pfaden ein Genuss für Wanderer mit guter Kondition. Das Gefälle zwischen dem Stausee am Berg und Loch Awe am Ausgangspunkt der Tour wird von einem mächtigen Wasserkraftwerk genutzt, dessen Besichtigung sich lohnt.

086_high Foto: js

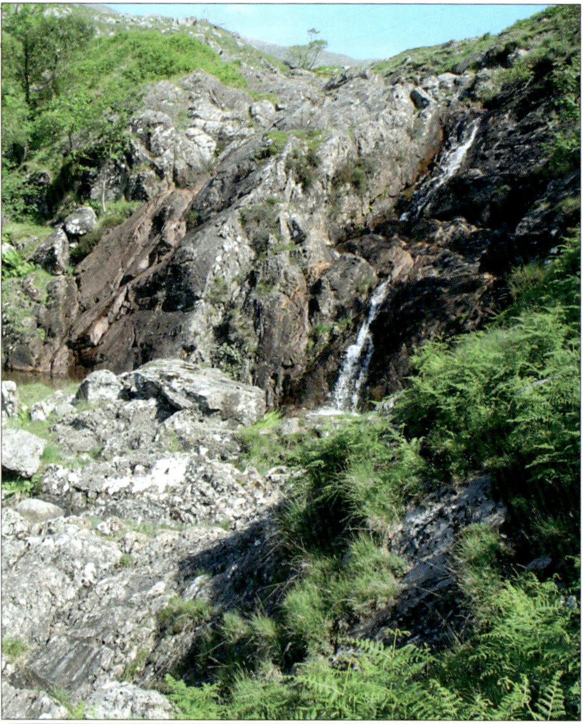

An den unteren Hängen sind schöne Rastplätze zu entdecken

Von Loch Awe zum Gipfel des Ben Cruachan

Landschaft: Ben Cruachan ist ein markanter, einsam stehender Berg, der höchste im Umkreis von Oban. Bewaldete untere Hänge am Loch Awe, Schafweiden und steile Hänge mit schroffen Felsen in höheren Lagen, die Blick auf die von Fjorden tief eingeschnittene Küstenlinie bieten
Sehenswertes: Wasserkraftwerk von Cruachan
Routencharakter: Zielwanderung auf steilen, in den oberen Lagen rauen Bergpfaden, einige feuchte Stellen; am Stausee ein breiter, ebener Fahrweg
Auf und Ab: ▲ 1100 m ▼ 1100m
Höhenlage: zwischen 40 m (Bahnhof) und 1126 m (Gipfel Ben Cruachan)
Gehzeit: 6 Std., ca. 11 km (bis Staumauer ca. 1:15 Std.; bis Kamm oberhalb Coire Dearg 2:30 Std.; bis zum Gipfel 3:15 Std.; Hinweis: Planen Sie für den anstrengenden Steilabstieg annähernd so viel Zeit ein wie für den Aufstieg)
Anforderungen: bis 4; in den höheren Lagen kommt es immer wieder zu kleineren Kletterpartien, und auch an den unteren Hängen (= 3) muss man gelegentlich die Hände zu Hilfe nehmen
Risiken: Die sehr steilen und steinigen Wege erfordern Umsicht, insbesondere bei Nässe. Da es in Gipfelnähe gefährliche Abhänge gibt und der Ben Cruachan oft wolkenverhangen ist, kann die Orientierung problematisch werden
Wegmarkierung: keine
Einkehrmöglichkeit: Cruachan Visitor Centre, Dalmally, PA33 1AN, Tel. 01416/14 91 05, www.visitcruachan.co.uk, April–Okt. tägl. 9.30–16.45, Winter Mo–Fr 10–15.45 Uhr. Das Café im größten Wasserkraftwerk Schottlands lädt vor und nach der Wanderung zum Ausruhen und zur Erfrischung ein
Abbruchmöglichkeit: Bei schlechtem Wetter kann man am Stausee oder am Kamm unterhalb des Gipfels umkehren
Ausrüstung: Standard; Wanderstöcke bewähren sich im steilen Abstieg. Beim Aufbruch zu diesem häufig in Nebel gehüllten Gipfel müssen Sie unbedingt Kompass und Karte mitführen!
Karten: Ordnance Survey Explorer Nr. 377, Loch Etive & Glen Orchy 1: 25.000; Ordnance Survey Landranger Nr. 50, Glen Orchy & Loch Etive 1: 50.000

Anfahrt: Bus 976 von Oban Station Road, Richtung Glasgow Buchanan Station, tägl. Abfahrt, 7.45, 12.10, 18.15 Uhr, Fahrtzeit ca. 35 Min. Zug von Oban Bahnhof (Richtung Glasgow Queen Street) nach Falls of Cruachan, 8.57–10.57 Uhr, Umsteigen in Loch Awe in Citylink Bus 976. Einfache Fahrt £ 6,70. Der Zug hält in Cruachan nur von Mai bis Okt. und nur auf Anforderung (Zugbegleiter bereits in Oban ansprechen!). Auto: 24 km östlich von Oban an der A 85 liegt das Kraftwerk Cruachan Power Station. Etwa 500 m weiter entdeckt man einen Wegweiser zum Bahnhof, ein Stückchen weiter links Plätze für einige Autos am Straßenrand. Wenn diese besetzt sind, fahren Sie am besten ca. 200 m zum Parkplatz am Besucherzentrum des Kraftwerks zurück

Rückfahrt: Bahn: Mo–So 14.54, 19.09 und 20.51 Uhr (hält nur auf Anforderung). Geben Sie ein deutliches Signal, wenn sich der Zug nähert. Busse Cruachan – Oban: Linie 976 tägl. 14.55–15.25, 20.25–20.55 Uhr

Die Route

Am Eingang zum **Bahnhof Falls of Cruachan** (Koordinaten NN 079267; **1**) unterqueren wir die Gleise durch einen niedrigen Tunnel (Vorsicht! Kopf einziehen, wenn Sie durch das Metalltor gehen!). Wer mit der Bahn ankommt, muss hier die Treppe hinunter und nach links zur Unterführung. Auf der anderen Seite der Gleise zieht ein schmaler Weg durch Laubwald steil hoch. Es erwarten Sie bemooste alte Eichen und tief herunterhängende Äste; in der Schlucht zur Linken rauschen die Falls of Cruachan. Im Kraftwerk, das sich 1,2 km tief in den Berg hinein erstreckt, pumpen vier Turbinen Wasser aus dem Loch Awe ins Cruachan Reservoir, dann wird das überschüssige Wasser wieder herausgelassen und lässt auf diese Weise die Wasserfälle entstehen. Bald ist die Baumgrenze erreicht. 20 Min.

Damit öffnet sich der Blick zurück auf den nordwestlichen Arm von Loch Awe, der wie ein Haken quer zum langen Hauptgewässer liegt. Nach einigen Minuten wird der immer noch schmale, aber deutliche Weg weniger steil. Wir wandern über mit Farnkraut bewachsene Hänge. Vor uns rückt links unser Ziel, der kahle Gipfel des Ben Cruachan, ins Blickfeld. Nach etwa einer halben Stunde ist ein ungewöhnlich **hoher Zauntritt** über ein Wildgatter zu überwinden, und unser Pfad verläuft jetzt näher an den Falls of Cruachan. Diese reizvolle Strecke bietet idyllische Rastplätze auf Wiesenflecken nahe den Falls, die hier über Steine plätschern und Gumpen bilden. Nach einigen weiteren Minuten ist der Staudamm zu sehen, den wir bald passieren werden. Zuvor erreicht unser Weg eine **Asphaltstraße (2),** die zur Staumauer führt (Koordinaten NN 080282). 45 Min.

Wir halten uns nach links und bleiben auf der Straße. Ca. 200 m vor der Staumauer überquert man die Falls of Cruachan und wandert nun linksseitig vom Wasserlauf weiter. Dann biegt ein **unscheinbarer Pfad** nach links ab und steigt über den Hang an. Wir nehmen diesen Pfad und halten uns bald links, um einer niedrigen Betonmauer auszuweichen. Dann stösst der Pfad auf einen breiten, gut ausgebauten **Fahrweg,** der in Richtung Norden am Westufer des Stausees entlangführt. 1 Std.

An dieser Stelle lohnt sich ein kurzer **Abstecher zur Staumauer,** wo man Blick hat auf das Cruachan Reservoir und auf das Nordende des Hochtals Coire Cruachan. Auf drei Seiten sind sie von Bergen umgeben. Der nächste Abschnitt unserer Wanderung – wir folgen weiter dem Fahrweg (und gehen seitlich des Reservoirs) – verläuft eben. Hier kann man noch einmal Kräfte sammeln, doch nach einer knappen halben Stunde ohne besondere Anstrengung geht es wieder bergauf. Ca. 150 m vor dem Ende des Fahrwegs verweist ein Steinmännchen – Achtung! – auf eine **Spur,** die links/aufwärts zieht. 1:30 Std.

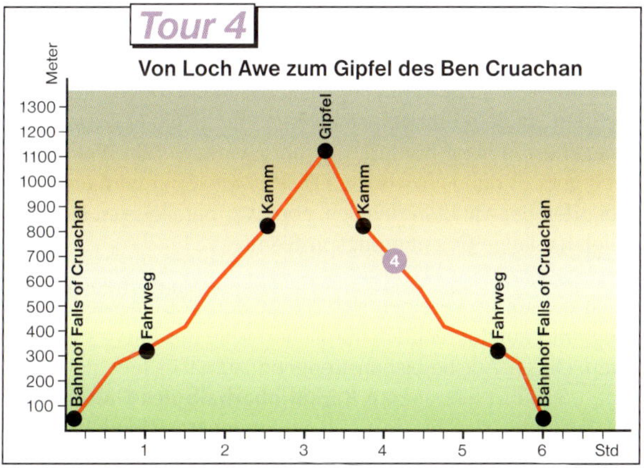

Munros

„Munro-bagging", ein wichtiger Begriff unter Bergwanderern in Schottland, bezeichnet das Erobern von Gipfeln, die höher als 3000 Fuß (914 m) sind. Initiator war der Arzt Hugh Munro (1856–1919), der als erster alle schottischen Gipfel über 914 m katalogisierte. Alle Gipfel ab dieser Höhe oder höher dürfen sich als Munro bezeichnen. Heute gibt es laut offizieller Zählung 283 Munros und 511 Nebengipfel, so genannte „Tops", die nicht als eigenständige Gipfel geführt werden, obwohl sie die ausreichende Höhe haben.

Der Pfarrer A.E. Robertson war 1901 der erste „Munroist", d.h. er bestieg alle damals aufgelisteten Berge. 1947 gelang der ersten Frau (sie war die zehnte Person überhaupt) die Großtat. Heute herrscht ein wahres Munro-Fieber, und jährlich kommen hunderte neuer Bergsteigernamen hinzu. Ziel des *Munro-bagging* ist die Besteigung möglichst vieler oder sogar sämtlicher dieser Gipfel im Laufe ihrer Wanderjahre: www.climbthemunros.co.uk, www.smc.org.uk.

Für weniger Ambitionierte gibt es „Corbetts", Gipfel, die höher als 2500 Fuß (762 m) sind, und „Grahams", Berge über 2000 Fuß (610 m) Höhe. In diesem Band werden sechs Munro-Besteigungen vorgeschlagen: Ben Cruachan (Tour 4), Ben Nevis (Tour 9), Bruach na Frithe (Tour 15), Conival und Ben More Assynt (Tour 19), dazu Cairn Gorm (Tour 25).

Wegalternative

Auf dieser Spur ist später der aus dem Coire Dearg fließende Bach zu überqueren. Wenn Sie zu einer Zeit unterwegs sind, in der die Bäche viel Wasser führen, ist es ratsam, den Pfadabzweig beim Steinmännchen links liegen zu lassen und noch für weitere ca. 50 m auf dem Fahrweg zu bleiben (da der Coire Dearg-Bach unter diesem Weg hindurch geführt wird). Direkt hinter dem Bach geht es dann links hoch. Diese zweite Spur wird erst nach drei oder vier Minuten deutlich, aber wer parallel zum Bach ansteigt, hat keine Orientierungsprobleme.

Nach ca. 300 m vereinen sich die beiden Routen wieder. Der Weg führt auf der rechten, nördlichen Seite des Bachs steil nach oben. Dieser Aufstieg ist anstrengend, zumal es feuchte Stellen gibt, und führt hinauf zum **Kamm oberhalb des Coire Dearg (3).** Immerhin sind bis dort 420 m Höhenunterschied auf ruppigen Pfaden zu überwinden, wobei den Wanderer kurz vor dem

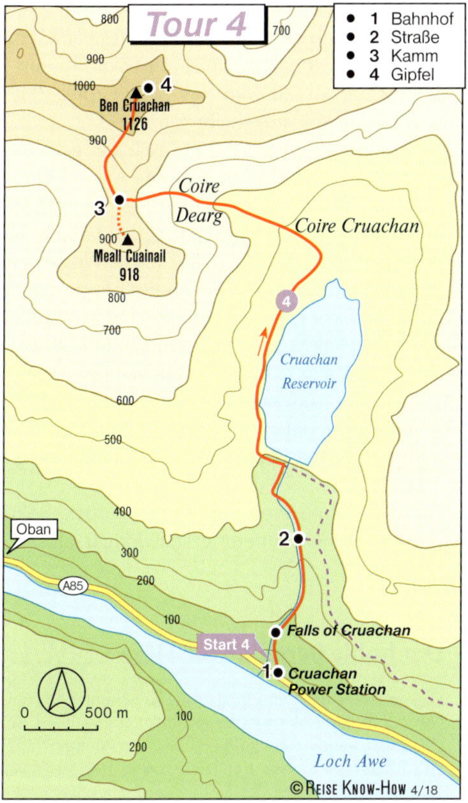

Kamm noch ein besonders steiler Abschnitt erwartet. Der reizvolle Wasserlauf, der sich über treppenartige Felsabsätze stürzt (s. Abb. S. 5), sowie der Blick nach Westen und nach Osten, wenn der Kamm in 825 m Höhe erreicht ist, entschädigen für diese Mühen (Koordinaten NN 069298). 2:30 Std.

Abstecher oder Alternativroute

Wenn der Gipfel des Ben Cruachan in Nebel gehüllt ist, bietet der südlich liegende **Meall Cuainail** (918 m), abhängig freilich

von der Wolkenhöhe, die Möglichkeit, einen kleineren Gipfel zu erobern und von seiner Höhe ein weites Panorama zu genießen. Der Pfad zum Meall Cuainail führt vom Kamm links hoch. Es sind noch etwa 20 Min. bis zum Gipfel. (Hin und zurück benötigt man eine gute halbe Stunde.)
Zum höchsten Punkt des Ben Cruachan geht es dagegen vom Kamm nach rechts. Der andauernde Anstieg führt teilweise über lockeres Geröll, in dem sich die Wegspuren kurzzeitig verlieren können, doch ist die Orientierung zum Gipfel nicht schwierig. Bei Regen und Wind ist dieser letzte Wegabschnitt fordernd, und stets sollte man einen gebührenden Abstand zu den abschüssigen Bergflanken auf der Rechten wahren. Immer wieder kommt die Hand zum Einsatz, sind in den Felsen kleinere Kraxeleien zu bewältigen. Dann ist endlich der 1126 m hohe **Gipfel (4)** – der höchste von mehreren Gipfeln des Ben Cruachan – erreicht (Koordinaten NN 080304). Bei klarem Wetter bietet er einen grandiosen Blick über Loch Etive hinweg nach Norden. 3:15 Std.

Auf demselben Weg geht es nun zurück. Beim Abstieg vom Gipfel ist die Orientierung schwieriger als im Aufstieg. Wir

Der hohle Berg und die Hexe

Das gebirgige und niederschlagsreiche Schottland ist für die Erzeugung von Strom durch Wasserkraft geradezu prädestiniert. Seit 1965 ist Ben Cruachan Standort des größten britischen Pumpenkraftwerks, das über vier Anlagen mit einer Kapazität von je 100 Megawatt verfügt. Die Turbinen, die in einer riesigen unterirdischen Kammer installiert sind, werden mit Wasser aus dem 400 m höher gelegenen Stausee angetrieben. Das Besucherzentrum organisiert Führungen tief unter dem Berg durch die 90 m lange Turbinenhalle und stellt in einer informativen Ausstellung das Kraftwerk und den Naturraum dieser Region vor (tägl. 9:30–17 Uhr, letzte unterirdische Führung 16 Uhr).

Den Gegensatz zu den technischen Erläuterungen bildet die Geschichte der Hexe Cailleach Bheur, der Legende nach Hüterin einer Quelle auf dem Gipfel des Ben Cruachan. Bei Sonnenuntergang verschloss sie die Quelle mit einem steinernen Deckel, den sie bei Sonnenaufgang wieder abnahm. Eines Abends aber schlief sie ein, ohne die Quelle abzudecken. Das Wasser überschwemmte das Tal, Menschen und Vieh ertranken – und Loch Awe entstand. Die Hexe Cailleach wurde zu Stein und soll den Berg noch heute in Gipfelnähe bewachen.

087_high Foto: js

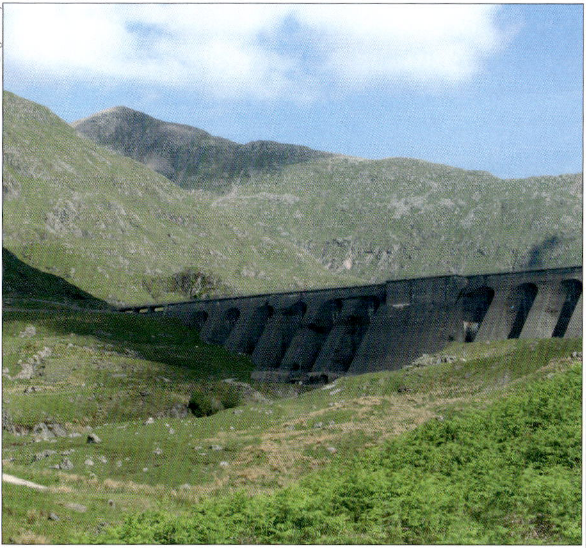

halten zunächst direkt nach Süden, stets mit etwas Abstand zu den nun links liegenden Abhängen; andererseits dürfen Sie aber auch nicht zu weit nach rechts, d.h. nach Westen, abkommen. Die Strapazen des Rückwegs sind nicht zu unterschätzen: Erst nach gut 6 Std. Gehzeit steht man wieder auf der **Straße am Bahnhof (1).**

Staumauer des Cruachan Reservoir

021_high Foto: js

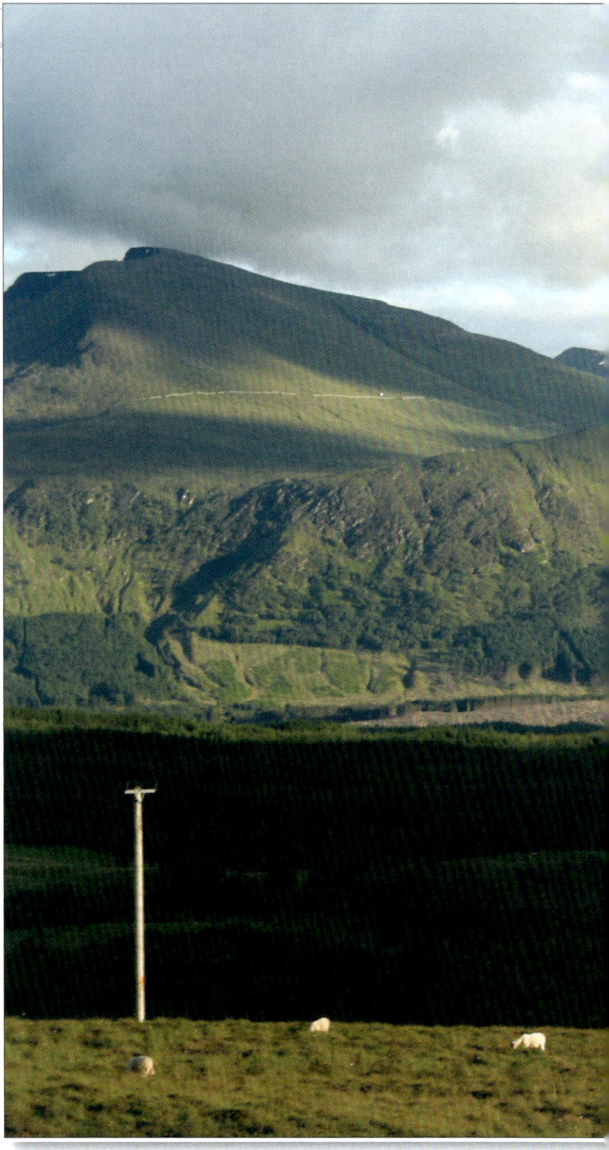

Ben Nevis und Umgebung – Stützpunkt Fort William

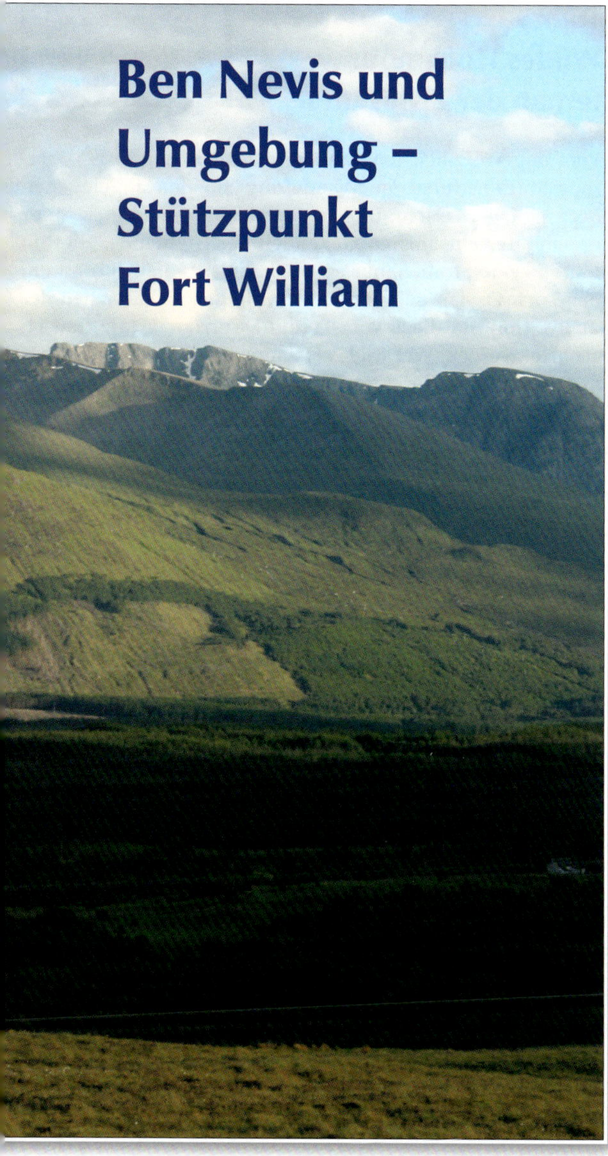

Tour 5
Wildes Hochmoor fernab der Zivilisation

4 Std.
▲ 390 m ▼ 410 m
Anforderung 2

Vom ungewöhnlichsten Bahnhof der Britischen Inseln, Corrour Station, führt die Wanderung um den abgelegenen Bergsee Loch Ossian. Das Hochplateau des Rannoch Moor ist eine der einsamsten Gegenden der Highlands. Hierhin führen keine Straßen, nur eine Bahnlinie. Lediglich rund um den Loch Ossian und den Bahnhof finden sich Zeichen der Zivilisation, da diese vom Jagdgut Corrour Estate bewirtschaftet werden. Wer wildes Hochmoor erleben möchte, hat mit dieser Tour die richtige Wahl getroffen.

089_high Foto: js

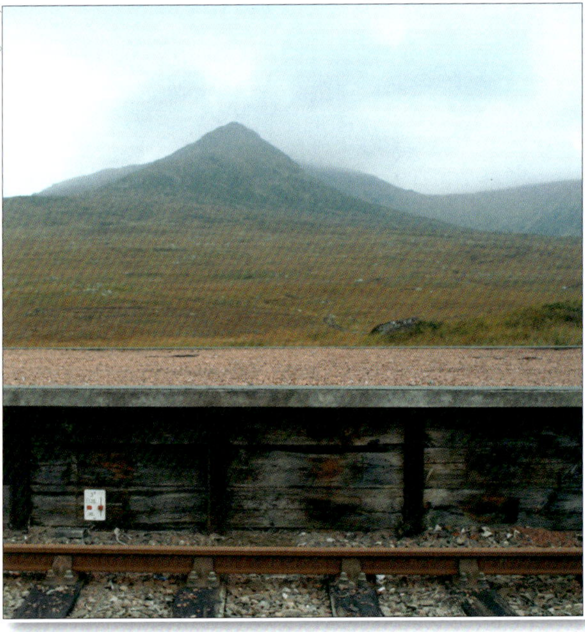

Vorherige Seite: Blick von Norden auf das Ben Nevis-Massiv
Diese Seite: Britanniens seltsamster Bahnhof: Corrour Station

Von Corrour Station rund um Loch Ossian

Landschaft: Offenes Hochmoor und ein See mit bewaldeten Ufern, umgeben von hohen Bergen
Routencharakter: Rundwanderung auf guten Wegen um das Seeufer; am Anfang und am Schluss über offenes Moorland, am See teils im Wald
Auf und Ab/Höhenlage: keine nennenswerten Steigungen; man bewegt sich zwischen 390 m und 410 m Höhe (es wurde deshalb auf die Erstellung eines Routenprofils verzichtet)
Gehzeit: 4 Std., ca. 11 km (bis Abzweig Jugendherberge 25 Min.; bis Corrour Lodge 2 Std.)
Anforderungen: 1 bis 2; das Jagdgut Corrour hält die Wege in einem guten Zustand; keine Bachquerungen, sumpfige Stellen oder sonstige Schwierigkeiten; im offenen Gelände am Anfang und am Ende der Wanderung ist man Unwettern allerdings schutzlos ausgesetzt
Wegmarkierung: keine (bis auf einen Wegweiser zur Jugendherberge), aber die Orientierung ist selbst bei schlechten Sichtverhältnissen einfach
Einkehrmöglichkeit: Corrour Estate, PH30 4AA, Tel. 01397/70 70 70, www.corrour.co.uk. Das Gut betreibt das Station House Restaurant, geöffnet Mitte März bis Ende Okt. tägl. 8.30–21 Uhr. Direkt nebenan finden sich im alten Stellwerk moderne Gästezimmer, die man jedoch lange im Voraus buchen sollte (DZ ab £ 110). Wer ganz luxuriös übernachten möchte, kann sich in der schicken Lodge am See einmieten, entweder ins Hotel oder in separate Cottages (Preise auf Anfrage). Die preiswerteste Variante ist die Jugendherberge Loch Ossian für Selbstversorger, Tel. 01397/73 22 07, www.syha.org.uk, Betten ab £ 19
Trinkwasser: Nehmen Sie genug Wasser für die 4-stündige Wanderung mit
Abbruchmöglichkeit: keine; Hilfe im Notfall bieten die Jugendherberge und Corrour Lodge
Ausrüstung: Standard
Karten: Ordnance Survey Explorer Nr. 385, Rannoch Moor and Ben Alder, 1: 25.000
Anfahrt: Bahn ab Fort William nach Corrour Station um tägl. 7.44 oder 11.40 Uhr, Fahrzeit ca. 50 Min.; Züge aus der Ge-

genrichtung (Glasgow) halten um 8.58 (Zug hält nur auf Anforderung, Vorbuchung erforderlich) und 11.20 Uhr in Corrour
Rückfahrt: Rückfahrt ab Corrour Station nach Fort William um 15.24 oder 18.25 Uhr, in Richtung Glasgow um 12.30, 18.25 und 20.49 Uhr, Fahrtzeit ca. 3 Std.

Die Route

Die Zugfahrt von Fort William zum **Bahnhof Corrour** (Koordinaten NN 356664; **1**) durch das Tal Glen Spean mit seinen Schluchten und Wasserfällen und am östlichen Ufer von Loch Treig entlang stimmt bereits auf die Reize unserer heutigen Wanderung ein. Vom Schaffner erfährt man, durch welche Tür man aus dem Zug steigt: Das macht deshalb Sinn, weil Corrour nur einen kurzen Bahnsteig besitzt. Der Bahnhof ist überhaupt eine fast surreale Erscheinung, ist er doch ganz einsam mitten in einem menschenleeren, baumlosen Hochmoor gelegen. Keine öffentliche Straße führt hierhin, die Eisenbahnschienen und das Bahnhofsgebäude erscheinen als Fremdkörper in der Landschaft. Vom ersten Zug morgens holt meist ein Landrover die Post ab für das Jagdgut Corrour, das wir in ca. 2 Std. erreichen werden.

Zuerst über die Schienen zum schmucken, grün-weiß gestrichenen Bahnhofsgebäude und zum befestigten Fahrweg, der in östlicher Richtung führt. Das Jagdgut wartet die Wege, so dass wir trockenen Fußes und zügig weiterkommen, obwohl sich links und rechts des Weges sumpfiges Hochmoor ausbreitet. Kurz bevor Loch Ossian erreicht wird, gabelt sich der Weg (Koordinaten NN 368669). 20 Min.

Wir halten uns hier rechts und haben einen Blick über die gesamte Länge des in Bergen eingebetteten Sees. Am nahen, westlichen Ende des **Loch Ossian (2)** gibt es kleine, baumbestandene Inseln, und auf einem Landvorsprung sehen wir die im Vorspann erwähnte Jugendherberge, eine Holzhütte in wunderschöner Lage.

Einst Bootsanleger für die High Society, heute Jugendherberge

Uns führt der Weg, deutlich und ohne jede Schwierigkeit, nun an der Südseite des Loch Ossian entlang. Auf der Nordseite des Sees erhebt sich Beinn na Lap (935 m), auf der Südseite Carn Dearg (941 m). Unser Weg quert zuerst eine Landschaft mit Heidekraut und Moos, Tümpeln und kleinen Wasserläufen, nähert sich dann dem Seeufer und erreicht Wald. 1 Std.

Nach weiteren 30 Minuten kommen wir zu einem **Holztor,** hinter dem der Wald parkähnliche Züge annimmt und bezeugt, dass wir uns dem Jagdgut Corrour nähern. Hier wachsen unter den Tannen und Birken auch Rhododendren. Die Bäche, welche die südlichen Hänge des Carn Dearg entwässern, werden in

038_high Foto: js

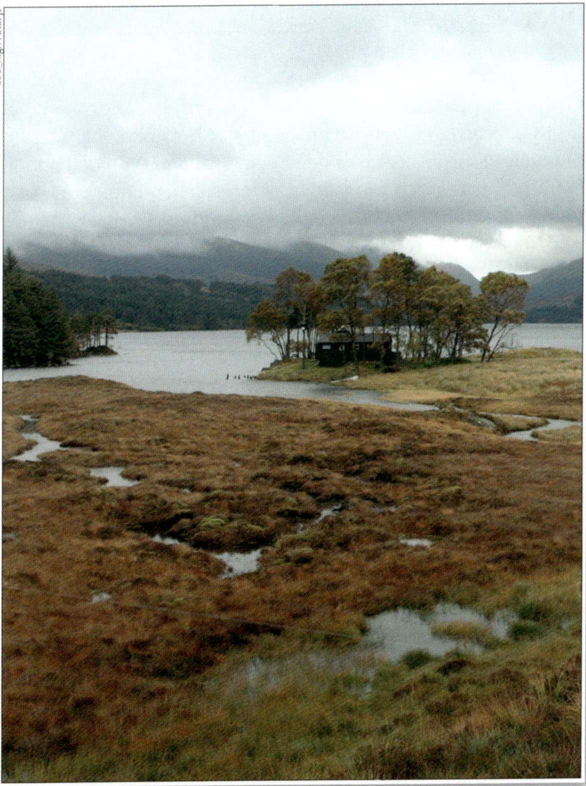

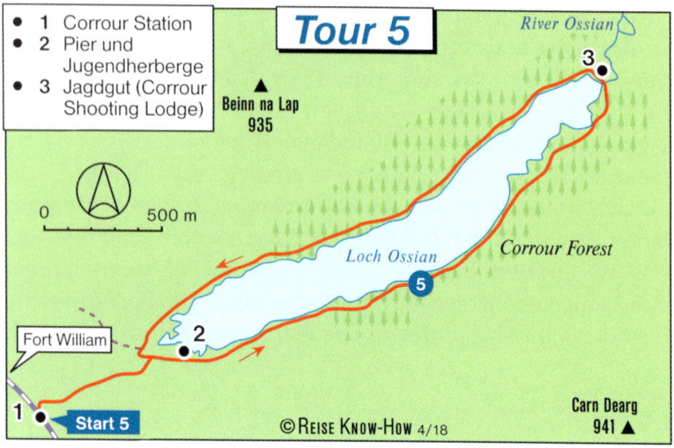

Gullys unter die Fahrbahn geführt, so dass dieser Weg auch bei und nach ausgiebigen Regenfällen gut begehbar bleibt. Die üppigen Moospolster unter den Bäumen zeugen von den hohen Niederschlägen des Landstrichs. Am östlichen Ende von Loch Ossian finden wir das sehr gediegene **Jagdgut Corrour (3),** das nur über eine Privatstraße zu erreichen ist (Koordinaten NN 412697). 2 Std.

Das Gut verfügt über ein schickes Hotel und vermietet Cottages. Leider bietet es keine Verpflegungsmöglichkeiten für Wanderer. Wer hier eine Ferienwohnung mietet (s. o.), gewinnt übrigens viele Möglichkeiten für weitere Wanderungen, darunter solche hinauf auf einige Munro-Gipfel.

Der Fahrweg am bewaldeten Ufer von Loch Ossian leitet uns nun in westlicher Richtung zu unserem Ausgangspunkt zurück. Teils wandern wir fast direkt am Ufer entlang, teils entfernen wir uns ein wenig vom See. Eine gute Stunde, nachdem das Jagdgut passiert wurde, verlassen wir wieder den Wald und gewinnen Blick auf den 909 m hohen Leum Uilleim. 3:15 Std.

Auch der Bahnhof wird wieder sichtbar. Etwa eine halbe Stunde später, kurz hinter der westlichen Spitze von Loch Ossian, zweigt ein Pfad nach rechts in Richtung Loch Treig ab, wir halten uns aber links und erreichen nach weiteren 250 m die nächste Weggabelung, die wir bereits vom Beginn der Tour kennen. Hier geht es für uns nach rechts zum **Bahnhof (1)** zurück. 4 Std.

Jagdgut Corrour

Weite Teile des schottischen Hochlands gehören Großgrundbesitzern, die sie als Jagdreviere benutzen. Der Eisenbahnbau im 19. Jh. machte es wohlhabenden Engländern leicht, für die Jagd auf Rotwild und Moorhühner nach Schottland zu fahren. Kurz vor der Fertigstellung der West Highland Railway im Jahre 1894 kaufte Sir John Stirling Maxwell das Gut Corrour, auf dem bereits seit den 1830er Jahren gejagt wurde, und ließ einen Privatbahnhof für seine Gäste errichten. Mit der Kutsche legten sie danach die kurze Strecke vom Bahnhof zum Westufer des Loch Ossian zurück und fuhren mit dem Dampfboot „Cailleach" zum Herrensitz am Ostufer. Bahnhof und Bootshaus, letzteres heute zur Jugendherberge umgebaut, gehören immer noch zum Gut. Erst seit den Aufforstungsmaßnahmen der 1960er Jahre ist Corrour mit der Straße auch von Norden her über Glen Ossian erreichbar - die „Cailleach" und die ersten Autos des Gutes mussten noch mit der Bahn nach Corrour transportiert werden.

Heute gehört das 20.000 Hektar große Gut (über eine auf den Cayman-Inseln firmierende Stiftung) einer der reichsten Familien des Vereinigten Königreichs, der aus Schweden stammenden Rausing-Dynastie. Die Rausings, die ihre Milliarden in der Verpackungsindustrie („Tetrapak") verdienten, engagieren sich für wohltätige Zwecke. So ist für das Gelände am Loch Treig ein auf Jahrzehnte angelegtes Aufforstungsprogramm mit einheimischen Baumarten vorgesehen. Kernbohrungen wurden vorgenommen, um festzustellen, welche Arten hier ursprünglich wuchsen. In den kommenden Jahren werden Birken, atlantische Eichen, Wacholder und Ebereschen gepflanzt, um eine ökologisch wertvollere Alternative zu den bislang verbreiteten Nadelholzplantagen zu schaffen. Das prächtige, jedoch diskret in den Hintergrund gerückte Corrour Lodge, ein an der Stelle des 1942 abgebrannten Vorgängerbaus errichtetes Werk des israelisch-amerikanischen Architekten Moshe Safdie, zeigt, dass die Stiftung erhebliche Summen investieren kann. Statt Jagd auf Rotwild bietet das Gut heute andere Aktivitäten an: Angeln, geführte Wanderungen, Fotosafaris, Reiten und Kanutouren (www.corrour.co.uk).

Tour 6
Im Schatten des Ben Nevis

3:30 Std.
▲ 50 m ▼ 100 m
Anforderung 3

Das grüne Tal Glen Nevis liegt am Fuß des Massivs rund um den mit 1344 m höchsten Berg Großbritanniens, den Ben Nevis. Auf dem Hinweg folgt man dem West Highland Way, der Rückweg führt entlang schmaler Pfade am River Nevis, der von vielen Bächen gespeist wird.

076_high Foto: js

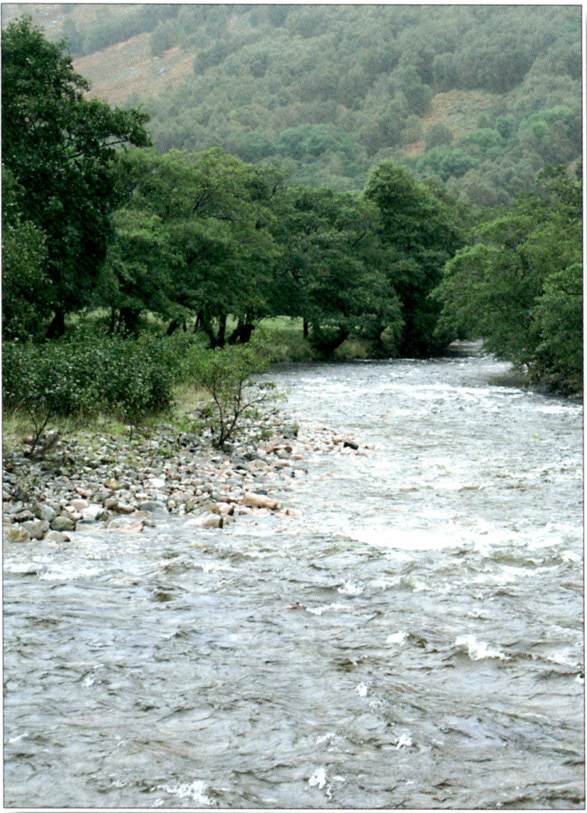

Auf Waldwegen ins Tal Glen Nevis und zurück entlang des River Nevis

Landschaft: ein grünes Tal unterhalb des höchsten britischen Gipfels, Ben Nevis, der eine flache Kuppe hat; die erste Hälfte des Weges weitgehend im Wald, der Rückweg erfolgt am Ufer des River Nevis

Routencharakter: Rundwanderung. Der Waldweg ist gut ausgebaut und sehr leicht zu begehen; die Strecke zurück ist teilweise eine bloße Wegspur, an vielen Stellen feucht und mit Bachquerungen verbunden, die bei nassem Wetter ein wenig Geschicklichkeit erfordern

Auf und Ab/Höhenlage: keine nennenswerten Steigungen; man bewegt sich zwischen 50 m und 100 m Höhe

Gehzeit: 3:30 Std. (bis Allt a' Choire Riabhach 1:15 Std.; bis zur River Nevis-Brücke 1:30 Std.; bis Cameron-Friedhof 2:45 Std.)

Anforderungen: bis 3; in den ersten eineinhalb Stunden = 1–2; Rückweg nach ergiebigen Regenfällen = 3

Wegmarkierung: keine Markierungem, am Anfang der Tour jedoch einige Wegweiser, da wir hier den Weitwanderweg West Highland Way benutzen; die Orientierung ist jedoch völlig unproblematisch, da der Forstweg zur Brücke gut ausgebaut ist und der Pfad zurück am Fluss entlang verläuft

Einkehrmöglichkeit: nur auf dem ersten Teil der Wanderung: Glen Nevis Visitor Centre, Fort William PH33 6PF, Tel. 01397/70 59 22, http://ben-nevis.com/visitor-center/visitor-center.php. Geöffnet tägl. im Sommer 8.30–18 Uhr, im Frühjahr 9–17 Uhr, im Winter 9–15 Uhr. Glen Nevis Restaurant, Fort William PH33 6SX, UK, Tel. 01397/70 54 59, https://glennevisrestaurant.co.uk, geöffnet März–Okt. 11–21.30 Uhr.

Abbruchmöglichkeit: Nach der Hälfte der Strecke, bei Erreichen der Straßenbrücke, könnte man auf der Asphaltstraße zum Ausgangspunkt zurückkehren; hier fährt Bus 41 (s.u.; Rückfahrt ca. 5 Minuten früher als ab Jugendherberge)

Ausrüstung: Standard. Wenn der Boden durchweicht ist, kann – abgesehen von gutem Schuhwerk – eine Regenhose nützlich sein; auch Wandergamaschen bewähren sich

Der River Nevis durchfließt ein grünes Tal

Karten: Harvey Superwalker, Ben Nevis 1: 25.000; Ordnance Survey Landranger Nr. 41, Ben Nevis, 1: 50.000
Anfahrt: mit dem Auto oder Bus Nr. 41 Stagecoach Highlands, Fort William (gegenüber von Police Station auf der High Street) Richtung Roybridge bis Jugendherberge Glen Nevis, Busfahrzeit 14 Min., Juni–Sept. mehrmals täglich, z.B. Mo–Fr 8.47, 10.45, 12.45 , Sa 8.52; weitere Verbindungen mit Linie 42 ab Busbahnhof Fort William; So. nur Juni bis Anfang Sept. mit Linie 42, 8.05 und 12.05 Uhr; zu anderen Jahreszeiten kann man den 4 km langen **Fußweg** von der Stadtmitte folgendermaßen abkürzen: über die Belford Road (A 82, Hauptstraße) am Bahnhof vorbei, nach ca. 200 m rechts in die Alma Road, nach 2 Min. links in den kleinen Park (Wegweiser: Cow Hill, Glen Nevis), an der ersten Gabelung rechts, über die Brücke, dann links und an einer weiteren Gabelung rechts. Dieser Weg führt um Cow Hill herum durch Wald direkt zum Glen Nevis Visitor Centre
Rückfahrt: Letzte Rückfahrten mit Bus 41 ab Glen Nevis Youth Hostel nach Fort William (Juni–Sept.): tägl. 19.10 Uhr, (im Winter nur 9.03 Uhr)

Die Route

Vom Parkplatz des **Glen Nevis Visitor Centre** (Koordinaten NN 123731; **1**) über die Straße und nach links auf einem Gehweg taleinwärts. Am Ende der ersten Wiese sieht man rechts einen Pfad mit dem Wegweiser „West Highland Way". Mit ihm über eine Brücke, in den Wald hinein und zu einem Forstweg, dem wir in Richtung Süden, d.h. nach links, folgen. An der ersten Weggabelung halten wir uns links (der West Highland Way verabschiedet sich hier nach rechts). Wer von der Jugendherberge kommt, kann diesen Abschnitt abkürzen: der Straße und dem Weg folgend auf den Hang zu, links auf den Forstweg. 20 Min.

Der breite, gut befestigte Weg gewinnt dabei nur langsam an Höhe, so dass man nicht ins Schwitzen kommt. Nach einer Weile verlassen wir den Wald **(Nevis Forest)** und gewinnen freien Blick auf die Hänge des Ben Nevis. Knapp 45 Min.

Weiter geht es, stets geradeaus, auf dem Forstweg, immer wieder auch durch offenes Gelände. Eine Betonbrücke überspannt den größeren **Bach Allt a' Choire Riabhach** (Koordinaten NN 136686; **2**). Reichlich 1:15 Std.

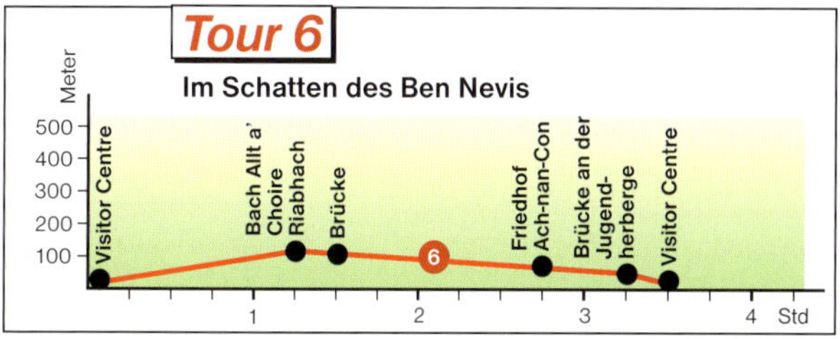

Danach zieht der Forstweg allmählich in Richtung Osten und steigt sanft zu einer Asphaltstraße ab. Dort angekommen, geht es nach rechts, ca. 250 m auf Teer, dabei zwei Bäche querend, bevor die Brücke über den **River Nevis (3)** erreicht ist. An manchen Tagen kann man hier am Wasserfall beobachten, wie Kajak-Fahrer ihren Mut und ihre Geschicklichkeit auf die Probe stellen. 1:30 Std.

Direkt nach Überschreiten der Brücke zweigt unser Weg links ab und steuert auf ein Schafgehege zu. Hier gehen wir durch das Metalltor und beginnen unseren Rückweg, stets am (oder nahe am) östlichen Ufer des River Nevis. Der Weg wird schnell zu einer bloßen Spur und steigt an zwei kleinen Steinhäusern vorbei zum Fluss ab.

Das Gelände ist hier und im weiteren Verlauf häufig durchfeuchtet, denn zu unserer Rechten entwässern sich die Hänge des Ben Nevis. Die Niederschläge, die auf der Westseite des großen Bergs fallen, gehen in **zahlreichen kleinen Bächen,** die ohne Brücken oder Stege überquert werden müssen, zu Tal. Der Pfad ist nicht überall deutlich, aber es gibt keine Orientierungsschwierigkeiten – es geht stets Richtung Norden, und der River Nevis rauscht zur Linken.

Wunderschön ist der Blick zurück auf die steilen Berghänge, die das Glen Nevis einhegen. Unser Weg verläuft unter Birken, Erlen und durch Nadelwald, mal unten am Flussufer, mal weiter von ihm entfernt und höher. Wenn die Bäche viel Wasser führen, muss man hier und da Umwege in Kauf nehmen, um sie an engeren Stellen zu überspringen.

Eine Gruppe von mächtigen Buchen auf der rechten Seite markiert nach weit über einer Stunde den nicht mehr benutzten **Friedhof des Cameron-Clans (4),** bekannt unter dem seltsamen Namen „Ach-nan-Con“ (Feld der Hunde). Bis ins 18. Jh. gehörte

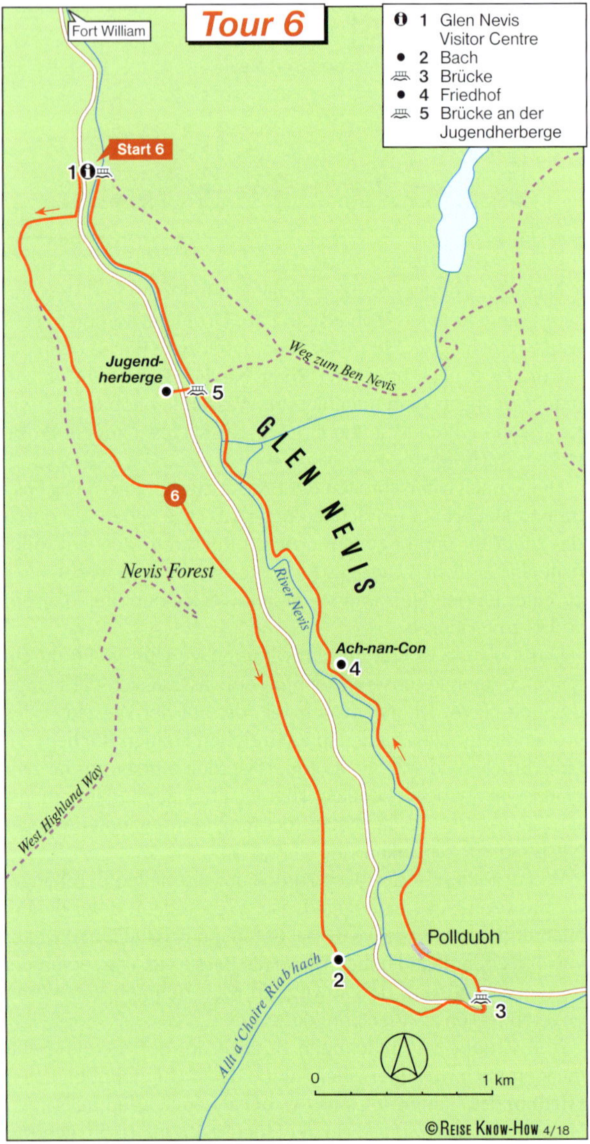
Tour 6
Fort William
1 Glen Nevis Visitor Centre
2 Bach
3 Brücke
4 Friedhof
5 Brücke an der Jugendherberge
Start 6
1
Jugend-herberge
5
Weg zum Ben Nevis
GLEN NEVIS
6
Nevis Forest
River Nevis
Ach-nan-Con
4
West Highland Way
Polldubh
2
3
Allt a'Choire Riabhach
0
1 km
©Reise Know-How 4/18

Glen Nevis den Camerons. Leider ist die quadratische, von niedrigen Steinmauern umgebene Grasfläche mit nur wenigen sichtbaren Grabresten mit Stacheldraht umzäunt. Knapp 2:45 Std.

Ca. 500 m weiter wandern wir erhöht über einem **Steilufer,** das den Blick auf eine markante grasige Erhebung auf der anderen Seite des River Nevis frei gibt. An dieser Stelle wurden Szenen für den Film „Braveheart“ (1995; Regie und Hauptrolle Mel Gibson) über das Leben des schottischen Freiheitskämpfers William Wallace (ca. 1276–1305) gedreht, der am 11. September 1297 einen fulminanten Sieg über die englischen Truppen errang. Auch für die Verfilmung von „Rob Roy“ (1995; Regie Michael Caton-Jones, Hauptrolle Liam Neeson), die das Leben des „schottischen Robin Hood“ in den schönsten Farben zeigte, bot das herrliche Glen Nevis die passende Kulisse. Von dieser Stelle sind es noch weitere 1,5 km (oder 20 Min.) bis zu einer **Brücke** (Koordinaten 128718; **5**) über den River Nevis; auf der anderen Seite liegt eine Jugendherberge. Knapp 3:15 Std.

An der Jugendherberge kann man auf den Bus nach Fort William warten oder sich im benachbarten Glen Nevis Restaurant erholen. Für den Weg zurück zum Parkplatz am Visitor Centre benötigt man gut 20 Min. Wir verschmähen die Autostraße und nehmen den Uferpfad, gehen an einer ersten Brücke vorbei und überqueren den Fluss erst am **Visitor Centre (1)** auf der zweiten Brücke. Reichlich 3:30 Std.

Dichte Moospolster: weich, aber leider auch feucht

009_high Foto: js

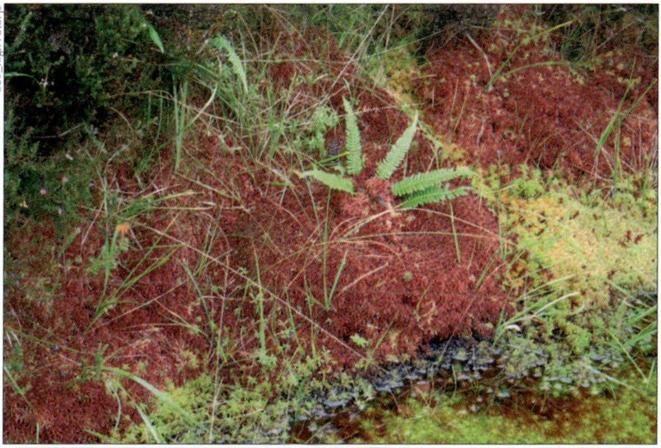

Tour 7
Mit Meerblick zu einem abgelegenen See

4:30 Std.
▲ 440 m ▼ 440 m
Anforderung 3

Auf diesem Weg durch Wald und über kahle Hänge hinauf zu einem einsamen See genießt der Wanderer eine großartige Aussicht über einen Teil der schottischen Westküste – mit hohen Bergen in Küstennähe und Meeresarmen, die sich wie lange Finger ins Landesinnere strecken.

077_high Foto: js

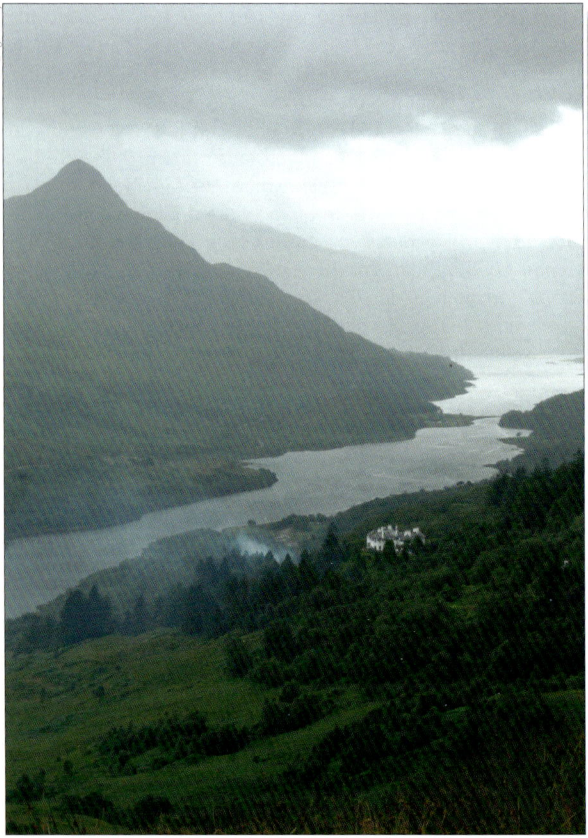

Von Kinlochleven zum Loch Eilde Mor

Landschaft: Zwischen Glencoe und dem Ben Nevis-Massiv schiebt sich der enge Meeresfjord Loch Leven 13 km tief in die Bergwelt hinein. Nördlich erheben sich die bis 1100 m hohen Mamores, südlich die Berge an der Nordflanke von Glencoe. Nach Osten hin ist das Gebiet um das Blackwater Reservoir und am Saum des unwirtlichen Rannoch Moor etwas weniger schroff

Routencharakter: Rundwanderung über die teils bewaldeten unteren Hänge der Mamores zum 340 m hoch gelegenen Loch Eilde Mor; gute Pfade bis Loch Eilde Mor, im Abstieg weniger bequem

Auf und Ab: ▲ 440 m ▼ 440 m

Höhenlage: zwischen 10 m (Kinlochleven) und 390 m (vor Loch Eilde Mor)

Gehzeit: 4:30 Std., ca. 14 km (bis Mamore Lodge Hotel 1:15 Std.; bis Loch Eilde Moor 2:30 Std.; bis Brücke über den Allt na h-Eilde 4 Std.)

Anforderungen: bis 3; keine besonderen Anforderungen an Kondition oder Geschicklichkeit; anfangs steigt der Weg relativ schnell auf 250 m Höhe an = 1–2; im Abstieg ist ein wenig Trittsicherheit erforderlich = 2–3

Risiken: In ihrem mittleren Abschnitt ist die Wanderung entlang Loch Eilde Mor dem Wetter ausgesetzt; ein Teil des Abstiegs ist steil und steinig und erfordert bei Nässe Umsicht und Trittsicherung

Wegmarkierung: keine durchgängige Markierung, anfangs vereinzelte Wegmarken im Zusammenhang des West Highland Way

Einkehrmöglichkeit: The Boothy Bar & Purple Stag Restaurant, im MacDonald Hotel, Fort William Road, Kinlochleven PH50 4QL, Tel. 01855/83 15 39, http://macdonaldhotel.co.uk, geöffnet April–Okt. Bar 11–23 Uhr (Essen wird 12–16 und 17–21 Uhr serviert), Restaurant 18–21 Uhr. In dem Hotel, das auch Hütten zur Übernachtung vermietet, werden tagsüber in der Bar leichte Gerichte serviert. Abends kann man auch im Restaurant fein dinieren.

Oberhalb von Loch Leven mit Blick auf den Pap of Glencoe

Trinkwasser: am Ausgangs- und Endpunkt der Wanderung in Kinlochleven bzw. Kinlochmore
Abbruchmöglichkeiten: Von Mamore Lodge führt eine Autostraße zurück nach Kinlochleven; etwa 1 km vor Loch Eilde Mor, nach ca. 2:15 Std. Gehzeit, führt ein Pfad rechts nach Kinlochleven hinunter
Ausrüstung: Standard
Karten: Harvey Superwalker Ben Nevis 1: 25.000; Ordnance Survey Explorer Nr. 384, Glen Coe & Glen Etive, 1: 25.000
Anfahrt: Bus: Linie 44 von Fort William nach Kinlochleven/ Lochaber Road. Fahrzeit ca. 50 Min., Mo–Fr (nur an Schultagen, Fr teilweise gesonderte Abfahrten), z.B. 10.30, 11.30,

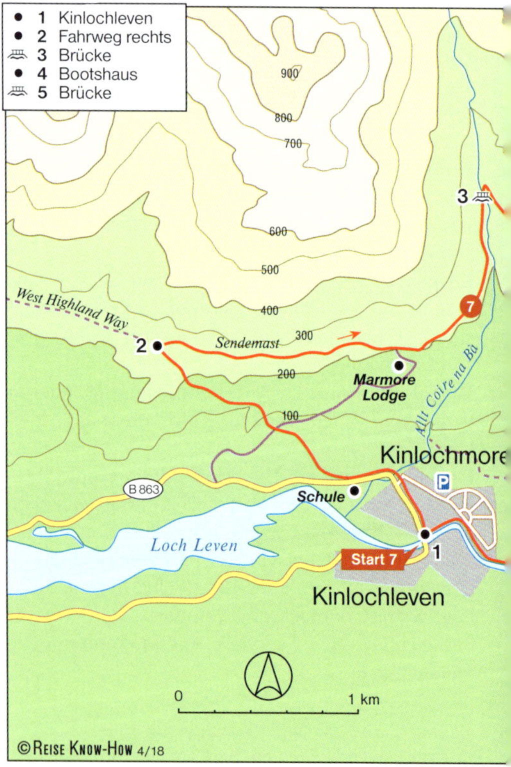

12.30 Uhr, So z. B. 9.42 und 11.42 Uhr. Auto: kostenloser Parkplatz vor St Paul's Church in der Wades Road/Kinlochleven – von Westen entlang des Nordufers von Loch Leven kommend, müssen Sie von der B 863 links abbiegen
Rückfahrt: Bus 44, z.B. 15.52 (nicht Fr), 16.32 (nur Fr), 17.50 (Mo–Fr), So z. B. 15.40 und 17.40 Uhr

Die Route

Ohne selbst sehr hoch aufzusteigen, genießen wir während der gesamten Wanderung Blick auf hohe umliegende Gipfel oder

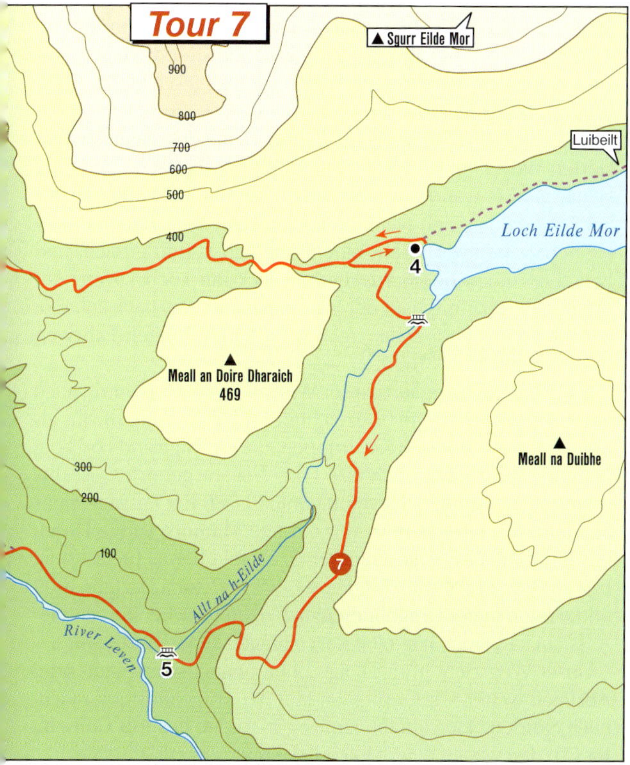

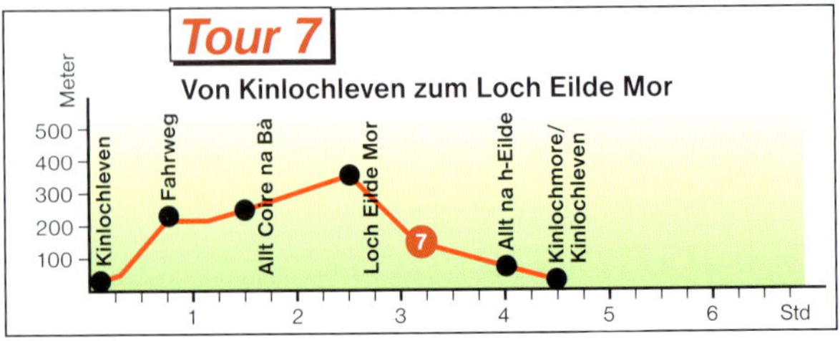

auch auf den langgestreckten Meeresarm Loch Leven, an dessen Ufer unsere Wanderung beginnt. Die Hauptstraße B 863 umrundet Loch Leven und durchquert **Kinlochleven (1),** wo sie Lochaber Road heißt. Von der Bushaltestelle geht man auf dieser Straße am Nordufer von Loch Leven in westlicher Richtung. Gegenüber der Schule zweigt die Weitwanderstrecke West Highland Way nach rechts ab; ihr folgen wir. Ausgeschildert ist Fort William. 10 Min.

Eine gute halbe Stunde lang bleiben wir auf dem deutlich markierten West Highland Way, überqueren zwei Bäche und eine kleine Straße, wandern unter Birken bergauf und überwinden auf Trittsteinen einen weiteren Bach. Wenn die Bäume zurückbleiben, haben wir bereits eine Höhe von 200 m erreicht und genießen einen beeindruckenden Blick auf Loch Leven. Am offenen Berghang zweigt der West Highland Way nach links ab, wir halten uns aber scharf rechts auf einem breiten **Fahrweg** (Koordinaten NN 171630; **2**). 45 Min.

Nach und nach verliert dieser Weg an Höhe – er wurde auch als „Old Military Road" bezeichnet und diente im 18. Jh. als Marschroute für diejenigen Truppen, die die Highland-Forts bemannten, zu denen auch das Fort William gehörten. Rechts schaut man auf Kinlochleven hinunter. Nach der Passage eines Sendemastes erreichen wir das einstige **Mamore Lodge Hotel.** In dem mittlerweile geschlossenen Hotel übernachtete König Edward VII., der älteste Sohn von Queen Victoria, im Jahr 1909 und erlegte in der Umgebung gleich neun Hirsche. Bei schöner Aussicht kann man hier eine Rast einlegen. Knapp 1:15 Std.

Unser Weg zieht in der Folge ohne nennenswerte Auf- oder Abstiege weiter, wird um einen Hof herum geführt und macht nach Norden einen kurzen Umweg in das **Tal des Allt Coire na Bà (3),** den wir auf einer Holzbrücke überqueren. 1:30 Std.

Auf der Ostseite des tief eingeschnittenen Bachtals geht es nun sanft ansteigend in Richtung Süden. Der gut begehbare Pfad wendet sich dann aber immer deutlicher nach Osten und führt über Heidemoor in Richtung **Loch Eilde Mor (4).** Ein verfallenes Bootshaus am Ufer kann – Abstecher – als Rastplatz dienen. Der einsam liegende See – der gälische Name bedeutet soviel wie Großer See der Hirschkuh – schmiegt sich an die kahlen Hänge des 1010 m hohen Sgurr Eilde Mor. (Übrigens führt ein Weg am nördlichen Ufer 8 km weiter zur Hausruine Luibeilt im Tal des Abhainn Rath – s. Tour 10 –, von wo aus man entweder westlich ins Glen Nevis oder östlich nach Corrour Station gelangen könnte.) 2:30 Std.

Wir kehren jedoch am Ufer des Loch um und folgen dem Pfad, auf dem wir gekommen sind, für ca. 5–6 Min. zurück. Dort markiert ein kleines Steinmännchen unseren Abzweig scharf links (Koordinaten NN 214635). Dieser Weg führt in einem Bogen um den Sumpf am Seeufer zur **Brücke über den Allt na h-Eilde,** den Abfluss aus dem südwestlichen Winkel des Sees. Hier befindet sich eine Schleuse, beginnt eine Wasserleitung. Wir folgen dieser Pipeline, zunächst oberhalb. Unten rechts fließt der Allt na h-Eilde durch eine tiefe Schlucht. Wir halten uns in südlich-südwestlicher Richtung am Hang, wechseln auf die rechte Seite der Wasserleitung und werden schließlich durch ein Steinmännchen auf einen **Pfad** hingewiesen (Koordinaten NN 210613), der uns nach rechts steil hinunter ins Tal zieht. 3:30 Std.

In kurzer Zeit verlieren wir in Schleifen ca. 180 m Höhe, gelangen in Wald und treffen auf einen **Weg nördlich des River Leven.** An dieser T-Kreuzung geht es für uns nach rechts (Norden) durch bemoosten Eichen- und Birkenwald und auf einer Holzbrücke zum zweiten Mal über den **Allt na h-Eilde (5),** der unweit von hier mit dem River Leven zusammenfließt. 4 Std.

Nach 20 Min. auf einem **Waldpfad** nehmen wir an einer Gabelung den Weg nach Süden hinab zum River Leven. Er mündet in die Wades Road, die in das nördlich des Flusses gelegene Dorf Kinlochmore führt. Hier gibt es eine Haltestelle der Buslinie 44. Die Wades Road führt weiter zum Parkplatz an der St Paul's Church. (Wer noch Zeit hat, kann von dort noch einen Abstecher zum Wasserfall „Grey Mare's Tail" einlegen, der in Richtung „Spean Bridge" ausgeschildert ist. Hier stürzt das Flüsschen Allt Coire na Bà fast 50 m tief in die Schlucht.) 4:30 Std.

Tour 8
Ein Panoramagipfel

4:30 Std.
▲ 742 m ▼ 742 m
Anforderung 4

Kurz und heftig ist der Aufstieg vom Meer zum Gipfel Pap of Glencoe in 742 m Höhe, unvergleichlich der Ausblick ins Tal Glencoe, Schauplatz eines berüchtigten Massakers, und auf die tief eingeschnittene Küstenlandschaft. Im Norden zeigt sich Schottlands höchstes Massiv um den Ben Nevis.

090_high Foto: js

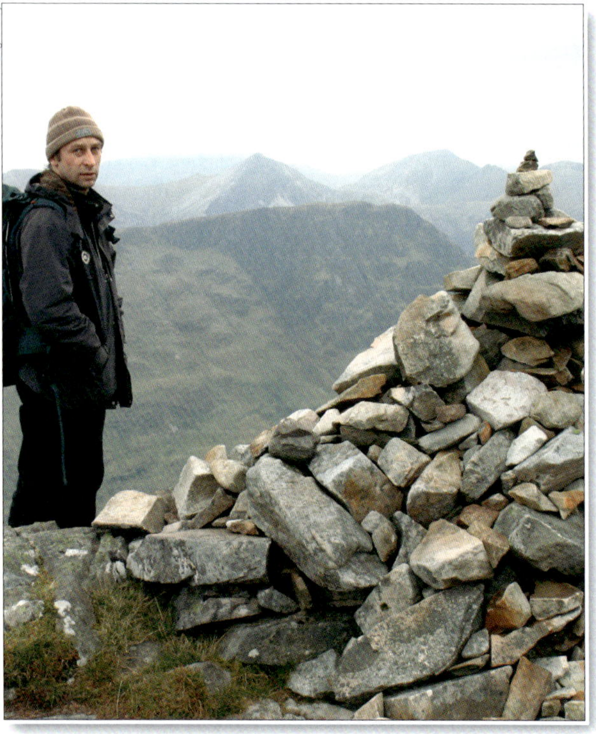

Am Gipfel des Pap of Glencoe

Vom Dorf Glencoe auf den Pap of Glencoe

Landschaft: Der Pap of Glencoe (gaelisch: Sgorr na Ciche) steigt aussichtsreich am Südufer des Loch Leven auf. Im Norden erheben sich die höchsten Berge im Westen Schottlands, die Mamores und das Ben Nevis-Massiv, südlich das von schroffen Gipfeln verengte Tal Glencoe
Sehenswertes: Gedenkstätte für das Glencoe-Massaker
Routencharakter: Zielwanderung. Ein deutlich ausgeprägter, aber anstrengender Weg zieht stramm zum Gipfel hinauf. Die offenen Hänge sind mit Gras und Heidekraut bewachsen, im Gipfelbereich Fels und Geröll
Auf und ab: ▲ 742 m ▼ 742 m
Höhenlage: zwischen Meereshöhe (Glencoe) und 742 m (Gipfel Pap of Glencoe)
Gehzeit: 4:30 Std., ca. 9,5 km ab Kreuzung an der A 82 (bis Pass 1:45 Std.; bis Pap of Glencoe 2:30 Std.)
Anforderungen: bis 4; über 700 m Höhengewinn auf kürzester Strecke erfordern eine gewisse Kondition = 3; wer nicht trittsicher ist oder zu Schwindelgefühlen neigt, sollte auf die letzten 15 Min. zum Gipfel verzichten = 4
Risiken: Die Abhänge an der Nordseite des Bergs können, verliert man die Orientierung, bei Nebel gefährlich werden, und kurze Kraxeleien im Fels mögen bei Wind und Nässe heikel sein. Im Winter nur mit Eispickel und entsprechenden Kenntnissen
Wegmarkierung: keine
Einkehrmöglichkeit: Gaststätten nur in Glencoe am Anfang und Ende der Wanderung
Abbruchmöglichkeit: keine
Ausrüstung: Standard; Wanderstöcke sind bei dieser weithin steilen Strecke eine Erleichterung
Karten: Ordnance Survey Explorer 384, Glen Coe & Glen Etive, 1: 25.000; Ordnance Survey Landranger 41, Ben Nevis, 1: 50.000
Anfahrt: Bus Linie 44 von Fort William Richtung Kinlochleven zum Straßenkreuz Glencoe Junction, an der Kreuzung der A82 und der B863, Mo–Fr (nur Schultage) Bus Station, z. B. 10.30, 11.30, 12.30 Uhr, So 9.42, 11.42, 14.42 und 16.42 Uhr, Fahrzeit 40 Min. – Auto: Parkplatz im Ort Glencoe an der Kreuzung der A 82 mit der Dorfhauptstraße; knapp 3 km

Fußweg (30 Min. auf der Straße) werden eingespart, wenn ein Abstellplatz für das Auto am Anfang des Aufstiegs frei ist (Koordinaten NN 112586)
Rückfahrt: Bus 44 z.B. Mo–Fr (nur Schultage) 13.47, 16.07, 16.47 (nur Fr), 18.02, 18.54 und 21.45 Uhr, So 12.57, 15.57 und 17.57 Uhr

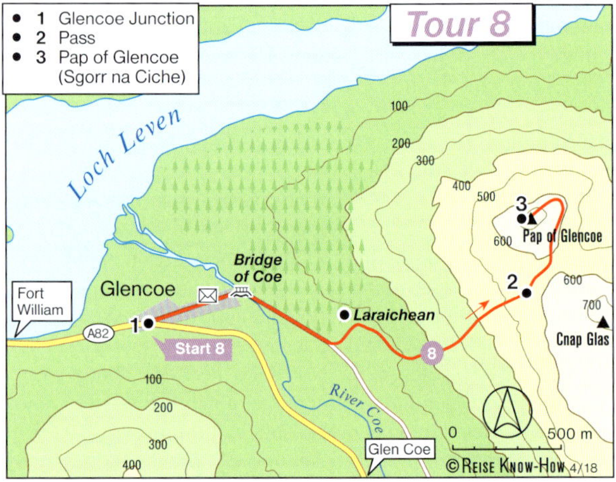

Die Route

Der Name „Pap" bedeutet Brust und leitet sich von der markanten Form des Hausbergs von Glencoe ab. Von der Straßenkreuzung **Glencoe Junction (1)** wandern wir entlang der Dorfstraße, an der Post und dem Glencoe Museum vorbei, über die alte Steinbrücke und, dem Rechtseinschlag der Straße folgend, zwischen Wald und River Coe in südöstlicher Richtung. Wo der Wald zur Linken endet, geht es links durch ein Metalltor (nicht in die Auffahrt zum **Haus Laraichean** direkt davor!). Der Aufstieg zum Gipfel hat begonnen (Koordinaten NN 111586). 30 Min.

Nach 10 Min. gabelt sich der Weg. Wir halten uns nach rechts über den Bach und queren den mit Gras und Farnkraut bewachsenen Hang. Steine und Bretter helfen, kleine Rinnsale zu überwinden, und in der Regel ist auf diesem Abschnitt unserer Wanderung der Boden durchfeuchtet. Unser Pfad quert einen breiteren Bach, der sich in den Berghang geschnitten hat, und zieht nach einer Linkskurve den Hang hinauf. Reichlich 45 Min.

Klar ausgebildet, folgt unser Weg, steil ansteigend, dem Rande einer **Schlucht zur Linken.** Rückblicke lohnen sich. Erst ab einer Höhe von 500 m wird der Weg flacher. Danach ist der **namenlose Pass (2)** zwischen dem Pap of Glencoe (links vor uns) und dem rechter Hand aufsteigenden Gipfel Cnap Glas (721 m) bald erreicht. Hier kann man sich, ca. 620 m hoch, auf Steinen ausruhen und den letzten Teil des Aufstiegs auf den runden Gipfel einsehen (Koordinaten NN 127591). 1:45 Std.

Der Schlussabschnitt unserer Wanderung erfolgt über die rechte, d.h. die östliche Seite des Gipfelaufbaus. Durch seine hellere, rötliche Farbe setzt sich der gut erkennbare Pfad von den grauen Steinen links und rechts davon ab. Nach einer Viertelstunde eröffnet sich ein herrlicher Tiefblick auf Loch Leven. Im letzten Aufstieg sind Handeinsatz und leichte Kraxelei erforderlich, aber die Gipfeltrasse ist nicht wirklich exponiert und stellt einen geübten Wanderer vor keine besonderen Schwierigkeiten. Auf dem 742 m hohen **Gipfel des Pap of Glencoe (3)** warten zwei Steinmänner. 2:30 Std.

Der Rundblick ist faszinierend: Nach Norden erfasst er die Mamore-Berge und die Gipfel um den Ben Nevis; nach Westen

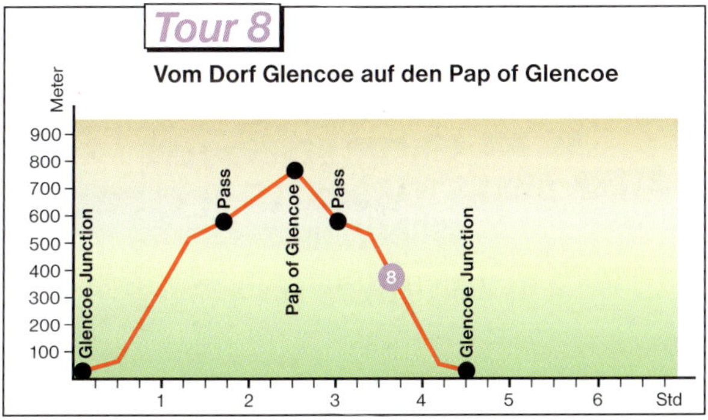

die Brücke in Ballachulish, Loch Linnhe und die Halbinsel Ardnamurchan; nach Osten Blackwater Reservoir; nach Süden den Nachbarberg Cnap Glas und die schroffen, majestätischen Felswände am Glencoe.

Wir steigen auf demselben Weg wieder ab. Zurück im Dorf **Glencoe (1),** lohnt sich der Abstecher von der Steinbrücke 200 m nach links zur Gedenkstätte für das Glencoe-Massaker (s. Exkurs). Von dort sind es nur einige hundert Meter zum Ausgangspunkt der Wanderung zurück. 4:30 Std.

005_high Foto: js

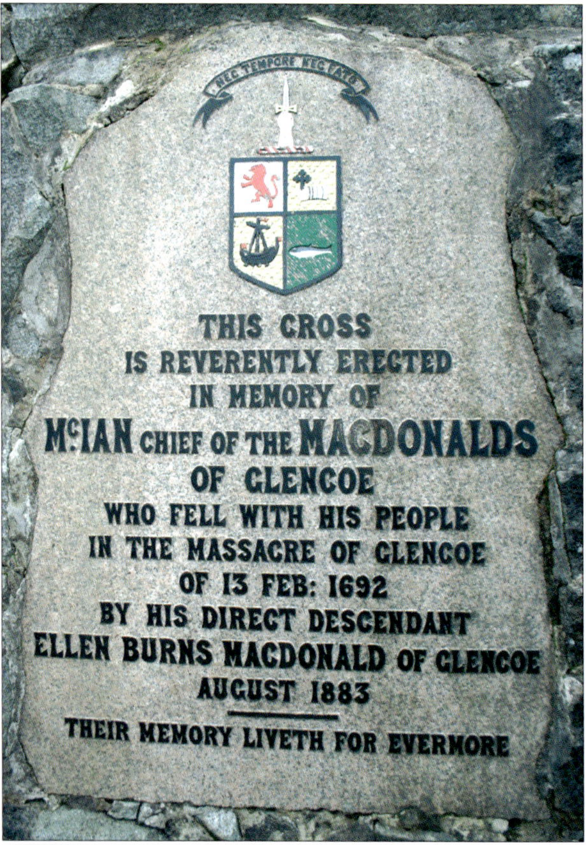

Das Massaker von Glencoe

Ein berüchtigtes Massaker zwischen zwei Highland Clans trug sich am 13. Februar 1692 im Tal Glencoe, Heimat des MacDonald-Clans zu. Es spielte sich zur Zeit der Jakobiter-Aufstände 1688 und 1746 ab. Hintergrund war die Absetzung des katholischen Königs James II. aus dem Hause Stuart im Zuge der Reformation. Statt seiner wurde der protestantische Wilhelm von Oranien (William of Orange III.) eingesetzt, der zusammen mit seiner Frau Mary, der Tochter von James II. regierte. Die Bergregionen der Highlands blieben von der Reformation zunächst weitgehend unberührt und schlossen sich der Jakobiter-Bewegung an, die die Stuarts und damit auch den Katholizismus wieder restaurieren wollten. Im Sinne einer friedlichen Lösung des Konflikts, bot William III. nach einem niedergeschlagenen Aufstand der Jakobiter 1690 den beteiligten Clans eine Amnestie an. Sie mussten allerdings dem neuen König einen Treueeid leisten. Kurz vor Ablauf der Frist willigten die MacDonalds von Glencoe ein, aber das Clan-Oberhaupt wurde auf seiner Reise nach Inverary zum Sheriff von Argyll, vor dem er den Eid ablegen sollte, aufgehalten. Dies nutzte der mit den MacDonalds seit Jahrhunderten verfeindete Campbell-Clan als Vorwand, gegen die MacDonalds vorzugehen. Ein von den Campbells geführtes Regiment wurde bei den MacDonalds einquartiert und genoss nach Highland-Tradition deren Gastfreundschaft. Nach zwei Wochen überfielen die Soldaten ihre Gastgeber. 38 Mitglieder des MacDonald-Clans wurden niedergemetzelt, und 40 Frauen und Kinder starben nach der Flucht aus ihren Häusern in der Februar-Kälte. 1883 errichteten ihre Nachkommen das Kreuz zum Andenken an das Massaker, und jährlich am 13. Februar wird unter Anteilnahme von MacDonalds aus aller Welt ein Kranz dort niedergelegt.

Erinnerung an das Massaker im Dorf Glencoe

Tour 9
Großbritanniens „Dach“

6:30 Std.
▲ 1330 m ▼ 1330 m
Anforderung 3

Diese Wanderung zum Gipfel des höchsten britischen Bergs, für viele Highland-Besucher ein Muss, sollte man sich ohne gute Ausrüstung und Kondition nicht vornehmen. Wer bei klarem Wetter den Gipfel erreicht, wird für die Mühen mit fürstlichen Weitblicken belohnt.

093_high Foto: js

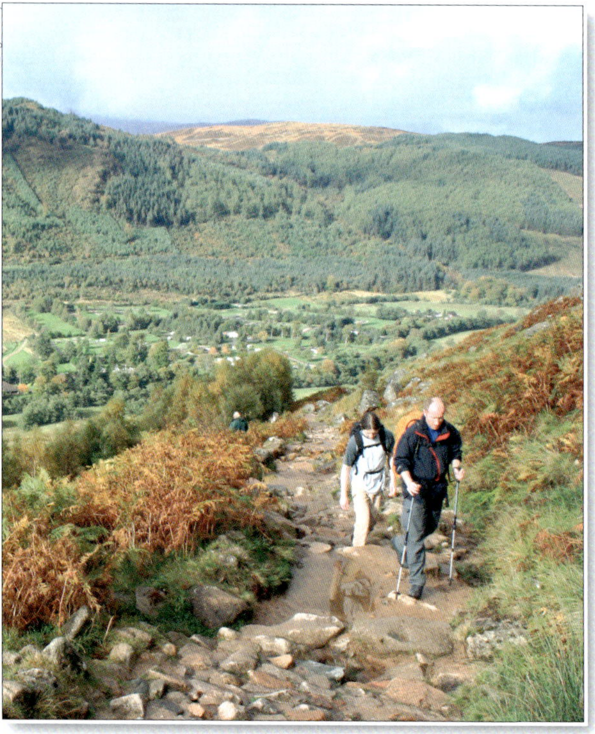

Der Pfad auf den Ben Nevis ist gut ausgebaut

Auf den Ben Nevis, den höchsten Gipfel des Landes

Landschaft: Der Ben Nevis ist ein beeindruckender Berg, auch wenn er nach alpinen Maßstäben mit 1344 m nicht besonders hoch ist. Die spärliche Vegetation und das raue Klima verleihen dem Gipfelbereich jedoch Hochgebirgscharakter und durch starke Winde ist es hier oben rau

Routencharakter: Zielwanderung. Teils steiler Bergpfad, technisch nicht schwierig, aber anstrengend. Da viele Wanderer diesen Berg erobern möchten, wird der Weg gut in Stand gehalten. An den unteren Hängen ist er mit Steinen gepflastert, sogar treppenartig ausgebaut; weiter oben wird er geröllig, bleibt aber breit und – wenn nicht viel Schnee liegt – deutlich

Auf und Ab: ▲ 1330 m ▼ 1330 m; dem Bergsteiger, der ja fast auf Meereshöhe aufbricht, wird kaum ein Höhenmeter geschenkt

Höhenlage: zwischen 15 m (Glen Nevis Visitor Centre) und 1344 m (Gipfel Ben Nevis)

Gehzeit: 6:30 Std. (bis Allt nan-Urchaire 1 Std.; bis Weggabel 1:30 Std.; bis zum Gipfel 3:30 Std.)

Anforderungen: 3 (bei dichtem Nebel oder bei viel Schnee 4)

Risiken: Man sollte diesen Berg nicht unterschätzen! Jährlich sterben Menschen im Ben Nevis-Gebirge, zum Teil Kletterer, die zu viel wagen, aber auch unvorsichtige Wanderer, die schlecht ausgerüstet sind oder zu spät aufbrechen und vor Einbruch der Dunkelheit den Weg nach unten nicht mehr finden. Der Berg ist an den meisten Tagen im Jahr von Wolken umhüllt; mit plötzlichem Wetterumschwung und schlechter Sicht muss man immer rechnen (s.u.). Die Strapazen des Abstiegs überraschen viele unerfahrene Wanderer und führen häufig zu Unfällen: Testen Sie ihre Gelenke und Muskeln an einem weniger hohen Berg, bevor Sie den Ben Nevis in Angriff nehmen!

Wegmarkierung: Im Tal zeigen Wegweiser den Beginn des Anstiegs an

Einkehrmöglichkeit: nur am Anfang und am Ende der Wanderung im Glen Nevis Visitor Centre

Trinkwasser: Man sollte genügend Trinkwasser für einen anstrengenden Wandertag mitnehmen; noch besser ist eine leichte Thermoskanne mit einem warmen Getränk

Abbruchmöglichkeit: Da der Abstieg auf dem Aufstiegsweg erfolgt, kann man zu jeder Zeit umkehren, aber es gibt keine Abkürzung, keinen Nebenweg, um den Berg bei schlechtem Wetter schnell zu verlassen
Wegvariante: Beginn an der Jugendherberge, 1,5 km taleinwärts vom Visitor Centre. Dieser Weg ist kürzer und spart dem Wanderer ca. 15 Min. Gehzeit. Gegenüber der Herberge führt eine Brücke über den River Nevis und in den steilen Aufstieg; nach etwa 20 Min. ist der Hauptweg erreicht
Ausrüstung: Rechnen Sie mit einem gefühlten Temperaturunterschied von 20 °C oder mehr zwischen Tal und Gipfel. Auch im Sommer fällt auf dem Gipfel immer wieder einmal Schnee. Es ist wichtig, genug warme und wetterfeste Kleidung mitzunehmen. Auf den steilen, steinigen Wegen sind feste Wanderschuhe unerlässlich. Karte und Kompass gehören unbedingt ins Gepäck, um bei Nebel den Weg vom Gipfel ins Tal zu finden
Karten: Harvey Superwalker Ben Nevis 1: 25.000; Ordnance Survey Landranger Nr. 41, Ben Nevis, 1: 50.000
Anfahrt: s. Tour 6; den autofreien **Fußweg** von Fort William/Cow Hill zum Startpunkt im Glen Nevis finden Sie ebenfalls in Tour 6 unter „Anfahrt" beschrieben
Rückfahrt: s. Tour 6, der **Fußweg** zurück nach Fort William ist etwa 4 km lang (gut 45 Min.)

Die Route

Der Hauptweg zum Ben Nevis folgt einer alten Ponyroute und beginnt am **Glen Nevis Visitor Centre** (NN Koordinaten 123729; **1**), wo der große Parkplatz bereits ankündigt, dass man auf dem Berg selten allein ist. Im Fenster des Visitor Centre ist die Wettervorhersage angeschlagen – versäumen Sie nicht, sie sich genau anzuschauen, und verzichten Sie auf den Aufstieg, wenn Unwetter droht! Im Innern des Centre verdient ein Display über die Gefahren des Bergs Beachtung; auch der Besuch der Ausstellung über Mensch und Natur im Glen Nevis ist lohnend.

Wir überqueren den **River Nevis** auf einer Fußgängerbrücke und gehen zuerst ein kurzes Stück am Ufer flussaufwärts, bevor der Weg nach links knickt und zum Ben Nevis Inn führt. Dort geht es nach rechts auf einem langsam ansteigenden Pfad. Auf ca. 170 m Höhe stößt von rechts der Weg von der Jugendherberge hinzu (s.o. „Wegvariante"). 30 Min.

Der Weg wird nun steiler, überquert mehrere kleine Bäche und bietet bald einen grandiosen Blick ins Tal und nach Süden zum Gipfel Stob Ban. Wir steigen weiter zu einer Metallbrücke über einen Arm des „roten Baches" **Allt nan-Urchaire (2)** an. 1 Std.

Nach einer Links- und einer Rechtskehre wird der Weg in einem kurzen Abschnitt flacher – eine willkommene Entlastung, denn wir haben inzwischen bereits eine Höhe von etwa 530 m erreicht. Hier breitet sich ein kleines Hochplateau aus, und nach links blickt man auf den Lochan Meall an t-Suidhe, dessen Spitzname „Halfway Loch" leider ein Euphemismus ist. Bald – auf einer Höhe von 620 m, die Hälfte des Anstiegs ist also noch nicht bewältigt – gelangen wir zu einer wichtigen **Weggabelung** (Koordinaten NN 147724; **3**). 1:30 Std.

Kletterer und ambitionierte Bergsteiger nehmen den schmalen Pfad nach links, der zur mächtigen, gefährlichen Nordwand von Ben Nevis führt. Wir halten uns dagegen rechts und steigen kontinuierlich an. Den letzten Baum haben wir schon länger hinter uns gelassen, und die Vegetation wird immer spärlicher, bis endlich gar nichts Grünes mehr am Weg zu sehen ist. In den

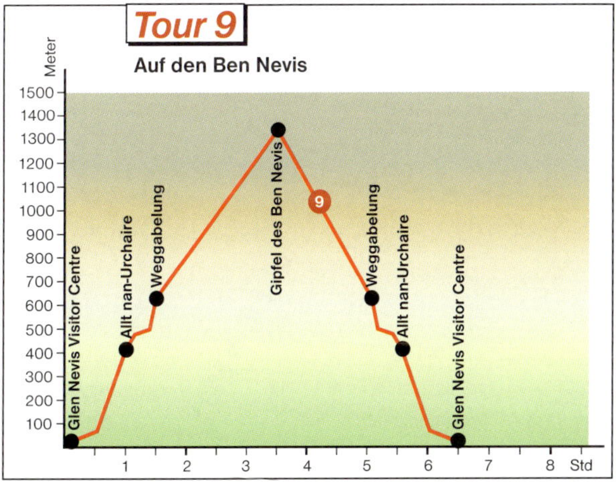

exponierten oberen Lagen wachsen weder Moose, noch finden sich Flechten auf den Steinen. Wir halten uns in südlicher Richtung am Hang. Orientierungsschwierigkeiten gibt es hier nur bei ausgesprochen schlechtem Wetter. Allerdings wird der Weg immer unebener und besteht teils aus lockerem Gestein. Die von unzähligen Wandererschuhen angestoßenen Steine haben eine andere Farbe als das graue Geröll links und rechts des We-

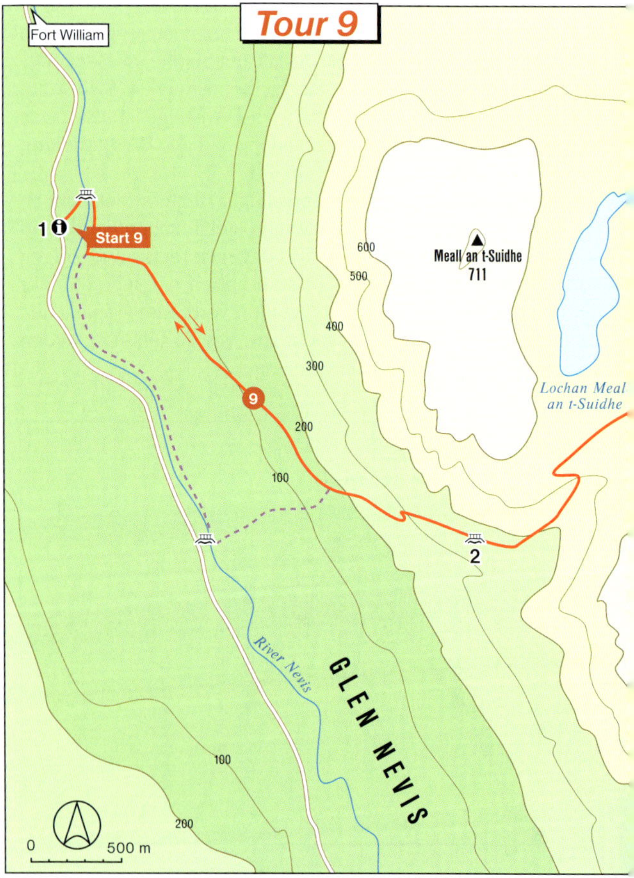

ges. In einer Höhe von 750 m ändern wir mit einer Linkskehre die Richtung und beginnen einen mühsamen Zickzackaufstieg zum östlich liegenden Gipfel. 2 Std.

In Links- und Rechtskehren geht es über das **weite Geröllfeld.** Steinmännchen zeigen den Weg für den Fall, dass Schnee den Boden bedeckt. In einer Höhe von 1180 m (Koordinaten NN 157714) teilt sich der Weg. Eine direkte, steilere Route zieht hier

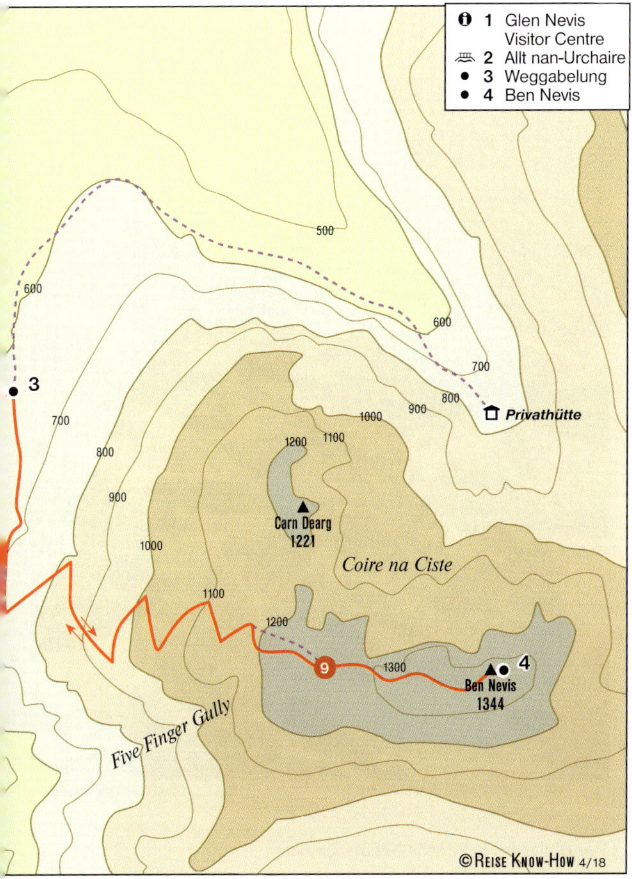

links hinauf, der Weg rechts mit einigen angedeuteten Serpentinen ist jedoch nur unwesentlich länger. In diesem Bereich liegen rechter Hand die gefährlichen Schluchten des **Five Finger Gully,** die viele Menschenleben gefordert haben. Wer auf dem Weg bleibt, kommt indessen sicher zum Gipfelplateau. Kurz vor Erreichen des Gipfels weicht unser Weg wiederum den Steilhängen an der Nordseite des Ben Nevis aus. 3:30 Std.

An klaren Tagen, die leider selten sind, hat man vom **Gipfel des Ben Nevis (4)** Blick auf zahllose umliegende Berge und weite Teile der schottischen Westküste, bei guten Sichtverhältnissen bis zur Insel Skye. Auf dem Gipfelplateau befinden sich

095_high Foto: js

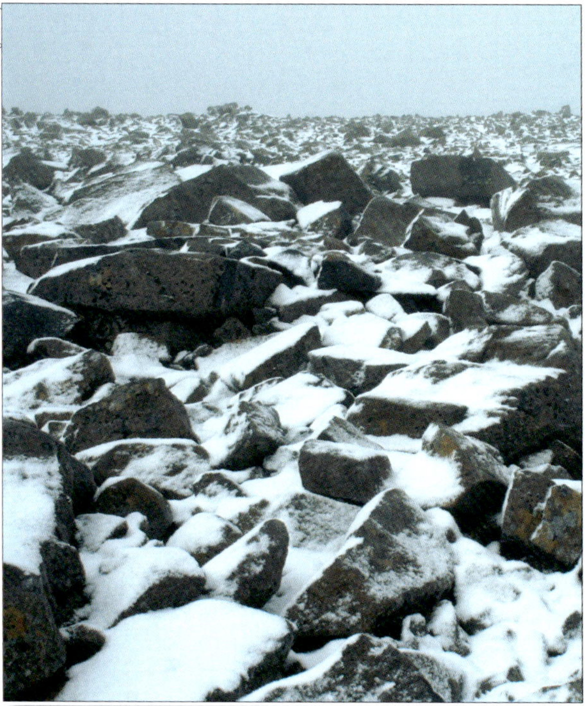

Der Gipfel des Ben Nevis Anfang Oktober
(wo steht – s. Exkurs – das Klavier?)

ein Vermessungspunkt, zudem die Ruinen einer Wetter- und Sternwarte sowie einer Herberge. Die 1883 erbaute Wetterstation war bis zu ihrer Schließung im Jahr 1904 bemannt, die kleine Herberge bot bis 1918 einfache Unterkunft.

Wir kehren auf dem Anweg zurück. Achtung! Beim Verlassen des Gipfels ist große Vorsicht geboten, sollten die Sichtverhältnisse schlecht sein. Die Abgründe der Nordwand von Ben Nevis sind nur wenige Meter entfernt von dem Vermessungspunkt, zu dem man möglichst Blickkontakt halten sollte. Wenn die Sichtweite nur wenige Meter beträgt oder Schnee den Pfad verdeckt, findet man wie folgt mit dem Kompass den Weg nach unten: Vom Vermessungspunkt 150 m (ca. 200 Schritte) auf Kurs 231°, dann auf Kurs 282°, um einen sicheren Abstand zum Five Finger Gully zu halten.

Rechnen Sie etwa 3 Std. für die Rückkehr zum **Visitor Centre (1).** 6:30 Std.

Bergmüll – der Preis des Ruhms

Als höchster Punkt der Britischen Inseln zieht der Ben Nevis seit Generationen Besucher an. Vor hundert Jahren war der Weg zum Gipfel breiter, und vornehme Damen konnte sich mit einer Pony-Kutsche dort hinauf befördern lassen. 1911 erreichte sogar ein Auto, ein Ford T-Modell, den Gipfel. Bis heute bleibt der seit 1895 veranstaltete 16 km lange Ben Nevis-Lauf (Ben Nevis Race) beliebt. Der Rekord liegt seit 1984 bei 1:25 Std. für Männer und 1:43 für Frauen für die Strecke hin und zurück.

Die Popularität des Ben Nevis hat aber auch unerfreuliche Aspekte. Man denke nur an die Plastiktüten, Essensreste, Champagnerflaschen, die nach der Feier einer erfolgreichen Besteigung dort zurückbleiben. Passionierte Wanderer haben immer wieder den letzten Wunsch geäußert, dass ihre Asche auf dem Ben Nevis ausgestreut wird, oder ihre Familien ließen auf dem Gipfel ein Denkmal für die Verstorbenen errichten. 2006 wurden zahlreiche Erinnerungstafeln und ähnliche Hinterlassenschaften geräumt und in eine neue Gedenkstätte unten im Tal gebracht. Bei den Aufräumarbeiten im Gipfelbereich kam übrigens ein erstaunlicher Fund zu Tage. In einem Steinhaufen steckte ein 102 kg schweres **Klavier,** das ein schottischer Holzfäller 1971 ohne jede Hilfe eigenhändig zum Gipfel geschleppt hatte.

Tour 10
Eine alte Handelsroute

8 Std.
▲120 m ▼ 380 m
Anforderung 4

Für alle, die eine ambitionierte Wanderung abseits der viel begangenen Pfade suchen, ist die lange Strecke durch zwei Flusstäler im Schatten des Ben Nevis-Massivs an Landschaftseindrücken schwer zu überbieten. Bereits der entlegene Bahnhof Corrour Station, wo die Wanderung beginnt, ist ein Erlebnis.

080_high Foto: js

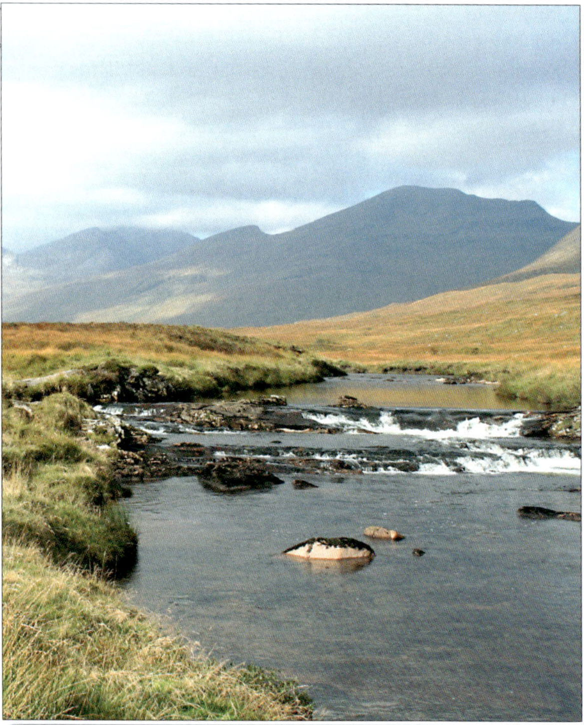

Das Flüsschen Abhainn Rath

Auf einem alten Fernweg ins obere Glen Nevis

Landschaft: Feuchtes Tal und Moor, umgeben von Bergen, die zu den höchsten Schottlands gehören. Nördlich der Route liegt das Ben Nevis-Gebirge. Hier steigen die meisten Gipfel auf 1100 bis 1200 m auf; die Mamore-Berge südlich des Weges erreichen 1000 bis 1100 m Höhe

Routencharakter: Streckenwanderung. Bedingt durch längere Abschnitte über Moor ist dies eine recht anstrengende Wanderung; da und dort verliert sich der Weg im Morast. Die grandiose Landschaft und die Abgeschiedenheit der Route garantieren indessen einen unvergesslichen Tag

Auf und Ab: ▲120 m ▼ 380 m

Höhenlage: zwischen 150 m (Parkplatz) und 410 m (Corrour Station)

Gehzeit: 8 Std.; 21 km bis zum Ende der Glen Nevis-Straße (bis Loch Treig 1:15 Std.; bis Nothütte Staoineag 2:45 Std.; bis Luibeilt 4 Std.; bis Allt Coire a Bhinnein 5:15 Std.; bis Bachbrücke/Hausruine 7:15 Std.). Nochmals 40 Min. bzw. 2,5 km weiter sind es zur Bushaltestelle am Parkplatz Lower Falls. Außerhalb der Sommersaison (Juni–Sept.) fahren keine Busse. Dann müssen Wanderer, die nicht am Parkplatz abgeholt werden (z.B. von einem vorbestellten Taxi) und keine Mitfahrgelegenheit finden, die 6,5 km von der Bushaltestelle zur Unterkunft im unteren Glen Nevis oder sogar 11,5 km nach Fort William zu Fuß zurücklegen.

Aufgrund der Witterung und des morastigen Untergrunds ist die Wanderung im Winter nicht empfohlen.

Anforderungen: bis 4; die vielen Bachüberquerungen und sumpfigen Stellen setzen eine gute Kondition voraus, auch wenn nicht viele Höhenmeter zu überwinden sind. Die allgemeine Orientierung fällt nicht besonders schwer, doch ist Geschick erforderlich, um den besten Weg durch Feuchtgebiete zu finden

Wegmarkierung: keine (bis auf einen Wegweiser zur Jugendherberge), aber die Orientierung ist auch bei schlechten Sichtverhältnissen unproblematisch

Einkehrmöglichkeit: keine

Trinkwasser: ausreichenden Vorrat (2 bis 3 l pro Person) mitführen

Risiken: Diese von jedweder Siedlung weit entfernte Route (ohne Mobitelefon-Empfang) ist nur erfahrenen und gut ausgerüsteten Wanderern zu empfehlen
Abbruchmöglichkeit/Umkehr: keine Abbruchmöglichkeit, aber spartanische Übernachtung in den *bothies* Staoineag und Meanach möglich. Wer umkehrt, hat in Corrour Station Zugverbindung nach Fort William
Ausrüstung: Achten Sie bei dieser Wanderung auf ausreichenden Proviant und wetterfeste Kleidung; Wanderstöcke sind in den Feuchtgebieten sehr nützlich; Karte und Kompass dürfen nicht fehlen
Karten: Harvey Superwalker Ben Nevis, 1: 25.000; Ordnance Survey Landranger Nr. 41, Ben Nevis, 1: 50.000
Anfahrt: Zug nach Corrour Station (Koordinaten NN 356664), s. Tour 5
Rückfahrt: Buslinie 42 ab Parkplatz Lower Falls im Glen Nevis, ca. 2,5 km vom oberen (östlichen) Ende der Glen Nevis-Straße: s. Tour 5

Die Route

Manche kommerzielle Hauptroute vergangener Jahrhunderte ist heute ein beschwerlicher Pfad fernab von allen Autostraßen. Die hier beschriebene Route ist eine solche Fernstrecke. Quer durch Schottland führte sie zur Westküste, von wo aus Reisende zu den Inseln übersetzen konnten. Es ist heute schwer vorstellbar, dass einfach ausgerüstete Menschen diese anstrengende Strecke mit Vieh und Gepäck zurückgelegt haben.

Vom **Bahnhof Corrour (1**; s. auch Tour 5) führt ein deutlicher Weg an der Westseite der Gleise in Richtung Norden zum Loch Treig – der See war bei der Anfahrt einige Minuten früher vom Zug aus zu sehen. Gleich am Anfang kann der Pfad sehr feucht sein – ein Vorgeschmack auf das, was uns noch erwartet. Besonders nasse Stellen wurden mit alten Eisenbahnschwellen entschärft. Am besten bleibt man hier nahe am Gleis. Mit der Bahnlinie auf der rechten Seite geht es sanft bergab. Zweimal werden Bäche auf Holzbrücken überquert (nach ca. 15 Min. und 25 Min.). An einer Linkskurve der Gleise stößt durch eine Unterführung ein von Loch Ossian kommender Weg auf unsere Route. Auch hier überspannt eine Holzbrücke den Bach. Knapp 45 Min.

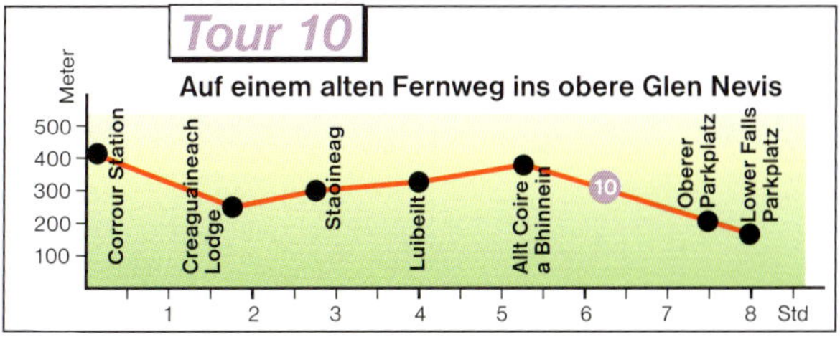

Die Bahnlinie bleibt weiter auf der rechten Seite. Linker Hand verläuft der **Bach Allt a' Chamabhreac,** dem wir in Richtung Nordwesten nach Loch Treig folgen. Ca. 100 m vor Erreichen des Seeufers geht es nach links über eine **Brücke (2).** 1:15 Std.

Der nächster Tourenabschnitt auf einem befestigten Weg entlang des südlichen Ufers von **Loch Treig** ist leicht zu gehen. Nach weiteren 15 Min. überqueren wir den **Allt Iolairian,** wo ein nach Kinlochleven ausgeschilderter Pfad nach links abzweigt. Wir bleiben am Seeufer und erreichen das einsame **Jagdhaus Creaguaineach Lodge (3),** wo der Fluss Abhainn Rath durch eine Schlucht donnert und in den See mündet. 1:45 Std.

Die lange Brücke (Koordinaten NN 309689) hinüber zum Haus überqueren wir nicht; vielmehr geht es unmittelbar davor nach links. Wir nehmen den Weg flussaufwärts in südwestlicher Richtung auf der Südseite des **Abhainn Rath.** An einer Biegung des Flusses steigt der Pfad kurz an. Bald danach gelangen wir an einen Drahtzaun. 2:30 Std.

Ab hier geht es für uns bis zum Ende der Wanderung mit nur geringen Abweichungen stets nach Westen. Die Bergaussicht bleibt beeindruckend, und man genießt es, im Flusstal unter Birken und Ebereschen dahinzuwandern, am klaren, plätschernden Wasser entlang. Die geräumige **Hütte in Staoineag (4)** ist ein wunderschöner Rastplatz. Hier sollte man je nach Kondition, Uhrzeit und Wetterlage erwägen, den schwierigen bevorstehenden Abschnitt in Angriff zu nehmen – oder auch nicht und stattdessen auf den relativ guten Pfaden nach Corrour Station zurückzukehren. 2:45 Std.

Der Weg zum Glen Nevis setzt sich am Fluss fort, quert einen breiteren Bach, **Allt Gleann na Giubhsachan,** und erreicht eine

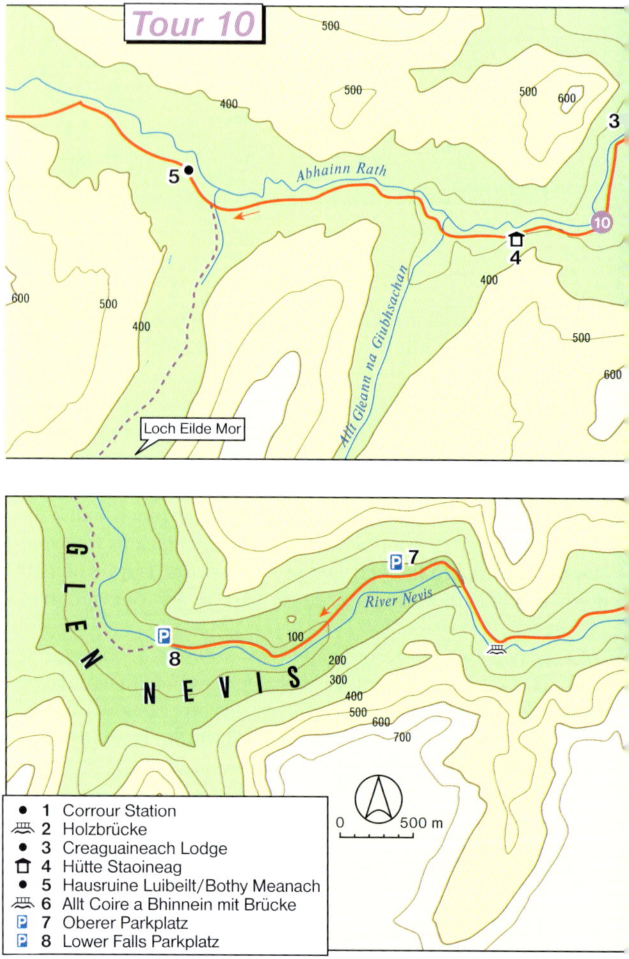

Stelle mit kleinen Wasserfällen, wo sich das Tal verengt. Bald wird es wieder breiter und flacher. Hier findet man festeren Boden, wenn man näher am Ufer bleibt. Kurz vor einer Hausruine muss der **Bach Allt Eilde** übersprungen werden – ein kurzer Abstecher nach Süden führt zu einer schmaleren Stelle mit Trittsteinen. Auf der anderen Seite zweigt ein Weg links Rich-

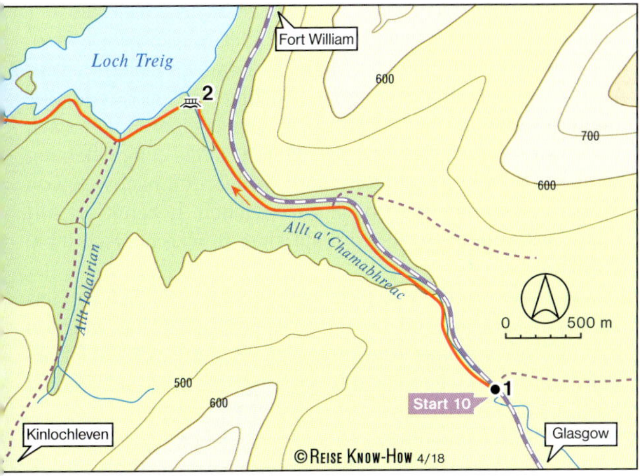

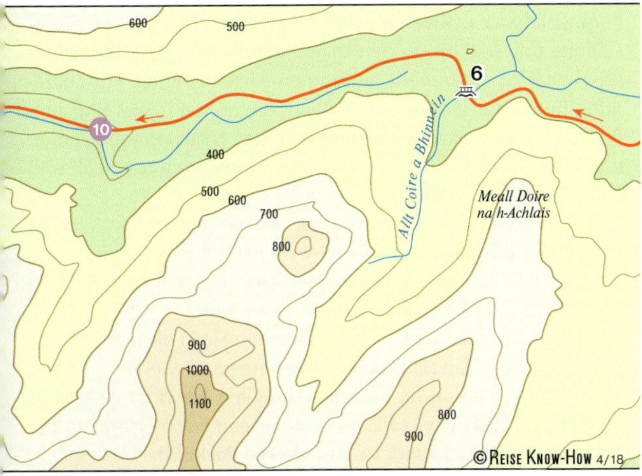

tung Loch Eilde Mor und nach Kinlochleven ab, aber wir halten uns rechts und gehen auf die bereits länger sichtbare Ruine in **Luibeilt** zu (Koordinaten NN 264683; **5**). Wir sind etwa 330 m hoch. 4 Std.

Auf der anderen Seite des Flusses sieht man den überdachten, mit gleich zwei Kaminen ausgestatteten **Bothy Meanach,** der aber nach Regen nicht leicht zu erreichen ist. Etwa die Hälfte der Strecke liegt mittlerweile hinter uns. Der nun folgende Pfadabschnitt ist sumpfig und schwierig. Stellenweise verliert sich der Weg. Es empfiehlt sich, um das Feuchtgebiet am Fluss einige hundert Meter westlich von Luibeilt weglos einen Bogen nach Süden zu schlagen, um über die unteren Hänge einer Erhebung mit dem Namen Meall Doire na h-Achlais den nächsten, von Süden her kommenden Bach zu erreichen, bekannt als **Allt Coire a Bhinnein (6).** Er wird auf einer Brücke überschritten. 5:15 Std.

Hier haben wir die Wasserscheide erreicht: Nördlich von uns stürzt der Abhainn Rath, der uns so lange begleitet hat, von Stob Ban (977 m) und Stob Coire an Laoigh (1116 m) ins Tal. Wir dringen jetzt ins Quellgebiet des nach Westen fließenden River Nevis vor.

Von der erwähnten Brücke nimmt man einen nordwestlichen Kurs – der Weg ist undeutlich – und trifft nach ca. 400 m (Koordinaten NN 237694) auf den Pfad, der an der Nordseite des sich herausbildenden **River Nevis** entlangführt. Der abwechselnd steinige und feuchte Boden macht die Begehung diesen Pfadabschnitts zu einer recht mühsamen Angelegenheit. Entschädigung bietet der großartige Blick auf die hohen Gipfel ringsum. Erst nach mehr als einer Stunde wird das Fortkommen leichter, und bald sehen wir eine Brücke über einen breiteren Bach und eine Hausruine. 7:15 Std.

Das Tal wird nun enger, dramatischer, mit steilen Wänden. Wir folgen der Biegung des River Nevis nach Norden. Hier wäre eine isoliert stehende Hütte über eine Brücke zu erreichen (Koordinaten NN 177684).

Nach stundenlanger Einsamkeit werden Sie in diesem Schlussbereich unserer langen Tageswanderung wohl wieder auf Menschen treffen, denn der Parkplatz im Glen Nevis ist nicht weit entfernt von den Wasserfällen und riesigen Felsblöcken, an denen wir jetzt vorbeiwandern. Am **oberen Parkplatz (7)** zeigt ein Wegweiser 13 Meilen (21 km) zurück nach Corrour Station an; zur Bushaltestelle am unteren oder **Lower Falls-Parkplatz (8)**

Offene Hänge im oberen Tal des Abhainn Rath

081_high Foto: js

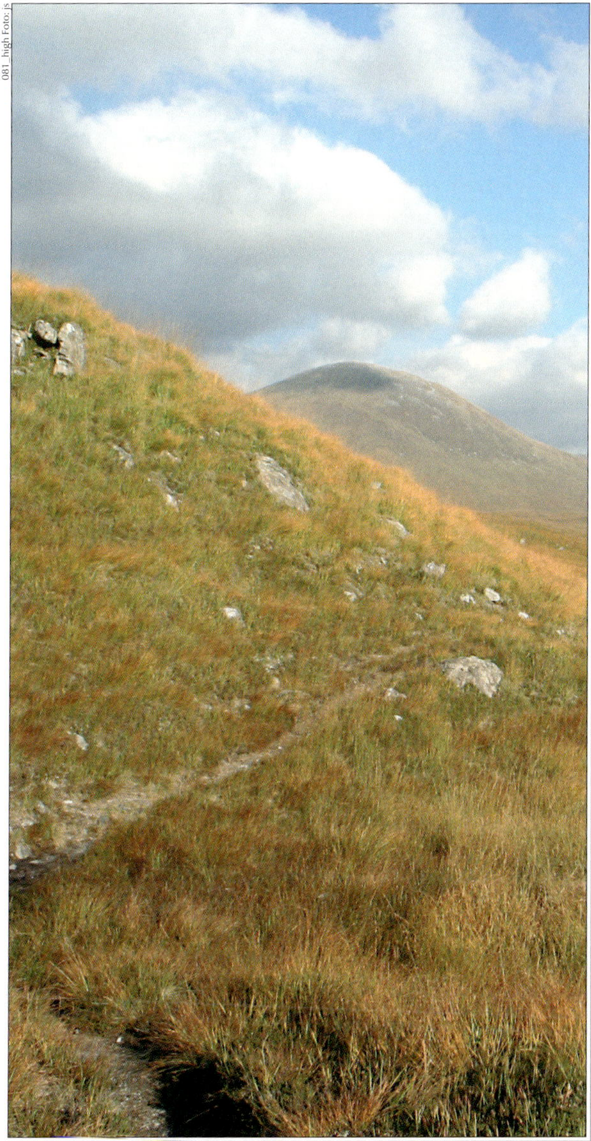

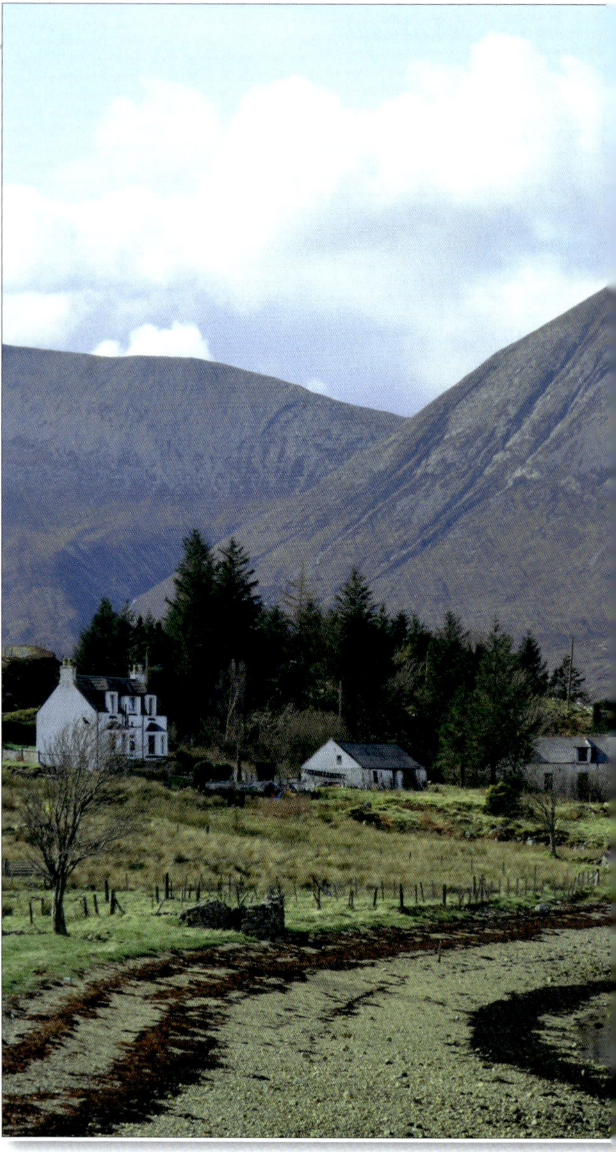

124_high Foto: ln

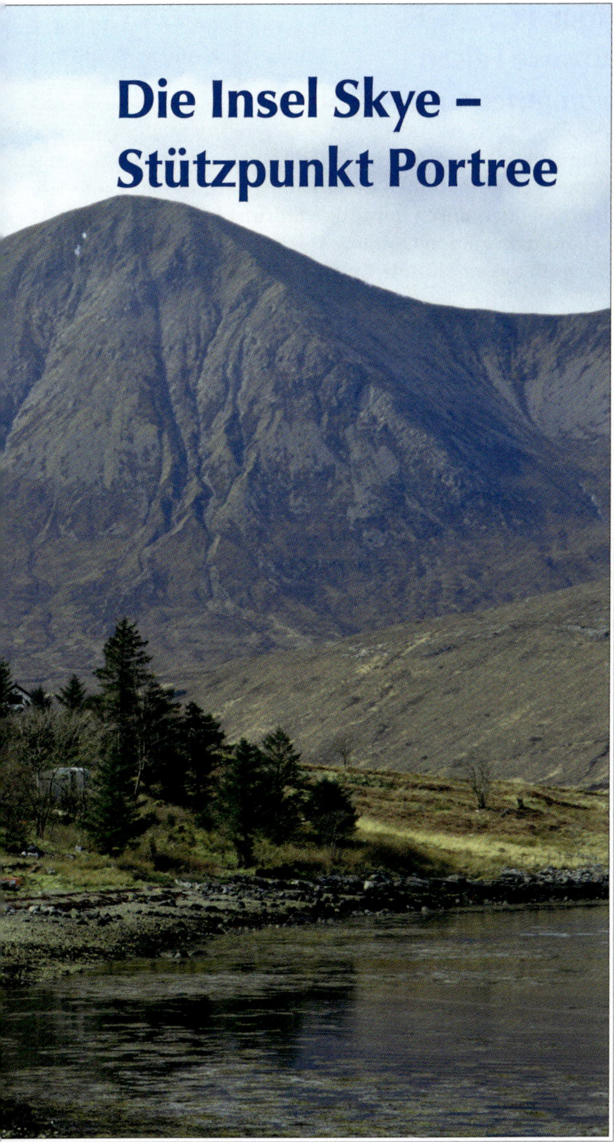

Die Insel Skye – Stützpunkt Portree

Tour 11
Bizarre Felsen – von unten und von oben

4:30 Std.
▲ 500 m ▼ 500 m
Anforderung 3

Eine abwechslungsreiche Rundwanderung zu ungewöhnlichen Felsformationen einer Landschaft, die im Laufe von Jahrmillionen durch gewaltige Erdrutsche entstand. Zuerst schaut man zu den Quiraing-Felsen hinauf, dann von einem Berg auf das zerklüftete Gelände hinunter.

044_high Foto: dk

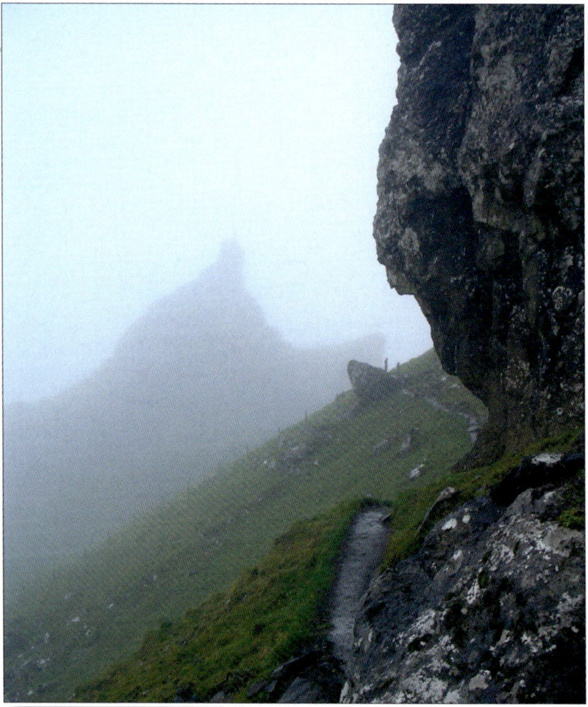

Vorherige Seite: Ben Glamaig auf der Isle of Skye
Diese Seite: Bei nebligem Wetter wirken die Quiraing-Felsen doppelt stimmungsvoll

Um die Quiraing-Felsen an der Ostküste von Skye

Landschaft: Ein ca. 30 km langer Kamm mit 500 m bis 700 m hohen Gipfeln bildet das Rückgrat der Halbinsel Trotternish im Norden von Skye. Durch Erdrutsche und Erosion an der Ostseite entstanden ungewöhnliche Felsformationen

Routencharakter: Rundwanderung. Unsere Route meidet, soweit möglich, die übliche Touristenstrecke. Beginnend an der Küstenstraße geht es an Klippen und Felsnadeln vorbei, dann auf 500 m Höhe zur Abbruchkante, um die Felsen von oben zu sehen

Auf und Ab: ▲ 500 m ▼ 500 m

Höhenlage: zwischen 90 m (Straße bei Flodigarry) und 525 m

Gehzeit: 4:30 Std., 9 km (bis „The Needle" 1:15 Std.; bis Abbruchkante 2:45 Std.)

Anforderungen: 3 (der Abstecher zum Felsplateau „The Table" = 4); Trittsicherheit ist erforderlich, da der Weg über steil abschüssige Hänge führt

Risiken: Entlang der Klippen ist auf dem Höhenweg Vorsicht geboten, vor allem bei Nebel und Regen; auch auf dem Pfad unterhalb der Felswand gibt es Stellen, die bei Nässe rutschig sind

Wegmarkierung: keine (nur Wegweiser am Anfang der Route)

Einkehrmöglichkeit: keine unterwegs; nach der Wanderung im Flodigarry Hotel, 1 km nördlich des Start- und Endpunkts. Skye Restaurant, The Flodigarry Hotel, IV51 9HZ, Tel. 01470/ 55 22 03, https://restaurant-isleofskye.co.uk. Lunch und Picnick Menu 12.30–15 Uhr, Dinner ab 18.30 Uhr.

Abbruchmöglichkeit: Umkehr an der Stelle, wo es zum Berg Meall na Suiramach hinaufgeht, oder Rückkehr über die Straße Uig-Staffin zur Küstenstraße

Ausrüstung: Standard

Karten: Harvey Superwalker, Skye: Storr & Trotternish 1: 25.000; Ordnance Survey Explorer Nr. 408, Skye: Trotternish & The Storr 1: 25.000

Anfahrt: Bus: Linie 57A, Stagecoach Highlands, Portree-Flodigarry Circular, am Loch Langaig aussteigen (sagen Sie dem Busfahrer, dass Sie von Flodigarry zu den Quiraing-Felsen wandern wollen), Mo–Sa ab Portree Square, Fahrzeit 45 Min. – Auto: Parkplatz an der A 855 zwischen Brogaig und Flodigarry, ca. 250 m südlich vom Abzweig rechts nach Flodigarry. Hin-

weis: Auf der rechten Straßenseite sieht man hier einen kleinen Teich und ein Haus mit Wellblechdach
Rückfahrt: Bus 57C, Mo–Fr ab Einfahrt zum Flodigarry Hotel.

Die Route

Am **Ausgangspunkt der Wanderung** (Koordinaten NG 464710; **1**) stehen am Straßenrand einige Plätze für Autos zur Verfügung. Auf einem grünen Wegweiser ist »Maulad Mor via Quiraing« zu lesen. Das ist unser Weg. Zunächst wandern wir auf einem Fahrweg – fast sofort ist **Loch Langaig** zu sehen –, dann geht es auf einem Pfad, der nördlich um den See herumführt, über eine grasige Fläche mit Heide- und Farnkraut und zu einem **kleinen Pass** hinter dem See. 15 Min.

Weiter nun in südwestlicher Richtung zu **Loch Hasco,** einem See, der von Hügeln völlig eingeschlossen in einer tiefen, runden Mulde liegt. Spätestens hier fällt auf, dass wir uns in einem Gebiet ungewöhnlicher Landschaftsformen befinden. Am Nordufer des Hasco-Sees steigt unser Weg erneut an. Wir benutzen einen Zauntritt. 30 Min.

Zur Rechten fällt ein hoher Fels in der Form einer Haifischflosse auf, dahinter eine Reihe von Zacken, die wie Zähne aussehen. Wir ignorieren einen nach links abzweigenden Trampelpfad und bleiben auf dem deutlicheren Weg, der auf einen Kamm zuführt, wandern dann auf der linken Seite einer **kleinen Schlucht** auf die Hauptwand des **Quiraing** zu und erreichen eine mit Steinmännchen markierte T-Gabel. Knapp 1 Std.

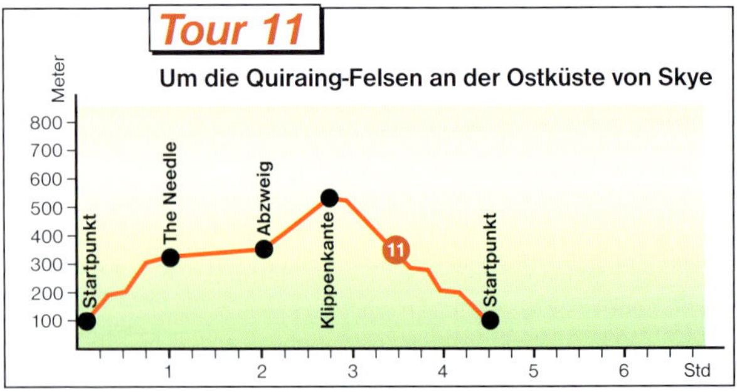

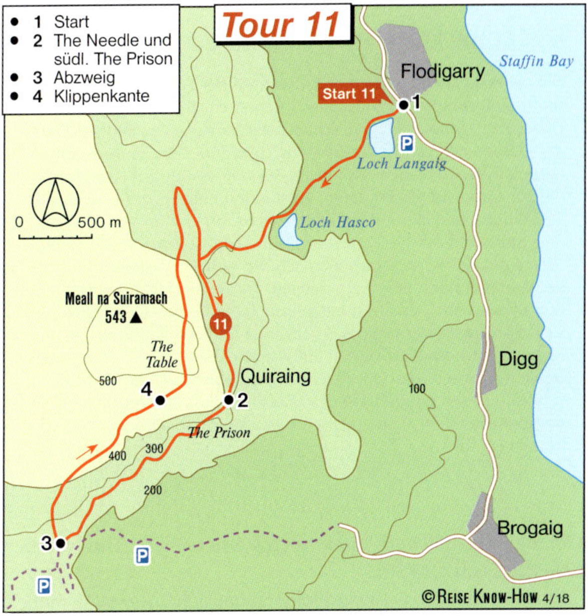

Abstecher

Hier zieht ein sehr steiler Pfad rechts den Hang hoch. Doch nur wer fit, trittsicher und schwindelfrei ist, sollte diesen anspruchsvollen Abstecher (Anforderungen = 4) unternehmen. Er führt zu **„The Table"**, einem den Klippen vorgelagerten Plateau (ca. 480 m), von dem sich ein aufregender Blick in die Tiefe und auf die umliegenden Felsnadeln bietet. Hin und zurück benötigt man etwa 45 Min.

An besagter T-Gabel gehen wir links, parallel zur Felswand auf unserer Rechten. Nach links ist der Hang stark abschüssig, aber der Pfad verläuft in etwa auf gleicher Höhe. Vor uns und rechts ragen spektakuläre Felsnadeln in den Himmel. Ca. 2 Min. nach dem Zaunüberstieg gelangen wir zu einem Steinmännchen. Der riesige Felsbrocken, den Sie geradeaus vor sich sehen, heißt **„The Prison"** (im Vorbeigehen wird die Ähnlichkeit zu einem

Der große Erdrutsch

Die spektakulären Landschaftsformen auf der Halbinsel Trotternish sind das Ergebnis von Vulkanausbrüchen vor 60 Millionen Jahren. Dabei überlagerten 24 Lavaschichten mit einer Höhe von 300 bis 400 m das darunter liegende Gestein aus dem Jura, das diesem aufgebürdetem Gewicht nicht standhielt. Aus den gewaltigen Erdrutschen, die zur Ostküste hin erfolgten, entstanden entlang der Bruchkante Steilklippen und die merkwürdigen Felsformationen von Quiraing und Storr (s. Tour 11, 12). Der größte Erdrutsch prägt das Gebiet östlich des Bergs Meall na Suiramach, wo sich die Küstenstraße auch heute immer noch ein wenig bewegt. Türme aus Stein brachen von den Klippen ab. Manche stürzten in sich zusammen und liegen nun als Felslawinen unterhalb der Bruchkante. Andere blieben stehen und weisen entweder Spitzformen auf wie der „Old Man of Storr" oder behielten eine breite Oberfläche. „The Table" z.B., im Gebiet der Quiraing-Felsen gelegen, bietet so viel Platz, dass am Neujahrstag ein traditionelles *shinty*-Spiel (gälischer Hockey-Fußball) dort oben veranstaltet wird.

Gefängnis deutlicher), direkt rechts erhebt sich **„The Needle" (2).** Reichlich 1:15 Std.

Dem Verlauf der Felswand folgend hat sich unser Weg mittlerweile nach rechts in Richtung Westen gewendet. Auf der linken Seite weitet sich das Gelände, und die Straße zwischen Staffin und der Westküste rückt ins Blickfeld. 1:45 Std.

Unser Pfad schmiegt sich an den Fuß der Klippen. Bei einer Bachquerung – das Wasser hat hier einen tiefen Spalt ins Gestein gegraben – ist Geschicklichkeit gefordert. Kurz darauf verlassen wir den Hauptweg, der in einer Linkskurve zu einem Parkplatz weiterführt. Hier ist Achtsamkeit notwendig, deshalb genauer: Ca. 100 m vor dem Linksschwenk des Hauptwegs zweigt eine Pfadspur scharf nach rechts ab und zieht direkt den Hang hinauf. Man kann den **Abzweig (3)** leicht übersehen. An dieser Stelle (Koordinaten NG 440681) fällt zur Linken ein Hang ab, man sieht einen Bach in der Schlucht, dazu die Straße weit unten. 2 Std.

Die ersten 15 Min. des Aufstiegs sind mühsam, und die Pfadlinie ist nicht immer gut zu erkennen – bei Regen verwandelt sie sich überdies in eine Wasserrinne. Zunächst geht es nach Norden. Nach ca. 100 m Höhengewinn dreht der Weg nach und nach in nordwestliche Richtung, wird deutlicher, flacht auch etwas ab und verläuft bald, über 500 m hoch, direkt an der **Klippenkante (4).** 2:45 Std.

Im weiteren Verlauf unserer Wanderung liegen die spektakulären Felsformationen unten rechts. Der flache Gipfel des 543 m hohen **Meall na Suiramach** erhebt sich etwa 350 m von uns entfernt zur Linken. Man könnte ihn besteigen, gewänne dadurch aber keine neuen Landschaftseindrücke. Für uns geht es vielmehr bergab, verfallene Mauern passierend, zu einem **Zauntritt mit Steinmännchen.** 3:30 Std.

Vor uns liegen jetzt die wie Zähne aussehenden Zackenfelsen, die uns zu Beginn der Wanderung aufgefallen sind. Steil steigt unser Weg nach rechts ab, bis wir unterhalb der Felswand über den Hang jene **T-Gabelung** erreichen, zu der wir nach der ersten Stunde unseres Weges gelangt waren. Hier wenden wir uns nach links, folgen in umgekehrter Richtung dem Weg, den wir am Anfang der Wanderung nahmen, passieren **Loch Hasco** und **Loch Langaig** und stehen schließlich wieder dort an der **Straße (1),** wo der Bus uns abgesetzt hat. 4:30 Std.

123_high Foto: In

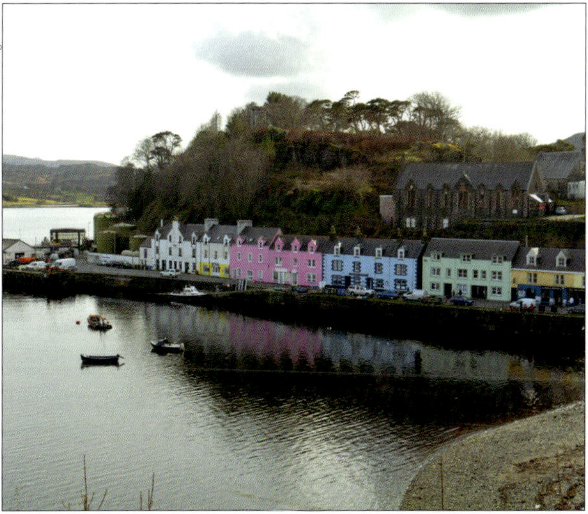

Tour 12
Felsnadeln und ein hoher Berg

4:30 Std.
▲ 570 m ▼ 570 m
Anforderung 3

Der Weg zum höchsten Gipfel im Norden der Insel Skye „The Storr“ führt an steil aufragenden Felsnadeln vorbei. Grandiose Blicke die Küste entlang belohnen für die Mühen des Aufstiegs. Wer den steilen Abhang scheut, kann eine sanftere, etwas längere Variante gehen.

045_high Foto: js

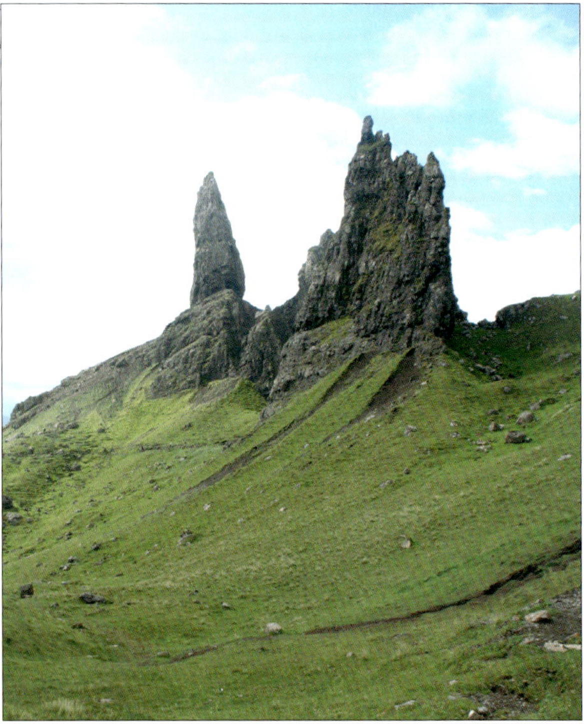

Die Ostseite der Halbinsel Trotternish ist ein einziger großer Erdrutsch. Noch stehen sie stramm und gerade, die Nadeln von „The Storr“

Zum „Old Man of Storr“ und auf den Gipfel von „The Storr“

Landschaft: Der höchste Gipfel des Trotternish Massivs ist mit 719 m „The Storr“. Zur Ostküste hin fanden gewaltige Erdrutsche statt, so dass Steilklippen und bizarre Felsformationen entlang der Bruchkante entstanden. Zu den bekanntesten zählt der „Old Man of Storr“, der von Süden aus der Ferne betrachtet der Silhouette eines schlafenden Mannes ähnelt.
Routencharakter: Zielwanderung. Der erste Abschnitt unserer Wanderung folgt der leicht zu begehenden Touristenroute von der Straße zu den Felsnadeln. Im weiteren Verlauf ist ein steiler, schmaler Grat zu bewältigen. Auf dem relativ flachen Gipfelplateau von „The Storr“ ist das Vorwärtskommen dann wieder problemlos
Auf und Ab: ▲ 570 m ▼ 570 m
Höhenlage: zwischen 165 m (Parkplatz an der A 855) und 719 m („The Storr“)
Gehzeit: 4 oder 4:30 Std. (abhängig von der Wegwahl; bis zum Tümpel 30 Min.; bis Weggabel am alten Zaun 1:15 Std.; bis Gipfel „The Storr“ 2 bzw. 2:15 Std.)
Anforderungen: bis 3+ (bis „Old Man of Storr“ = 2); der Weg zum Gipfel erfordert Trittsicherheit und ein gewisses Maß an Schwindelfreiheit = 3+; als Alternative steht eine längere, aber leichte Route (= 2) zur Verfügung
Risiken: Der exponierte Gratweg zum Gipfel (Wegvariante A) ist bei starkem Wind nicht ungefährlich; nahe der Abbruchkante ist bei Regen und schlechter Sicht größte Vorsicht geboten
Wegmarkierung: Der Touristenpfad an den unteren Hängen ist markiert, nicht aber die obere Hälfte unserer Wanderung
Einkehrmöglichkeit: keine
Abbruchmöglichkeit: Umkehr vor „The Old Man of Storr“
Wegvariante: Die Aufstiegsalternativen A und B werden in der Tourenbeschreibung erläutert
Ausrüstung: Bis zum „Old Man“ in 400 m Höhe ist normale Freizeitkleidung ausreichend; für den weiteren Weg sollte man die Standardausrüstung für schottische Berge mitführen (s. S. 21–25); ein Kompass ist nützlich
Karten: Harvey Superwalker, Skye: Storr & Trotternish 1: 25.000; Ordnance Survey Explorer Nr. 408, Skye: Trotternish & The Storr 1: 25.000

Anfahrt: Bus Linie 57A, Portree/Flodigarry Circular zum Storr-Parkplatz am Nordende von Loch Leathan ab Portree Square, Fahrzeit 21 Min. – Auto: Parkplatz an der A 855, ca. 9 km nördlich von Portree (Koordinaten NG 509529)
Rückfahrt: mit Bus 57C direkt nach Portree

Die Route

Die Felsenformation „Old Man of Storr" ist zu Recht berühmt, und die Sturzblöcke am Fuß der Klippen sind sehenswert. So dürfen Sie denn auf dieser Wanderung keine Einsamkeit erwarten – schon der geräumige **Parkplatz an der A 855 (1)**, unser Ausgangspunkt, belegt es. Durch ein Tor geht es von hier mit den Markierungen in einen ehemaligen Nadelwald hinein. Auf einem von der Forstbehörde gepflegten Weg steigen wir stetig bergauf. Nach 15 Min. sehen wir bei einem Rückblick das Meer und die Nachbarinsel Raasay. Kurz danach flacht der Weg zeitweilig ab, und die Felswand wird vor uns sichtbar. Bei einem kleinen Tümpel erreichen wir nach einer halben Stunde einen Zaun, wo ein Schild vor Steinschlaggefahr warnt. Wir durchschreiten ein Tor und gelangen auf einem mit Stufen stabilisierten Weg zu einer Gabelung. Halten Sie hier nach rechts auf eine Felsnadel zu, die wie gedrechselt aussieht. Abermals teilt sich der Weg (Höhe ca. 400 m). 45 Min.

Abstecher

Die Richtung links wählt man, um das Gebiet unterhalb der Klippen zu erkunden. Auch hier weist vor den herabgestürzten Felsblöcken ein Warnschild auf die Steinschlaggefahr hin. Die beiden auffälligsten Felsen sind **„The Needle"** – an der Nadelform und den „Öhren" im oberen Teil sofort zu erkennen – und der mächtigere, 48 m hohe **„Old Man of Storr"**. Man kann eine Runde um die steinernen Türme gehen. Insgesamt benötigt man etwa 20 Min. für den Abstecher.

Dagegen führt unser Weg zum Gipfel von „The Storr" an besagter Weggabel nach rechts, einen Grashang hinauf und an der Nordostseite der Felskegel vorbei. Dieser Pfadabschnitt ist steil und oft morastig. Die Richtung ist jetzt Norden, und wir wandern parallel zur Felswand. Vor uns breitet sich die langgestreckte Ostküste von Trotternish aus. Aufeinander gestapelte

Steine helfen, über einen Zaun zu steigen. Etwa 100 m weiter teilt sich der Weg erneut. Geht man hier nach links/oben, muss man unter Handeinsatz (Anforderung 3–4) über eine Felsstufe klettern; der rechts unten verlaufende Weg ist leichter, zieht aber an einem abschüssigen Hang entlang. Kurz darauf treffen sich die Wege wieder. 1:15 Std.

Hier stellt sich neben einem **Steinmännchen (2)** die Wahl zwischen dem kurzen, spannenden Weg zum Gipfel, geeignet für trittsichere Wanderer (A), und einem längeren, leichteren Weg (B).

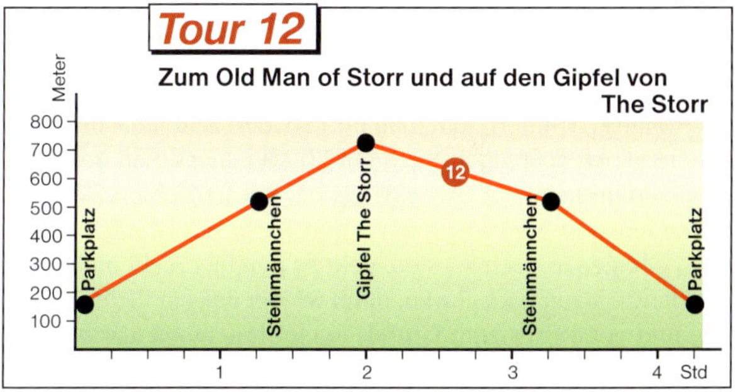

Wegvariante A

Steigen Sie vorsichtig links hoch am Kamm, etwas Abstand haltend zur Klippenkante. Der steile Pfad ist streckenweise deutlich, verliert sich aber dort, wo es über Schotter/Geröll geht. Angesichts des 100 m tiefen Abhangs zur Linken und des stark abfallenden Terrains zur Rechten bleibt die Orientierung jedoch eindeutig: Es geht unentwegt über den Kamm aufwärts. An einigen Stellen geben Felsspalten einen Schwindel erregenden Blick hinunter auf den „Old Man" frei. Nach 15 steilen Steigminuten flacht der Weg ab und traversiert unterhalb einer Felswand am (nach rechts) stark abschüssigen Hang. Dieses Pfadstück ist schmal – und fordert den erprobten Bergwanderer. Dort, wo die Querung endet (anders gesagt: vorwärts geht es nicht mehr weiter), erkennt man links Trittstufen im Gras, steigt auf ihnen einige Meter hoch zur Klippenkante und findet sich, etwas überraschend, sogleich am Saum des Gipfelplateaus wieder. Das letzte Wegstück – kurz nach links, also nach Süden – zur Vermessungssäule am höchsten Punkt (719 m) von **„The Storr" (3)** ist leicht zu bewältigen. Bei gutem Wetter umfasst das Gipfelpanorama etwa die Hälfte der großen Insel Skye: die Westküste, mit etwas Glück auch die Äußeren Hebriden, nach Norden den Trotternish-Kamm, nach Süden die Gipfelkette der Black Cuillin (s. S. 194–200). 2 Std.

Wegvariante B

Wahlweise bleibt man bei den **Steinmännchen (2)** auf dem Weg, der den Hang entlang nach Westen zieht und in einer langen Kurve nach rechts dreht, so dass die Laufrichtung in etwa auf Nord wechselt. Der Pfad steigt sehr sanft an. Zur Rechten ein Abhang. Drunten sieht man im Tal Coire Scamadal den kleinen See Loch Scamadal. Nach gut 20 Min. muss man den Pfad verlassen und ein Stück weglos gehen. Bei schlechten Sichtverhältnissen sind hierfür Kompass und Karte erforderlich. Nach links, d.h. genau nach Westen, geht es den hier nicht mehr steilen Hang hinauf; nach 5 Min. dann wieder links in Richtung Süden und geradeaus zum **Gipfel.** Auch ohne einen klar erkennbaren Pfad ist diese mit Gras abgefederte Strecke leicht zu gehen. 2:15 Std.

Als Rückweg von „The Storr" sei die leichtere Route (Wegvariante B) empfohlen, nachfolgend in umgekehrter Richtung beschrieben. (Wer den kurzen, aufregenden Kammweg = Variante A vorzieht, geht vom Vermessungspunkt am Gipfel nach dem Kompass auf Kurs 30° zu einem Steinmännchen, das den Abstieg über die ausgetretenen Stufen anzeigt.) Der leichtere Weg führt vom Gipfel genau in Richtung Norden, der Abhang bleibt immer zur Rechten. Nach etwa 20 Min. ist mitten auf dem flachen Hang ein **markanter, eckiger Felsblock** zu sehen, deutlich größer als die anderen hier lagernden Steine. Auf der Höhe dieses Felsblocks geht es nach rechts in östliche Richtung. Nach ca. 100 m stößt man auf eine schmale Spur, die nach nur einer Minute einen deutlich ausgeprägten Pfad erreicht. Auf ihm geht es scharf nach rechts in Richtung Süden.

Langsam Höhe verlierend, gelangen wir so zurück zu jenem **Steinmännchen (2),** bei dem sich die beiden Routen zum Gipfel trennten. Anschließend geht es auf dem bekannten Weg zu den Felsnadeln und zur **Straße (1)** zurück. 4 bis 4:30 Std.

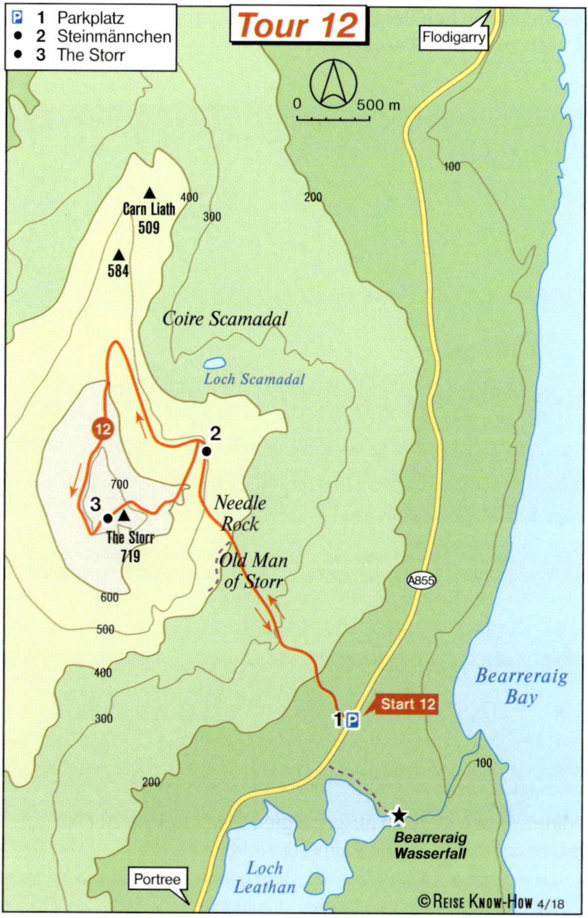

Tour 13
Zwei Red Cuillin-Gipfel

6:30 Std.
▲ 1020 m ▼ 1020 m
Anforderung 3

Von den kahlen, runden Red Cuillin-Bergen hat man einen atemberaubenden Blick auf die östliche Hälfte der Insel Skye und auf die scharfkantigen Black Cuillin im Westen. Auf dieser herrlichen Bergtour können Sie, stimmt die Kondition, gleich zwei Gipfel erobern.

047_high Foto: js

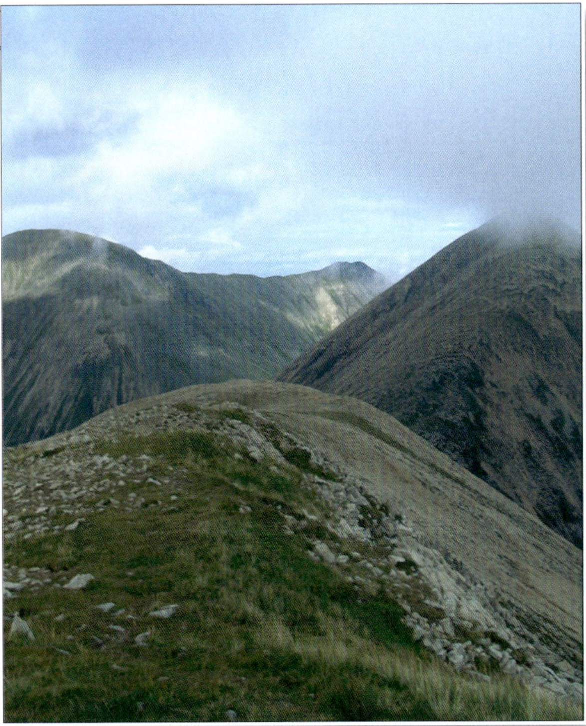

Vor dem Abstieg zum Pass Bealach Mosgaraidh

Von Sligachan auf den Beinn Dearg Mor

Landschaft: Die Red Cuillin-Berge an der Ostküste von Skye sind weniger schroff und mit einer höchsten Erhebung von 775 m niedriger als die Black Cuillin
Routencharakter: Zielwanderung. Zuerst an einem Bach entlang und durch Sumpfgebiet, anschließend auf guten, aber teils steilen Kammwegen aufwärts. In einer schwierigeren Variante (Anforderung = bis 4) bis lässt sich die Route auch als Rundwanderung gehen
Auf und Ab: ▲ 1020 m ▼ 1020 m
Höhenlage: zwischen 10 m (Sligachan Hotel) und 731 m (Gipfel Beinn Dearg Mor)
Gehzeit: 6:30 Std., 14 km (bis zum Fuß des Sron a Bhealain 45 Min.; bis Beinn Dearg Meadhonach 2:30 Std.; bis Beinn Dearg Mor 3:30 Std.)
Anforderungen: 3 (Tourvariante/Rundweg = 4); der erste Aufstieg ist steil, die Pfade sind aber nicht ausgesetzt, und die Orientierung am Bergkamm ist unproblematisch
Risiken: Der Pfad ist Wind und Wetter ausgesetzt, besitzt aber keine heikle Stellen
Wegmarkierung: keine
Einkehrmöglichkeit: im Sligachan Hotel am Anfang und Ende der Tour: Sligachan Hotel, Skye IV47 8SW, Tel. 01478/65 02 04, www.sligachan.co.uk, geöffnet April–Dez. In wunderschöner Lage am Fuß der Cuilins liegt dieses Hotel mit Ferienwohnungen, Bar und Restaurants.
Abbruchmöglichkeit: im Falle eines Tourabbruchs Rückkehr auf dem Anweg
Wegvariante: Bei Abstieg von Beinn Dearg Mhor zum Bealach na Sgairda (s. u. in der Tourenbeschreibung) ist die Tour eine halbe Stunde kürzer als auf der Hauptlinie, aber keineswegs einfacher
Ausrüstung: Standard
Karten: Harvey Superwalker, Skye: The Cuillin 1: 25.000; Ordnance Survey Explorer Nr. 411, Skye – Cuillin Hills 1: 25.000
Anfahrt: Von Portree fahren mehrere Busse nach Sligachan: Nr. 50, 52, 54, 152, 155 und 608. Fahrzeit 15 Min. – Auto: Parkplatz am Sligachan Hotel an der A 87, ca. 14 km südlich von Portree
Rückfahrt: s.o.

Red Cuillin, Black Cuillin

Der vom altnordischen *kjollen* (Kiel) abgeleitete Name „Cuillin“ (sprich: kuhlinn) bezeichnet zwei Gebirgsketten in der Mitte der Insel Skye. Schon auf den ersten Blick wird deutlich, dass die Red Cuillin und die Black Cuillin geologische Unterschiede aufweisen, obwohl sie ihren gemeinsamen Ursprung in vulkanischen Aktivitäten vor 55 bis 60 Millionen Jahren haben. Die an der Ostküste gelegenen Red Cuillin bestehen hauptsächlich aus Granit und Quarz, wobei ihnen ein Feldspatanteil die rötliche Färbung verleiht. Wind, Wetter und der Abschliff durch die Gletscher der Eiszeit haben ihnen runde Konturen gegeben. Die Red Cuillin erreichen Höhen zwischen 570 und 775 m. Zum Munro-Status (s. Exkurs „Munros“) reicht es somit nicht, aber die Nähe zum Meer belohnt die Wanderer mit großartigen Küstenblicken.

Die Black Cuillin bieten dem Betrachter eine abenteuerlich schroffe Silhouette und dem Bergsteiger die anspruchsvollsten Touren Großbritanniens. Der etwa 12 km lange Grat der Kette ist schmal und stellenweise scharfschneidig wie eine Messerklinge. Den östlichen Ausläufer Bla Bheinn mitgezählt, besitzt er zwölf Gipfel über 905 m Höhe – Munros also. Etwa in der Mitte des Grats erhebt sich die lange für unbezwingbar gehaltene *„Inaccessible Pinnacle“* (Unzugängliche Felsspitze). Die Black Cuillin bestehen teils aus Basaltlava, hauptsächlich aber aus dunklem Gabbro, der nach den Erosionsprozessen von Jahrmillionen schroffe Formationen mit scharfen Bruchkanten ausbildete – zum größten Teil ein Gelände für Kletterer, nicht für Wanderer.

Die Route

Vom **Sligachan Hotel (1)** über die alte Steinbrücke und durch das Metalltor dahinter, wo ein Wegweiser die Route nach Loch Coruisk und Elgol anzeigt. Nach etwa 200 m auf diesem Pfad nehmen wir jedoch einen schmaleren Weg, der nach links durch ein Metalltor in die bewaldete **Schlucht des Allt Daraich** führt. An Wasserfällen schwenkt die Schlucht nach links. 20 Min.

Wir gehen geradeaus zum Tor in einem **Zaun** und auf der anderen Seite nach rechts weiter an diesem Zaun entlang. Dort, wo der Zaun aufhört, nimmt man linker Hand einen Pfad, der am Rand eines Moorgebiets in südöstlicher Richtung zum Kamm des Bergs Sron a Bhealain führt. (Hinweis: Wer vom Zauntor geradeaus auf den Kamm zuhält, befindet sich bald mitten in einem unübersichtlichen Sumpf; es ist also wichtig, nach rechts bis zum Ende des Zauns zu gehen und dort den halbwegs trockenen Pfad zu suchen.)

Der Weg steigt zunächst nur wenig an, bald aber stehen wir am Fuß des Sron a Bhealain und haben eine steile, gut zu erkennende Pfadspur vor uns (Koordinaten NG 498289). Knapp 45 Min.

Stellenweise haben Wanderer regelrechte Trittstufen in den Hang getreten. Nach 20 Min. strammen Aufstiegs flacht das Gelände etwas ab, so dass der weitere Weg zum „Minigipfel" **Sron a Bhealain** weniger mühsam ausfällt. Bei einem Steinmann findet sich ein geeigneter **Rastplatz** (ca. 435 m; **2**), bereits mit einem herrlichen Blick zurück ins Tal. 1:30 Std.

Im Vorblick ist der Weg entlang des Kamms deutlich zu erkennen. Er führt, nicht allzu steil, zunächst fast direkt nach Süden, dreht dann nach links und wird nun wieder steiler. Über Geröll geht es in kurzen Kehren hoch, bis die Gipfelzone des **Beinn Dearg Mheadhonach (3)** erreicht ist. Den höchsten Punkt (651 m, Koordinaten NG 516271) erreichen wir auf einem kurzen Abstecher nach Südosten. Vom Gipfel blickt man über weite Teile der Insel: direkt südlich auf den runden Berg Marsco, westlich zu den schroffen Black Cuillin, östlich zur Küste und zum schottischen Festland. 2:30 Std.

Steinmännchen zeigen uns den weiteren Weg in Richtung Nordosten über steil abfallendes, steiniges Terrain zum Pass **Bealach Mosgaraidh (4).** Dieser Pass liegt zwischen dem Beinn Dearg Meadhonnach und dem Endziel unserer heutigen Wanderung, dem Gipfel Beinn Dearg Mor. Rasch verlieren wir fast 150 m Höhe – auf der anderen Seite gilt es dann, über etwas mehr als 200 m wieder aufzusteigen. Dieser Pfadabschnitt ist in seinem Auf und Ab eher mühsam zu gehen, aber auch auf dem **Beinn Dearg Mor** (auch: Beinn Dearg Mhor; 731 m, Koordi-

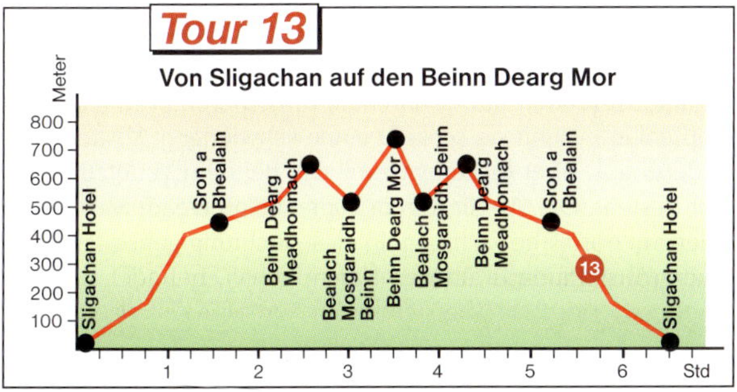

naten NG 520285; **5**) entschädigt ein wunderbares Gipfelpanorama. Der Blick geht auf das Meer ebenso wie zum nördlich gelegenen markanten, einem Vulkankegel ähnelnden Nachbarberg Glamaig. 3:30 Std.

Zum Ausgangspunkt in **Sligachan** (**1**) gelangt man auf dem Hinweg zurück. Bedingt durch die Gegenblickrichtung und neue, lohnende Aussichten kommt dabei übrigens keinerlei Langeweile auf. Knapp 6:30 Std.

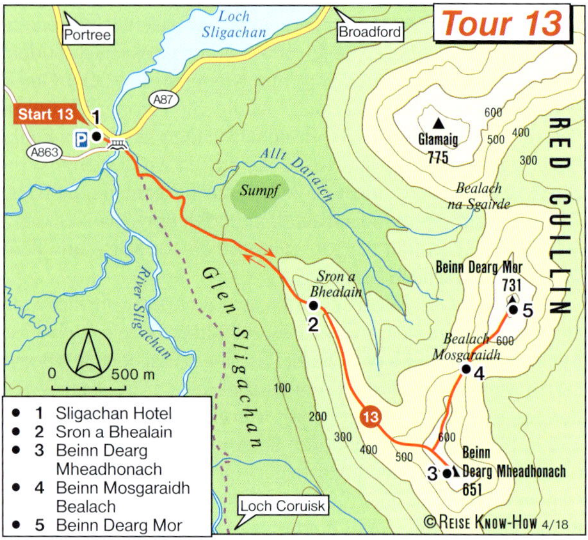

Wegvariante

Die folgende Routenvariante macht aus der Tour eine Rundwanderung, ist jedoch nur erfahrenen, trittsicheren Wanderern zu empfehlen – denn sie schließt einen schwierigen Abstieg (Anforderung 4) über lockeres Geröll ein, bei dem Verletzungsgefahr besteht. Die Weglinie zum Gipfel Beinn Dearg Mor führte zuletzt in nördliche Richtung. In diese Richtung geht es nun auf erkennbarer Pfadspur über eine Strecke von etwa 600 m weiter

Die Ostküste von Skye und die Insel Scalpay.
Blick von Beinn Dearg Mheadhonach

zu einem namenlosen **Nebengipfel** (Koordinaten NG 521291), von dem aus man zum gegenüberliegenden Glamaig, mit 775 m der höchste Red Cuillin, hinüberblickt. Gut 300 m tiefer liegt Bealach na Sgairda, ein kurzer, beide Berge verbindender Kamm. Den besten Weg hinunter findet man, indem man vom Steinmännchen auf dem Nebengipfel einige Schritte zurück, d.h. nach Süden geht und dann auf der Nordwestseite absteigt. Der Weg hinunter über lockere Steine ist äußerst steil, aber mit der gebotenen Vorsicht und bei geschicktem Einsatz der Teleskopstöcke durchaus machbar, wenn auch nicht ohne Risiko. Nach anstrengendem Abstieg steht man, tief durchatmend, auf der Graskuppe des **Bealach na Sgairda** (Koordinaten NG 518294). Knapp 4:45 Std.

Die größte Schwierigkeit ist damit bewältigt. Man steigt nun ca. 5 Minuten in südwestlicher Richtung über einen grasigen Hang weiter ab und nimmt einen der schmalen Schafpfade, die nach links den Hang entlang auf den niedrigen **Kamm** führen. 5 Std.

Am Kamm verliert man sanft an Höhe, bis der **Zusammenfluss zweier Bäche** erreicht ist. Hier geht man auf Trittsteinen zum linken Ufer und folgt ihm bis zu der vom Anweg her bereits bekannten Stelle, wo der **Bach Allt Daraich** seine Schlucht verlässt. Der letzte Abschnitt ist sehr feucht, dennoch sollte man in Bachnähe bleiben, denn das Gelände links davon ist noch sumpfiger. Die letzten 20 Min. wandern wir auf dem Hauptpfad nach **Sligachan (1)** zurück. 6:15 Std.

046_high Foto: js

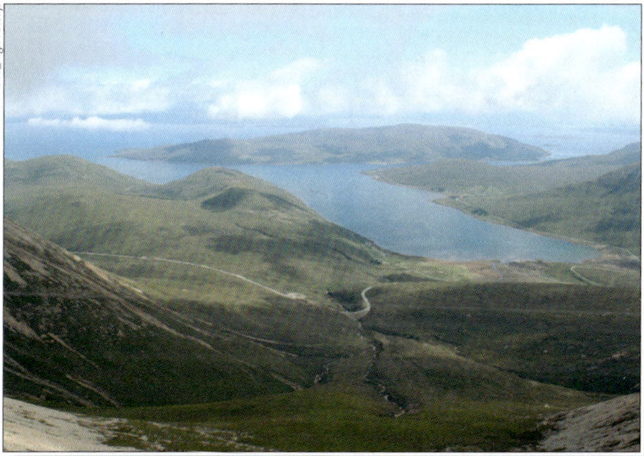

Tour 14
Küstentour zu einem verborgenen See

8:30 Std.
▲380 m ▼ 380 m
Anforderung 4

Eine herrliche Strecke führt von der Südseite der Insel Skye zur Nordseite. In der Bucht von Loch Scavaig gelangt man zu einem einsamen Strand und – nach einer kurzen Kletterpartie über den Klippenfelsen „The Bad Step" – zu einem von schroffen Bergen umgebenen See. Danach geht es mit stets beeindruckenden Ausblicken über einen Kamm in das flache Tal Glen Sligachan am Loch Sligachan.

048_high Foto: js

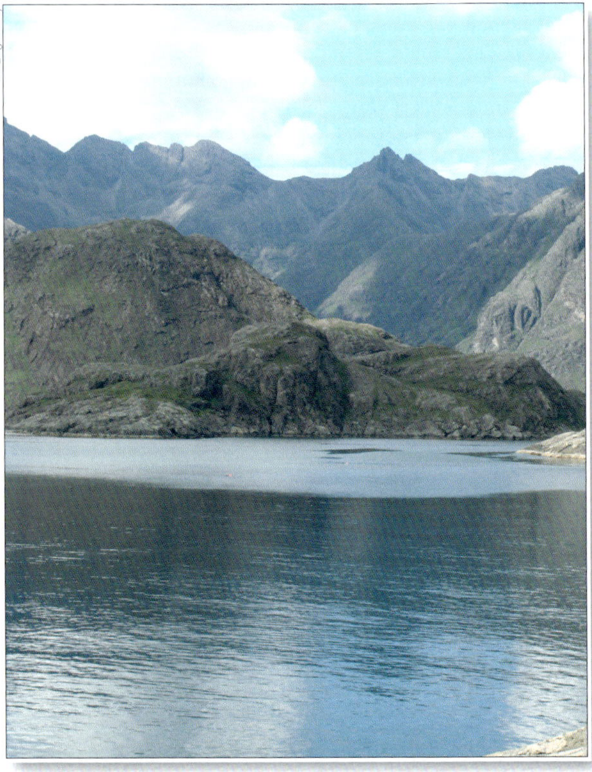

Von Elgol nach Loch Coruisk und ins Glen Sligachan

Landschaft: Steilküste mit Blick auf die Small Isles (Eigg, Rùm und Canna) und die Black Cuillin-Gipfel, anschließend ein breites Tal – Adler haben hier ihre Refugien – zwischen Red Cuillin- und Black Cuillin-Gebirge
Routencharakter: Streckenwanderung mit möglicher Unterbrechung am See Loch Coruisk, der wunderschön vor der Kulisse der Black Cuillin-Kette liegt. Auf der ersten Hälfte der langen Tour wandert man entlang der Küste und hat eine heikle Stelle zu bewältigen, bekannt als „The Bad Step". Auf der zweiten Hälfte geht es über einen Bergrücken, dann auf gutem Pfad durch das lang gestreckte Tal nach Sligachan
Auf und Ab: ▲ 380 m ▼ 380 m
Höhenlage: zwischen Meereshöhe (u.a. Elgol) und 316 m (Kamm)
Gehzeit: 8:30 Std., ca. 23 km (bis Strand von Glen Scaladal 1 Std.; bis Bucht von Camasunary 2:15 Std.; bis Loch Coruisk 4:30 Std.; bis zum Kamm 5:30 Std.; bis Direktpfad von Camasunary 6:30 Std.; bis Allt na Meararroch 7:45 Std.)
Anforderungen: mit dem „Bad Step" = bis 4; verkürzter Weg ohne „Bad Step" und Loch Coruisk = 3. Im Wegabschnitt vor Loch Coruisk geht es an einigen Stellen über steil zum Meer abfallende Felsen hinweg. Nur ausdauernde Wanderer sollten sich die gesamte Strecke an einem Tag zutrauen
Risiken: Der „Bad Step", bei dem man über einen im 60°-Winkel zum Meer geneigten Fels klettern muss, ist nicht wirklich schwierig, sieht aber abenteuerlich aus (s. Abb. S. 61). Bei Regen kann es hier allerdings sehr rutschig werden. Wer hier ins Meer stürzt, wird sich kaum verletzen, muss aber zum nahen Strand schwimmen können. Auch bei etlichen anderen Stellen an dieser Steilküste sind Konzentration und Trittsicherheit erforderlich
Wegmarkierung: Wegweiser an wichtigen Stellen
Einkehrmöglichkeit: erst am Ende der Wanderung im Sligachan Hotel, s. Tour 13
Trinkwasser: Nehmen Sie der Länge der Strecke wegen pro Person mindestens drei Literflaschen mit

Noch ist Loch Coruisk (etwa Bildmitte) unsichtbar, im Bild: Loch Scavaig

Abbruchmöglichkeit/Routenteilung: Von Loch Coruisk mit dem Boot nach Elgol zurück (s.u.). Die Hütte *(bothy)* in Camasunary bietet Schutz und einen Platz zum Übernachten (Schlafsack erforderlich)
Wegvariante: Wer den „Bad Step" scheut, fährt mit dem Boot nach Loch Coruisk oder folgt in Camasunary der direkten Route nach Sligachan: auf dem ausgeschilderten Talweg an Loch na Creitheach vorbei und weiter ins Glen Sligachan. Ca. 6 km nördlich von Camasunary vereint sich dieser Weg mit der Hauptroute von Loch Coruisk
Ausrüstung: Standard, eventuell zusätzlich auch Badesachen; komplette Campingausrüstung und Proviant, sofern Sie an Loch Coruisk übernachten wollen; in jedem Fall muss für den langen Wandertag ausreichend Proviant mitgeführt werden
Karten: Harvey Superwalker, Skye: The Cuillin 1: 25.000; Ordnance Survey Explorer Nr. 411, Skye – Cuillin Hills 1: 25.000.
Anfahrt: Elgol ist von Portree nur ca. 64 km entfernt, es liegt aber auf der anderen Inselseite. Die Anfahrt mit dem Bus von Portree dauert daher mit Umsteigen über 2 Std. und ist nicht empfehlenswert. Am besten nimmt man ein Taxi oder quartiert sich gleich nahe Elgol ein. – Auto: Parkplatz am Gemeindesaal oberhalb des Hafens in Elgol. – Boot: Im Sommerhalbjahr können Sie mit dem Boot von Elgol nach Loch Coruisk fahren und dort die zweite Hälfte der Wanderung unternehmen; oder nur die erste Hälfte nach Loch Coruisk zurücklegen und sich dort abholen lassen; oder auch beide Teile absolvieren mit einer Zwischenübernachtung in Elgol. Bootsbetreiber (Abholdienst am Loch Coruisk unbedingt vorbuchen!): Misty Isle Boat Trips, Tel. 01471/86 62 88, http://mistyisleboattrips.co.uk, April–Okt. (je nach Wetterlage), Mo–Sa mehrmals täglich, z.B. 11 und 14.15 Uhr ab Elgol, einfache Fahrt £ 12,50; Bella Jane Boat Trips, Tel. 0800/731 30 89 oder 01471/86 62 44, http://bellajane.co.uk, April–Okt. tägl. z.B. 11.45, 13.15 Uhr (abhängig von Gezeiten) ab Elgol, £ 15 einfache Fahrt
Unterkunft in Elgol: März–Okt.; Coruisk House, B&B DZ ab £ 155, Tel. 01471/86 63 30, www.coruiskhouse.com. Das Restaurant dieser kleinen, aber sehr feinen Herberge mit Seeblick wird sogar im Michelin Guide erwähnt. Weitere Unterkünfte über www.applecross.uk.com
Rückfahrt: Ab Sligachan verkehren regelmäßig die Busse Nr. 50, 52, 54, 152, 155 und 608 zurück nach Portree

Die Route

In **Elgol (1)** geht es von der Bushaltestelle und dem Parkplatz neben dem Dorfladen und der Gemeindehalle zuerst ca. 300 m über die Straße zurück, dann links auf den ausgeschilderten Weg: Camasunary, lesen wir dort, sei 3,1 Meilen, Sligachan 10,7 Meilen entfernt. Nach einem kurzen Stück über Asphalt wandern wir auf einem Fußweg zwischen zwei Zäunen und folgen dem Wegweiser „Footpath to Coruisk" durch ein Tor. Reichlich 5 Min.

Hier nehmen wir einen ausgetretenen Pfad, der über Rasen führt. Zurück blicken wir auf den Hafen von Elgol und über das Meer zu den südlich gelegenen *small isles* Rum und Canna. Vor uns liegt die gezackte Gipfelkette der Black Cuillin. Der Küstenpfad in Richtung Norden ist eindeutig. Zwischen Heideflächen und Farnkraut geht es sanft hinunter. An einer Stelle müssen wir unter Handeinsatz über eine Stufe klettern. Im Folgenden erfordert der schmale Weg am steilen Hang eine gewisse Trittsicherheit. Dafür hat man eine wunderbare Aussicht über die Meeresbucht Loch Scavaig mit der kleinen Insel Soay hinweg zu den Cuillin-Bergen. Auch unsere Zwischenziele, die kleine weiße *bothy* in Camasunary und der Eingang zu Loch Coruisk links davon, liegen bereits im Blick, bevor wir zum steinigen **Strand von Glen Scaladal (2)** absteigen. Reichlich 1 Std.

Rechts am nördlichen Ende des Strands steigt der Pfad hinauf auf die Klippen, und wir setzen den Weg entlang der Steilküste fort. Bald wandern wir unter tief hängenden Ästen von Erlen und Ebereschen. Achtung! Hier endet der Weg abrupt am Abgrund, die Folge eines Erdrutsches. Wer den höheren Umgehungsweg, der die Gefahrenstelle ausspart, nicht schon vorher rechts

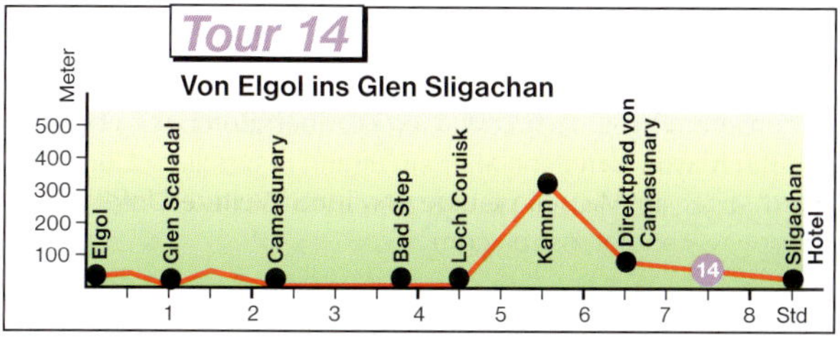

abzweigen gesehen hat, muss hier einige Schritte zurück. Wenige Minuten später benutzen wir einen Zauntritt und nähern uns einer kleinen, felsigen Bucht – ein sehr reizvoller Ort zum Baden, allerdings darf man nicht zu kälteempfindlich sein. Der Pfad zieht weiter zur **Bucht von Camasunary (3)**, wo im Rückraum eines Sandstrands zwei Häuser auf flachem Grund stehen. Wir steigen von den Klippen zum Bach hinab und finden dort einen angenehmen Rastplatz an den Steinen neben einem kleinen Wasserfall (Koordinaten NG 517186). Knapp 2:15 Std.

Wegvariante

Hier steht eine grundsätzliche Entscheidung an. Nach weiteren ca. vier Stunden unanstrengender Wanderung geradeaus durch das Tal könnte man zum Endpunkt der Wanderung in Sligachan gelangen. Viel schöner, aber gut zwei Stunden länger und deutlich schwieriger ist die Route über den Felsvorsprung „Bad Step" nach Loch Coruisk und danach über einen 300 m hohen Kamm ins Glen Sligachan. Die spannende Strecke an der Steilküste verlangt Konzentration und Ausdauer, bedingt durch ein ständiges Auf und Ab auf schmalen, steinigen Pfaden. Immer wieder auch muss man die Hände zu Hilfe nehmen, um über kleine Felsstufen zu klettern.

Fehlt die Zeit oder die Energie für die längere Strecke oder ist das Wetter schlecht, dann überqueren Sie in Camasunary den Bach. Es existiert eine stabile Brücke, auf dem Geländewagen von Osten her das **Privathaus nahe dem Strand** erreichen können. An diesem Haus zweigt ein Weg nach Norden ab. Weiße Buchstaben an den Ruinen eines Steinhauses zeigen die Richtung an: „Sligachan". Ein deutlich ausgeprägter, weitgehend bequemer Pfad führt bald am Ostufer von **Loch na Creitheach** entlang, wendet sich mit dem Verlauf des Tals nach Nordwesten zum kleinen **Loch an Athain** und verbleibt am Osthang des Tals, bis von links die Hauptroute von Coruisk her hinzustößt (s.u.).

Auf unserem Weg nach Loch Coruisk überqueren wir ebenfalls den **Bach,** wandern dann aber am Strand in westlicher Richtung zur weithin sichtbaren, **weißgetünchten Bothy.** Hinter dieser

Auf Trittsteinen über den seichten Fluss bei Camasunary

Notunterkunft geht es ca. 200 m landeinwärts zu **Trittsteinen,** die auf die andere Seite des Flusses führen. Dort nach links. Der zunächst undeutliche Pfad verläuft nahe am Wasser, gewinnt dann einige Meter an Höhe und folgt der Steilküste um eine Halbinsel herum. An einer nicht einfach zu erkennenden **Weggabelung** nehmen wir den höheren Pfad rechts. Wer diese Stelle verpasst, findet sich wenige Minuten später auf einer Felsnase vor einer unüberwindlichen Schlucht wieder und muss etwa 200 m zurückgehen. 3 Std.

Am südlichsten Punkt wechselt die Richtung von Südwest auf Nordwest. Die Cuillin-Kette rückt näher – aber auch der berühmt-berüchtigte „Bad Step", der kurz vor Loch Coruisk auf uns wartet. Die letzten paar hundert Meter bis zu dieser Schlüsselstelle sind recht anstrengend, denn der genaue Verlauf des Küstenpfades über glatte, zum Meer hin abschüssige Felsflächen

051_high Foto: js

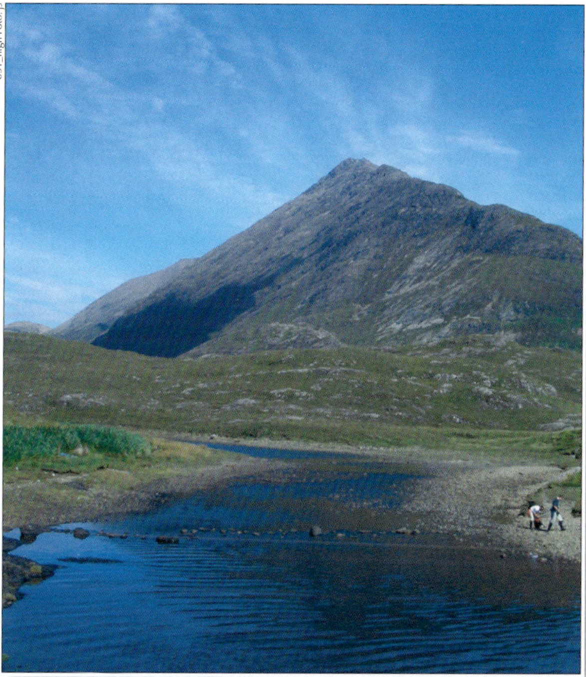

ist nicht überall eindeutig. Der **„Bad Step"** selbst ist ein vorragender Fels. Zuerst muss man unter einem Überhang zum Rand hinaus, um sich dann auf einen Sims hochzustemmen. Auf diesem Sims geht es einige Meter im Krebsgang nach links: zuerst diagonal nach oben, dann wieder hinunter.

Wer diese nicht wirklich bedrohliche Felsstufe überwunden hat, schaut, tief durchatmend, zu den Robben hinüber, die gerne auf den Steinen der kleinen vorgelagerten Insel lagern. Die Kletterpartie ist jedoch noch nicht ganz vorbei, denn man muss über

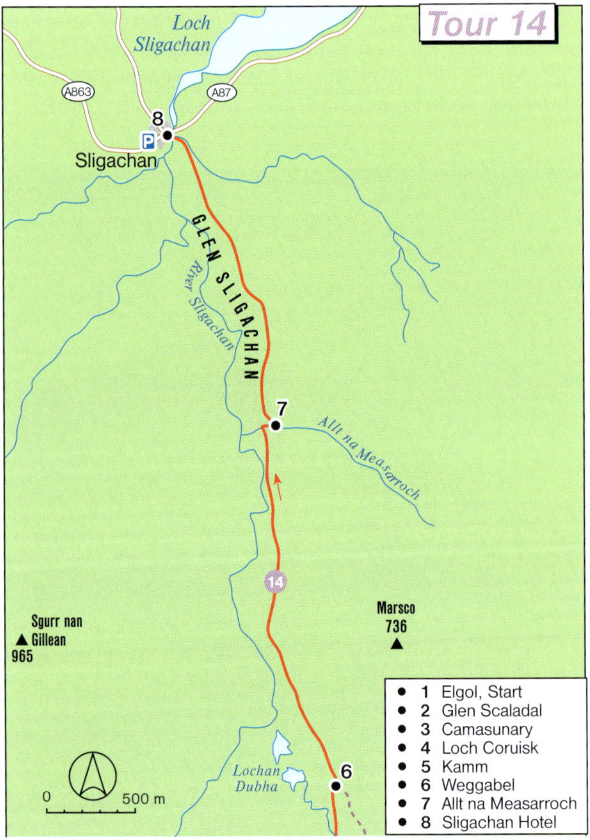

die Steine oberhalb eines kleinen Strands hinweg. So gelangt man zu dem kurzen Wasserlauf, der Loch Coruisk mit dem Meer verbindet, und erreicht das südliche Ende des Sees (NG 490197) mit einem Steinmännchen in Ufernähe. 4:30 Std.

Der Anblick des fast völlig umschlossenen **Loch Coruisk (4)** vor der Kulisse der spektakulären Black Cuillin ist bei gutem Wetter so schön, dass sich die Erinnerung an alle Wandermühen sogleich verflüchtigt. Linker Hand erstreckt sich von Norden nach Süden eine Reihe von äußerst schroffen Gipfeln, davon

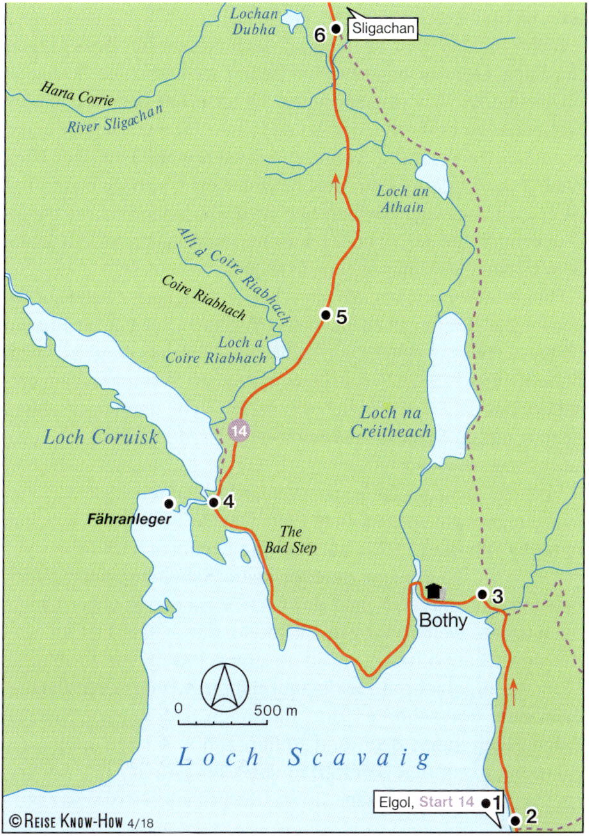

acht mit Munro-Status. Wer mit dem Boot zurück nach Elgol fahren will, muss sich nun links wenden und erreicht, der Nordostseite des kleinen Wasserlaufs folgend, nach einigen Minuten die Anlegestelle (s. Tourenkopf: „Anfahrt"/„Rückfahrt").

Am Loch Coruisk beginnt sozusagen der zweite Teil unserer langen Wanderung. Auch er besitzt großen landschaftlichen Reiz, stellt aber geringere technische Anforderungen. Ein Pfad führt am Ostufer des Sees entlang. Am Hang oben rechts ist ein Bach zu sehen, der über schwarze Felsen dem See zustrebt. Unser Weg entfernt sich bald vom Ufer (also nicht links unten am See bleiben!) und führt auf den beschriebenen Bach zu, der aber nicht überschritten wird. 4:45 Std.

Denn für uns geht es hangauf nach Nordosten, linker Hand der Bach. Der Aufstieg über unebenen, teils feuchten Boden ist anstrengend. Wir überschreiten in unserem Aufstieg einige Nebenbäche und erreichen so das obere Tal, wo der Weg, die nordöstliche Richtung wahrend, ein wenig abflacht. Der Blick nach links zu den Cuillin und hinunter ins Coire Riabhach mit dem gleichnamigen kleinen See wird mit jedem Schritt beeindruckender. Am 316 m hohen **Kamm** (Koordinaten NG 5012145; **5**) wacht ein Steinmännchen. 5:30 Std.

Hier eröffnet sich vor uns ein schöner Blick nach Osten auf die Gipfel Bla Bheinn (928 m, direkt östlich) und Garbh Bheinn (806 m, etwas in nördlicher Richtung). Um den Weg ins Tal zu finden, müssen Sie sich nach einem zweiten Steinmännchen umsehen, das ca. 40 m nördlich des ersten steht, dann nach einem dritten einige Schritte rechts davon, das den Ansatz des Abstiegswegs markiert.

Von hier bis zum Ende der Wanderung gehen wir auf einem eindeutigen, gut ausgebauten Pfad. Der Weg ins Glen Sligachan hinunter mit Blick rechts auf Loch na Creitheach und die steile Flanke von Bla Bheinn bereitet keine Schwierigkeiten. Nach Norden hin sehen wir bald das Glen Sligachan in voller Länge, auch unsere weitere Wegstrecke durch dieses Tal. Die Querung mehrerer Bäche macht auf dem guten Pfad keine Probleme. Über Moorgebiet mit Heidekraut nähern wir uns dem flachen Talboden, überschreiten dort den nach Süden, zum Loch an Athain fließenden Bach und treffen zehn Minuten später, ca. 80 m hoch, auf den **Direktpfad von Camasunary (6),** der von rechts auf den unseren stößt (Koordinaten NG 502240). 6:30 Std.

Nun geht es mehr oder minder in nördlicher Richtung nach Sligachan zurück. Zwei Teiche oder kleine Seen mit dem Namen **Lochan Dubha** markieren die Wasserscheide, und bald begleitet uns zur Linken der **River Sligachan,** der von Westen aus dem steilwandigen Harta Corrie ins Glen Sligachan fließt. Links liegt das Nordmassiv der Black Cuillin im Vorblick, deren Abschluss die Felsspitzen des 965 m hohen Sgurr nan Gillean bilden. Den Kontrast dazu bilden rechts die gerundeten Kuppen der Red Cuillin, darunter der 736 m hohe Marsco. Die glatte Form des breiten **Glen Sligachan** ist typisch für ein von Gletschern ausgeschliffenes Tal. Mit etwas Glück erspäht man auf dieser Talstrecke übrigens Steinadler, die ihre Horste an den Nordhängen des Glen Sligachan bauen. Ein größerer Bach, **Allt na Measarroch (7),** wird auf Trittsteinen gequert (Koordinaten NG 495272). 7:45 Std.

Der letzte Wegabschnitt zum **Sligachan Hotel (8),** dessen Dächer man schon lange vor der Ankunft sieht, zieht sich hin, ist aber gut gewartet und wird mithilfe kleiner Rinnen entwässert. Kurz vor Erreichen des Hotels sehen wir die alte Bogenbrücke und die neue Straßenbrücke, überqueren den Fluss und sind am Ziel. 8:30 Std.

Immer wieder reizvoll auf dieser Wanderung: Steine, Wasser, Berge

115_high Foto: js

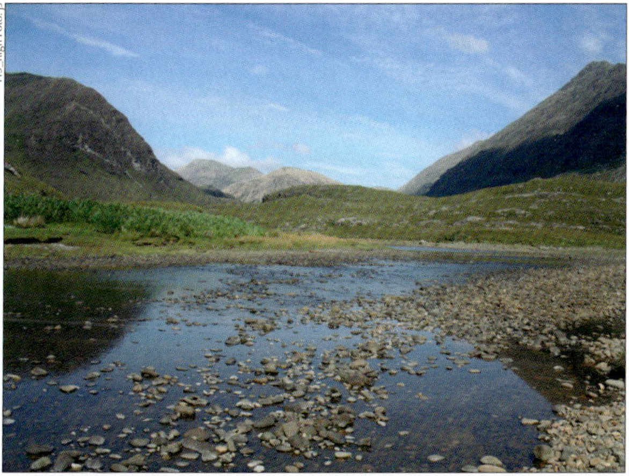

Tour 15 Durch zerklüftete Gipfellandschaft

7 Std.
▲ 1000 m ▼ 1000 m
Anforderung 4

Eine spannende Bergtour für Wanderer mit Abenteuererblut. Auf- und Abstieg erfolgen entlang reizvoller Bergbäche, und in der Nähe des Gipfels Bruach na Frithe steht man auf dem scharfkantigen Grat des berühmt-berüchtigten Black Cuillin-Gebirges.

055_high Foto: js

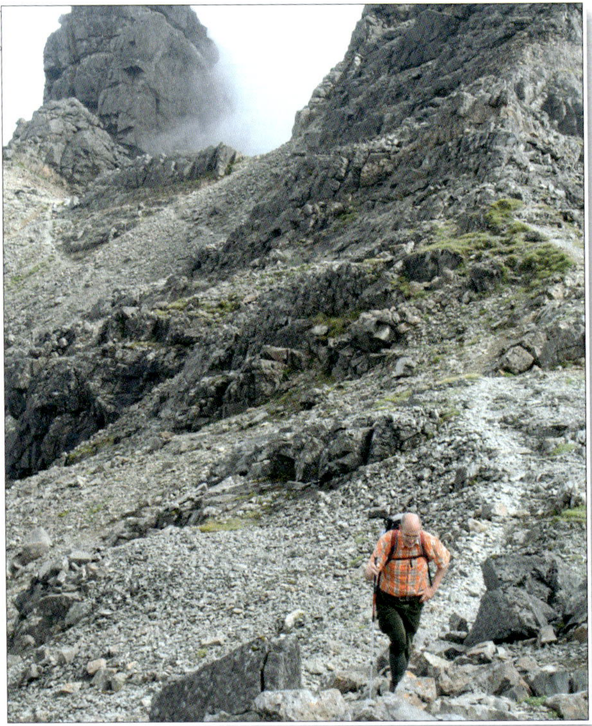

Steiniger Grat zwischen Bealach nan Lice und dem Gipfel Bruach na Frithe

Von Sligachan auf den Black Cuillin-Gipfel Bruach na Frithe

Landschaft: Viele Felstürme der Black Cuillin, einer schroffen Bergkette mit gezackter Silhouette, sind ausschließlich Kletterern zugänglich; der 958 m hohe Bruach na Frithe, der als leichtester Gipfel der Black Cuillin gilt, ist aber auch für geübte Bergwanderer erreichbar

Routencharakter: Rundwanderung. Der erste und der letzte Abschnitt an zwei verschiedenen Bächen entlang sind äußerst reizvoll und relativ bequem. Oberhalb von 450 m wird das Gelände steil und steinig, die Wege sind nun nicht leicht zu gehen. Die kurze Strecke am scharfkantigen Grat zwischen Am Bhasteir und Bruach na Frithe erfordert Trittsicherheit und Schwindelfreiheit

Auf und Ab: ▲ 1000 m ▼ 1000 m

Höhenlage: zwischen 10 m (Sligachan Hotel) und 958 m (Gipfel Bruach na Frithe)

Gehzeit: 7 Std., ca. 13 km (bis Weggabel auf 300 m Höhe 1:15 Std.; bis Bealach nan Lice 3 Std.; bis Gipfel Bruach na Frithe 3:30 Std.; bis Coire a' Bhasteir 4:45 Std.; bis Wegzulauf am Allt Dearg Beag 6:15 Std.)

Anforderungen: bis 4; in Gipfelnähe ist der Pfad schmal und ausgesetzt (= 4); der Abstieg ins Coire a' Bhasteir erfordert Trittsicherheit (= 3+)

Risiken: Bei Regen sind die steinigen Pfade rutschig. Starker Wind in hohen Lagen macht die exponierten Stellen an steilen Geröllfeldern und entlang von Abhängen gefährlich

Wegmarkierung: vereinzelte Wegweiser im Tal

Einkehrmöglichkeit: nur am Ende der Route im Sligachan Hotel, s. Tour 13

Trinkwasser: man sollte mind. zwei Liter Wasser mitführen

Abbruchmöglichkeit: bei schlechtem Wetter entweder Umkehr und auf dem Hinweg zurück nach Sligachan oder Wegvariante (s.u.)

Wegvariante: Achtung: keine Busverbindung von Glen Brittle, nur mit dem Auto möglich, wenn man entweder in Glen Brittle parkt oder von dort nach Sligachan zurückläuft. Wahlweise macht man nur einen Abstecher zu den Fairy Pools und nimmt dann denselben Weg zurück nach Sligachan. Wenn eine geschlossene, tiefe Wolkendecke die Gipfelwanderung uninter-

essant macht, sollten Sie nach reichlich 1:15 Std. (Koordinaten NG 454276) nicht links abbiegen ins Fionn Choire, sondern auf dem Weg bleiben: geradeaus zum 360 m hohen Pass Bealach a' Mhaim wandern und weiter südwestlich am Bach Allt a'Mhaim wieder hinunter zum Parkplatz an der Straße durch das Glen Brittle. Von hier zieht ein zweiter Weg – ein hübscher Abstecher – im scharfen Winkel Richtung Osten entlang des Brittle-Flusses zu den so genannten „Fairy Pools" (Feenbäder, tiefe Becken im Fluss). Ca. 4 km sind es von der Weggabel zum Parkplatz, 1 km weiter bis zu den „Fairy Pools".
Ausrüstung: Für diese längere, anstrengende Gipfeltour sollten Sie gut gerüstet sein (s. S. 21ff.): wetterfeste Kleidung, Proviant, Karte und Kompass; beim Abstieg über lockere Steine sind Teleskopstöcke nützlich
Karten: Harvey Superwalker, Skye: The Cuillin 1: 25.000; Ordnance Survey Explorer Nr. 411, Skye – Cuillin Hills 1: 25.000
Anfahrt: Sonntags fahren die Inselbusse nur eingeschränkt oder gar nicht, doch verkehren die Fernbusse zum Festland. Diese Wanderung ab Sligachan beginnt und endet an der Fernbusroute von Portree Square nach Sligachan s. Tour 13 – Auto: Parkplatz am Sligachan Hotel an der A 87, ca. 14 km südlich von Portree
Rückfahrt: ab Sligachan mehrere Buslinien, s. Tour 13

Die Route

Von der Bushaltestelle in **Sligachan (1)** am Hotel vorbei und rechts auf die Straße Richtung Dunvegan. Nach einer Minute verlassen wir gegenüber dem Bergwachthäuschen *(mountain rescue)* die Straße und nehmen linker Hand einen schmalen Pfad durch sumpfiges Gelände. Der Weg zieht südlich zum **Bach Allt Dearg Mor,** dann nach rechts am nördlichen Bachufer in westlicher Richtung. 10 Min.

Bereits hier genießt man einen schönen Rückblick auf die gerundeten Red Cuillin und einen Vorblick auf die scharfkantigen Black Cuillin. Wir bleiben am Nordufer des Allt Dearg Mor und treffen auf einen Fahrweg, der nach links auf ein weißes Haus (Alldearg House) zuführt, verlassen diesen Weg aber schon nach ca. 200 m dort, wo ein grüner Pfeil und ein Schild mit der Aufschrift „Path" nach rechts weisen. 20 Min.

Eine Stunde lang steigen wir nun ständig an und haben den Bach dabei immer direkt zur Linken. Genießen Sie diese wunderschöne Strecke, denn es wird mühevoller, wenn die Route den Allt Dearg Mor verlässt. Nach links reihen sich die nördlichsten Gipfel der Black Cuillin aneinander: im Osten Sgurr nan Gillean (965 m), in der Mitte Am Bhasteir (935 m) und rechts unser Ziel, Bruach na Frithe. Der Weg flacht ab. Wir sehen links das Tal, Fionn Choire, in das wir hinaufsteigen werden. Der Pfad setzt über einen etwas breiteren, von rechts heranfließenden Bach und trifft nach weiteren 250 m, fast genau 300 m hoch, auf eine **Weggabel (2)** mit Steinmännchen (Koordinaten NG 454276). Reichlich 1:15 Std.

Wir halten uns links. (Wenn die Wolken tief hängen und eine Aufhellung nicht zu erwarten ist, sollten Sie hier in Erwägung ziehen, die im Tourenkopf beschriebene Wegvariante zu nehmen. Um einen Abstecher zu den „Fairy Pools" zu machen biegt man hier rechts ab.) Fast unmittelbar darauf erreichen wir ein zweites Steinmännchen und überqueren einen kleinen Zufluss des Allt Dearg Mor.

Badegumpe am Bach Allt Dearg Beag: Kälteempfindlich darf man hier nicht sein

053_high Foto: js

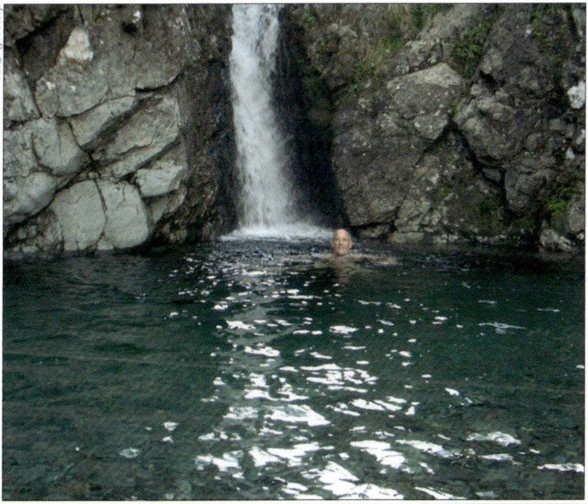

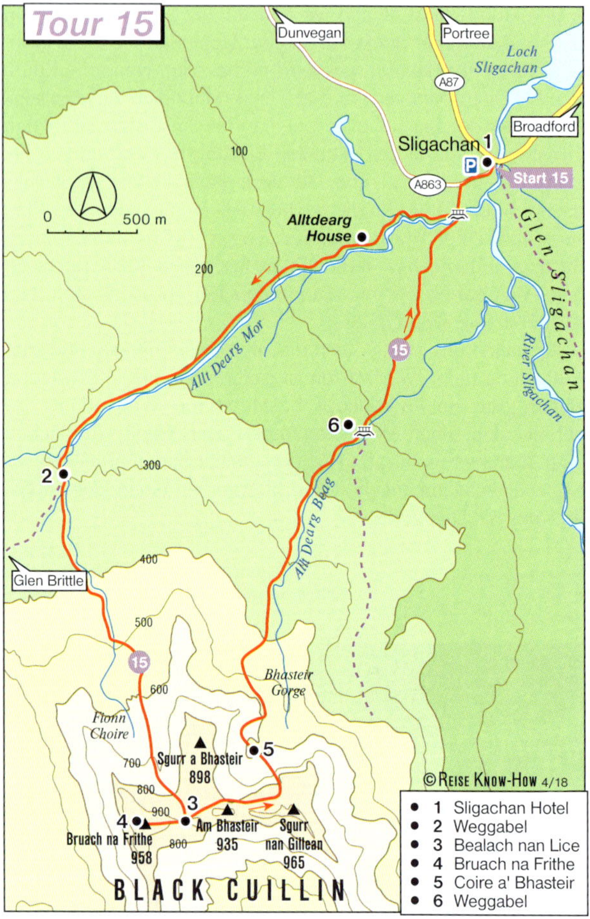

Am anderen Ufer ist der Weg deutlich zu erkennen. Für uns geht es nun in südliche Richtung, linker Hand der aus Fionn Choire fließende Bach. Steinmännchen begleiten den weiteren Weg, der ins Tal zwischen Bruach na Frithe rechts und Sgurr a Bhasteir links ansteigt. Im unteren Tal ist der Weg deutlich. Nach einer Bachüberquerung zweigt an einem großen Steinmännchen eine schwierige Alternativroute (Anforderung: 4+/5-)

rechts ab, die mit heiklen Kletterpartien über den felsigen Nordkamm von Bruach na Frithe zieht. 2:15 Std.

Wir gehen jedoch geradeaus durch die Talmitte und halten unser Ziel im Visier: Bealach nan Lice, den hohen Pass zwischen Felstürmen am Gipfelgrat. Dort steht ein riesiger Felsblock in der Skyline. Das Gelände flacht zwischendurch ab, zieht dann aber wieder steiler an und zeigt sich noch steiniger als zuvor. Mit der Folge, dass der Weg undeutlich wird. Hier gilt es, sich auf die linke Seite des Tals zu orientieren. Links eines oft trocken liegenden Bachbetts bildet sich wieder ein klarer, allerdings mühevoller Pfad heraus. Teils über Geröll geht es hinauf zum **Pass Bealach nan Lice (3)** in etwa 900 m Höhe. 3 Std.

Am Pass wenden wir uns nach rechts und bewegen uns vorsichtig in westlicher Richtung zum Gipfel Bruach na Frithe. Auf dieser letzten Strecke hält man sich besser nicht ganz oben am Kamm, sondern auf der Nordseite, ein wenig von den höchsten Stellen entfernt. Dort zieht eine schmale Pfadspur am stark abschüssigen Hang entlang. Auch auf der Südseite fällt das Gelände sehr steil ab, so dass diese kurze Gratwanderung durch eine Landschaft von Spitzfelsen zum beeindruckenden Erlebnis wird. Vom Vermessungspunkt am **Gipfel Bruach na Frithe** (958 m; **4**) hat man einen grandiosen Blick auf die nördliche Hälfte und die Westküste von Skye sowie östlich zu den Nachbargipfeln und südlich zu den höchsten Erhebungen der Black Cuillin-Kette. 3:30 Std.

Nach der Gipfelrast kehren wir über den Gratweg zum **Pass Bealach nan Lice (3)** zurück, steigen hier aber nicht auf dem bekannten Weg links ins Tal hinab, sondern gehen einige Schritte weiter nach Osten, dabei einen Felsturm passierend. Wir blicken nun hinunter in ein anderes Tal, ins Coire a' Bhasteir, und steigen unterhalb des Gipfels **Am Bhasteir** über Geröll auf einem erkennbaren Pfad ab. Direkt rechts erhebt sich die Felswand, weit unter uns liegt das Coire mit zwei Tümpeln. Fast eine halbe Stunde benötigt man für den anstrengenden Zickzackweg talwärts, bis endlich das Geröllfeld zurückbleibt. 4:30 Std.

Die Eroberung des schroffen Sgurr nan Gillean auf der Rechten ist Kletterern vorbehalten. Unser Weg hält sich links der beiden **kleinen Teiche im Grund des Coire a' Bhasteir** (ca. 595 m; **5**) und auch links des dort entspringenden Bachs, der sich nur wenig weiter in eine tiefe, enge Schlucht (Bhasteir Gorge) stürzt, und entfernt sich zunächst vom Bach. 4:45 Std.

Wir traversieren nach links über den Hang. Stellenweise ist der über Felsen führende Weg nicht zu erkennen. Achten Sie darauf, dass Sie keine Höhe verlieren, während Sie nach der Wegspur suchen. Erst wenn der nördliche Ausgang der Schlucht sichtbar wird, wenden wir uns nach rechts und gehen in den Abstieg. Bei Nebel ist hier aufgrund gefährlich abschüssiger Abhänge im Umfeld große Vorsicht geboten. Sind die Sichtverhältnisse gut, hat man andererseits einen großartigen Blick auf Loch Sligachan und die Red Cuillin.

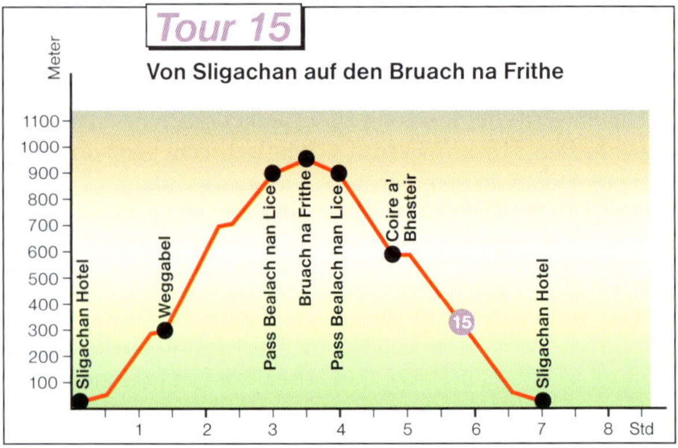

Unterhalb der Schlucht erreichen wir den im Coire entsprungenen **Bach Allt Dearg Beag,** und folgen ihm auf einem relativ bequemen Weg. Dieser Teil der Wanderung ist besonders schön. In einer Abfolge von Kaskaden und Becken – manche sind tief genug zum Baden – rauscht der Bach ins Tal. Ein von rechts kommender Weg überquert auf einer Brücke den Bach und stößt auf unseren Pfad (Koordinaten NG 476279; **6**). 6:15 Std.

Nur ca. 200 m weiter entfernen wir uns vom Allt Dearg Beag und erreichen bald Feuchtgelände, das Sligachan Hotel immer im Vorblick. Kurz vor diesem Ziel überqueren wir auf einer hohen Brücke den uns nun schon gut bekannten **Bach Allt Dearg Mor.** Etwa 10 Min. später können wir uns in der Bar des **Sligachan Hotel (1)** entspannen. 7 Std.

Bildnis des Autors als Black Cuillin-Bezwinger

054_high Foto: dk

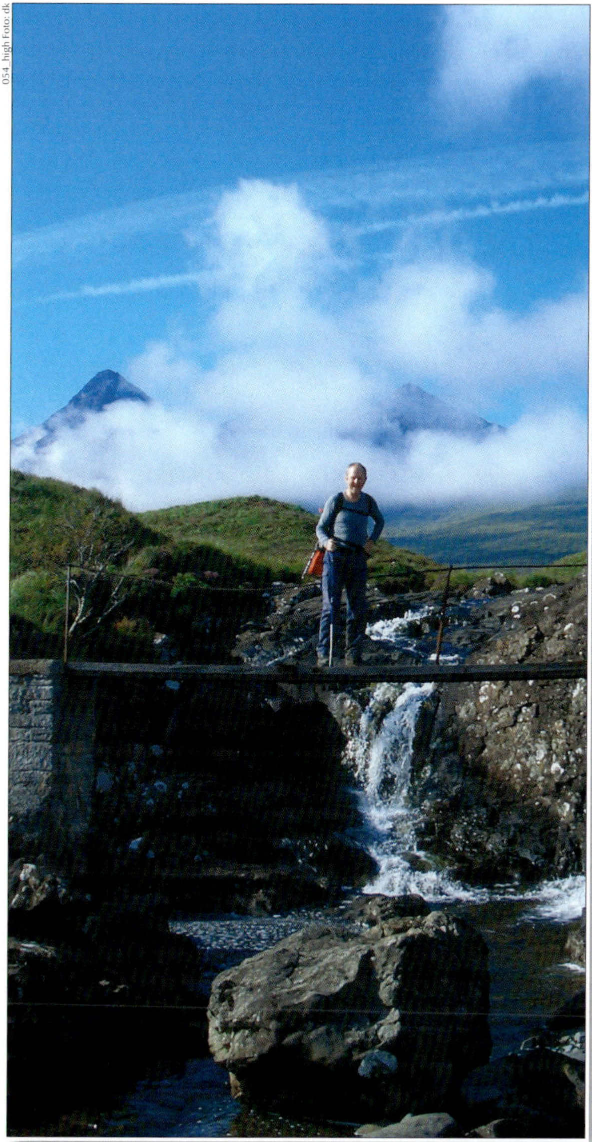

019_high Foto: js

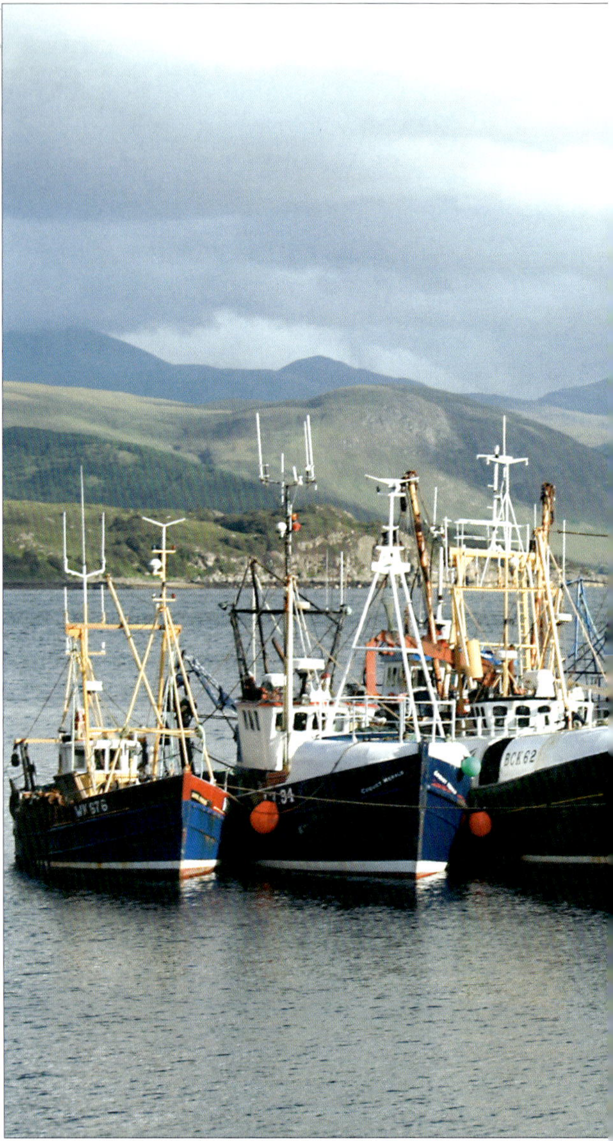

Assynt, der wilde Norden – Stützpunkte Ullapool und Lochinver

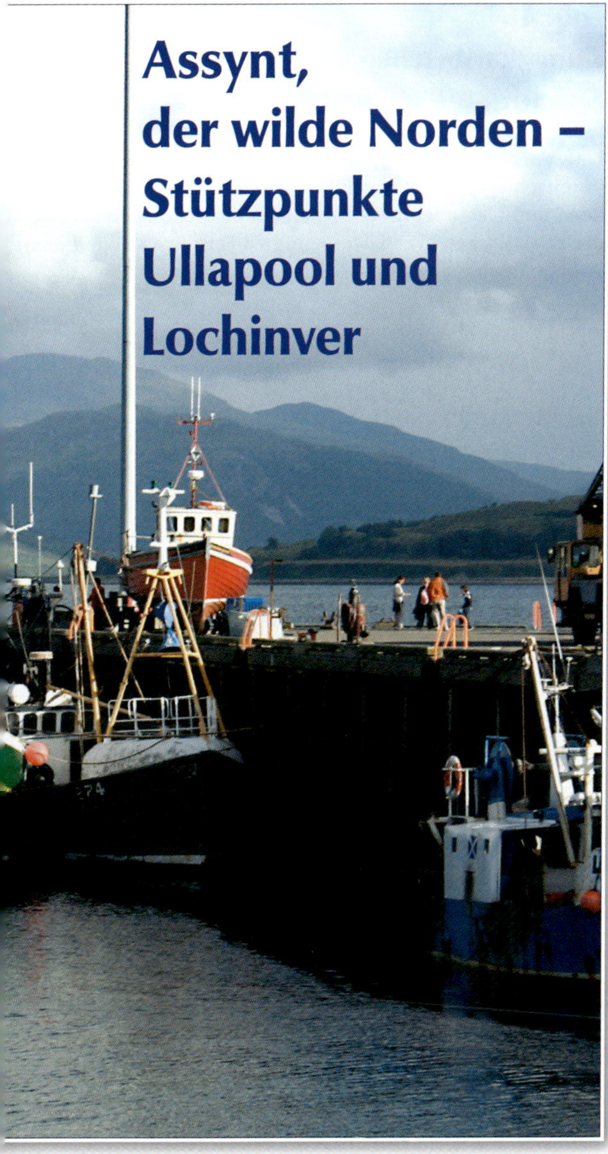

Tour 16
Zum „karibischen“ Strand

3:30 Std.
▲ 120 m ▼ 120 m
Anforderung 2

Eine kurze Wanderung führt vom Fischerhafen Lochinver durch eine stimmungsvolle Gneis-Landschaft mit kleinen Seen und Geländebuckeln zu einem der schönsten Strände der schottischen Westküste – und zu Felsen, an denen man Robben beobachten kann.

096_high Foto: js

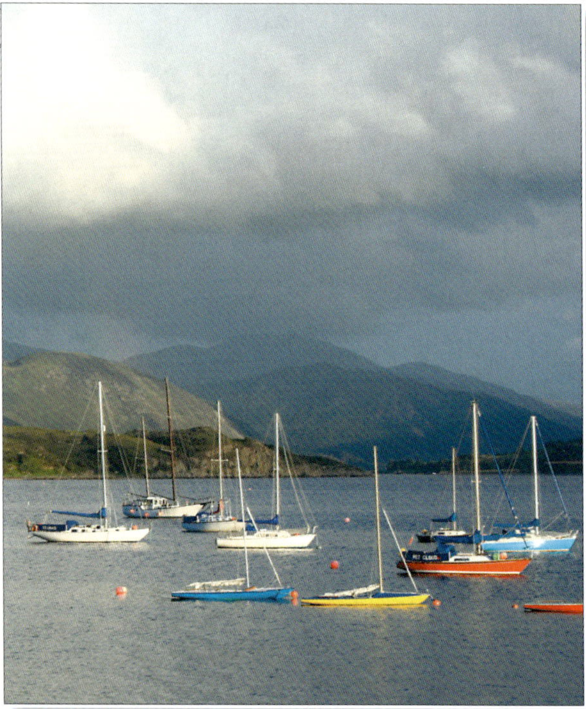

Vorherige Seite: Der Hafen von Ullapool am Loch Broom. Hier legen Fischerboote und Inselfähren an
oben: Auch Freizeitkapitäne nutzen den geschützten Hafen

Moor- und Küstenwanderung von Lochinver nach Achmelvich

Landschaft: Das harte Gestein uralter Gneis-Formationen, die heute zum UNESCO North West Highlands Geopark gehören, tritt in vielen Erhebungen an die Oberfläche; zwischen den Felsen mooriges Land mit zahlreichen kleinen Seen
Routencharakter: Rundwanderung mit Übernachtung. Deutliche Pfade mit geringer Steigung, erstes und letztes Wegstück entlang der Straße
Auf und Ab: ▲ 120 m ▼ 120 m
Höhenlage: zwischen Meereshöhe (u.a. Lochinver) und 80 m (nahe Loch an Tuim)
Gehzeit: 3:30 Std., ca. 12 km (bis Abzweig Autostraße 20 Min.; bis „karibischer Strand“ 1:45 Std.)
Anforderungen: 2; die gut ausgetretenen Pfade stellen keine größeren Ansprüche an Kondition oder Orientierungsvermögen
Risiken: keine
Wegmarkierung: Hinweisschilder an einigen Weggablungen
Einkehr- und Übernachtungsmöglichkeit: in Lochinver: Lochinver Larder, Main St., IV27 4JY, Tel. 01571/84 43 56, www.lochinverlarder.co.uk. Mo–Sa 10–17 Uhr. Leckere Pies mit Krabben- und Fischfüllung sind die Spezialität dieses Cafés, es gibt aber auch Salate und andere leichte Gerichte.

In Achmelvich: Jugendherberge direkt am Strand: Youth Hostel, Achmelvich Beach, Tel. 01571/84 44 80, Mitte März bis Sept., www.syha.org.uk, Erw. £ 20, DZ ab £ 47. Mahlzeiten zum Aufwärmen werden angeboten. Campingplatz: Shore Caravan Site, http://shorecaravansite.yolasite.com. Der Laden am Campingplatz bietet ein eingeschränktes Sortiment an Erfrischungen. Im Sommer hat dort in der Zeit von 17:30 bis 20 Uhr ein Fish & Chips-Shop geöffnet
Trinkwasser: Erfrischungen gibt es in Achmelvich nur im Sommer – nehmen Sie in der übrigen Jahreszeit genug Wasser für den Hin- und Rückweg mit
Ausrüstung: Standard; wenn Ihnen niedrige Wassertemperaturen nichts ausmachen, nehmen Sie Badesachen mit
Karten: Ordnance Survey Explorer Nr. 442, Assynt & Lochinver, 1: 25.000
Anfahrt: Die Wanderung beginnt in der Ortsmitte von Lochinver. Anfahrt ab Fährterminal Ullapool, Linie 809 Richtung

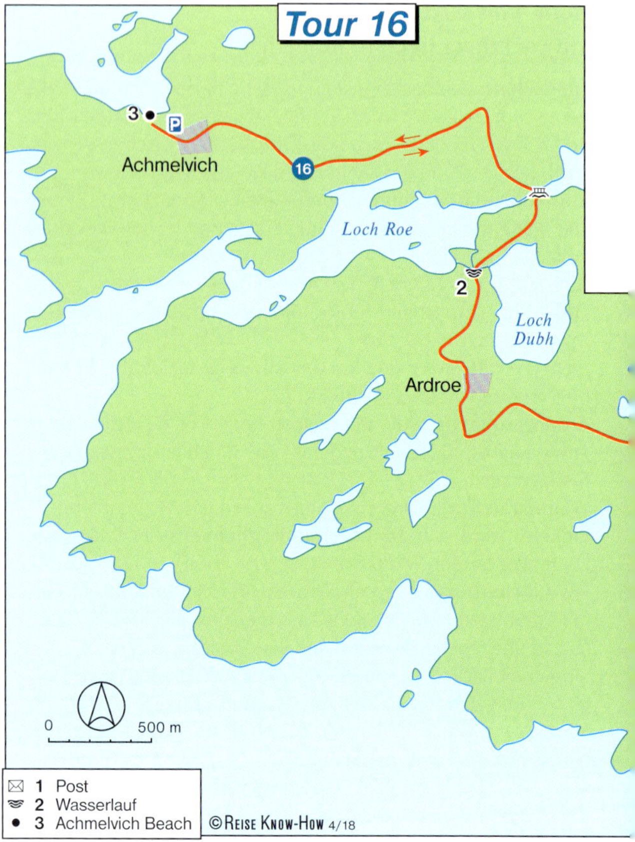

Drumbeg, Mo–Sa 9.05, 10.10 Uhr, Fahrtzeit ca. 60 Min. Anfahrt mit dem Auto empfohlen, da keine Rückfahrtmöglichkeit am selben Tag.

Rückfahrt: Von Achmelvish fährt der Bus 809 im Sommer täglich um 12.07 Uhr zurück nach Lochinver bzw. Ullapool, der von Wanderern genutzt werden kann, die dort übernachtet haben (derselbe Bus fährt ab Lochinver um 12.20 Uhr)

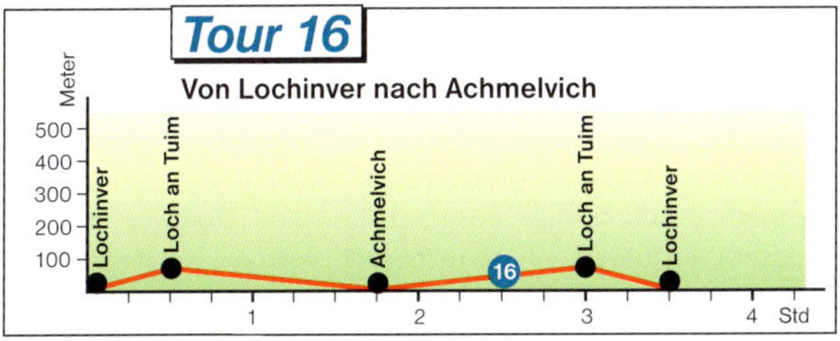

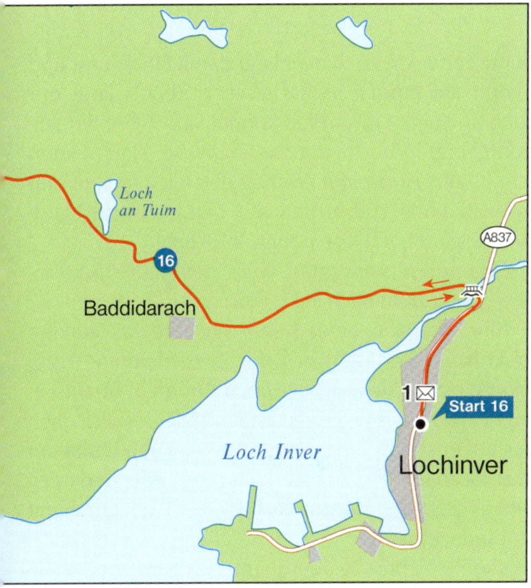

Die Route

Diese Wanderung durchquert eine markante, von Felsen und Seen geprägte Landschaft nahe einer tief eingebuchteten Küstenlinie. Ziel ist der feinkörnige Sand von Achmelvich Beach. Wenn dort die Sonne scheint, muten das türkisfarbene Meer und der weiße Strand wie eine Szenerie aus der Karibik an.

Von der Post am Meeresufer in **Lochinver (1)** nach Norden an Polizeiwache und Kriegsdenkmal vorbei bis zu einer Kreuzung, wo links die Straße nach Baddidarrach abzweigt. Wir überqueren den **River Inver,** der hier über Felsen donnert. Links die kleine Free Church und der Friedhof. Nach Passage einer Reihe von Bed & Breakfast-Häusern erreichen wir eine weitere Kreuzung, wo links Baddidarrach, rechts Glendarrach und „Public Footpath to Achmelvich" ausgeschildert sind. 20 Min.

Unser Weg führt hier nach rechts und steigt an. Nach ca. 2 Min. ist der Fußweg nach Achmelvich über Ardroe noch einmal ausgeschildert, und wir verlassen die Autostraße nach links durch ein Metalltor, gehen durch zwei weitere Tore und befinden uns bald auf einem Gelände mit Heidekraut, Moorflächen und Felskuppen.

Die Bebauungszone von Lochinver liegt damit hinter uns, und das Gebiet wirkt auf einmal menschenleer. Rechts liegt der kleine See Loch an Tuim. Unser Pfad windet sich zwischen Felsen und Feuchtgebiet in nordwestliche Richtung. Nach einem flachen Abschnitt gibt ein kleiner Anstieg den Blick frei auf den felsumschlossenen Loch Dubh, den nur eine schmale Landzunge vom Meeresarm Loch Roe trennt. 45 Min.

Am Hang gegenüber sieht man weiß getünchte Bauernhäuschen. Unser Weg zieht nach links, führt an einer Steinmauer entlang und führt dann in einer Kehre nach rechts zu den Häusern von **Ardroe.** Hier lohnt sich der Zwei-Minuten-Abstecher nach links zu einem kleinen See **(Loch Braigh a' Bhaile)** in verwunschener Lage zwischen Felsen und mit Meeresblick nach Süden. Zurück auf unserem Weg, umrunden wir **Loch Dubh** auf der Linken. Der *footpath* wird zu einer Schotterstraße, und nach einem Tor geht es über den **Wasserlauf (2),** der Loch Dubh mit dem Meer verbindet. 1 Std.

Auf einer breiten Holzbrücke überqueren wir eine enge Stelle an der östlichen Spitze des lang gestreckten **Loch Roe,** wo häufig Robben, Otter und Reiher zu sehen sind. Die jetzt asphaltierte Trasse führt uns Richtung Nordwesten durch eine bewaldete Schlucht und bergauf zur Autostraße und dort nach links – mit schönem Blick entlang Loch Roe. Bald sind die Häuser von **Achmelvich** erreicht. Wir wandern an einem Schilfgebiet links der Straße vorbei zum Campingplatz, wo Wege rechts hinunter zum **Strand (3)** führen. 1:45 Std.

Im Spätsommer blüht das Heidekraut an den Hängen

Die weiße Farbe des Sands ist auf die Härte des Gneis zurückzuführen: Weil es wenig Abrieb von diesem uralten Gestein gibt, besteht der Sand zum größten Teil nicht aus dunkleren Steinpartikeln, sondern aus dem zerkleinerten weißen Muschelkalk von Meerestieren. Die grüne Rasenfläche hinter dem Strand heißt *„machair"* und war früher fruchtbares Bauernland, das der Wind mit dem Kalk der Strandmuscheln düngte. Am **Parkplatz** im Osten vermitteln die Assynt Rangers in ihrer Hütte Informationen über die Natur dieses Küstenabschnitts und seine Gewässer.

Ein kurzer Spaziergang nach Nordosten führt zu einem zweiten Strand. Von den Felsen der direkt südwestlich gelegenen Bucht, zu der man in einem kurzen Spaziergang über den Campingplatz gelangt, lohnt es sich, nach Robben Ausschau zu halten.

Nun bereitet man sich auf die Übernachtung vor oder wandert wieder nach **Lochinver (1)** zurück, wo man das Auto geparkt hat. 3:30 Std.

017_high Foto: js

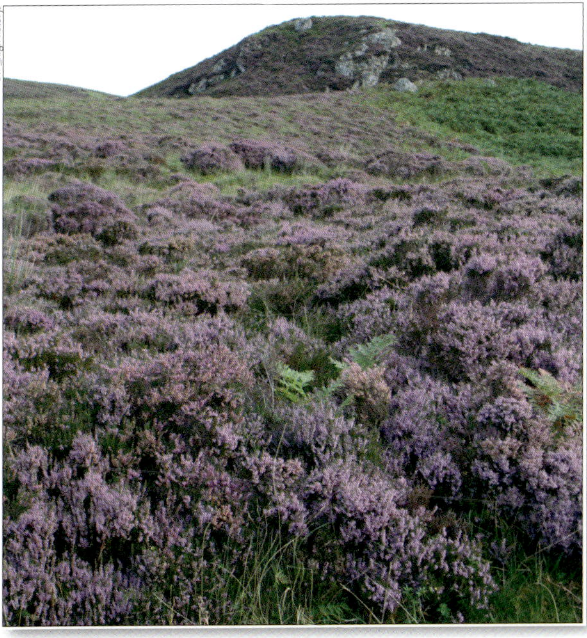

Tour 17
Stille Seen und ein einsames Tal

6:30 Std.
▲ 180 m ▼ 310 m
Anforderung 2

Eine lange Tour in menschenleerer Landschaft durch die Jagdreviere und über die mit Heidekraut bewachsenen Hänge des Glen Canisp, wo sich der höckerförmige Mount Suilven in stillen, abgeschiedenen Seen spiegelt.

057_high Foto: js

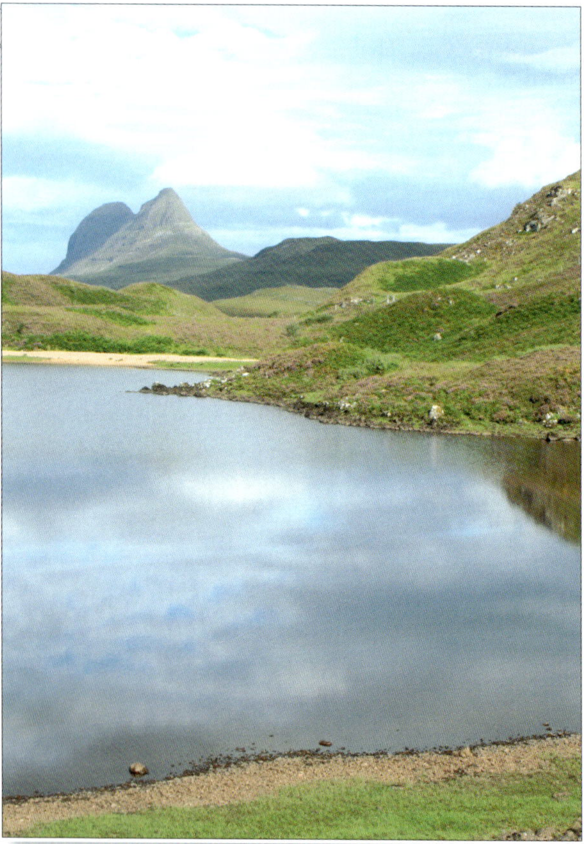

Von Elphin durch das Glen Canisp nach Lochinver

Landschaft: Östlich des Küstenorts Lochinver breitet sich ganz einsames Gelände mit Seen und Heidekrauthängen aus, unterbrochen von einigen schroff aufragenden Bergen. Das Wahrzeichen dieses Landstrichs ist der markante Höckergipfel des 731 m hohen Mount Suilven
Routencharakter: Streckenwanderung auf meist deutlichen, stellenweise mühseligen Pfaden durch unwegsames Gelände. Nach einer abwechslungsreichen Folge von Bach- und Flusstälern endet die Wanderung an der Küste in Lochinver
Auf und Ab: ▲ 180 m ▼ 310 m
Höhenlage: zwischen Meereshöhe (u.a. Lochinver) und 250 m (nahe Lochan Fada)
Gehzeit: 6:30 Std., ca. 22 km (bis Cam Loch 15 Min.; bis zur Furt des Allt an Beithe 1 Std.; bis Bachabfluss Loch Fada 2:30 Std.; bis Loch na Gainimh 3 Std.; bis Loch Druim Suardalain 5:30 Std.)
Anforderungen: 2; die Route wirft keinerlei technische Probleme auf, doch setzt die lange Strecke durch wilde Landschaft eine gewisse Wandererfahrung voraus
Risiken: keine gefährlichen Stellen, aber mittwegs der Strecke ist jede menschliche Hilfe weit entfernt. Seien Sie entsprechend gut ausgerüstet! Nach starken Regenfällen ist manche Feuchtstelle, mancher Bach nur mit Mühe und Zeitverlust zu passieren
Wegmarkierung: keine (außer einem Hinweisschild am Anfang der Wanderung)
Einkehrmöglichkeit: nur am Endpunkt in Lochinver, s. Tour 16.
Trinkwasser: s.o.
Abbruchmöglichkeit: keine (die Hütte nahe dem Suilven-Aufstieg bietet Schutz im Notfall)
Ausrüstung: Standard; angesichts der Abgeschiedenheit der Strecke gewinnen Karte und Kompass an Bedeutung
Karten: Ordnance Survey Explorer Nr. 442, Assynt & Lochinver, 1: 25.000

An Cam Loch öffnet sich der Blick auf den Doppelhöcker des mystisch anmutenden Bergs Suilven

Anfahrt: Es gibt leider keine Busverbindung zwischen den Orten Lochinver und Elphin mehr. Dieser Routenansatz liegt an der A 835, knapp 2 km östlich des Dorfes Elphin; von Lochinver kommend erreicht man ihn fast 2 km nach Ledmore Junction (Kreuzung mit der A 835 und A 837) und ca. 100 m vor der Brücke über den Ledmore-Fluss. – Auto: Stellplätze nur für zwei oder drei Autos an der Straße (dort ein Tor und ein Wegweiser, der die Distanz nach Lochinver mit 19 km angibt)
Rückfahrt: Die Tour endet in Lochinver. Wer nach der Wanderung mit öffentlichen Verkehrsmitteln nach Ullapool fahren möchte, muss zuerst in Lochinver übernachten, da der letzte Bus nach Ullapool um 12.20 Uhr von Lochinver abfährt.

Die Route

Der Wegweiser „Lochinver 19 km" an der **Autostraße** (Koordinaten NC 229121; **1**) zeigt zwar zuverlässig den Anfang der Route an, täuscht aber über die Länge des Wegs hinweg, denn diese Entfernung bezieht sich nur auf die Strecke bis zur Ortsgrenze von Lochinver; bis zur Ortsmitte sind es 22 km.

Auf der Nordseite der A835 ein Tor durchschreitend, geht es zuerst in leichtem Anstieg über Heidekraut. Nach ca. 2 Min. ist Cam Loch zu sehen, der bei Forellenfischern beliebt ist. In seinem Wasser spiegelt sich links der 849 m hohe Cul Mor, geradeaus erhebt sich der Doppelhöcker des Mount Suilven. Über sumpfiges Gelände (Vorsicht! Rutschgefahr auf den Brettern, die über einige besonders feuchte Stellen gelegt wurden) gelangen wir zum Seeufer und gehen dort nach rechts das Südende von **Cam Loch (2)** umwandernd. An der Ostseite des Sees steigt der Weg ein wenig an und erreicht ein Tor durch einen (zum Schutz eines Jagdreviers errichteten) Zaun. 30 Min.

In leichtem Auf und Ab wandern wir in der nächsten halben Stunde parallel zum Seeufer bis zur Furt durch einen Bach (Koordinaten NC 219138). 1 Std.

Auf der anderen Seite behalten wir den nordwestlichen Kurs bei, entfernen uns aber vom See. Ca. 10 Minuten nach der Bachquerung gabelt sich der Weg. Wir gehen rechts in Richtung Norden und halten Ausschau nach Steinmännchen, denn hier wechseln felsige und sumpfige Stellen, die den Pfad undeutlich machen. Immer den Steinmännchen folgend gewinnen wir langsam an Höhe und bald nach rechts Blick auf **Loch a' Chroisg.** 1:30 Std.

Der Weg dreht nun wieder in Richtung Nordwesten und nähert sich dem einsamen und atemberaubend schönen **Lochan Fada (3).** Unser Weg zieht durch eine wilde Landschaft, in der man oft stundenlang wandern kann, ohne einem anderen Menschen zu begegnen. Dabei bleiben wir auf der Südseite von Loch Fada, bis wir an der nordwestlichen Seespitze auf Trittsteinen den abfließenden Bach queren. 2:30 Std.

Zur Rechten zeigen sich die imposanten Steilhänge des Canisp (847 m). Mit dem Bach auf der linken Seite wandern wir durch das tief eingeschnittene, V-förmige **Gleann Dorcha** Richtung Loch na Gainimh, einer vor der Kulisse des Suilven gelegenen, wiederum bezaubernd schönen Wasserfläche. 3 Std.

Weiter geht es auf der Nordostseite von **Loch na Gainimh (4)** weiter. Fast ist das Ende des Sees erreicht, wenn ein Jägerpfad von rechts auf unseren Weg stößt (Koordinaten NC 173193). Ab hier ist der vereinte Weg bis nach Lochinver breit und deutlich, und wir brauchen zur Orientierung weder Steinmännchen noch Kompass. 3:30 Std.

Am Ende von Loch na Gainimh führt eine stabile Brücke über den nun zu einem kleinen Fluss angewachsenen Wasserlauf. Nur

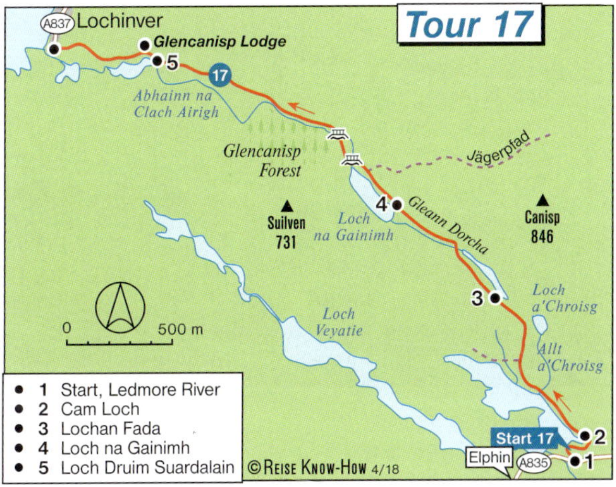

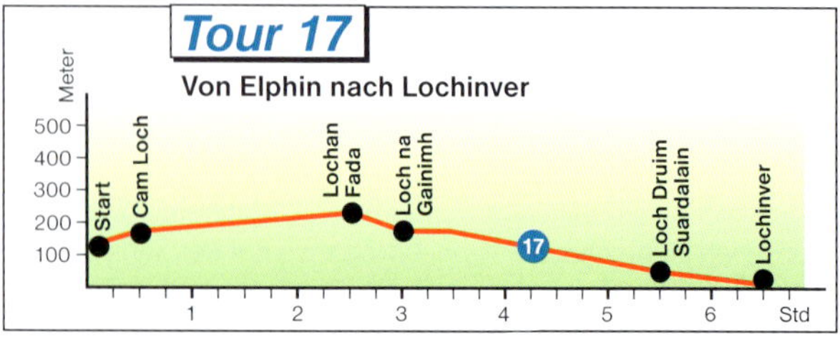

2 Min. später passieren wir ein Steinmännchen, das die Route nach links zum Gipfel des Suilven markiert, für uns aber irrelevant ist. Noch einmal wird der Fluss auf einer Brücke überquert und man folgt dem Tal des Abhainn na Clach Airigh. 4 Std.

Vor uns schlängelt sich der Wasserlauf zwischen niedrigen Felsen und durch malerische, mit Schilf gesäumte kleine Seen wie etwa **Lochan Buidhe.** Wir befinden uns jetzt in den Jagdgründen des **Glencanisp Forest** und erblicken bald das Meer. Unser breiter Weg behält den nordwestlichen Kurs und durchquert eine unübersichtliche, aber reizvolle Landschaft mit vielen kleinen Erhebungen.

016_high Foto: bw

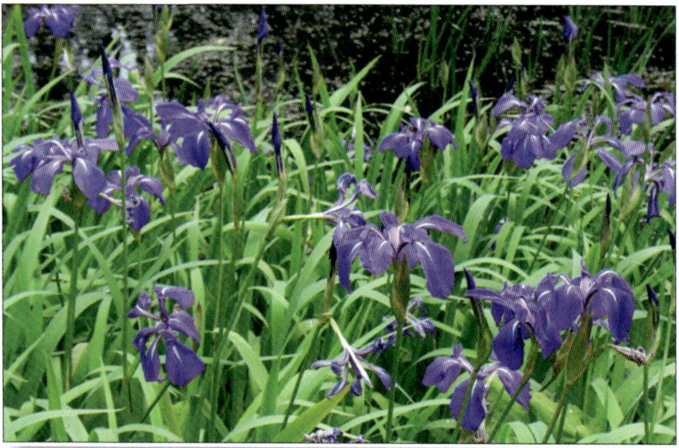

Hoch im Norden, aber klimatisch oft sehr mild: Es grünt und blüht an der schottischen Westküste

Die mächtigen Berge Canisp und Suilven liegen jetzt hinter uns, vor uns ein größerer See mit einer baumbestandenen Insel. Die Vegetation wechselt, nun wächst Stechginster an den Hängen am Weg. Am **Loch Druim Suardalain (5)** – so der Name des „Inselsees" – sehen wir links eine Brücke und Gehege für die Schafzucht. 5:30 Std.

Mit Nadelbäumen bewachsen, mutet die Landschaft im Vergleich zu der wildromantischen Strecke, die hinter uns liegt, in diesem Wegabschnitt fast parkähnlich an. Seit dem höchsten Punkt der Route (ca. 250 m) kurz vor Loch Fada, haben wir 200 Höhenmeter verloren. Ein Zaun markiert das Gebiet eines Guts, das wir durch ein Tor betreten. Wir wandern auf der Nordseite von Loch Druim Suardalain an **Haus Glencanisp Lodge** vorbei und erreichen die Asphaltstraße, die nach **Lochinver** führt. 6:30 Std.

Lords und Bauern in Assynt

„Das Land unserer Väter liegt brach", klagte schon 1886 der Ortsverband Lochinver der Highland Land League, einer Organisation, die sich für die Rechte der Kleinbauern einsetzte. Der Kampf um das Wohl der ländlichen Bevölkerung geht in der Region Assynt bis heute weiter. 2005 kauft die Stiftung Assynt Foundation das 18.000 ha große Gut Glencanisp und Drumrunie. Verkäufer war die Adelsfamilie Vestey, die vor mehr als hundert Jahren ihr Geld mit Rindfleischimporten aus Argentinien „machte" und zeitweise nach der königlichen Familie die reichste des Landes war. Die alteingesessenen Großgrundbesitzer der Region waren die Herzöge von Sutherland, die im 18. Jh. 15.000 *crofters* (s. Seite 361) von ihren Ländereien vertrieben, daraus Weideflächen für 200.000 Schafe machten und die Fischerei in Lochinver begründeten.

Zum Gut Glencanisp gehören die Berge Suilven, Canisp und Cul Mor, der Herrensitz Glencanisp Lodge sowie das umliegende Gebiet mit seinen Seen, Sümpfen, Wäldern und offenen Berghängen. Im Jahr 2003 erwarb eine andere gemeinnützige Stiftung, der John Muir Trust, Land um den Berg Quinag östlich von Lochinver. Diese Käufe beruhen auf der Gesetzgebung des schottischen Parlaments, das unter bestimmten Umständen den Bewohnern des Landes ein Kaufrecht einräumt. Die Assynt Foundation verfolgt das Ziel, in dieser strukturschwachen Region Arbeitsplätze zu erhalten und die traditionelle Lebensweise der Highlands zu bewahren. Das Assynt Visitor Centre in Lochinver informiert über Geschichte und Wirtschaft der Region.

Tour 18 Schottlands höchster Wasserfall

6:30 Std.
▲840 m ▼ 680 m
Anforderung 3

Zu einem einsamen Pass hinauf, dann zu einem rauschenden Bach, der spektakulär über eine Klippe tief ins Tal stürzt. Die Wege sind mal steinig und rau, mal weich und sumpfig. Weit und breit keine Spur menschlicher Zivilisation: keine Autostraße, kein Haus.

058_high Foto: js

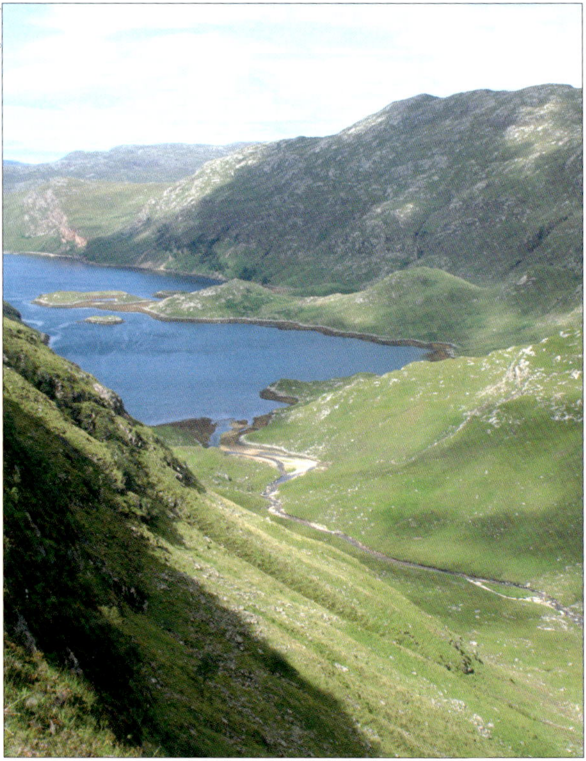

Blick von Eas a' Chual Aluinn zur Meeresbucht Loch Beag

Von Inchnadamph zum Loch na Gainmhich

Landschaft: Nördlich der höchsten Berge der Region Assynt breitet sich in 300 bis 400 m Höhe ein sumpfiges, unwegsames Plateau aus, das nach Osten hin zum Meeresfjord Loch Beag mit Steilwänden abfällt. Hier stürzt der Wasserfall Eas a' Chual Aluinn mehr als 200 m tief ins Tal

Routencharakter: Diese Streckenwanderung beginnt an der A 837 in Inchnadamph und endet nur 8 Straßenkilometer weiter nördlich nahe Loch na Gainmhich, aber unser Weg zum Ziel führt über raue, teils feuchte Bergpfade durch ganz einsames Gelände

Auf und Ab: ▲ 840 m ▼ 680 m

Höhenlage: zwischen 75 m (Ichnadamph) und 625 m (Pass Bealach na h-Uidhe)

Gehzeit: 6:30 Std., ca. 16,5 km (bis Weggabel/Unterstand 1:15 Std.; bis Pass Bealach na h-Uidhe 2:30 Std.; bis Aussichtspunkt Wasserfall 4:30 Std.; bis Loch Bealach a' Bhuirich 5:30 Std.)

Anforderungen: 3; keine besonderen technischen Schwierigkeiten. Das Auf und Ab auf steinigen Wegen, die mühsame Überquerung von Feuchtgelände und die erodierten Pfade nahe dem Wasserfall stellen aber durchaus Herausforderungen dar

Risiken: Am Wasserfall mit dem 200-m-Abhang ist große Vorsicht geboten; auf den kaum frequentierten Teilen der Route ist im Übrigen im Ernstfall jede Hilfe weit entfernt

Wegmarkierung: keine

Einkehr- und Übernachtungsmöglichkeit: Inchnadamph Hotel, Assynt, IV27 4HN, Tel. 01571/82 22 02, www.inchnadamphhotel.com, geöffnet März–Okt. Einst ein Inn für Pferdekutschen bietet das Hotel mit altmodischem Charme eine Auswahl an Zimmern. B&B im DZ ab £ 54 p.P. (inkl. Dinner £ 74 p.P.). Inchnadamph Lodge, Elphin, By Lairg, IV27 4HL, Tel. 01571/82 22 18, www.inch-lodge.co.uk. Hier gibt es Schlafsäle und einige Zimmer (Bad auf dem Flur) zur Auswahl, DZ £ 29 p.P. Frühstück wird für alle Gäste angeboten. Ansonsten gibt es in der Rezeption einen kleinen Laden mit Lebensmitteln und eine Gemeinschaftsküche

Trinkwasser: man sollte genug Trinkwasser mitführen (2 bis 3 l pro Person)

Abbruchmöglichkeit: keine
Ausrüstung: Standard; bei schlechter Sicht sollte man nicht ohne Kompass und Karte aufbrechen
Karten: Ordnance Survey Explorer Nr. 442, Assynt & Lochinver 1: 25.000
Anfahrt: Bus von Ullapool/Fährterminal mit Linie 809 (George Rapson Travel, www.georgerapsontravel.com), Mo–Sa Mai–Sept. 9.05 Uhr, April–Okt. 10.10 Uhr, Fahrzeit 35 Min. – Auto: Parkplatz an der A 837 an der Einfahrt zum Inchnadamph Hotel, 22 km östlich von Lochinver
Rückfahrt: Es besteht leider keine Busverbindung mehr ab dem Parkplatz bei Loch na Gainmhich an der A 894. Wer keine Mitfahrgelegenheit findet (in dieser entlegenen Gegend ist die Hilfsbereitschaft groß!), ist auf ein Taxi angewiesen oder muss auf dem Fußweg nach Inchnadamph zum Auto zurück: Einige hundert Meter südlich vom Parkplatz, rechts von Loch na Gainmhich, geht ein Weg links ab und führt zwischen der Straße und dem Berg Glas Bheinn zur Burg Ardvreck am Ufer des Loch Assynt (ca. 5,5 km); von dort sind es noch 2 km, nun wieder auf der Straße, bis nach Inchnadamph

Die Route

Vom Parkplatz am **Inchnadamph Hotel (1)** an der A 837 geht es zuerst nach Norden über die Straßenbrücke; dann müssen Sie rechts abbiegen auf den Fahrweg, der an der **Inchnadamph Lodge** vorbei in Richtung Osten führt. Rechts fließt der **River Traligill.** Nach ca. 1 km nimmt man rechts eine Brücke wahr. Etwa 20 m *vor* dieser Brücke wechseln wir auf einen unscheinbaren Pfad, der links vom Fahrweg bergauf führt (Koordinaten NC 258220). Hinweis: Wenn Sie die Stelle erreichen, wo der Fahrweg sich nach rechts wendet und einen Zufluss des Traligill überquert, sind Sie eine knappe Minute zu lange auf dem Fahrweg geblieben. 15 Min.

Auf dem schmalen Pfad geht es kontinuierlich bergauf, nach weiteren 20 Min. durch ein Tor an einem verfallenen Zaun. Der Weg steigt bald darauf sanfter an und führt in nordöstlicher Richtung am Hang entlang. Rechts unten sieht man den Bach Allt Poll an Droighinn fließen. Nach einiger Zeit wendet sich unser Pfad in Richtung Norden und entfernt sich vom Bach. Wir haben einen Blick auf Wasserfälle am gegenüberliegenden Hang rechts und passieren eine mit Kalksteinblöcken übersäte Heidekrautfläche. Nachdem der Weg eine Höhe von ca. 430 m erreicht – wir sind also mittlerweile 350 m aufgestiegen – geht es ein Stückchen abwärts zu einer Weggabelung (Koordinaten NC 274240). 1:15 Std.

Hier hat ein einfacher **Unterstand (2)** seinen Platz, bestehend aus Steinmauern mit einer Bank und einem Dach aus Erde und Heidekraut. Wir halten uns an der Gabel links und erreichen nach einer weiteren Viertelstunde **Loch Fleodach Coire.** Der Weg ist nicht schwer zu finden, an undeutlichen Pfadstellen helfen Steinmännchen bei der Orientierung. Wir wandern zum Westufer des Sees hinunter und überqueren auf Steinen einen Bach.

Der lange, steile Hang an der Nordostseite von Loch Fleodach Coire gehört zum 741 m hohen Beinn Uidhe. Wir steigen in nördlicher Richtung diesen Hang hinauf, bis der Weg nach einigen Minuten nach links dreht und einen Pass ansteuert. Auf dem Weg dorthin sehen wir links den See Lochan Bealach na h-Uidhe. Steinmännchen weisen die Richtung, und ein größerer Steinmann markiert am **Pass Bealach na h-Uidhe (3)** mit 625 m den höchsten Punkt unserer Wanderung (Koordinaten NC 264262). 2:30 Std.

Es folgt ein steiler, steiniger Abstieg, zuerst ein kurzes Stück in Richtung Norden, nach einer Kehre dann in östlicher, später in nordöstlicher Richtung. Der Weg ist in diesem Routenabschnitt meist deutlich ausgeprägt. Er führt uns hinunter in eine unübersichtliche Landschaft mit kleinen Tümpeln und niedrigen Erhe-

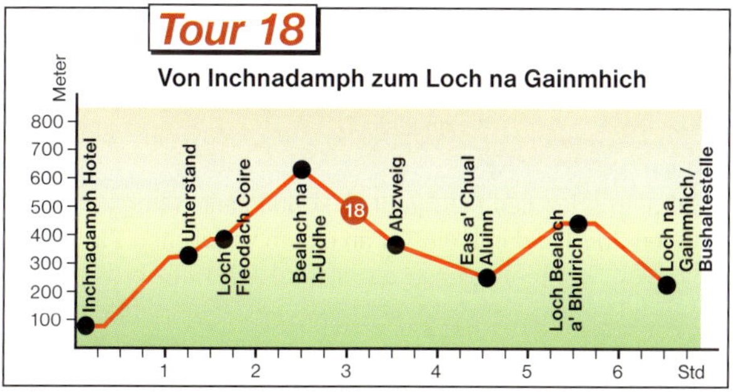

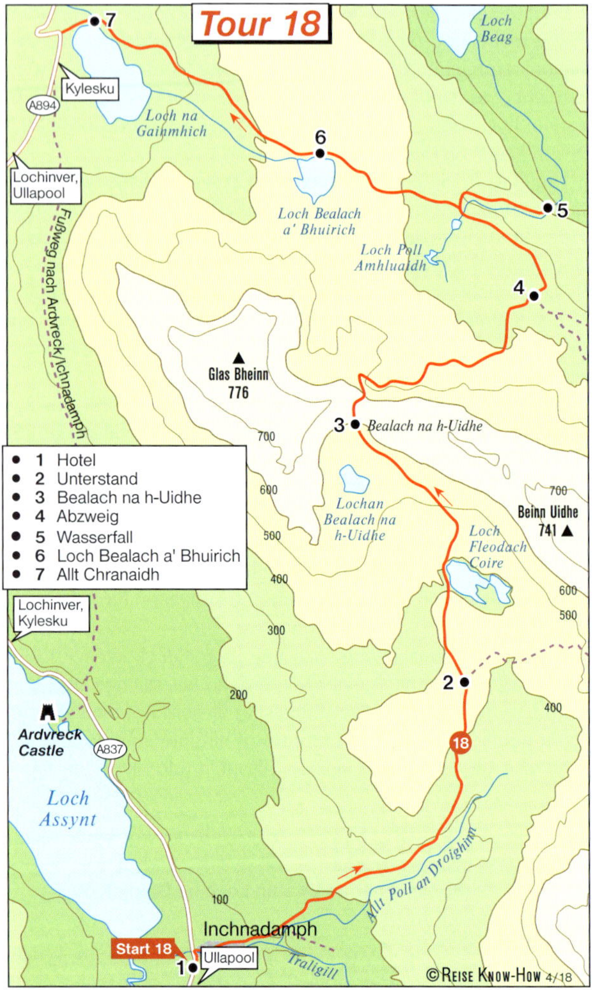

Nicht zu neugierig sein,
besonders wenn die Steine am Wasserfall nass sind!

bungen. Das Gelände ist teilweise sehr morastig, und unser Pfad zieht im Wechsel über harten und weichen Grund und Boden. In der Ferne ist nach Nordosten hin der hoch gelegene Loch nan Caorach sichtbar, aus dem ein Wasserfall sich über einen Abhang ergießt. In der Nähe dieses Sees, im westlich anschließenden Tal nämlich, liegt unser Ziel, der 200-m-Wasserfall Eas a' Chual Aluinn.

Eine knappe Stunde nach Querung des Passes heißt es: Acht geben und einen **Abzweig nach links (4)** nicht versäumen! Unser Pfad verläuft hier unmittelbar zwischen zwei Teichen; der kleinere links liegt ein wenig höher. Nur wenige Meter, nachdem wir beide Seen hinter uns gelassen haben, gabelt sich auf ca. 360 m Höhe der Weg (Koordinaten NC 280270). 3:30 Std.

Wir gehen links, also auf dem *weniger deutlichen* Pfad, der uns bergab nach Norden, dann nach links drehend in Richtung Nordwesten auf einen breiten Bach zuführt. Linker Hand und höher am Hang sieht man den See Loch Poll Amhluaidh und einen dahinter liegenden schilfbestandenen Sumpf. Rechts ahnt man den Abhang zum Tal und sieht auf der anderen Seite davon den Wasserfall, der sich aus Loch nan Caorach ergießt. Wir erreichen den erwähnten **Bach** (ca. 315 m) und überqueren ihn auf Steinen (Koordinaten NC 274277). 4 Std.

Auf der anderen Seite folgen wir dem Bach nach rechts zum Wasserfall hinunter – eine feuchte, schlechte Wegstrecke;

060_high Foto: js

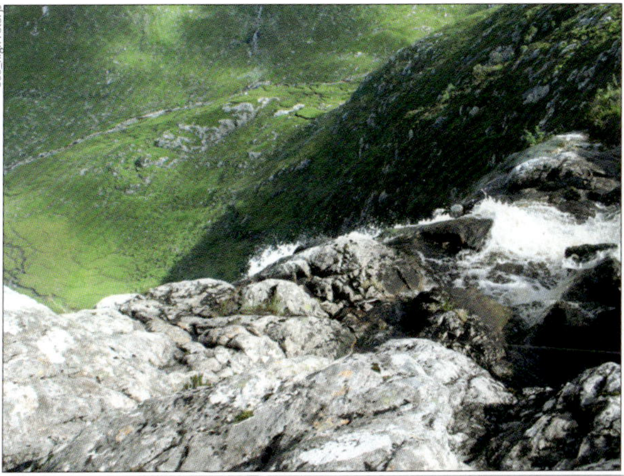

immer wieder muss man über nasse Stellen springen. Fast eine halbe Stunde nach der Bachquerung stehen wir nahe der Stelle, an der der Wasserlauf „im Nichts“ verschwindet. 4:30 Std.

Bewegen Sie sich hier mit großer Vorsicht! Es hat schon Todesfälle an diesem Abbruch gegeben. Um den besten Blick auf den eindrucksvollen **Wasserfall Eas a' Chual Aluinn (5)** zu gewinnen, geht man zurück, überquert den Bach etwas weiter oben und geht dann ca. 150 m nach rechts. Tief unten liegen flache, grüne, unbesiedelte Talböden mit einem kleinen Fluss, der sich zum nächsten See schlängelt – man hat den Eindruck, aus einem Flugzeug auf die Erde zu schauen.

Bergauf geht es nach diesem Erlebnis zurück zu der Stelle (Koordinaten NC 274277), wo wir den Bach zuerst überquerten, doch dieses Mal setzen wir nicht auf den Trittsteinen hinüber zur anderen Seite, sondern wandern rechts den Hang hinauf in Richtung Westen und Richtung Loch Bealach a' Bhuirich. Dies bedeutet einen Aufstieg von insgesamt 200 Höhenmetern auf gut erkennbaren, jedoch unbequemen Wegen, gefolgt von einem kurzen Abstieg zum See, der von Felsen eingeschlossen zu sein scheint, aber am Westufer einen kleinen Ablauf hat.

Unser Pfad führt am Nordufer des **Loch Bealach a' Bhuirich (6)** entlang. Etwa eine Stunde nachdem wir den Wasserfall Eas a' Chual Aluinn verlassen haben, stehen wir oberhalb dieses Sees und blicken zur Autostraße und weiter zur Küste hinunter. 5:30 Std.

Von nun ab verliert unser Pfad ständig an Höhe und hält einen nordwestlichen Kurs, bis **Loch na Gainmhich** erreicht ist. Am Nordende dieses Sees fließt der **Bach Allt Chranaidh (7)** in eine Schlucht. Wir überqueren den Fluss auf Steinen und erreichen einen Platz, wo man auf flachen Felsen alle Viere von sich strecken kann. Danach sind es nur noch 5 Min. Fußweg zur Autostraße A 894; sie führen durch sumpfiges Gelände zur hier 230 m hoch gelegenen Straße (Koordinaten NC 240292). 6:30 Std.

Elementare Kunstform: Ein Steinmännchen markiert den Weg

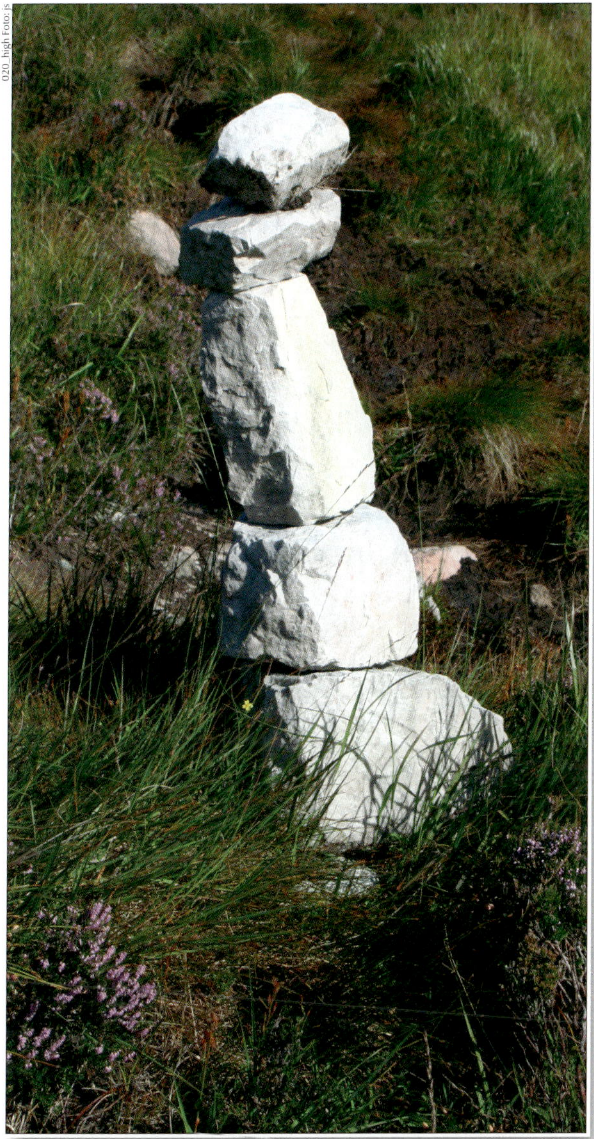
020_high Foto: js

Tour 19
Ausblicke von der Nordsee zum Atlantik

7:30 Std.
▲1050 m ▼ 1050 m
Anforderung 4

Für alle, die auf Gipfeleroberungen aus sind, ist dies die richtige Tour – anstrengend, aber aufregend, dazu mit einem großartigen Rundblick von zwei Gipfeln mit Munro-Status. Vom Ben More Assynt überblickt man fast ganz Nordschottland von der West- bis zur Ostküste.

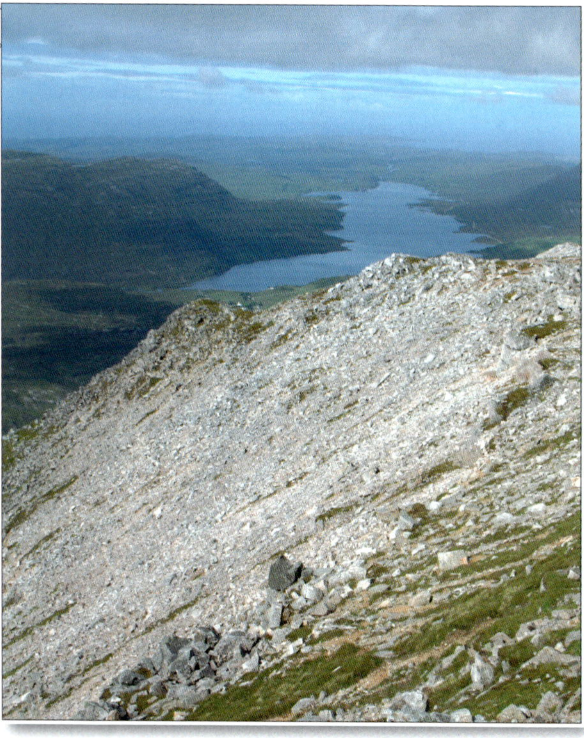

116_high Foto: js

Blick vom Gipfel des Conival auf Loch Assynt und zum Meer

Von Inchnadamph auf zwei Munro-Gipfel: Conival und Ben More Assynt

Landschaft: Ben More Assynt, mit 998 m der höchste Gipfel der Region, ist von schroffen Bergkuppen, unwirtlichen Hochmooren und zahlreichen kleinen Seen umgeben
Routencharakter: Zielwanderung. Auf den ersten Abschnitt im hübschen Gleann Dubh folgt ein anstrengender Aufstieg, dann eine längere Kamm- und Gipfelwanderung. Im mittleren Routenabschnitt bleibt man für etwa 3 Std. auf einer Höhe von mindestens 800 m und genießt unvergleichliche Panoramen über weite Teile Nordschottlands
Auf und Ab: ▲ 1050 m ▼ 1050 m
Höhenlage: zwischen 75 m (Ichnadamph) und 998 m (Gipfel Ben More Assynt)
Gehzeit: 7:30 Std., ca. 16 km (bis Allt a' Choinne Mhill 1:30 Std.; bis Klippenkante 2:15 Std.; bis Pass 3 Std.; bis Gipfel Conival 3:15 Std.; bis Gipfel Ben More Assynt 4 Std.)
Anforderungen: bis 4; an den Geröllhängen im Gipfelbereich ist Trittsicherheit erforderlich. Wenn die Wolken tief hängen, müssen Sie an den exponierten Stellen sorgsam auf die Weglinie achten. Die Wanderung ist konditionell fordernd
Risiken: Der Pfad führt zwar nicht unmittelbar an Felsabbrüchen entlang, aber es geht über lockere Steine mit Steilhängen links und rechts. Bei Orientierungsverlust besteht Verletzungsgefahr
Wegmarkierung: keine
Einkehr- und Übernachtungsmöglichkeit: s. Tour 18
Trinkwasser: Nehmen Sie einen ausreichenden Wasservorrat (3 l) für etliche schweißtreibende Wanderstunden mit!
Abbruchmöglichkeit: bei schlechtem Wetter Rückkehr vom Pass oberhalb Allt a' Choinne Mhill oder von Conival auf dem Anweg
Ausrüstung: Standard; Wind- und Regenschutz sind auch im Sommer angesichts der Höhe notwendig. Brechen Sie nicht ohne Karte und Kompass auf!
Karten: Ordnance Survey Explorer Nr. 442, Assynt & Lochinver, 1: 25.000
Anfahrt: s. Tour 18
Rückfahrt: Wer mit dem Bus 809 nach Ullapool zurückfahren möchte, muss zuerst in Inchnadamph übernachten, da der letzte Bus von Inchnadamph nach Ullapool bereits um 12.42 Uhr abfährt.

Die Route

Der Parkplatz (Höhe: ca. 75 m) und das **Inchnadamph Hotel** (Koordinaten NC 251216; **1**) liegen südlich des River Traligill. Für uns geht es zunächst zurück über die Straßenbrücke. Danach müssen Sie rechts auf den Fahrweg am Nordufer des Flusses einbiegen. Auf ihm geht es, an der **Inchnadamph Lodge** vorbei, weiter in östliche Richtung. Der Bachzufluss **Allt Poll an Droighinn** wird durch Röhren unter der Fahrbahn hindurchgeführt. Wir überschreiten den Bach also bequem und wandern, nach rechts haltend, auf der anderen Seite leicht bergan. 20 Min.

Ein Wegweiser zeigt an, dass es nach **Glenbain** geht. Dieser Name bezeichnet ein weißes Häuschen, das nach weiteren etwa 10 Min. links am Weg zurückbleibt. Noch einmal ca. 3 Min. später gelangen wir zu einer Gabelung und halten uns hier links auf einem grünen Fußweg. Auf diesem Weg erreichen wir, inzwischen um die 180 m hoch, eine zweite Gabel (Koordinaten NC 270211), wo wir oben links Tannenbäume sehen und das Rauschen des Traligill hören. Knapp 45 Min.

Auch hier geht es nach links. Der Weg steigt jetzt in das **Tal Gleann Dubh** hinauf. Wir passieren Heidekrautflächen; im Vorblick die steilen Hänge und die rundliche Gipfelform des Conival. Tal und Weg werden allmählich schmaler – wir haben Höhe gewonnen und genießen einen schönen Blick zurück auf Loch Assynt. Nahe dem Zusammenfluss zweier Bäche dreht der

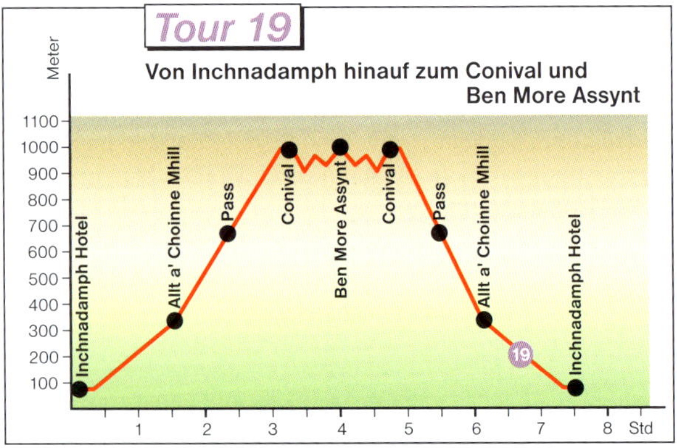

Weg vom bisherigen südöstlichen Kurs nach links und hält sich, zunächst etwa 330 m hoch, an der Nordseite des **Bachs Allt a' Choinne Mhill (2)** in Richtung Nordosten (Koordinaten NC 287204). 1:30 Std.

Der folgende Wegabschnitt neben dem in Kaskaden niedergehenden Bach ist nicht leicht zu gehen, denn der Steilhang mit seinen zahlreichen Feuchtstellen wurde von Wanderern ausgetreten und zeigt sich stark erodiert. Immer wieder muss man über schwarzen Schlamm oder von Bruchkanten hinauf und hinunter springen. Am oberen Ende des Tals wird eine graue Felswand sichtbar. Wir nähern uns dieser Wand, nehmen wahr, dass der Bach durch einen Spalt im Fels fließt, überqueren ihn unterhalb der Felsen und schlagen einen ausgeprägten Weg ein, der sich über Geröll zu einem Steinmännchen hinaufwindet. Nach etwa 10 Min. – man muss hier und da die Hände zu Hilfe nehmen – ist auf etwa 700 m Höhe die **Oberkante der Klippe** erreicht (Koordinaten NC 298208). 2:15 Std.

Etwa zwei Drittel des Anstiegs zum Conival sind damit zurückgelegt. 20 Min. später und etwa 80 m höher stehen wir auf dem **Pass** *(bealach)* und können bei gutem Wetter weit nach Osten blicken. Direkt östlich fällt das Gelände steil ab in den Coire a' Mhadaidh mit kleinem See. Nach Norden hin erheben sich in grauen Farben schroffe Gipfel mit ausgedehnten Geröllfeldern.

Unser Pfad leitet uns nun bergauf nach Süden. Mit jedem Schritt gewinnen wir einen noch besseren Blick auf das Gelände zur Linken und zur Rechten. Der Weg schlängelt sich über den steinigen Hang hoch und ist gut zu erkennen. Gut 20 Min. dauert dieser mühevolle Serpentinenaufstieg, dann flacht das Gelände ab – und der Gipfel des **Conival** (980 m; **3**) ist nur noch einige hundert Meter entfernt und bald erreicht (Koordinaten NC 303200). 3:15 Std.

Nach Westen breitet sich ganz Assynt einer Landkarte gleich vor uns aus, dahinter die Küste. Bei klarem Wetter lassen sich auch die anderen Bergriesen des Assynt, Canisp und Suilven, klar unterscheiden, dazu etwas weiter nördlich der mehrköpfige Quinag. Etwa 1,5 km östlich des Conival erhebt sich der Gipfel des Ben More Assynt, unser nächstes Ziel.

Der Weg dorthin verläuft im Auf und im Ab und führt über lockeres, kantiges Gestein. Trittsicherheit ist erforderlich, denn die Hänge links wie rechts sind stark abschüssig. Erwägen und überlegen Sie also in Abhängigkeit von Kondition, Wetterlage,

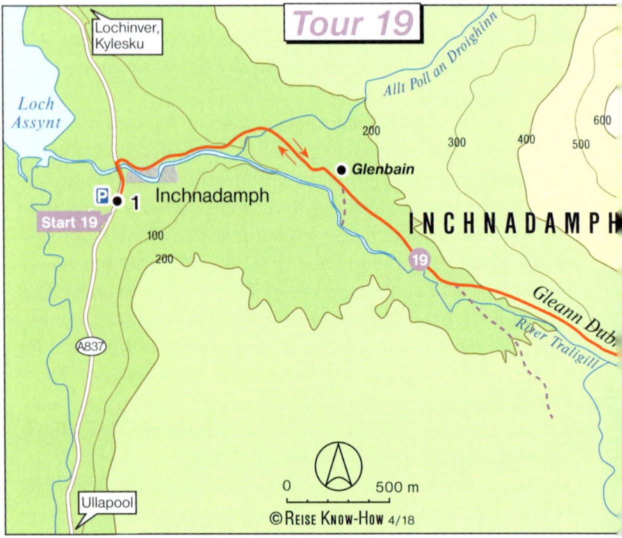

Uhrzeit und Busfahrplan, ob Sie sich mit der einen Munro-Eroberung (Conival) zufrieden geben wollen ... Denn noch zwei weitere Vorwarnungen sind notwendig: Starkem Wind ist man auf dem Kamm voll ausgesetzt, und bei Regen/Nässe kann man auf dem harten und hartkantigen Gestein leicht ausgleiten, meist begleitet von Hautabschürfungen. Wenn Sie sich dennoch für den zweiten, höheren Gipfel entscheiden, dann haben Sie eine aufregende und lohnende Kammwanderung vor sich, die schnell beschrieben ist.

Über große Felsblöcke geht es vom Conival-Gipfel hinunter. Hier und da teilt sich für einen kurzen Abschnitt der Weg, aber der Pfadverlauf bleibt immer klar. Wir bewegen uns durch eine hellfarbige Wüste aus quadratisch zerspelltem Quarzit. Erst der dritte Anstieg bringt uns zum höchsten Punkt (998 m) des **Ben More Assynt** hinauf (Koordinaten NC 318201; **4**). Nach allen Richtungen bietet sich vom Gipfel ein grandioser Blick. Die lang hingezogene Wasserfläche im Osten ist Loch Shin. Bei klarer Sicht ist auch die Nordsee, in Gestalt der Bucht Moray Firth bei Inverness, zu erkennen. Reichlich 4 Std.

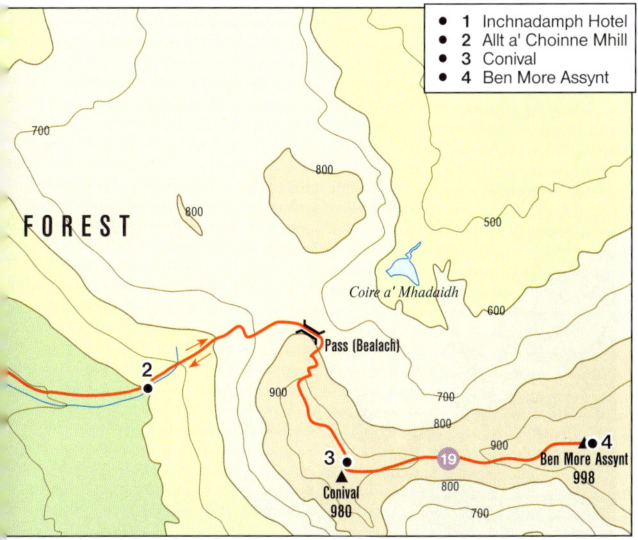

Die Pfade, auf denen wir gekommen sind, führen uns nach Inchnadamph zurück. Ist nach einer Dreiviertelstunde der Gipfel des **Conival (3)** wieder erreicht, dürfen Sie darauf rechnen, den folgenden Abstieg etwas schneller zu bewältigen als den Aufstieg. Am Conival-Kamm, bevor in kleinen Kehren der Abstieg über Geröll beginnt, ist ein wenig Vorsicht geboten, da der Weg vorübergehend undeutlich wird. Am Nordende des Kamms fällt eine kleine, mit einem Steinmännchen markierte Erhebung auf. Halten Sie sich rechts davon, um den – dann klaren – Pfad nach unten zu finden. Abgesehen von dieser Stelle ist der Rückweg unkompliziert. Die erodierten Hänge im **Tal des Allt a' Choinne Mhill (2),** wo die Suche vieler Wanderer nach der leichtesten Route den Pfad zerstört hat, machen auch im Abstieg Mühe.

Rechnen Sie insgesamt 3:30 Std. für den Rückweg zum **Inchnadamph Hotel (1).** 7:30 Std.

022_high Foto: js

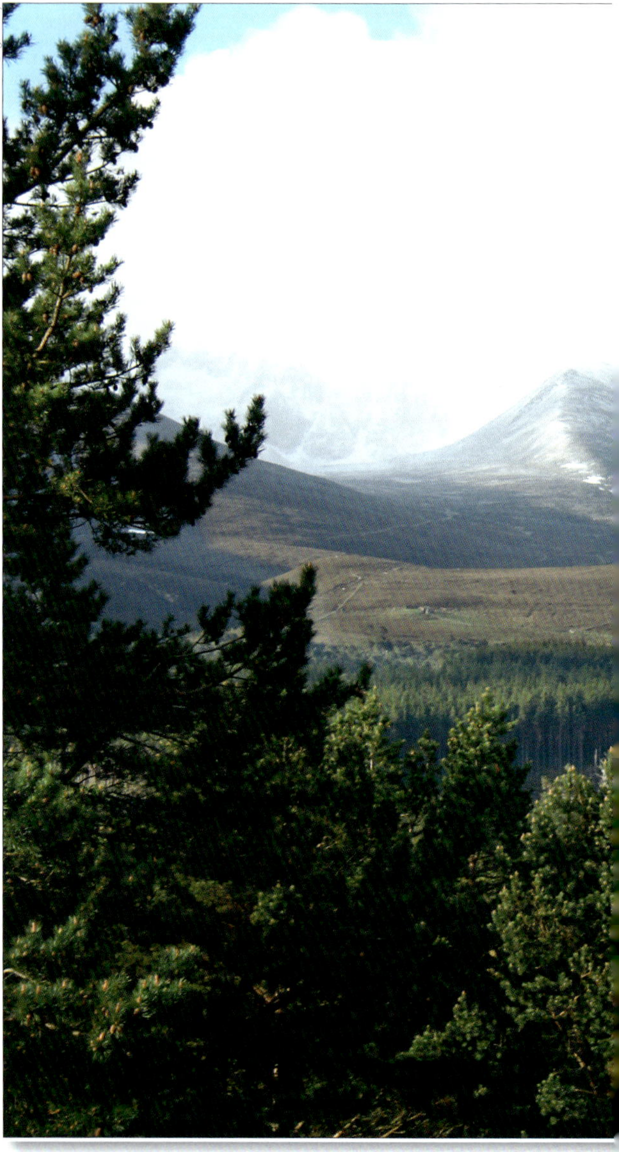

Das Cairngorm-Gebirge – Stützpunkt Aviemore

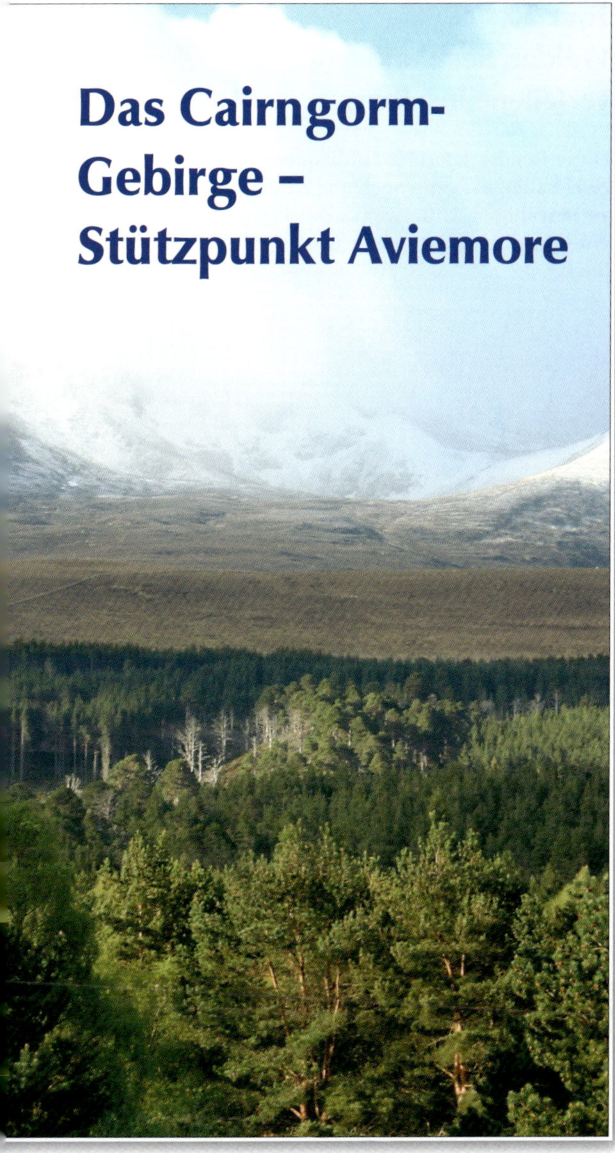

Tour 20 Wälder, Seen und eine verfallene Inselburg

4:15 Std.
▲ 100 m ▼ 100 m
Anforderung 2

Diese Rundwanderung auf bequemen Forstwegen führt um zwei baumgesäumte Seen und ist mit nur wenig Auf und Ab zu bewältigen. Unterwegs erblickt man eine Burgruine auf einer Insel und hat immer wieder die Cairngorm-Berge im Blick.

061_high Foto: js

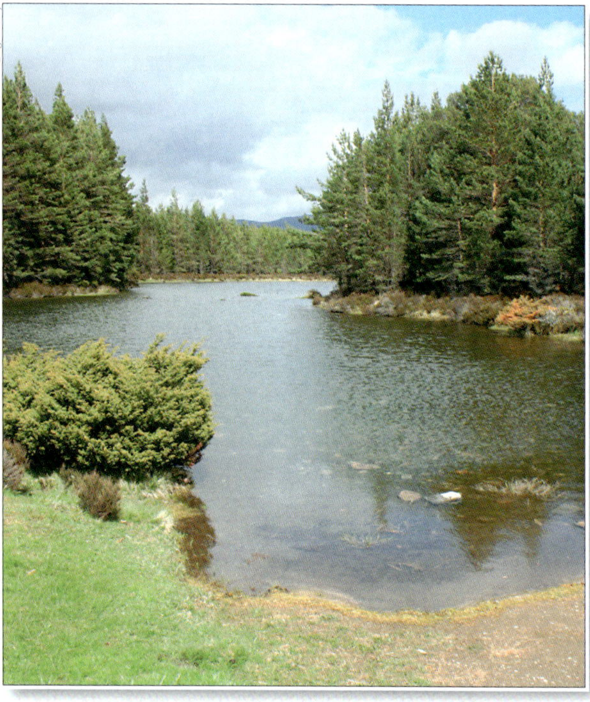

Vorherige Seite: Frühmorgendlicher Blick auf die Cairngorms von der Jugendherberge am Loch Morlich
Oben: Dieser See hat einen ebenso wohlklingenden wie -riechenden Namen: Lochan Deo

Von Inverdruie nach Loch an Eilein

Landschaft: Seen- und Waldgebiet mit Resten des uralten Caledonian Forest am Fuß der 1200–1300 m hohen Cairngorms
Routencharakter: Rundwanderung. Die Route verläuft auf guten Wegen weitgehend im Wald um die Seen Loch an Eilein und Loch Gamhna; immer wieder bieten sich Blicke auf die Berge
Auf und Ab/Höhenlage: ▲ 100 m ▼ 100 m; man bewegt sich zwischen 220 m und 320 m
Gehzeit: 4:15 Std., 15,5 km (bis Visitor Centre Loch an Eilein 1 Std.; bis Loch Gamhna 1:45 Std.; bis Lochan Deo 3:15 Std.)
Anforderungen: bis 2; die An- und Abstiege sind nicht nennenswert, die Wege bequem zu gehen
Risiken: auch bei schlechtem Wetter keine Gefahren
Wegmarkierung: Markierungen an den meisten (nicht allen!) wichtigen Wegekreuzen
Einkehrmöglichkeit: Imbisse und Getränke im Besucherzentrum Loch an Eilein: The Druie Café Restaurant, Rothiemurchus Centre, Rothiemurchus Estate, PH22 1QH, Tel. 01479/81 23 45, http://rothiemurchus.net/loch-an-eilein, geöffnet tägl. 9.30–16.45 Uhr. Das Café befindet sich auf dem Landgut Rothiemurchus direkt am See. Hier werden auch Freizeitaktivitäten wie Tontaubenschießen, Angeln, Ponyreiten und Bootsfahrten angeboten
Wegvariante: Auf einem kurzen Spaziergang könnte man, ausgehend vom Parkplatz des Besucherzentrums Loch an Eilein, den See und Loch Gamhna umrunden und danach zum Parkplatz zurückkehren (ca. 7,5 km, 2 Std.)
Ausrüstung: Standard; für die ebenen, befestigten Wege dieser Route sind bei trockenem Wetter auch Turn- oder leichte Sportschuhe ausreichend
Karten: Harvey Superwalker Cairn Gorm 1: 25.000; Ordnance Survey Explorer Nr. 403, Cairngorm & Aviemore 1: 25.000
Anfahrt: zu Fuß ab Aviemore/Mitte ca. 2 km. – Mit dem Bus: Linie 31 von Aviemore (ab Bahnhof oder Highland Resort) in Richtung Cairngorm Ski Resort, in Inverdruie aussteigen, (Busfahrer um Halt bitten) tägl. 10.20, 11.20, 12.20, 13.20 Uhr, Fahrzeit 5 Min. – Auto: ab dem südlichen Ortsausgang von Aviemore links in Richtung Cairngorm, noch knapp 1 km weiter nach Inverdruie; Parkplatz an der Kreuzung mit der B 970

Rückfahrt: ab Inverdruie/Straßenkreuz Mo–Sa ca. 15.20, 16.20, 17.20 Uhr, So 13.50, 14.50, 16.50, 17.50 Uhr. Teilen Sie dem Busfahrer durch ein deutliches Signal mit, dass Sie zusteigen wollen!

Die Route

Vom **Straßenkreuz in Inverdruie (1)** zuerst auf der B 970 in Richtung Süden (Feshiebridge). Nach ca. 150 m biegen wir links ab und nehmen nach weiteren 100 m den rechts abzweigenden, als „Rothiemurchus Footpath" bezeichneten Weg durch ein Tor in den Wald hinein. Nach 5 Min. unter Birken und Kiefern auf weichem Boden verlässt die Route kurze Zeit den Wald, wird zu einem Schotterweg und gabelt sich bald, nachdem wir ein zweites Waldstück erreicht haben. Hier geht es für uns nach rechts (Koordinaten NH 904099). 15 Min.

Wir stoßen auf einen breiteren Weg und gehen in südwestlicher Richtung an alten Kiefern vorbei zu einem kleinen, mit Seerosen überwachsenen See: **Lochan Mor.** Im Sommer gibt die „blühende Wasserfläche" mit den Gipfeln der Cairngorms im Hintergrund ein reizvolles Bild ab. Unser Weg führt um das Nordufer von Lochan Mor und an einem Bauernhaus vorbei zu einer kleinen Autostraße. Links abbiegend, folgen wir dieser Straße bis zum Parkplatz am Fluss direkt nördlich von Loch an Eilein. Auf der Brücke überqueren wir den Fluss nach rechts. Es sind nun nur noch wenige Schritte zum Seeufer und zum **Besucherzentrum Loch an Eilein (2).** 1 Std.

Das Besucherzentrum bietet Erfrischungen an. Dazu informiert eine kleine Ausstellung über die Natur und das Gut Rothiemurchus, dessen Name Große Kieferebene bedeutet. Mit Blick auf die Burgruine auf einer Insel im See geht es nach der Stippvisite weiter auf der Nord- und Westseite von **Loch an Eilein.** Die im 14. Jh. erbaute Inselburg bot Zuflucht vor Viehdieben und trotzte noch im Jahr 1690 einer Belagerung durch Jakobiten, Anhängern der Stuart-Dynastie. Bei einer Gabelung am Südwestende des Sees halten wir uns links. 1:30 Std.

Auf dem nun folgenden Wegabschnitt genießen wir eine wunderschöne Aussicht über die ganze Länge von Loch an Eilein. Nach etwa 10 Min. zweigen wir rechts auf einen schmalen Pfad ab (Koordinaten NH 894071), der durch Heidekraut um den stil-

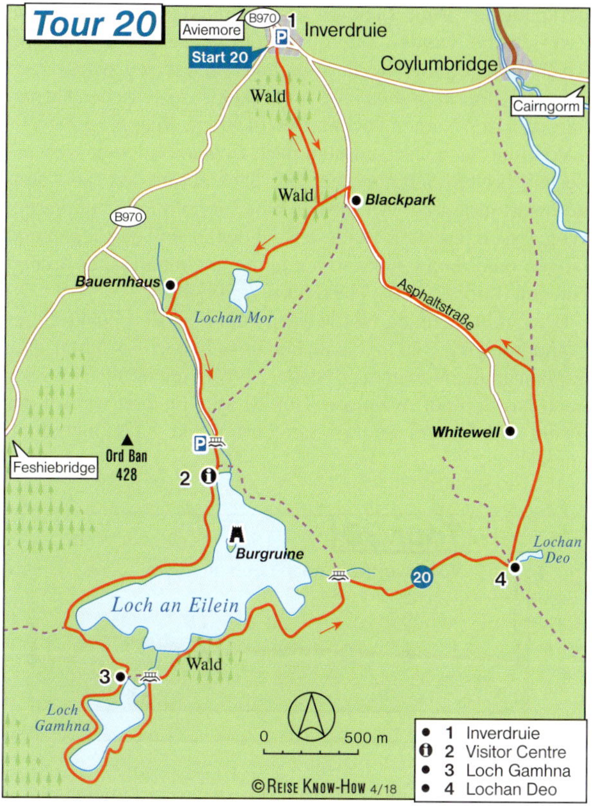

len, zwischen steilen Hängen eingebetteten See **Loch Gamhna (3)** herum führt. Ein Steg überspannt den Bach am südlichen Ende von Loch Gamhna, und der leicht erhöhte Weg am Ostufer bringt uns zum Hauptweg um Loch an Eilein zurück. 2:15 Std.

In Richtung Nordosten geht es durch Kiefernwald, zunächst nahe am Ufer, dann etwas weiter vom See entfernt, bis wir nach einer halben Stunde kurz vor einer Holzbrücke einen **Abzweig nach rechts** erreichen (Koordinaten NH 904077). An diesem Abzweig nehmen wir den nach Lairig Ghru und Glen Einich ausgeschilderten Weg Richtung Osten und steigen langsam an. Zwei Bäche werden überquert, der lockere Baumbestand weicht einer offenen Heidelandschaft, ein Radweg zweigt nach links ab – und wir stehen bald am Ufer eines malerischen kleinen Sees, der den Namen **Lochan Deo (4)** trägt. Knapp 3:15 Std.

Von hier nach links auf dem nach Coylumbridge ausgeschilderten, breiten Schotterweg. Der Blick zurück auf die Cairngorms ist großartig. Wir bleiben eine Viertelstunde auf diesem Weg, lassen das Haus Whitewell auf der linken Seite liegen und biegen bald darauf links ab auf einen unebenen, aber breiten Fußweg (Koordinaten NH 917090). 3:30 Std.

Er zieht in Richtung Nordwesten zum höchsten Punkt dieser Wanderung (ca. 320 m) hinauf und erreicht nach ca. 5 Min. eine Asphaltstraße. Nun geht es wieder bergab, mit herrlichem Blick nach Norden auf Aviemore. Gut 20 Min. bleiben wir auf der wenig befahrenen Straße. Sie führt direkt nach Inverdruie zurück.

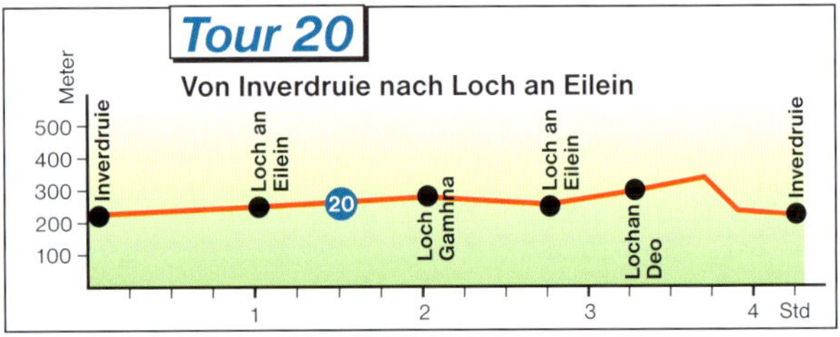

Angenehmer ist aber der Waldweg, den wir zu Beginn dieser Tour benutzten. Am **Haus Blackpark,** wo die Straße nach rechts knickt, zweigt ein Fußweg scharf nach links ab. Nicht aber diesen Weg nehmen! Bleiben Sie noch etwa 2 Min. auf der Straße und nehmen Sie den nächsten Pfad nach links. Er führt nach einigen Minuten zu einem – uns bereits bekannten – Wegekreuz. Hier geht es links zum Seerosenteich Lochan Mor, rechts zum Ausgangspunkt **Inverdruie (1)** zurück. 4:15 Std.

Blaubeerkraut und Moos bedecken den Waldboden im Caledonian Forest

0024_high Foto: js

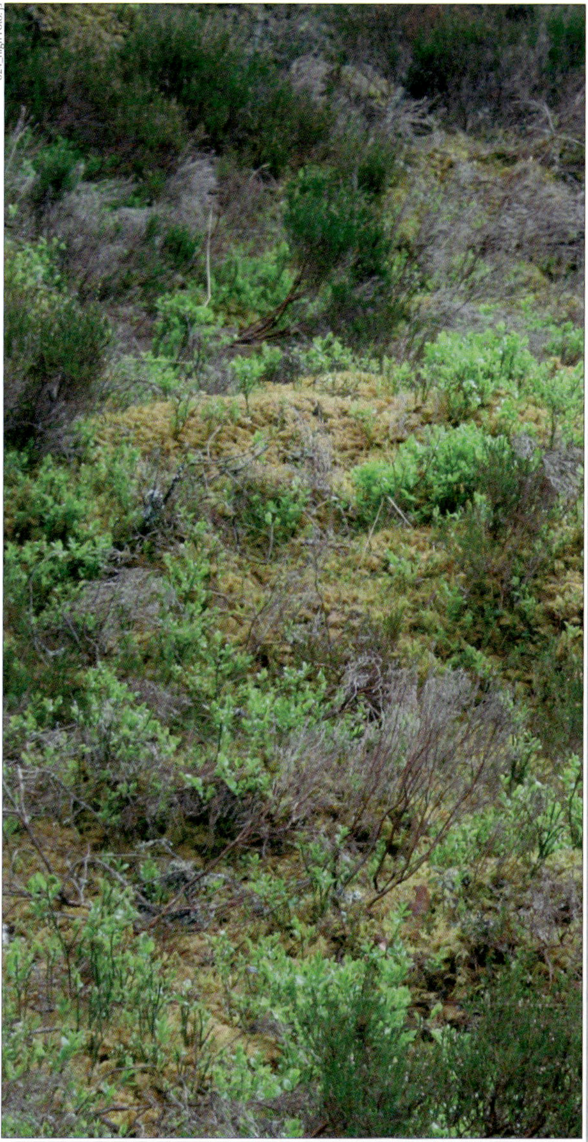

Tour 21
Die Heimat der Auerhähne

3:45 Std.
▲ 50 m ▼ 130 m
Anforderung 2

Rund um Loch Morlich führen gut ausgebaute Fußwege durch uralte und aufgeforstete Nadelwälder, Heimat vieler Vogelarten – von Fischadlern und Auerhähnen bis zu kleinen Waldvögeln.

100_high Foto: ts

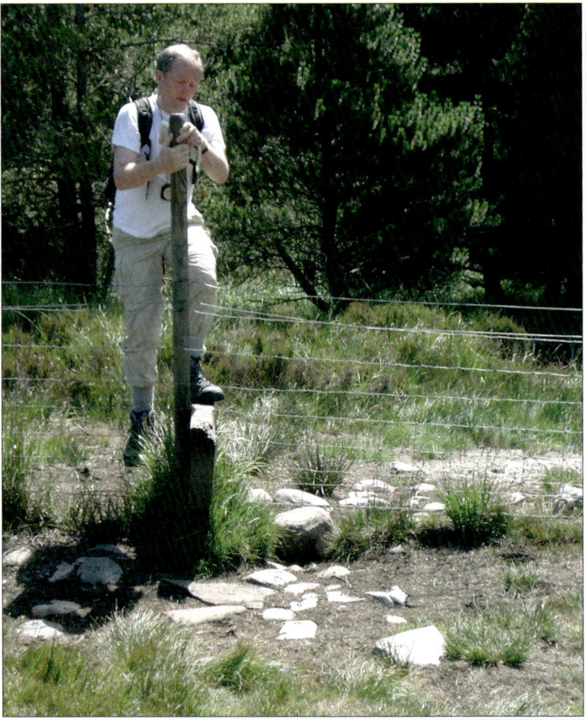

Hinauf und hinunter: einer der vielen Zauntritte, die es auf den Touren zu bewältigen gilt

Von Glenmore Forest Visitor Centre um Loch Morlich nach Coylumbridge

Landschaft: An den nördlichen Ausläufern des Cairngorm-Gebirges breitet sich um den 330 m hoch gelegenen Loch Morlich und am Fluss Allt Druidh ein sanft abfallendes Waldgelände aus

Routencharakter: Streckenwanderung ohne größere Steigungen; es werden neue Nadelforst-Plantagen ebenso wie wunderschöne alte Kiefernwälder gequert

Auf und Ab/Höhenlage: ▲ 50 m ▼ 130 m; man bewegt sich zwischen 250 m und 350 m Höhe

Gehzeit: 3:45 Std., ca. 14 km (bis Beginn Waldpfad 15 Min.; bis Loch Morlich 45 Min.; bis Wegkreuz „Piccadilly" 2:30 Std.)

Anforderungen: 1 bis 2; die Route ist ein längerer Waldspaziergang ohne alle technische Schwierigkeiten oder Orientierungsprobleme.

Wegmarkierung: am Anfang auf markierten Forstpfaden, im späteren Verlauf Wegweiser an wichtigen Kreuzungen

Einkehrmöglichkeit: am Anfang der Wanderung im Glenmore Visitor Centre, Aviemore PH22 1QU, Tel. 01479/86 12 20, http://scotland.forestry.gov.uk/forest-parks/glenmore-forest-park/glenmore-visitor-centre und im Loch Morlich Watersports Café, Glenmore Forest Park, Aviemore PH22 1QU, Tel. 01479/86 12 21, www.lochmorlich.com, April bis Okt. tägl. 10–17 Uhr. Am Ende der Wanderung im American Diner, Hilton Grand Vacations Club at Coylumbridge, Aviemore PH22 1QN, Tel. 01479/81 30 66, www.coylumbridge.info/resort-information/dining, geöffnet Mo–Fr 12–18, Sa 10–18, So 10–17 Uhr

Wegvariante: Am Cairngorm Club Footbridge kann man statt rechts nach Coylumbridge geradeaus Richtung Lochan Deo und Loch an Eilein gehen (s. Tour 20)

Ausrüstung: Standard; nach Trockenperioden sind Turn- oder leichte Sportschuhe ausreichend

Karten: Harvey Superwalker Cairn Gorm 1: 25.000; Ordnance Survey Explorer Nr. 403, Cairngorm & Aviemore 1: 25.000

Anfahrt: Bus: Linie 31 Aviemore Richtung Cairngorm Ski Centre bis Glenmore Visitor Centre, stdl. jeweils 20 Min. nach der vollen Stunde, Fahrzeit 14 Min. – Auto: Parkplatz am Glenmore

Forest Visitor Centre an der Straße zur Cairngorm-Bergbahn, 10 km östlich von Aviemore über Coylumbridge
Rückfahrt: Bus von Coylumbridge gegenüber Hotel auf der B970 (kein Haltestellenschild, Bus hält auf Zuruf/Handsignal) nach Aviemore stdl. jeweils 19 Min. nach der vollen Stunde; zum Glenmore Forest Visitor Centre jeweils 12 Min. nach der vollen Stunde

Die Route

Vom **Glenmore Forest Visitor Centre (1)** nehmen wir den Weg Richtung Süden auf der rechten Seite der Straße zur Cairngorm-Bergbahn, überqueren nach einigen Minuten auf einer Straßenbrücke den **Bach Allt Mor** und sehen gleich darauf einen Parkplatz, hinter dem ein Weg rechts abzweigt. Ein blauer Wegweiser kennzeichnet diesen Waldpfad als Weg Nr. 5. 15 Min.

Nach etwa 200 m schwenkt der Weg links ab und führt durch lichten Kiefernwald und über baumlose Flächen weiter. Die Hinweisschilder unterrichten darüber, dass diese Wälder am Loch Morlich zu den letzten schottischen Rückzugsgebieten von Auerhähnen *(capercaillies)* gehören. Nur mit Glück und Geduld wird man jedoch einen der Großvögel zu sehen bekommen. Nach 5 Min. auf südlichem Kurs dreht der Weg wieder nach Westen Richtung See, der bald durch die Bäume schimmert. Wir wandern auf einem breiten Forstweg nahe dem Ufer mit Blick auf den kahlen Bergrücken nördlich von **Loch Morlich (2).** Am westlichen Ufer zweigt ein Pfad nach links ab, wir aber gehen geradeaus über eine kleine Holzbrücke. Der Weg wird nun schmaler und verläuft in nordwestlicher Richtung; das Seeufer liegt zur Rechten. Einige Minuten später biegen wir an einer Gabelung

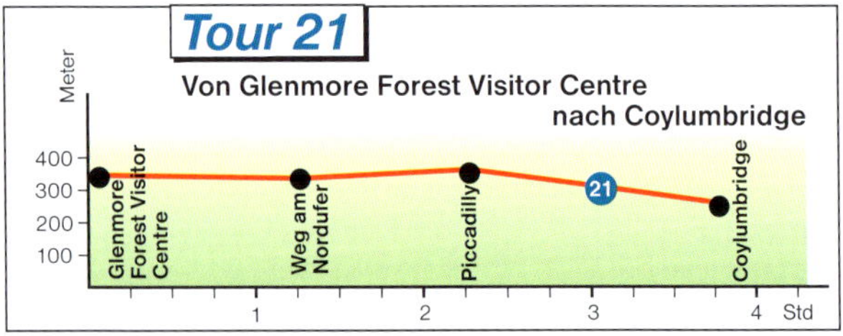

scharf links ab auf den Wirtschaftsweg nach Rothiemurchus Lodge (Koordinaten NH 956093). Reichlich 1 Std.

Abstecher

Es lohnt aber, an der Kreuzung zunächst rechts zu halten und ca. 5 Min. parallel zum Seeufer zu gehen. So erreicht man die hübsche Stelle, wo der **River Luineag** aus dem schilfbestandenen Loch Morlich fließt. Hier sind manchmal Otter zu beobachten – oder sogar die Fischadler, die nördlich von Aviemore am Loch Garten heimisch sind, ihre Nahrung aber auch schon einmal in und am Loch Morlich suchen.

Der Weg nach Rothiemurchus Lodge quert zunächst dichte Nadelwaldplantagen. Nach kurzer Zeit erblicken wir links durch die Bäume den hübschen **Lochan nan Geadas.** Etwa 20 Min. später ist dann eine weitere Weggabel erreicht (Koordinaten NH 949082). 1:45 Std. inkl. Abstecher zum Luineag

023_high Foto: js

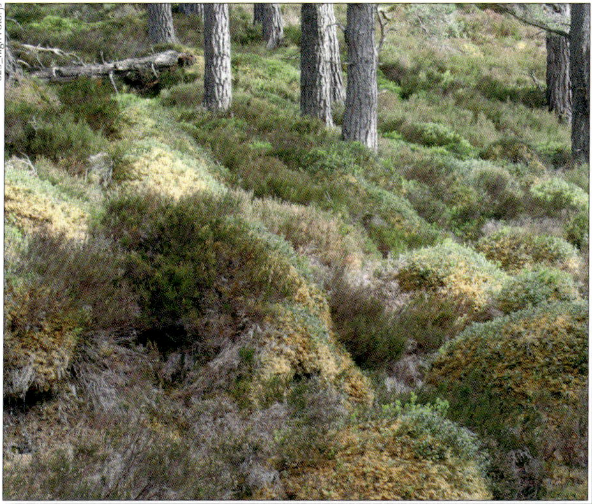

Weiche grüne Kissen am Boden sind charakteristisch für den Caledonian Forest, einen Rest der ursprünglichen Bewaldung Schottlands

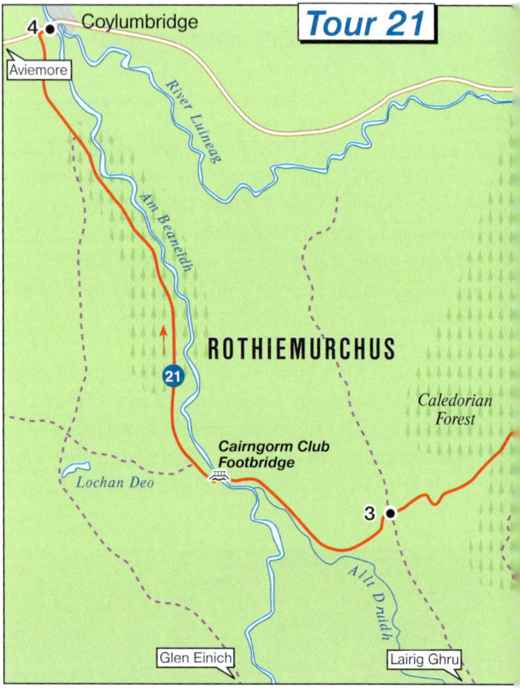

Dem Wegweiser nach Lairig Ghru und „Piccadilly" folgend, verlassen wir den breiten Weg zur Lodge und gehen nach rechts in Richtung Südwesten. Die folgende Strecke ermöglicht einen lehrreichen Direktvergleich zwischen altem und neuem Wald, denn links breitet sich die moderne Holzplantage aus, rechts (und im weiteren Verlauf beiderseits) Überbleibsel des 8000 Jahre alten Caledonian Fores". Bezaubernd ist der Anblick des Waldbodens, wo Steine und Baumstümpfe mit so viel Moos und Blaubeerkraut überzogen sind, dass sie wie weiche grüne Kissen erscheinen. Am Ende dieses Wegabschnitts erwartet uns eine Kreuzung mit dem ironischen Namen **„Piccadilly"** (Koordinaten NH 938076; **3**). Wir gehen hier geradeaus. 2:30 Std.

Nahe dem **Bach Allt Druidh** erreicht unsere Route eine reizvolle, mit Heidekraut bewachsene Lichtung; nach dem Zusam-

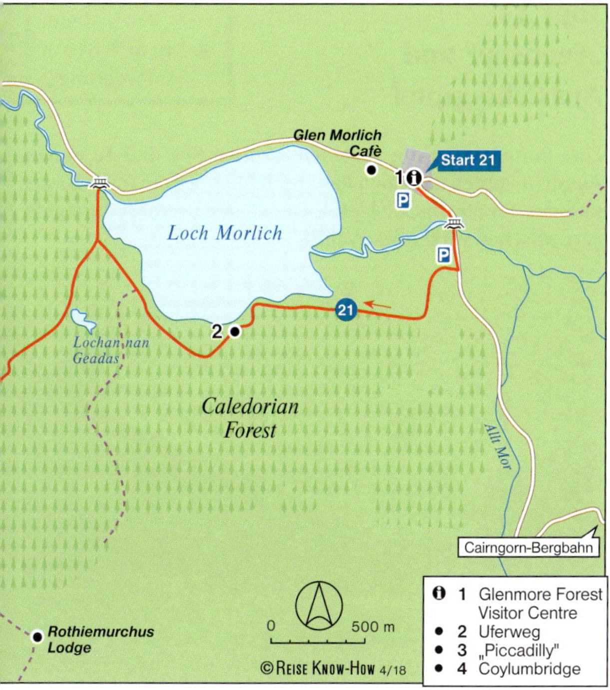

menfluss des Allt Druidh mit dem breiteren **Am Beanaidh** aber geht es dann wieder in den Wald. Auf einer Metallbrücke, der „Cairngorm Club Footbridge“, gelangen wir auf das Westufer des Flüsschens.

Auf der anderen Seite halten wir nun rechts Richtung Coylumbridge, wandern durch ein Tor und folgen dem Fluss auf einem guten Schotterweg. Kiefernwald flankiert beiderseits das letzte Wegstück.

Von links stößt ein aus dem Glen Einich heranziehender Pfad hinzu, und der Wald weicht einer Weidelandschaft mit Wacholderbäumen. Nach kurzer Zeit ist rechts der Campingplatz zu sehen, und wir erreichen an der **Autostraße bei Coylumbridge (4)** schließlich das Ende unserer Tour (Koordinaten NH 915107).

3:45 Std.

Tour 22 „Feensee“ und Aussichtsgipfel

4 Std.
▲ 510 m ▼ 510 m
Anforderung 2

Eine Rundwanderung zu einem grünen See und zu einem Aussichtsgipfel, der einen Panoramablick auf die Cairngorms und das Tal Strathspey bietet. Der Abstieg erfolgt durch ein verwunschen wirkendes Waldtal.

062_high Foto: js

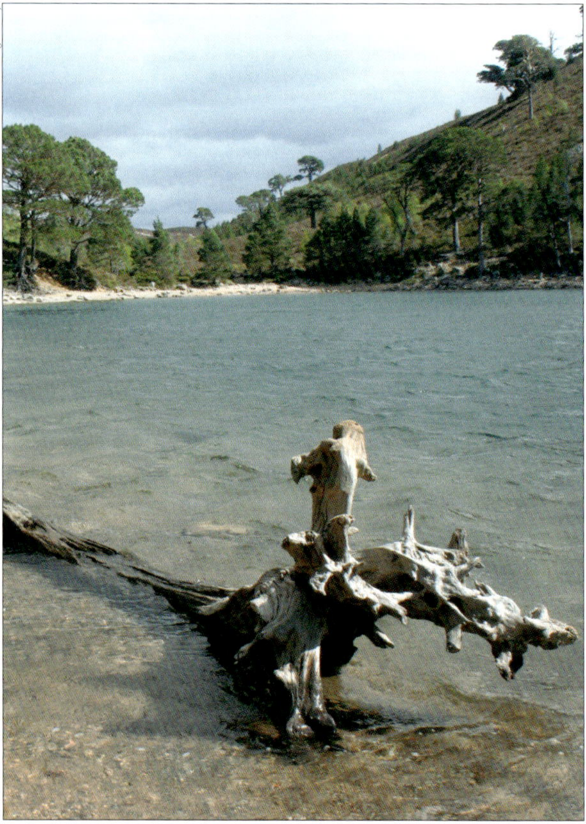

Von Glenmore nach An Lochan Uaine und zum Gipfel Meall a' Bhuachaille

Landschaft: Ca. 8 km nördlich der Hauptgipfel der Cairngorms erhebt sich am Nordufer des Loch Morlich eine bescheidene Bergkette mit halb bewaldeten, halb kahlen Hängen
Routencharakter: Rundwanderung. Diese abwechslungsreiche Route beginnt auf guten, ebenen Forstpfaden, steigt sanft an zu Lochan Uaine und einem Pass, dann steiler zum Gipfel von Meall a' Bhuachaille; der Abstieg führt in reizvollem Kontrast durch ein liebliches, bewaldetes Bachtal
Auf und Ab: ▲ 510 m ▼ 510 m
Höhenlage: zwischen 330 m (Glenmore) und 810 m (Gipfel Meall a' Bhuachaille)
Gehzeit: 4 Std., ca. 10 km (bis Brücke über den Allt Ban 45 Min.; bis An Lochan Uaine 1:15 Std.; bis Ryvoan Bothy 1:45 Std.; bis Meall a' Bhuachaille 2:45 Std.)
Anforderungen: bis 2+; keine technischen Schwierigkeiten, der Aufstieg von Ryvoan Bothy zum Gipfel ist jedoch steil
Risiken: Die oberen Hänge von Meall a' Bhuachaille sind dem Wetter ausgesetzt, besitzen allerdings keine gefährlich abschüssigen Hänge
Wegmarkierung: einzelne Wegweiser
Einkehrmöglichkeit: nur am Anfang und am Ende der Wanderung, s. Tour 21
Abbruchmöglichkeit: Wer bei schlechtem Wetter den ungeschützten Berghang meiden will, kann bei der Schutzhütte Ryvoan Bothy umkehren
Wegvariante: Ca. 1,5 km bzw. knapp 30 Min. kürzer ist der Waldweg direkt oberhalb des Visitor Centre zum An Lochan Uaine
Ausrüstung: Standard
Karten: Harvey Superwalker Cairn Gorm 1: 25.000; Ordnance Survey Explorer Nr. 403, Cairngorm & Aviemore 1: 25.000
Anfahrt: Bus: Linie 31 zum Glenmore Visitor Centre, s. Tour 21
Rückfahrt: Bus vom Glenmore Forest Visitor Centre jeweils 12 Min. nach der vollen Stunde

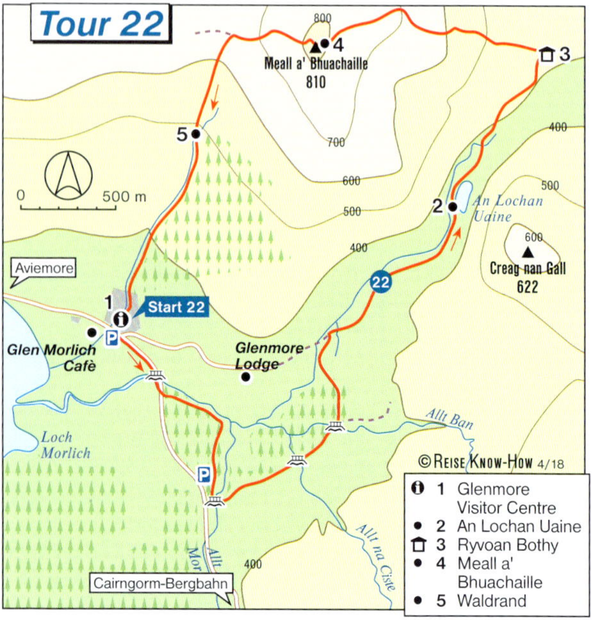

Die Route

Vom **Glenmore Visitor Centre (1)** geht es auf der linken Seite der Straße zur Cairngorm-Bergbahn über den Bach **Allt Mor** und direkt hinter der Brücke links ab auf einen schmalen Fußweg. Er führt zuerst am Fluss entlang, knickt dann nach Süden ab und trifft auf einen breiteren Weg, auf dem es 100 m nach links zu einem Parkplatz geht; dort wieder links und, etwa 350 m hoch, über eine lange, schmale **Holzbrücke** (Koordinaten NH 984087). 15 Min.

Auf der anderen Seite der Brücke halten wir uns nach links und wandern durch Wald mit Blick auf unser Ziel, den Gipfel Meall a' Bhuachaille. Nach zehn Minuten führt die nächste Brücke

Die Eberesche, ein einheimischer Baum, steht für den Buchstaben L im gälischen Alphabet

über den **Bach Allt na Ciste.** Dann auf einem guten Schotterweg zum **Allt Ban,** auch er bequem auf einer Brücke zu queren. Knapp 45 Min.

Jenseits halten wir uns links. Wir befinden uns nun auf einem Waldlehrpfad unter Kiefern. Bald stoßen wir auf einen breiten Fahrweg, dem wir nach rechts in Richtung Nordosten, d.h. **An Lochan Uaine (2)** folgen (360 m, Koordinaten NJ 001107). 1:15 Std.

Der Sage zufolge erklärt sich die grüne Farbe des Seewassers daraus, dass die Feen dort ihre Wäsche waschen. Ein Kieselstrand an diesem verwunschen wirkenden kleinen See, der im Schatten steil abfallender Geröllhänge liegt, bietet sich als Rastplatz an, bevor man die Wanderung bergauf zum Ryvoan Pass fortsetzt. Das Tal wird enger, der Baumbestand dünner. Einige Minuten vom See entfernt zweigt nach rechts ein Pfad nach Braemar ab, wir halten uns aber links in Richtung Nethy Bridge und verlassen diesen Weg erst am **Ryvoan Bothy (3)**, einer einfachen Steinhütte mit Wellblechdach (405 m, Koordinaten NJ 006115). Knapp 1:45 Std.

Von der Hütte zieht ein schmaler Weg nach Westen zum Gipfel Meall a' Bhuachaille hoch. Dieser Wegabschnitt ist anstrengend – auf einer Strecke von ca. 1,5 km gewinnen wir mehr

018_high Foto: js

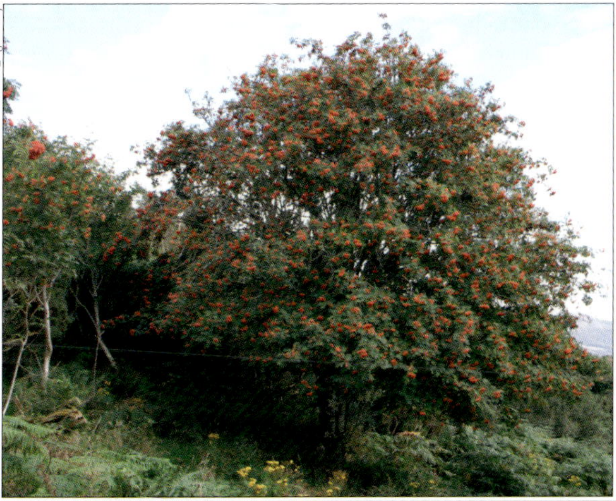

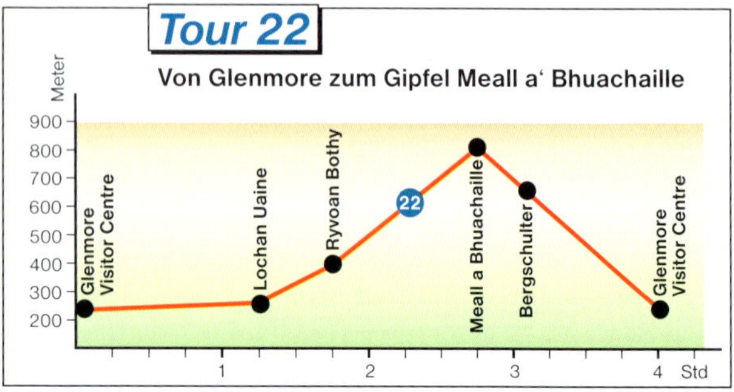

als 400 m Höhe –, der Pfad selbst ist jedoch deutlich ausgeprägt und an vielen Stellen mit Steinstufen ausgebessert, um der Erosion des Hangs durch die vielen Wanderstiefel entgegenzuwirken. Für die Anstrengung werden Sie am **Gipfel** (810 m; **4**), wo niedrige Steinmauern ein wenig Windschutz gewähren, mit einem beeindruckenden Panorama belohnt (Koordinaten NH 991115). Reichlich 2 Std.

Der Blick reicht ins Tal Strathspey, nach Aviemore und Loch Garten, in Richtung Süden zur Gipfelkette der hohen Cairngorms und bei guten Sichtverhältnissen weiter zum Gebirge um Lochnagar und das Dee-Tal. Die westlich gelegenen Nachbarberge der Kette, zu der Meall a' Bhuachaille gehört, sind von Westen nach Osten Craiggowrie (687 m), Creag a' Chaillich (711 m) und Creagan Gorm (732 m).

Der Abstiegsweg vom Gipfel ist klar erkennbar. Auf einer **Bergschulter,** 150 m unterhalb des Gipfels, nehmen wir den Weg, der links abzweigt und direkt talwärts führt. Nach etwa 30 Min. Abstieg erreichen wir den **Waldrand (5).** 3:30 Std.

Nach der Erfahrung der baumlosen oberen Hänge wandern wir in diesem letzten Wegabschnitt durch ein hübsches Tal, mit einem plätschernden Bach rechter Hand. Im Frühling blühen hier viele Veilchen und Buschwindröschen. Nur wenige Schritte oberhalb des **Visitor Centre (1)** teilt sich der Weg. Wir halten uns rechts und sind gleich darauf wieder am Ausgangspunkt. 4 Std.

In den Cairngorms wechselt sich schottischer Urwald mit Nadelholzplantagen ab

011_high Foto: js

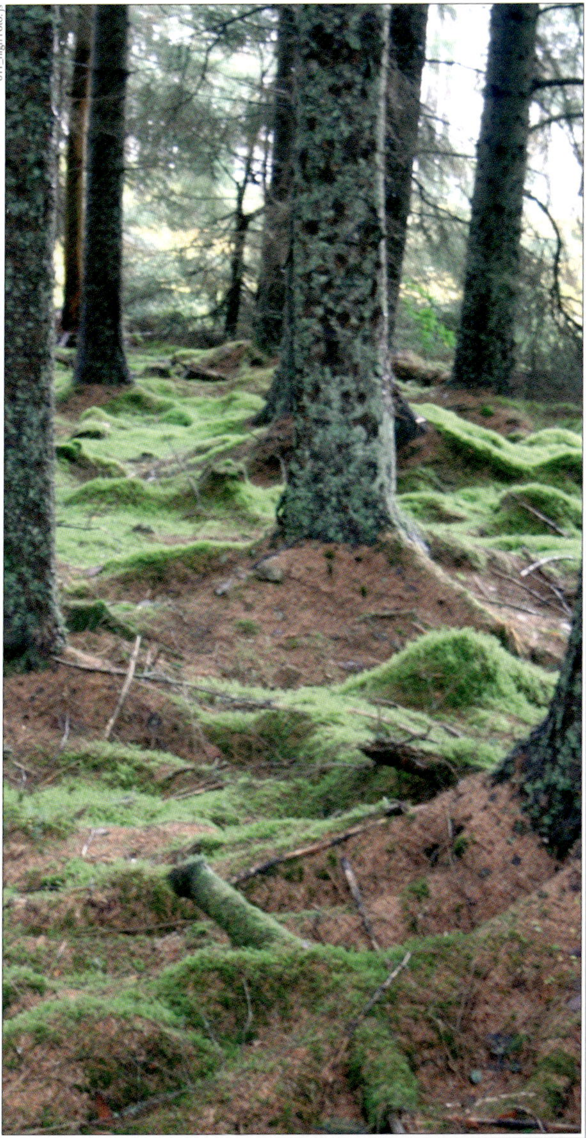

Tour 23
Durch ein unbesiedeltes Tal zu einem Bergsee

6:45 Std.
▲ 260 m ▼ 260 m
Anforderung 3

Diese Wanderung ist lang, verläuft aber ohne große Steigungen. Eindrucksvolles Ziel ist ein abgelegener, von steilen Felshängen umgebener See. Auf einem längeren Wegabschnitt geht es an einem rauschenden kleinen Fluss entlang, wobei viele Nebenbäche zu überwinden sind.

063_high Foto: js

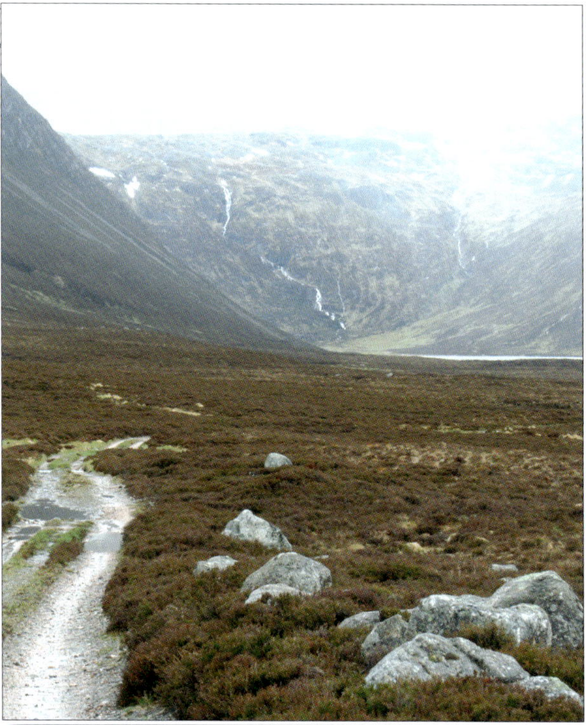

Eine Highland-Sackgasse:
Loch Eanaich ist von steilen Bergwänden umschlossen

Von Coylumbridge durch Gleann Eanaich nach Loch Eanaich

Landschaft: Gleann Eanaich ist ein ca. 8 km langes, von Nord nach Süd streichendes Tal am westlichen Rande des Cairngorm-Massivs. Auf beiden Seiten sowie im südlichen Talabschluss versperren die äußerst steilen Wände der imposanten 1100 m (im Westen) bis 1300 m (im Osten) hohen Berge den Weg

Routencharakter: Zielwanderung. Der breite, gewartete Weg ins Gleann Eanaich ist eine „Sackgasse“, die zuerst durch den herrlichen Rothiemurchus-Wald (s. auch Touren 20, 24), dann durch das landschaftlich reizvolle Am Beanaidh-Tal führt. Das letzte Wegstück zum Loch Eanaich erschließt ein unwirtliches Gelände von rauer Schönheit

Auf und Ab: ▲ 260 m ▼ 260 m

Höhenlage: zwischen 250 m (Coylumbridge) und 510 m (vor Loch Eanaich)

Gehzeit: 6:45 Std., 24 km (für Autofahrer ca. 4,5 km weniger; bis Metallbrücke Am Beanaidh 1:15 Std.; bis Beanaidh Bheag 2:30 Std.; bis Loch Eanaich 3:30 Std.)

Anforderungen: bis 3; der Weg ist lang und steinig, aber breit (sogar für Geländewagen befahrbar) und nirgendwo steil

Risiken: Nach ergiebigen Regenfällen können die Bachquerungen problematisch werden; bei sehr hohem Wasserstand ist der Beanaidh Bheag eventuell sogar unpassierbar

Wegmarkierung: Wegweiser im ersten Abschnitt; Orientierung insgesamt einfach

Einkehrmöglichkeit: in Coylumbridge, s. Tour 21

Trinkwasser: ausreichend Trinkwasser mitnehmen

Abbruchmöglichkeit: keine; jederzeit ist die Rückkehr nach Coylumbridge möglich

Wegvariante: Autofahrer können die Tour am Parkplatz Loch Morlich beginnen und an der Nordostseite des Sees entlang links zum Lochan Deo gehen (s. Tour 20). Diese Variante ist ein wenig länger, aber schöner als der Start an der Straße

Ausrüstung: Standard; Teleskopstöcke, Gamaschen und hohe, wasserdichte Bergstiefel sind bei Bachquerungen nützlich

Karten: Harvey Superwalker Cairn Gorm 1: 25.000; Ordnance Survey Explorer Nr. 403, Cairngorm & Aviemore 1: 25.000

Anfahrt: s. Tour 21 und 22 – Auto: in Whitewell am Ende der Straße parken (Koordinaten NH 915087), die in Inverdruie von der Straße Aviemore – Coylumbridge – Cairngorm rechts abzweigt (zweiter Abzweig rechts in Inverdruie, nicht die B 970 nach Feshiebridge nehmen!). Von Whitewell 200 m links (nach Osten) hinunter zum unten beschriebenen Weg aus Coylumbridge
Rückfahrt: s. Tour 21 und 22

Die Route

Von der Straße in **Coylumbridge** (250 m, Koordinaten NH 915107; **1**) führt ein Weg westlich des Flusses am Campingplatz vorbei in Richtung Süden. Nach etwa 3 Min. gelangen wir durch ein Tor in einen Mischwald mit Kiefern, Birken und Wacholderbäumen. Bald teilt sich der Weg: Links ist Lairig Ghru ausgeschildert, für uns geht es jedoch rechts in Richtung Gleann Eanaich. 15 Min.

Einige Minuten später haben wir den Wald wieder verlassen und schreiten, ungefähr in Richtung Süden, über ein mit Heidekraut bewachsenes Gelände mit freiem Blick auf die Cairngorm-Gipfel. In Whitewell stößt ein Pfad von rechts auf unsere Route (wer mit dem Auto angefahren ist, erreicht auf diesem Pfad unseren Hauptwanderweg). Reichlich 30 Min.

Es geht durch ein weiteres Tor und zu einer Kreuzung kurz vor **Lochan Deo,** wo vier Richtungen ausgeschildert sind (Koordinaten NH 916099). Wir halten geradeaus, nach Südosten und gewinnen fast unmerklich an Höhe. Der bisher gut gepflegte Schotterweg zeigt sich bald als breiter, aber unebener Fahrweg. Wir nähern uns dem Flüsschen Am Beanaidh und überqueren, etwa 350 m hoch, auf einer Fußgängerbrücke neben der Furt für Geländewagen einen Bach (Koordinaten NH 928066). 1:15 Std.

Bald darauf ist ein rechts/aufwärts abzweigender Pfad zu ignorieren; wir halten uns am Flussufer. Der Weg wird nun schmaler. Die 742 m hohe Erhebung Carn Eilrig liegt links im Vorblick. Wir gelangen in eine kleine Schlucht, und unser Weg zieht nach rechts. Drunten rauscht der Am Beanaidh über Steine, am Hang wachsen alte Kiefern. Der Pfad, der abzweigte (und um die Schlucht führte), vereint sich wieder mit dem unseren, das Tal wird breiter, und wir lassen die letzten Bäume hinter uns. Vor uns liegt jetzt **Gleann Eanaich,** eine langgestreckte Fläche mit Heidemoor und Sumpf. Von nun an müssen Sie immer wieder über kleine Bäche hinwegsetzen, der breite **Am Beanaidh** aber wird auf einer Metallbrücke überquert (430 m, Koordinaten NH 924043; **2**). 1:15 Std.

Von dieser Brücke bis zum Ziel, Loch Eanaich, bleiben wir auf der Ostseite des Flusses, und zwar auf einem mit Granitsteinen ausgebesserten, teils rauen Fahrweg. Bald ist die heikelste Stelle der Tour zu überwinden: Auf Trittsteinen muss der meist seichte, aber mehrere Meter breite **Beanaidh Bheag (3)** gequert werden. Wenn er nach regenreichen Tagen viel Wasser führt, kann man hier zur Umkehr gezwungen sein (Koordinaten NH 925029). Knapp 2:30 Std.

Nach und nach wird das Tal enger, wird die schroff abfallende Wand im südlichen Talschluss sichtbar. Im letzten Wegabschnitt erblicken wir den auf drei Seiten umschlossenen **See Loch Eanaich** (495 m). Die Route steigt an und nähert sich dem Berghang links, bevor er schließlich zum Nordufer des Sees absteigt (Koordinaten NN 917999; **4**). 3:30 Std.

Wir blicken in ein karges, eindrucksvolles Becken. Zu beiden Seiten fallen Felswände steil in den See ab. Nur am südlichen Ufer von Loch Eanaich grenzt eine kleine ebene Fläche ans Wasser. Wer nicht zum Klettern gekommen ist, kehrt hier um und erreicht auf dem bekannten Weg den Ausgangspunkt der Wanderung, sei es Whitewell, sei es **Coylumbridge (1).** 6:45 Std.

Tour 23

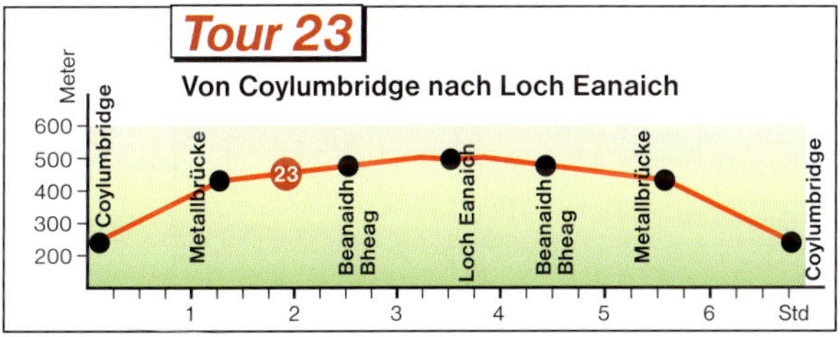

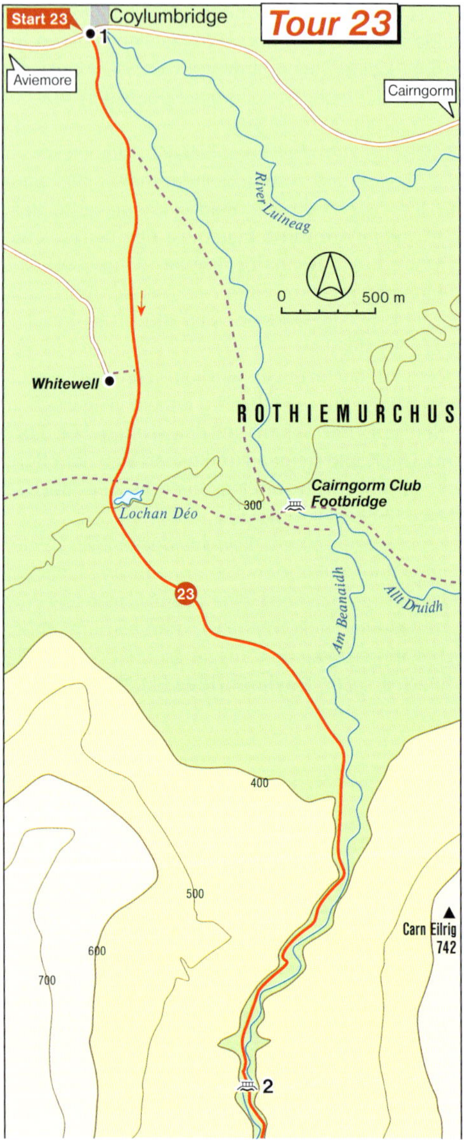
Tour 23
Start 23
Coylumbridge
1
Aviemore
Cairngorm
River Luineag
0
500 m
Whitewell
ROTHIEMURCHUS
Cairngorm Club Footbridge
300
Lochan Déo
23
Am Beanaidh
Allt Druidh
400
500
600
700
Carn Eilrig 742
2

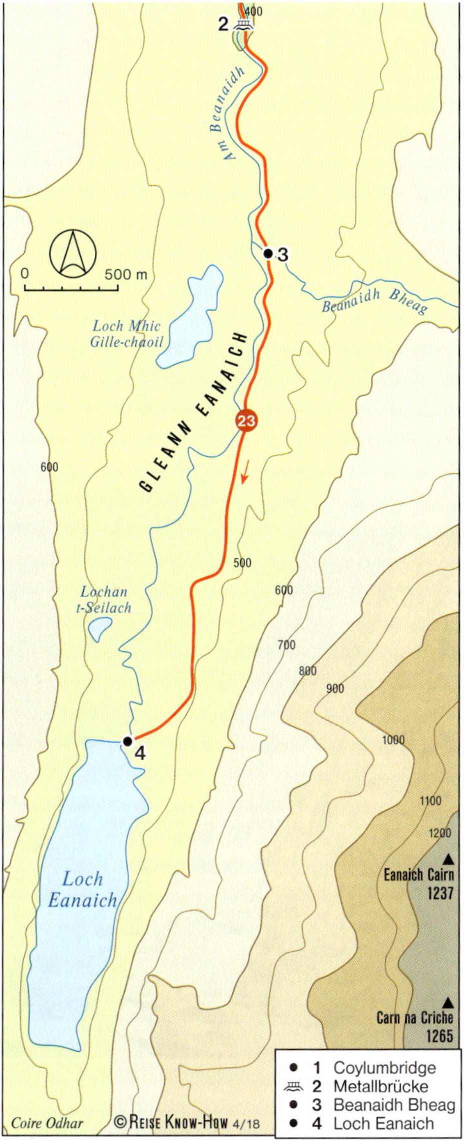
400
2
Am Beanaidh
3
0
500 m
Loch Mhic Gille-chaoil
Beanaidh Bheag
GLEANN EANAICH
23
600
500
Lochan t-Seilach
600
700
800
900
4
1000
1100
1200
Loch Eanaich
Eanaich Cairn 1237
Carn na Criche 1265
1 Coylumbridge
2 Metallbrücke
3 Beanaidh Bheag
4 Loch Eanaich
Coire Odhar
©Reise Know-How 4/18

Tour 24
Hinauf zu einem steinigen Pass

7:30 Std.
▲ 510 m ▼ 740 m
Anforderung 4

Wer es wild mag, wird an dieser Tour Gefallen finden, denn der Weg zum Pass Lairig Ghru, eine uralte Fernstrecke, führt auf steinigen Pfaden zwischen Cairngorm-Gipfeln entlang. Auf dem Rückweg erlebt der Wanderer die Reste des schottischen Urwalds im Rothiemurchus Forest.

064_high Foto: js

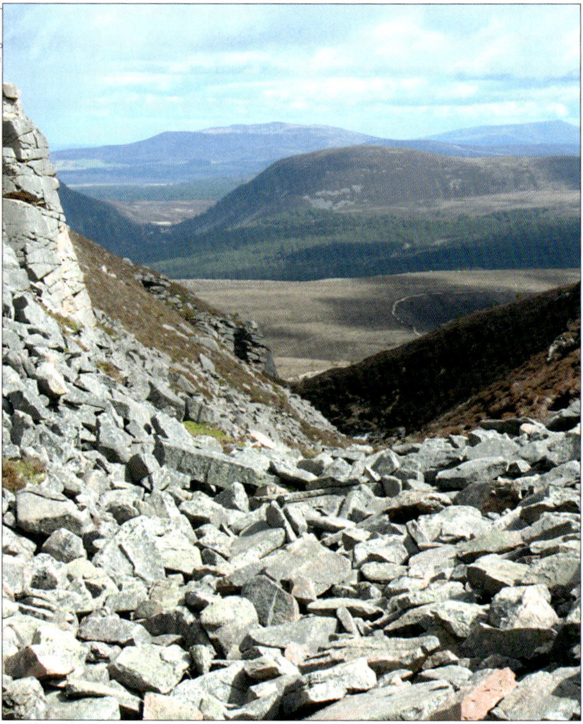

Am Chalamain Gap ist eine steinige Passage zu überwinden

Durch den Chalamain Gap zum Lairig Ghru

Landschaft: Das Cairngorm-Massiv mit Gipfeln zwischen 1000 m und 1300 m Höhe liegt zwischen dem breiten Tal Strathspey (Speyside) im Norden und Glen Dee (Deeside) im Süden. Der Pass Lairig Ghru vermittelte einst die kühne Nord-Süd-Verbindung durch dieses Gebiet

Routencharakter: Ziel-/Streckenwanderung auf harten, unebenen Pfaden. Der Weg beginnt im Flusstal am oberen Waldrand, steigt durch kahle Hügellandschaft an der Nordflanke der Cairngorms an, quert den steinigen Chalamain Gap und folgt dem Verlauf des Baches Allt Druidh

Auf und Ab: ▲ 510 m ▼ 740 m (bei Rückwanderung nach Coylumbridge)

Höhenlage: zwischen 250 m (Coylumbridge) und 830 m (Lairig Ghru)

Gehzeit: 7:30 Std., ca. 22 km (bis Chalamain Gap 1:45 Std.; bis Allt Druidh 2:15 Std.; bis Pass Lairig Ghru 3:30 Std.; bis Abzweig Rothiemurchus Lodge 5:15 Std.)

Anforderungen: bis 4; die Querung des Chalamain Gap über lockeres Geröll und Steinblöcke erfordert Handeinsatz und Trittsicherheit; auch die steinigen Pfade zum Bergpass hinauf sind kein Spaziergang

Risiken: Die Steig- und Kletterpassagen im Chalamain Gap erfordern hohe Achtsamkeit und bergen Verletzungsgefahren

Wegmarkierung: nur vereinzelte Wegweiser

Einkehrmöglichkeit: keine

Trinkwasser: Angesichts der Länge der Tour am besten 3 l pro Person mitführen

Abbruchmöglichkeit: Nach dem Abstieg vom Chalamain Gap ins Tal des Allt Druidh könnte man entlang des Bachs nach Norden zur Straße in Coylumbridge zurückwandern

Wegvariante: Zweitagestour: anstatt am höchsten Punkt des Lairig Ghru umzukehren, geht man weiter und steigt ins Glen Dee hinab. Übernachtung in Corrour Bothy, eine einfache, kleine Hütte, die mitunter schon belegt ist, ca. 6 km vom Pass; von dort bis zur Jugendherberge Invery (nur 14 Betten, unbedingt vorbuchen, Tel. 01339/74 10 17) weitere 11 km. Zurück nach Aviemore am besten zu Fuß – die Alternative wäre eine lange Odyssee mit Bussen über Tomintoul (nördlich) oder Pitlochry (südlich)

Ausrüstung: Standard. Achten Sie darauf, dass Sie für die lange, mühsame Strecke genug Proviant mitnehmen und warme Kleidung einpacken – die Tour ist zwar keine Gipfelwanderung, wird aber an der höchsten Stelle bei Nordwind sehr ungemütlich
Karten: Harvey Superwalker Cairn Gorm 1: 25.000; Ordnance Survey Explorer Nr. 403, Cairngorm & Aviemore 1: 25.000
Anfahrt: Bus Linie 31 von Aviemore Bahnhof Richtung Cairngorm Ski Resort, Busfahrer um Halt bei Sugarbowl bitten, tägl. 10.20, 11.20, 12.20, 13.20 Uhr, Fahrzeit 25 Min. – Auto: unterer Parkplatz an der Straße zur Cairngorm-Bergbahn, ca. 13 km östlich von Aviemore via Coylumbridge
Rückfahrt: Bus 31 von Coylumbridge stündl. jeweils 19 Min. nach der vollen Stunde. – Autofahrer können entweder zum Ausgangspunkt zurückwandern oder mit dem Bus von Coylumbridge (Mo–Sa 16.34 und 17.34 Uhr, So 16.22, 17.22 Uhr) zum Parkplatz zurückkehren

Die Route

Lairig Ghru, in den Zeiten vor Eisenbahn und Motorverkehr Schlüsselstelle einer wichtigen Nord-Süd-Verbindung durch die Highlands, ist ein unwirtlicher Bergpass unmittelbar zwischen den drei höchsten Gipfeln der Region: Ben Macdui (1310 m) im Osten sowie Braeriach (1296 m) und Cairn Toul (1293 m) im Westen.

Dort, wo die Straße zum Cairngorm-Skigebiet in die erste Kehre, eine Linkskurve, geht, befindet sich der so genannte **„Sugarbowl Car Park"** (Koordinaten NH 985074; **1**). Hier halten auf Anfrage die Linienbusse. Etwa aus der Mitte der Straßenkurve führt ein Weg südlich zur **Brücke über den Allt Mor** hinunter. Das tief eingeschnittene Flusstal bietet den letzten lieblichen Anblick für mehrere Stunden, denn nun geht es in steiniges, baumloses Gelände. Ein Wegweiser zum Chalamain Gap zeigt uns die Richtung. Nach einem kurzen, steilen Aufstieg aus der Schlucht wird der Weg flacher und wendet sich nach Süden (480 m, Koordinaten NH 984071). 15 Min.

Wir wandern jetzt entlang einer Ebene, die zum Teil als Rentiergehege eingefriedet ist, auf die Cairngorm-Gipfel zu. Dabei schwenkt unser Pfad zunächst auf südwestlichen, nach gut einer halben Stunde auf westlichen Kurs. In der Schlucht zur Linken vereinen sich drei Bäche aus den runden Eiszeittälern *(corries)* auf der Nordseite der Bergkette. Hier genießt man herrliche Blicke auf den Gipfel Cairn Gorm und auf die Talstation der Bergbahn. Unser gut ausgebauter Weg zieht bald wieder nach links, verliert vor einer Bachquerung ein wenig an Höhe und steigt auf der anderen Seite wieder an. 1 Std.

Nun geht es Richtung Südwesten auf den schon sichtbaren Chalamain Gap zu, einen Durchlass zwischen zwei Erhebungen. Wir steigen stetig auf; rechts bleibt der kleine See Lochan Dubh a' Chadha liegen. Der **Chalamain Gap (2)** ist eng und beeindruckend – links und rechts flankiert von jäh aufragenden Felswänden voller Risse. Die Kletterpartie über verstürzte Felsbrocken zur höchsten Stelle (ca. 700 m) ist anstrengend und erfordert ein wenig Geschick und Achtsamkeit (Koordinaten NH 965053). 1:45 Std.

Auf der anderen Seite des Passes wird das Gelände offener, der Boden ist nun weicher und bequemer zu gehen. Der weitere Abstieg ins Tal endet mit der unproblematischen Querung des **Baches Allt Druidh** (Koordinaten NH 959038; **3**).
Reichlich 2:15 Std.

Nun wandern wir nach links, zunächst parallel zum Bachlauf, in südöstlicher Richtung in den Talschluss von Lairig Ghru. Mit seinen grauen Felswänden und seinem Geröll bietet das Gelände einen kargen, abweisenden Anblick, und der Aufstieg über den steinigen Pfad ist mühsam. In einem ganz kurzen Wegabschnitt geht es abwärts zu einem Teich, der sich in einer

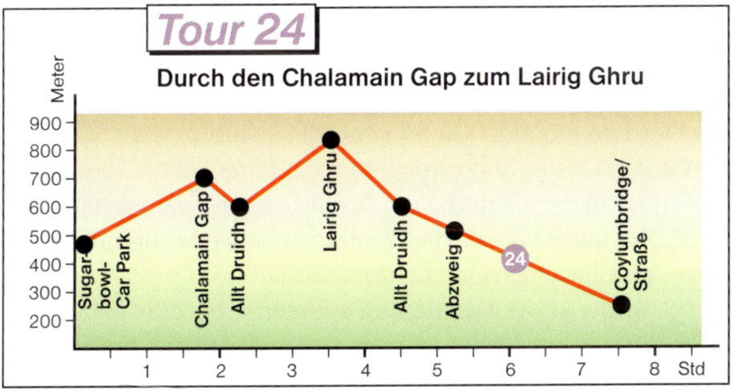

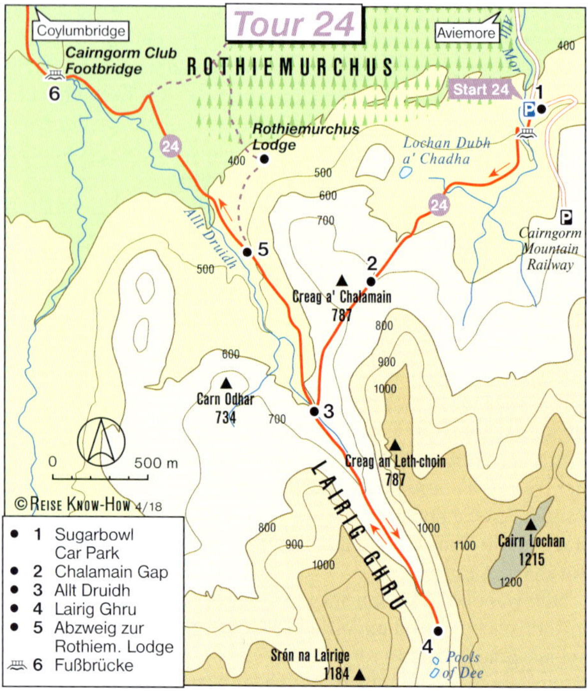

Mulde gebildet hat, dann auf der anderen, der linken Seite des Bachs aber wieder bergauf. Nach einer weiteren halben Stunde macht der Weg einen Schlenker und zieht auf ein Steinmännchen zu: Hier stehen wir auf der **Wasserscheide Lairig Ghru (4)** – vor uns der Südteil des Lairig Ghru und das Dee-Tal. Etwa 500 m weiter und ein wenig bergab markieren zwei Tümpel, genannt „Pools of Dee", den Anfang des River Dee, der bei Aberdeen in die Nordsee mündet (Koordinaten NH 974008). 3:30 Std.

Wir kehren um und erreichen nach einer guten Stunde die Stelle **(3),** an der wir nach dem Abstieg vom Chalamain Gap den Bach überquert haben. Hier kann man entweder den Rückweg über den Chalamain Gap **(2)** zum „Sugarbowl Car Park" **(1)** am Ausgangspunkt der Wanderung antreten – bis dort 6:45 Std. – oder die längere, leichtere, weniger karge Strecke entlang des **Allt Druidh** und durch den wunderschönen Rothiemurchus-

Wald wählen. Empfehlung für alle, die nicht mit dem Auto angefahren sind.

Die Orientierung ist in diesem zweiten Fall leicht. Auf der Ostseite des Baches geht es in Richtung Norden. Nach einem kurzen, sehr reizvollen Abschnitt nahe am Bach entfernt sich der Pfad wieder vom Allt Druidh und führt an einem Feuchtgebiet vorbei. Bald ist rechts ein **Abzweig zur Rothiemurchus Lodge (5)** ausgeschildert. 5:15 Std.

Wir gehen hier geradeaus (wer aber Unterkunft am Loch Morlich hat, nimmt den Weg nach rechts bis Rothiemurchus Lodge und geht dann links durch die Nadelholzplantagen zum See). Im folgenden Wegabschnitt blicken wir links hinunter in die mit Birken bewachsene Schlucht des Allt Druidh und gelangen in einen schönen, lichten Wald, wo im Sommer Blaubeeren unter den uralten Kiefern reifen. An einem Wegekreuz sind Aviemore und Loch Morlich ausgeschildert (Koordinaten NH 938076). 6:15 Std.

Wir halten uns links (s. Routenbeschreibung zu den Touren 21 und 23) zur Fußbrücke über den **Allt Druidh (6),** dann rechts parallel zum Fluss (s. Karte zu Tour 23) und erreichen schließlich die Straße bei **Coylumbridge.** 7:30 Std.

027_high Foto: js

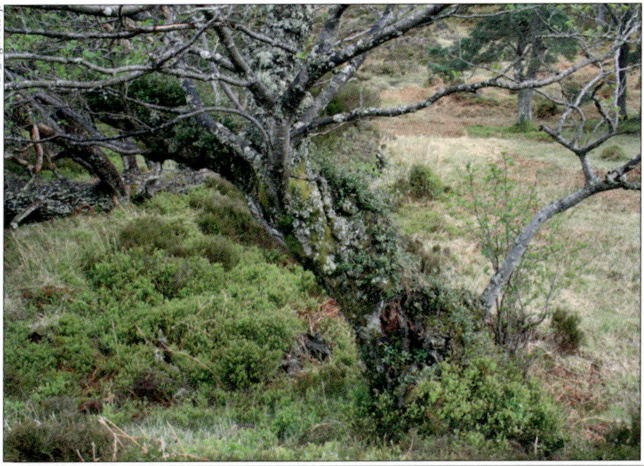

Dieser alte Baumstamm ist zu einem Biotop geworden

Tour 25
Die Cairngorm-Hochebene

5:30 Std.
▲ 850 m ▼ 850 m
Anforderung 4

Diese Rundwanderung über drei Bergkuppen mit einem Schwindel erregenden Blick hinunter in die Talkessel auf der Nordseite vermittelt einen guten Eindruck von den subarktischen Lebensbedingungen auf der eindrucksvollen Hochebene der Cairngorms.

065_high Foto: js

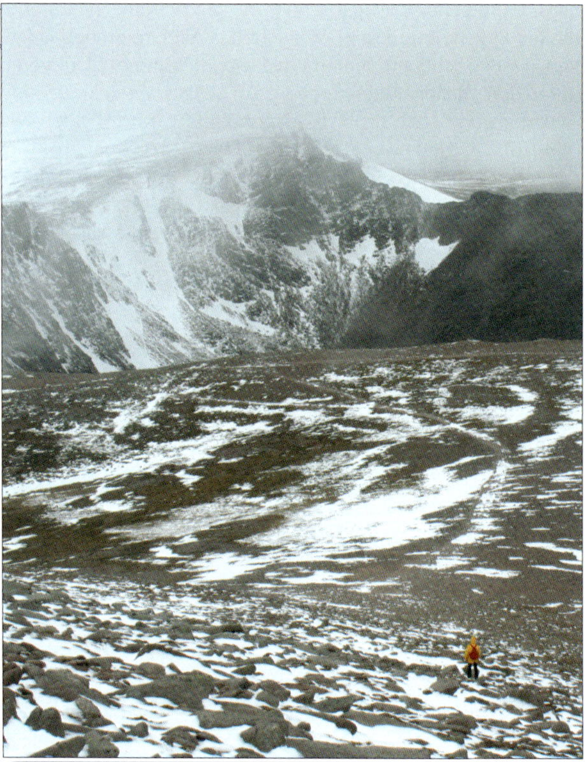

Warme Kleidung ist unverzichtbar: Die Cairngorm-Hochebene Ende Mai

Von der Bergbahn-Talstation auf Cairn Gorm und Cairn Lochan

Landschaft: Die Hochebene um den Gipfel Cairn Gorm ist eine beeindruckende Steinwüste mit rauem Bergklima und spärlicher Vegetation
Routencharakter: Rundwanderung. Die Route entfernt sich schnell von der Talstation der Bergbahn, erreicht via Bergstation den Gipfel Cairn Gorm, führt weiter über zwei Nebengipfel oberhalb schroffer Felswände und endet mit einem relativ sanften Abstieg
Auf und Ab: ▲ 850 m ▼ 850 m
Höhenlage: zwischen 570 m (Abzweig von der Cairngorm-Straße) und 1245 m (Gipfel Cairn Gorm)
Gehzeit: 5:30 Std., ca. 11 km (bis Abzweig von der Straße 15 Min.; bis Bergstation der Cairngorm-Bahn 1:30 Std.; bis Cairn Gorm 2 Std.; bis Stob Coire an t-Sneachda 3 Std.; bis Cairn Lochan 3:45 Std.)
Anforderungen: bis 4. Die Tour beginnt mit einem mühsamen Aufstieg. Je nach Wetterlage kann der weitere Weg über die Hochebene anstrengend sein. Vertrautheit mit Karte und Kompass ist unerlässlich
Risiken: Bis in den Mai ist mit Schnee, Eisregen und schneidendem Wind, zu allen Jahreszeiten mit tief hängenden Wolken zu rechnen. Wer sich bei schlechter Sicht nicht zu orientieren vermag, begibt sich in Gefahr, denn der Weg läuft an 200 bis 250 m hohen Klippenabstürzen entlang
Wegmarkierung: keine
Einkehrmöglichkeit: Ptarmigan Restaurant an der Bergstation der Cairngorm Mountain Railway: The Ptarmigan Restaurant, Cairngorm Mountain, Aviemore, PH22 1RB, Tel. 01479/86 13 11, www.cairngormmountain.org/catering. Auch in der Talstation gibt es ein Café
Abbruchmöglichkeit: Im Notfall fährt man mit der Bergbahn zur Talstation hinunter (s.u.). – Nach dem Abstieg nach Westen vom Gipfel Cairn Gorm zum Kamm Fiacaill a' Choire Chais führt (Koordinaten NH 999040) ein zunächst sehr steiler Weg mit Kompassrichtung 340° hinunter auf den Pfad von Coire Cas zur Talstation
Ausrüstung: Standard; nehmen Sie zusätzliche warme Kleidung mit und vergessen Sie auf keinen Fall Karte und Kompass!

Karten: Harvey Superwalker Cairn Gorm 1: 25.000; Ordnance Survey Explorer Nr. 403, Cairngorm & Aviemore 1: 25.000
Anfahrt: Beginn der Wanderung an der Talstation der Bergbahn: Funicular Railway, Cairn Gorm Ski Area, Aviemore PH22 1RB, Tel. 01479/86 12 61, www.cairngormmountain.org. Die Bahn fährt tägl. 10–15.30, alle 20 Min. Hinfahrt zur Talstation Bus 31 ab Bahnhof Aviemore zur Talstation 8.13, 9.13, 10.13 Uhr. – Auto: Parkplatz an der Talstation der Cairngorm-Bergbahn, ca. 14 km östlich von Aviemore via Coylumbridge
Rückfahrt: mit dem Bus ab Talstation der Cairngorm-Bergbahn, letzter Bus um 17.05 Uhr

Die Route

Mit 1245 m steht der Gipfel Cairn Gorm an sechster Stelle in der Rangliste der höchsten Berge Großbritanniens. Das Cairngorm-Plateau erstreckt sich südlich zum zweithöchsten Gipfel, Ben Macdui (1310 m), und fällt an drei anderen Seiten in Steilwänden jäh ab. Westlich, jenseits des tief eingeschnittenen Passes Lairig Ghru, erhebt sich ein Massiv mit den dritt-, viert- und fünfthöchsten Gipfeln des Landes: Braeriach (1296 m), Sgorr nan Lochan Uaine (1258 m) und Cairn Toul (1291 m). Diese Berge sind aber weniger leicht zugänglich als Cairn Gorm, der mitsamt den beiden Nebengipfeln Stob Coire an t-Sneachda und Cairn Lochan Ziel unserer heutigen Tour ist.

Vom **Parkplatz an der Bergbahn (1)** geht es ca. 800 m auf der Straße in Richtung Norden bis zu einer Gabelung. Hier halten wir uns rechts und gehen noch ca. 90 m weiter. An einer Betonrinne zur Rechten verlassen wir die Straße (570 m, Koordinaten NH 988069), überspringen einen kleinen Wasserlauf und sehen im Heidekraut das unscheinbare Steinmännchen, das den Anfang unseres Aufstiegs markiert. 15 Min.

Der Pfad ist schmal, teils von Heidegestrüpp und jungen Kiefern überwachsen, aber doch erkennbar. Nach beschwerlichem ersten Aufstieg wird er deutlicher. Wir gewinnen ständig an Höhe, so dass Cairn Gorm und das Talbecken Coire Cas jenseits des Parkplatzes bald sichtbar werden. Bei einem weiteren Steinmännchen flacht der Weg vorübergehend ab. 30 Min.

Nach zehn weiteren Minuten durchqueren wir ein Skigebiet, wo Pisten ihre Spuren am Berghang hinterlassen haben. Liegt kein Schnee, ist die Orientierung hier einfach, obwohl der Weg stellenweise ausfranst. Auf einer Höhe von ca. 900 m gehen wir – etwa 1 Std. sind wir nun unterwegs – an den Zäunen entlang, welche die Trassen der Sessellifte begrenzen. Noch 200 Höhenmeter sind bis zum Ptarmigan Restaurant an der **Bergstation der Cairngorm-Bahn (2)** zu überwinden. Den Bewuchs mit Heidekraut haben wir schon länger hinter uns gelassen – über Kieshänge geht es hinauf zum Restaurant (1085 m, Koordinaten NJ 005049). 1:30 Std.

Hinter dem Restaurant zieht der Weg gerade und steil nach Süden zum 1245 m hohen Gipfel des **Cairn Gorm (3)** hinauf. Nach Norden blickt man auf den Rothiemurchus-Wald, Loch Morlich, Aviemore und bei guter Sicht noch viel weiter, in den anderen Richtungen auf die umliegenden Berge. Nach Osten hin fällt das Gelände steil ins Tal Strath Nethy ab. Zwei Kilometer südlich und über 500 m tiefer versteckt sich Loch Avon in einer steilwandigen Senke. 2 Std.

Je nach Wetterlage und Kondition sollte man auf dem Cairn Gorm überlegen, auf dem Hinweg wieder abzusteigen, denn auf der nun folgenden Strecke über die Hochebene ist man zwei Stunden lang dem Wetter, vor allem dem oft starken Wind ausgesetzt. Vom Gipfel geht es in westlicher Richtung über ein Geröllfeld zum 100 m tiefer liegenden Aussichtspunkt am **Kamm Fiacaill a' Choire Chais** (Koordinaten NH 999040), dann direkt südlich parallel zur Ostseite des Coire an t-Sneachda.

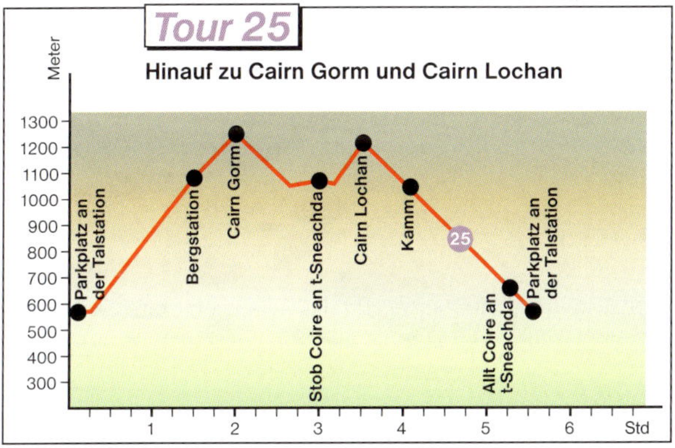

Steinmännchen geben uns Geleit. In der Ferne haben wir Loch Etchachan im Vorblick. Die Tümpel im Coire rechts unten liegen 200 m tiefer als unser Höhenpfad. Mit gebührendem Abstand zur Felskante, die nach Süden hin noch schroffer abfällt, drehen wir in Richtung Südwesten, dann Westen, und besteigen den 1176 m hohen **Stob Coire an t-Sneachda** (Koordinaten NH 997029; **4**). 3 Std.

Stob Coire an t-Sneachda gilt als Nebengipfel, nicht als eigenständiger Berg, d.h. wir können uns hier keine zweite Munro-

067_high Foto: js

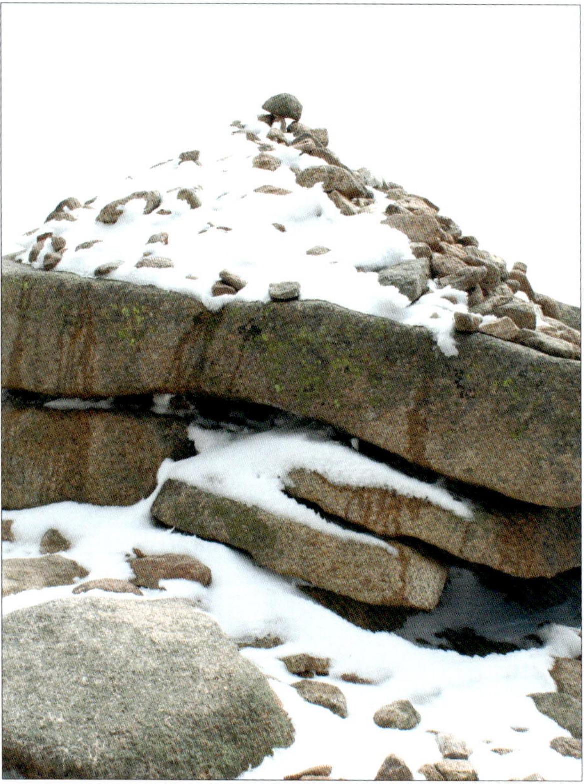

Bei Schneeauflage sind Steinmännchen eine wichtige Orientierung

Eroberung (s. Exkurs „Munros“) ans Revers heften. Auf der anderen Seite geht es wieder hinunter zu einer flachen, von einem Steinmännchen markierten Stelle, dann weiter in derselben Richtung zum 1215 m hohen **Cairn Lochan (5)** hinauf. Auch Cairn Lochan wird als Nebengipfel und nicht als Munro geführt – was der Freude am Panoramablick aber keinen Abbruch tut. 3:45 Std.

Im Abstieg vom Gipfel wird der Pfad undeutlich, aber der nach Norden verlaufende Kamm, zu dem wir hinunter müssen,

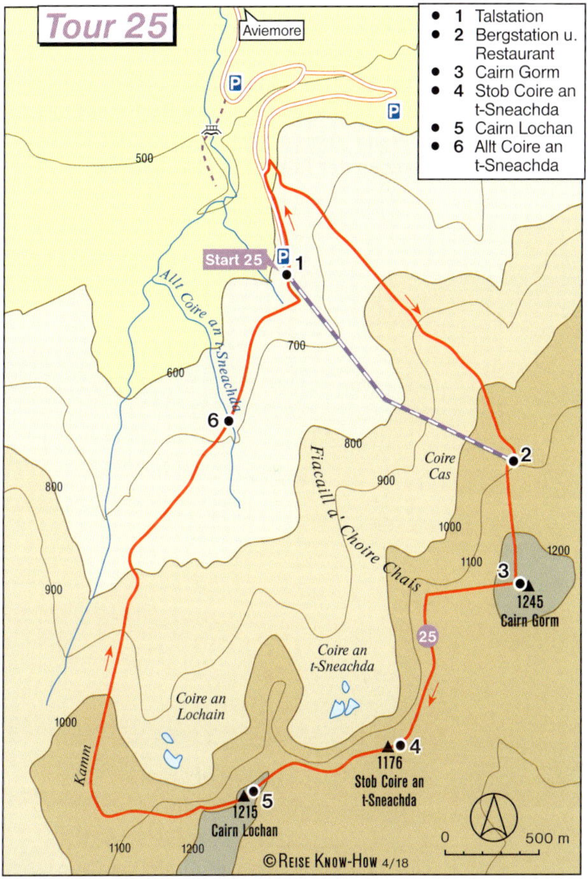

ist sichtbar. Wiederum gilt es, ausreichenden Abstand zu den Klippen oberhalb Coire an Lochan zu halten, während wir nach Westen absteigen. An der tiefsten Stelle befindet sich ein kleines Sumpfgebiet, das man am besten links umrundet.

Ist der **Kamm** erreicht, wendet man sich nach Norden und sucht den mit Steinmännchen bezeichneten Weg, der entlang des Kamms verläuft. Links fällt der Hang zu einem Tal ab, rechts liegt das von hohen Felsmauern umgebene Becken Coire an Lochan. Auf dem Kamm halten wir zunächst den nördlichen Kurs und steigen dabei ca. 250 Höhenmeter ab, bis der Weg auf etwa 780 m Höhe nach rechts, d.h. Nordosten, schwenkt (Koordinaten NH 978043). 4:45 Std.

Ab hier ist der Pfad gut, teils treppenartig ausgebaut mit Rinnen zur Entwässerung. Er führt hinunter zum **Bach Allt Coire an t-Sneachda (6),** der auf großen Steinen überquert wird, und weiter zum **Parkplatz an der Talstation (1).** 5:30 Std.

Blick auf Loch Etchachan im Abstieg von Cairn Gorm

066_high Foto: js

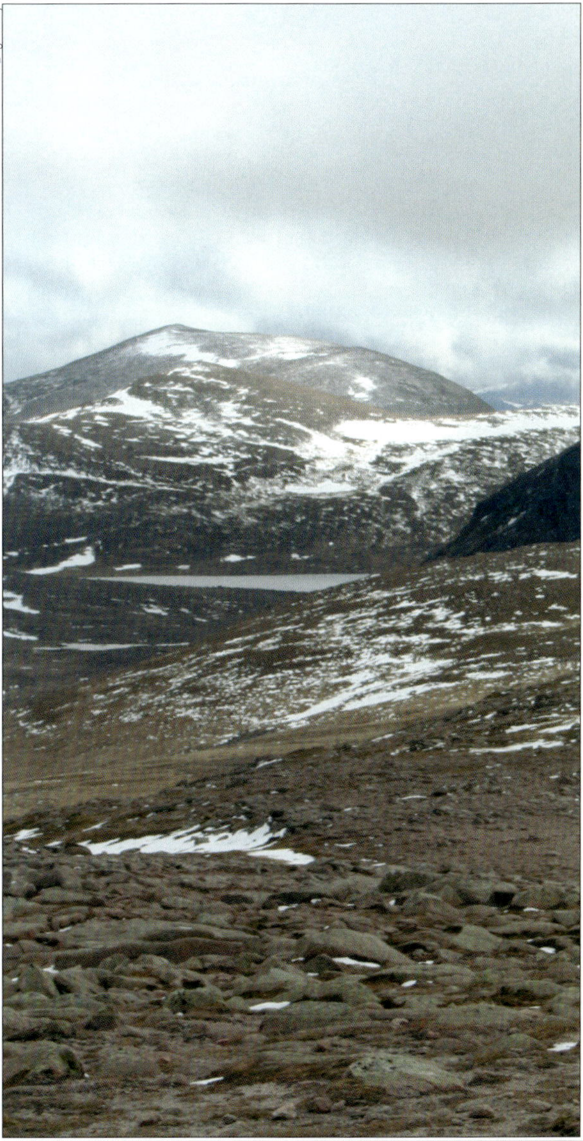

074_high Foto: js

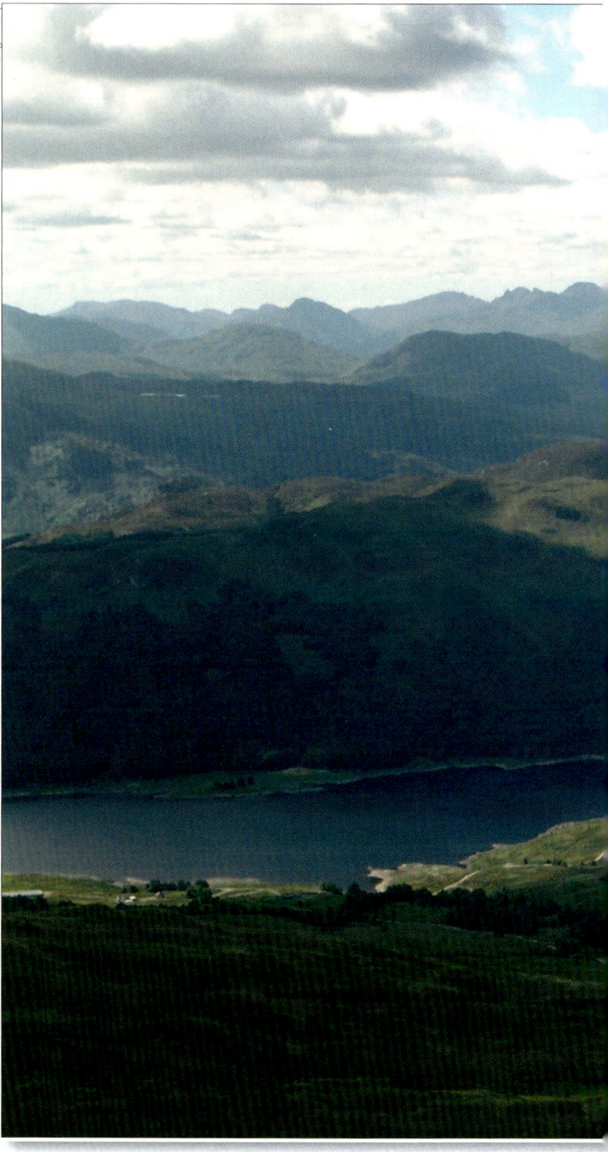

Das Seengebiet der Trossachs – Stützpunkt Callander

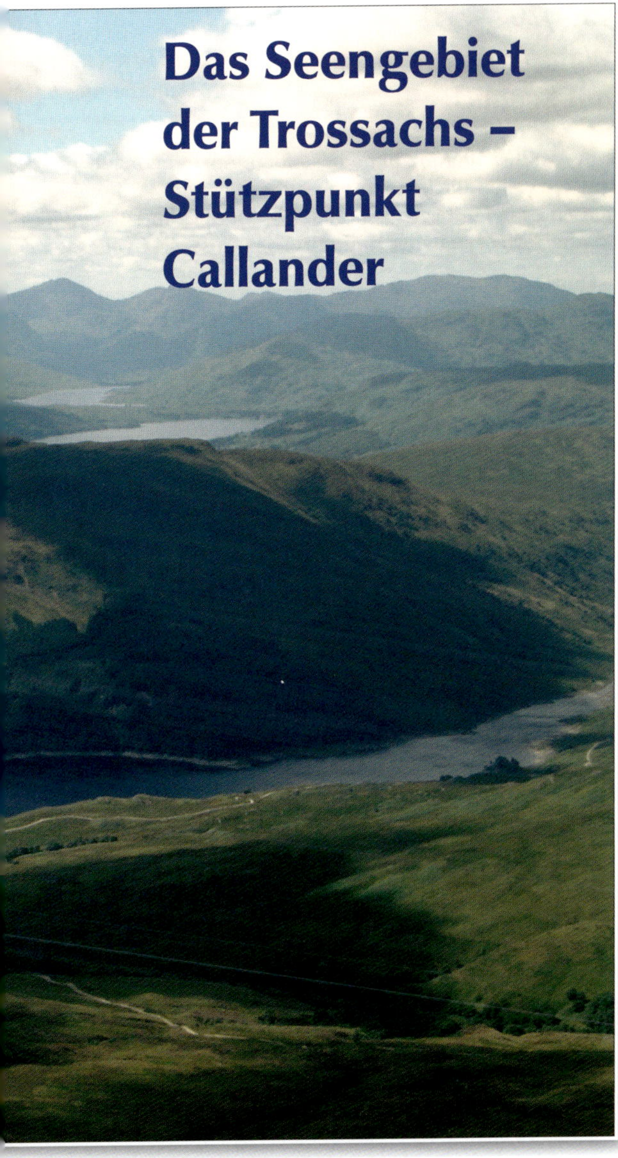

Tour 26 Waldpartie mit Seeblick

4:15 Std.
▲ 110 m ▼ 110 m
Anforderung 2

Eine Waldwanderung ohne besondere Anstrengungen, aber mit reizvollen Blicken auf den hübschen Loch Ard und die fernen Gipfel um Loch Lomond. Die Tour beginnt und endet in Aberfoyle, einem der Hauptorte des Trossach-Gebiets.

068_high Foto: js

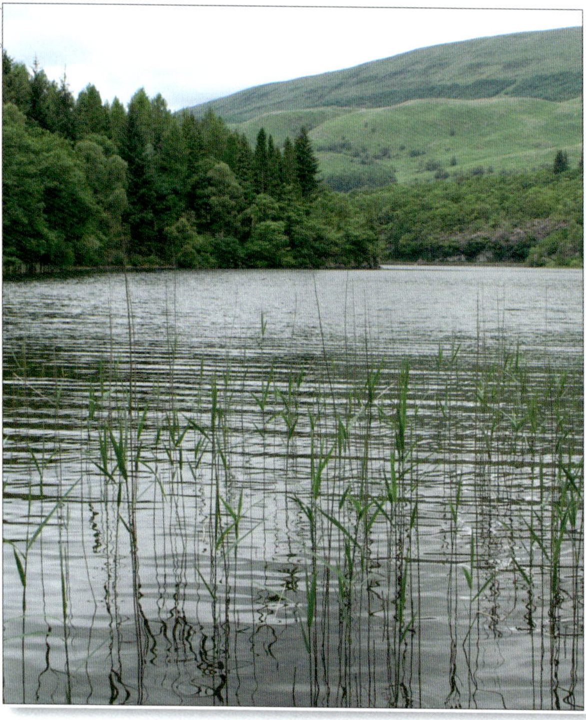

Vorherige Seite: Blick von Ben Ledi nach Westen: im Vordergrund Glen Finglas, dahinter Loch Katrine mit Ben Venue (links), ganz im Hintergrund Loch Arklet mit den „Arrochar Alps“
Linke Seite: Eine Bucht von Loch Ard

Von Aberfoyle zum Loch Ard Forest

Landschaft: Das Trossach-Gebirge zeichnet sich durch eine saftig grüne Landschaft, die im Gegensatz zu den nordwestlichen Highlands fast lieblich anmutet. Den Mittelpunkt bildet der gutbesuchte Loch Lomond, der größte See Schottlands, und ein beliebtes Naherholungsgebiet für Städter. Aber auch hier kann man im Hinterland und an den kleineren Seen dem Touristenstrom entfliehen. Tour 26 durchquert Waldgebiete in der Hügellandschaft um den ruhigen Loch Ard
Routencharakter: durchweg breite, befestigte Forstwege, am Anfang und Ende der Wanderung kurze Abschnitte entlang der Autostraße
Auf und Ab: ▲ 110 m ▼ 110 m
Höhenlage: zwischen 20 m (Milton) und 110 m (Aquädukt-Weg)
Gehzeit: 4:15 Std., ca. 17 km (bis Loch Ard 30 Min.; bis Unterquerung Aquädukt 2:15 Std.; bis Duchray Bridge 2:45 Std.)
Anforderungen: bis 2; weder die Orientierung noch die Beschaffenheit der Wege stellen nennenswerte Herausforderungen dar; im Schutz der Bäume ist man nirgendwo dem Wetter ausgesetzt
Wegmarkierung: Wegweiser nur am Anfang und am Ende der Wanderung
Einkehrmöglichkeit: The Forth Inn, Main St, Aberfoyle, FK8 3UQ, Tel. 01877/38 23 72, http://www.forthinn.com, tägl. 10–23 Uhr. In diesem Pub gibt es gute Küche und Übernachtungsmöglichkeiten, DZ ab £ 70. Liz MacGregors Restaurant & Coffee Shop, Tel. 01877/38 93 76, Main Street, Aberfoyle FK8 3UG, tägl. 9–18 Uhr. Kaffee, Kuchen und Snacks.
Abbruchmöglichkeit: keine bzw. jederzeit auf dem Anweg zurück
Ausrüstung: Standard; auch Turn- oder leichte Sportschuhe sind bei trockenem Wetter ausreichend
Information: VisitScotland Aberfoyle iCentre, Trossachs Discovery Centre, Main Street, FK8 3UQ, Tel. 01877/38 12 21, www.visitscotland.com, Winter 10–16, Sommer bis 17 Uhr.
Karten: Ordnance Survey Explorer Nr. 365, The Trossachs, 1: 25.000; Harvey Superwalker Ben Venue 1: 25.000
Anfahrt: Die direkte Busverbindung von Callander besteht nicht mehr, man muss mehrfach umsteigen. Mit First South East and Central Scotland (www.firstgroup.com/south-east-

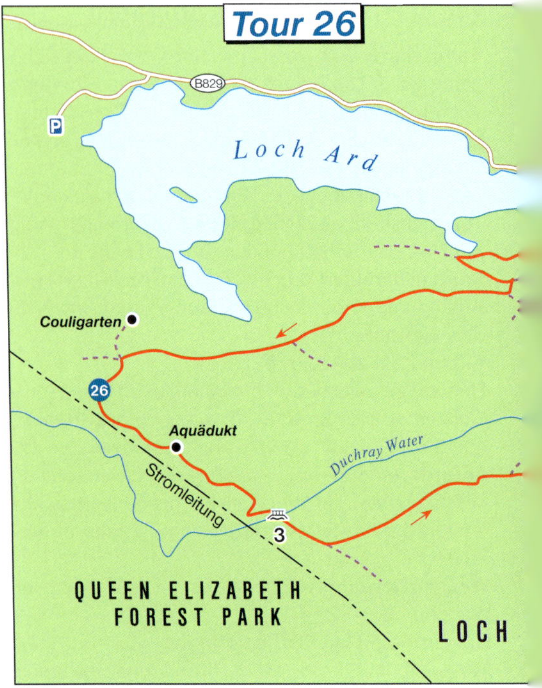

and-central-scotland): Bus 59 in Richtung Callander um 7.47 Uhr ab Main Street gegenüber War Memorial, umsteigen an der A84 gegenüber Community Hall in Kinkardine/Menteith, wieder umsteigen an der A873 Blairdrummond um 8.54 Uhr in Bus C11 nach Aberfoyle, Ankunft Tourist Information Aberfoyle um 9.20 Uhr. Linie C11 fährt von Stirling auch direkt nach Aberfoyle – Auto: zum Parkplatz am Visitor Centre an der A 82 in Aberfoyle, ca. 16 km südwestlich von Callander. Landschaftlich schöner ist die Anfahrt auf der A 821 westlich von Callander über Loch Venachar und Brig o' Turk

Rückfahrt: Letzter Bus C11 nach Aberfoyle 16.35 Uhr, umsteigen in Blairdrummond 17.01 Uhr nach Community Hall Kincardine, 17.19 Uhr auf der A84 Bus 59 nach Callander, Ankunft ca. 17.50 Uhr

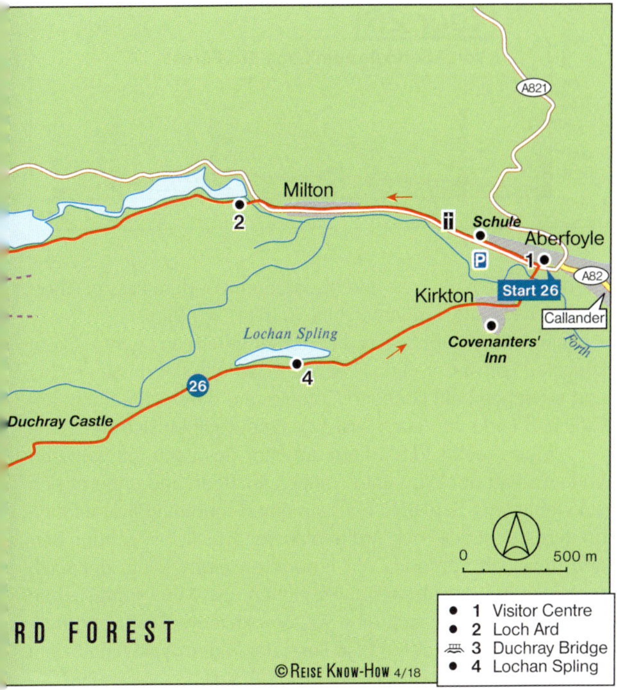

Die Route

Aberfoyle (1) ist ein vielbesuchtes Tourismuszentrum im Nationalpark Loch Lomond und Trossachs. Das Dorf (ca. 640 Einwohner) besitzt eine gute Auswahl an Gaststätten, und das Visitor Centre (Koordinaten NN 521009), der Startpunkt unserer Tour, bietet ein breites Sortiment an Wanderkarten und Büchern. Vom Visitor Centre geht es nach links entlang der Straße B 829 (Lochard Road) in westliche Richtung. Wir passieren Häuser mit gepflegten Vorgärten, auch die Schule und die Kirche von Aberfoyle. Links der River Forth, der von Loch Ard nach Osten an der historischen Stadt Stirling vorbei fließt und in den Firth of Forth mündet. An einem alten Steinhaus, einer ehemaligen Getreidemühle, im (nicht ausgeschilderten) Ortsteil **Milton** verlassen

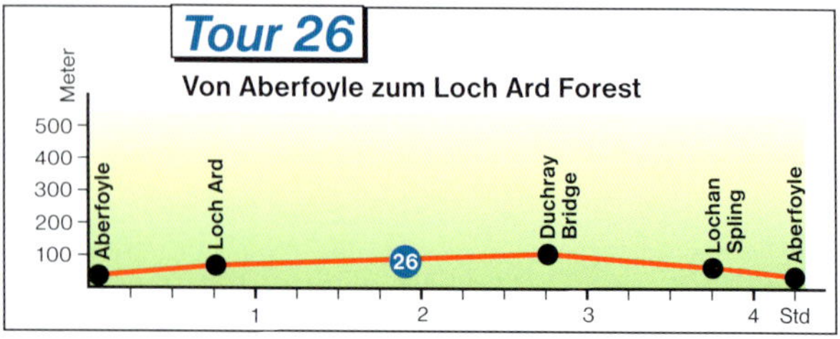

wir die Straße nach links und überqueren vor dem Pass of Aberfoyle den Fluss (Koordinaten NN 503014). 20 Min.

Nach 5 Min. gabelt sich die Straße, geradeaus geht es zum Loch Ard Forest Car Park. Hier halten wir uns stattdessen rechts und erreichen bald Lochend Cottage und die seichte Bucht am östlichen Ende von **Loch Ard (2).** Erneut gabelt sich der Weg, wir bleiben rechts, d.h. unten am Ufer des Loch. Im weiteren Verlauf steigt der Weg unter Tannen leicht an und entfernt sich ein wenig vom See. Bald hat man einen schönen Blick auf eine breitere Bucht des Loch Ard und zu den westlich liegenden Bergen um Loch Lomond. Wir ignorieren einen Weg, der nach rechts zum See abzweigt, erreichen 20 Min. später ohne nennenswerten Anstieg eine weitere, kleinere Bucht und nehmen hier einen kleineren Pfad links, der in den Wald hinaufzieht (Koordinaten NN 475011). Knapp 1:15 Std.

Nach 5 Min. an einem Abzweig rechts, 200 m weiter wieder rechts. Jetzt haben wir einen breiten, den Hang entlang in Richtung Westen ziehenden **Erdfahrweg** erreicht, auf dem wir eine gute Stunde bleiben. Nach ca. der Hälfte dieser Strecke zweigt ein Pfad nach links ab, aber wir setzen unseren Weg geradeaus fort und erreichen eine Kreuzung oberhalb des Hauses Couligarten. Ein Wegweiser zeigt rechts nach Kinlochard, wir gehen aber nach links und unterqueren bald darauf einen **Aquädukt** (Koordinaten NN 451002). 2:15 Std.

Ein längerer Wegabschnitt führt uns nun an diesem Aquädukt entlang – es handelt sich um einen Wirtschaftsweg für den Forst- und Wasserversorgungsbetrieb. Zuerst geht es in einer Linkskurve nach Süden und unter eine Stromleitung hindurch.

Alles reckt und streckt sich der Frühlingssonne entgegen

Wir blicken auf den Fluss Duchray Water hinunter und halten südöstlichen Kurs über offenes Gelände, in das junge Holzplantagen eingestreut sind. Unsere Höhe schwankt leicht um die 100 m, bis der Fahrweg in Kehren zur **Duchray Bridge (3)** absteigt. 2:45 Std.

Über die Tore an beiden Seiten der Brücke helfen Zauntritte. Nach Passage des Hauses hinter der Brücke stoßen wir auf einen **Fahrweg** (Koordinaten NS 467991). Hier geht es für uns nach links, an einem Abzweig nach ca. 200 m bleiben wir links. Der eingeschlagene Weg führt uns zuverlässig nach Aberfoyle zurück.

Nach einer halben Stunde sehen wir die Einfahrt zu Duchray Castle, der Herrensitz selber ist aber von Bäumen gut abschirmt. Nach einer weiteren halben Stunde ist ein kleiner See, **Lochan Spling (4),** durch die Bäume links sichtbar. Ein kurzer Abstecher lohnt sich, Seerosen schmücken das Gewässer. 3:45 Std.

Laubwald begleitet das letzte Stück unserer Wanderung. Auf der Duchray Road gelangen wir auf Straßenteer, gehen an der T-Kreuzung links auf der Manse Road und sind wieder am Ausgangspunkt in **Aberfoyle (1).** 4:15 Std.

029_high Foto: js

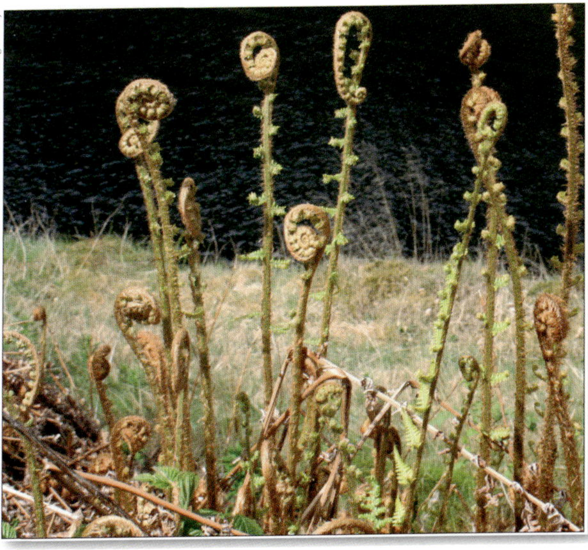

Tour 27
Ein Aussichtspunkt über Loch Lubnaig

2:45 Std.
▲ 420 m ▼ 420 m
Anforderung 2

Wer einen herrlichen Gipfelblick genießen will, ohne eine lange Bergtour zu unternehmen, hat mit dieser Route die richtige Wahl getroffen: Von Strathyre geht es hinauf zum Gipfel Beinn an t-Sidhean, der Panoramablicke auf Loch Lubnaig und die umliegenden Berge bietet.

069_high Foto: js

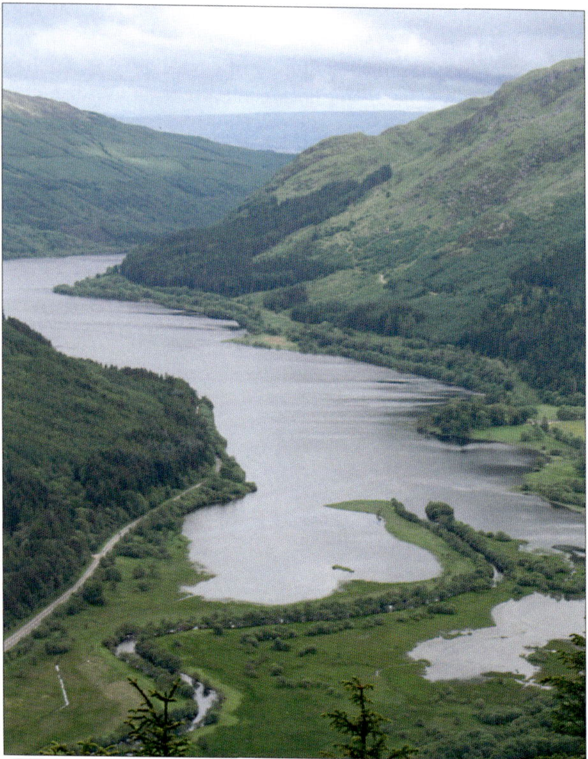

Schon vor dem Gipfel ist die Aussicht prächtig: Loch Lubnaig

Von Strathyre auf den Beinn an t-Sidhean

Landschaft: Zwischen den bewaldeten Hängen des Tals Strathyre mäandriert der Fluss Balvaig, ehe er in Loch Lubnaig mündet; zu beiden Talseiten erheben sich 550 bis 650 m hohe Hügelketten
Routencharakter: Zielwanderung vom Dorf Strathyre zum Gipfel über steile, aber gute Forstpfade; ein kurzes Stück führt durch baumloses Terrain
Auf und Ab: ▲ 420 m ▼ 420 m
Höhenlage: zwischen 125 m (Strathyre) und 572 m (Gipfel Beinn an t-Sidhean)
Gehzeit: 2:45 St., 8 km (bis zweiter Forstweg 30 Min.; bis Vorgipfel 1:30 Std.; bis Gipfel Beinn an t-Sidhean 1:45 Std.)
Anforderungen: 2; der Weg ist steil, aber ungefährlich, die Orientierung einfach
Risiken: Der Abhang direkt östlich des Gipfels erfordert etwas Vorsicht bei Nässe und Wind
Wegmarkierung: Markierungen und Wegweiser im Wald, keine auf den oberen Hängen
Wegvariante: Verlängerung der Route im Wald (ausgeschilderter „Bailefuil Walk“ auf breiten Forstwegen)
Einkehrmöglichkeit: keine unterwegs; vor und nach der Wanderung in Strathyre: The Munro Inn, Main Street, Strathyre, FK18 8NA, www.munroinn.co.uk, Tel. 01877/38 43 77, geöffnet Mo–So 8–10, Mo–Do 17–21, Fr, Sa 13–21, So 12.30–21 Uhr. Pub Food mit schottischem Einschlag, z.B. Wildburger und Cullen Skink.
Abbruchmöglichkeit: keine
Ausrüstung: Standard
Karten: Ordnance Survey Explorer Nr. 365, The Trossachs, 1: 25.000
Anfahrt: Bus C60 Callander Public Toilets, 8.50 Uhr Richtung Killin bis Ben Sheann Hotel, dann 17 Min bis Strathyre laufen.– Auto: über die A 84 ca. 5 km nördlich nach Strathyre, am südlichen Ortseingang Parkplatz der Forestry Commission. Hinweis: Die Wanderung lässt sich mit einer Radtour auf der Rob Roy Way/Callander & Strathyre Cycle Route verbinden – 14 leichte Kilometer von Callander nach Strathyre auf der Trasse einer stillgelegten Eisenbahn
Rückfahrt: Linie C60 Mo–Sa 15.16, 17.26 Uhr.

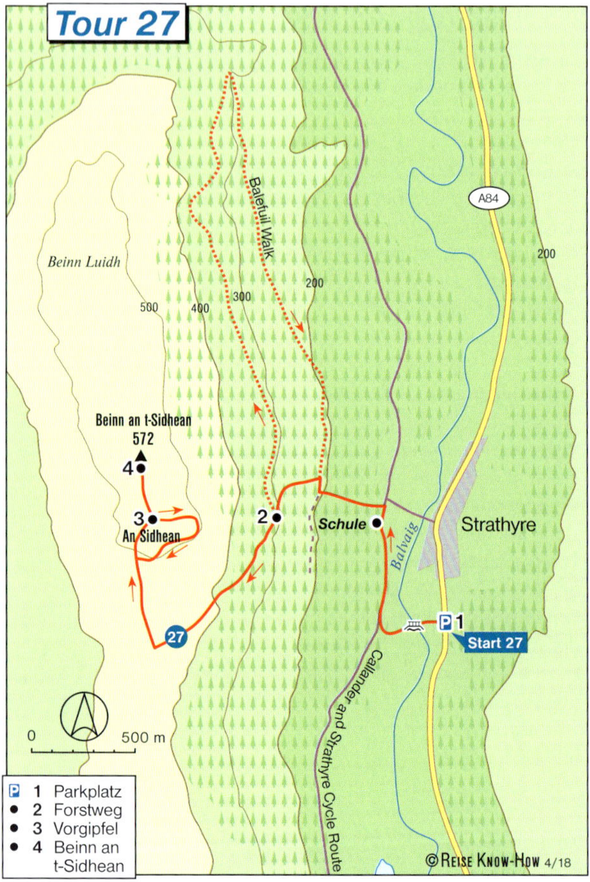

Die Route

Über den Parkplatz am südlichen Ende von **Strathyre** (Koordinaten NN 559168; **1**) gehen wir zum Fluss und finden dort einen Wegweiser, der unser Ziel, Beinn an t-Sidhein, nennt. Eine lange **Hängebrücke** führt über den Balvaig zu einem kleinen Weg rechts, der wiederum einen Bach überquert und auf eine

Asphaltstraße stößt. Auf ihr halten wir uns rechts und nehmen hinter der Schule einen blau markierten Pfad links hoch in den Wald hinein. Nach kurzem Aufstieg weist uns die blaue Markierung nach rechts auf einen breiten Forstweg. 20 Min.

Nach nur 2 Min. beginnt links ein kurzer, aber anstrengender Pfadaufstieg durch Nadelwald. Im Zickzackkurs geht es über den mit Farnkraut bewachsenen Waldboden, bis wieder ein entlang des Hangs verlaufender **Forstwirtschaftsweg (2)** erreicht ist (310 m, Koordinaten 553172). Reichlich 30 Min.

Auf diesem Weg nach links in Richtung Süden. Nach kurzer Zeit verengt sich der anfangs breite Fahrweg, immer noch unter Bäumen, zu einem Pfad und steigt an. Unter unseren Füßen wechselt weicher Waldboden mit steinigem Grund und Wurzelwerk. Bis zu einem **Bach nahe am Waldrand** verbleiben wir auf diesem Weg. Knapp 1 Std.

Danach geht es rechts auf den Bergrücken zu. Nach nur 2 Min. sind die Tannenplantagen einem niedrigen Bewuchs von Heide- und Blaubeerkraut gewichen, und nach links bietet sich ein herrlicher Blick auf Loch Lubnaig. Nach einem weiteren Anstieg auf eine Höhe von etwa 420 m beginnt rechts der klar ausgeprägte Weg zum Gipfel. Hier bietet sich für eine Rast ein **felsiger Aussichtspunkt** an mit Blick nach Osten auf den pyramidenförmigen Ben Vorlich (985 m).

Zum Beinn an t-Sidhein geht es steil nach Norden hinauf. Wir folgen nun einer schmalen, aber gut erkennbaren Pfadspur, die sich nach einigen Minuten teilt. Am besten, Sie halten sich links – der Abzweig rechts führt etwas ausgesetzt über die Abhänge östlich des Gipfels, eignet sich aber für Trittsichere als Rückweg. Bald öffnet sich der Blick nach Westen, wo tief unter uns der Calair Burn durch Glen Buckie fließt. Der Pfad windet sich nach rechts zu einem 546 m hohen **Vorgipfel** (Koordinaten NN 548172; **3**). 1:30 Std.

Der Rundum-Blick von hier ist beeindruckend. Dies ist nicht der höchste, aber wohl der schönste Punkt von **Beinn an t-Sidhean (4).** Zum eigentlichen, 572 m hohen Gipfel geht man noch etwa eine Viertelstunde in Richtung Norden. Einige hundert Meter weiter nach Nordwesten erhebt sich der 565 m hohe Beinn Luidh.

Wer sich vom Vorgipfel nach Osten zum Rand der Felsen wagt, um auf die Häuser von Strathyre hinunter zu schauen, sieht einen Pfad über den Abhang nach Süden ziehen. Bei

Nässe ist Achtsamkeit geboten, da das Gras rutschig ist. Nach ca. 5 Min. vereint sich dieser Pfad mit dem Weg, auf dem wir aufgestiegen sind. Knapp 2 Std.

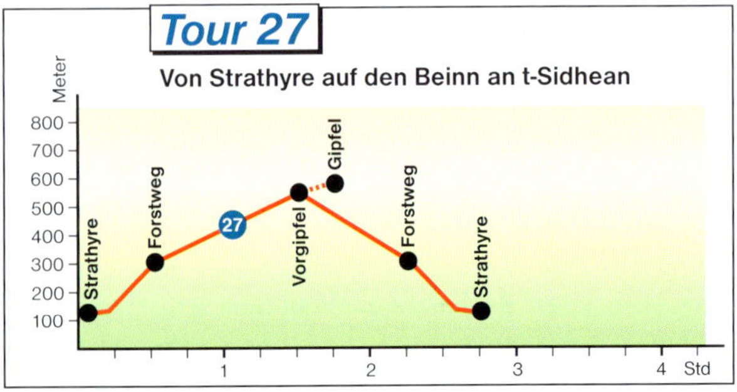

Wegvariante

Die Rückkehr nach Strathyre erfolgt in einer guten Dreiviertelstunde auf der beschriebenen Wegroute. Es sei denn, man entschließt sich zu einer angenehmen Verlängerung der Wanderung (ca. 4 km, keine Steigungen, 1:15 Std. zusätzlich). In diesem Fall bleiben Sie auf dem oberen der beiden breiten Forstwege, anstatt rechts abzusteigen. Auf der bequemen Route geht es ca. 2 km nach Norden, dann in einer Rechtskehre Richtung Süden, nun auf dem unteren Forstweg und auf der bekannten Route zurück über den Balvaig zum Ausgangspunkt **Strathyre (1).**

Wenn Ihnen dieser Blick auf Beinn an t-Sidhean gefällt, sollten Sie ein Zimmer im Airlie House (Strathyre) buchen

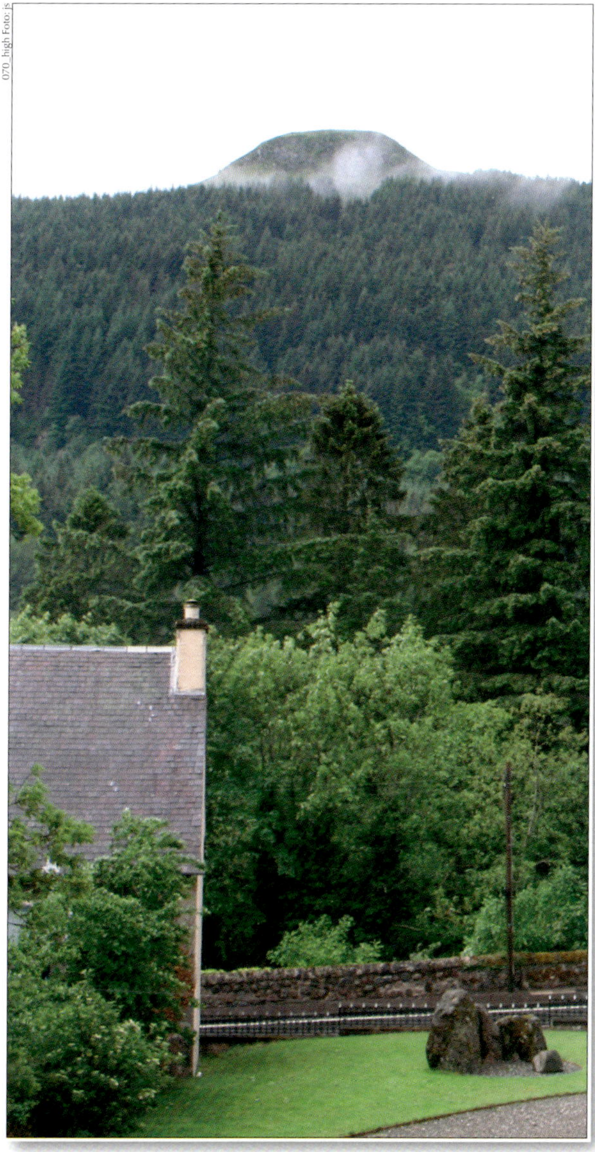
070_high Foto: js

Tour 28
Kahle Hänge und ein königlicher Jagdgrund

6 Std.
▲ 610 m ▼ 610 m
Anforderung 2

Bereits wenige hundert Meter von der Autostraße entfernt erlebt man eine stille, der Viehzucht gewidmete Landschaft am Wasserreservoir Glen Finglas. Nach einer Umrundung des kahlen Bergs Meall Cala geht es entlang eines rauschenden Bachs zurück.

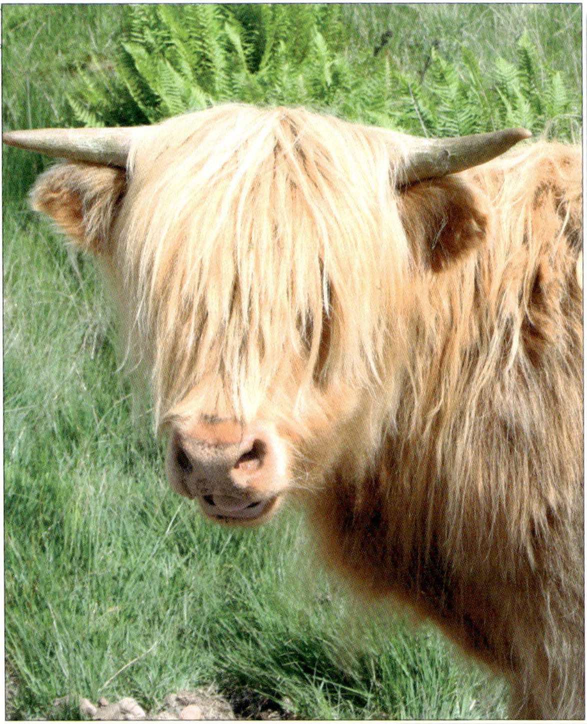

Ob die Mähne noch Seeblick zulässt? Auch Rinder weiden im Glen Finglas

035_high Foto: js

Von Brig o' Turk rund um den Meall Cala und zurück durch Glen Finglas

Landschaft: Die Gipfel im Gebiet dieser Wanderung erreichen Höhen zwischen 650 und 850 m. Die schöne Landschaft der Haupttäler an den Seen Loch Lubnaig, Loch Katrine und Loch Venachar ist touristisch erschlossen; einsam dagegen sind die Berge und Seitentäler, die teils bewaldet, teils Schafweiden oder unwirtliches Hochmoor sind
Routencharakter: Rundwanderung. Breite, von den Geländewagen der Schafzüchter befahrbare, aber wenig benutzte Wege am Wasserreservoir Glen Finglas und an den meist baumlosen Hängen um Meall Cala; am Anfang und am Ende der Wanderung kurze Abschnitte entlang der Autostraße
Auf und Ab: ▲ 610 m ▼ 610 m
Höhenlage: zwischen 100 m (Brig o' Turk) und 595 m (Nordseite Meall Cala)
Gehzeit: 6 Std., ca. 24 km (bis Brücke Allt Ghleann Casaig 1 Std.; bis Gleann nam Meann 1:30 Std.; bis höchster Punkt 3:15 Std.; bis Brücke Finglas Water 4:15 Std.; bis Allt Gleann nam Meann 5 Std.)
Anforderungen: 2; die Orientierung ist einfach, die Wege sind unproblematisch, doch sollte die konditionelle Anforderung nicht unterschätzt werden
Risiken: In den höheren Lagen um den Scheitelpunkt der Wanderung ist man dem Wetter ausgesetzt und von allen Siedlungen weit entfernt.
Wegmarkierung: vereinzelte Wegweiser
Einkehrmöglichkeit: keine entlang der Route, jedoch am Ausgangs- und Endpunkt der Wanderung in Brig o' Turk, z.B. im Brig o' Turk Tearoom
Abbruchmöglichkeit: keine
Ausrüstung: Standard
Karten: Ordnance Survey Explorer Nr. 365, The Trossachs, 1:25.000
Anfahrt: Da es keine Busverbindung nach Brig o' Turk gibt, muss man ein Taxi nehmen oder mit dem Rad fahren (ca. 11 km von Callander). – Auto: Zum Parkplatz am Tea Room an der A 821 in Brig o' Turk, ca. 11 km westlich von Callander. Es gibt einige Parkplätze am Straßenkreuz 1 km nördlich der Dorfmitte, womit man sich dann insg. 2 km Fußweg erspart

Die Route

Von der Bushaltestelle am Gemeindesaal von **Brig o' Turk** (Koordinaten NN 536066; **1**) führt die Glen Finglas Road nach Norden an den Häusern des Dorfes vorbei. An der Gabelung der Straße gehen wir nach einer Viertelstunde rechts und steigen in Laubwald auf zu einem Aussichtspunkt links der Straße mit Blick auf das Wasserreservoir von Glen Finglas. Einige hundert Meter weiter durchschreiten wir ein Tor (180 m, Koordinaten NN 532087). 30 Min.

Der Fahrweg, auf dem wir wandern, verliert wieder an Höhe und verläuft in etwa parallel zum östlichen Seeufer. Es stehen hier vereinzelte Ferienhäuser, den Wald haben wir nun hinter uns gelassen. Im Vorblick liegt der kahle Berg Meall Cala, den wir in den nächsten Stunden umrunden werden. Eine gute Brücke führt über den breiten **Bach Allt Ghleann Casaig (2).** Bald werden der nordwestliche Arm des Wasserreservoirs und der Pfad an dessen Nordseite, unser späterer Rückweg, sichtbar. Nahe einer Einbuchtung im See mit einer kleinen Insel gabelt sich der Weg auf ca. 180 m Höhe (Koordinaten NN 524104). Knapp 1:15 Std.

Wir folgen dem als „Mell Trail" ausgewiesenen Weg nach rechts, steigen an und genießen den Blick auf die – bis auf Ebereschen und Erlen am Bachlauf – kahlen Hänge des **Tals Gleann nam Meann.** Links und rechts breiten sich Weideflächen aus. Nach einer halben Stunde wird ein weiteres Tor passiert. Die Bäche, die von den Hängen zur Rechten abfließen, werden unter den Fahrweg hindurchgeleitet und bereiten somit keine Schwierigkeiten. Nach einem flacheren Abschnitt nahe am Talbach steigt der Weg allmählich an bis zur nächsten Weggabelung, wo wir uns rechts halten. Nun geht es steiler aufwärts. 2 Std.

Eine Viertelstunde nach der Gabelung zweigt ein schmaler, ausgeschilderter Pfad rechts nach Balqhidder ab, wir bleiben jedoch auf dem breiten Fahrweg, der den nördlichen Kurs verlässt und nach Westen schwenkt. Neben dem Weg liegt im **Quellgebiet des Allt Gleann nam Meann** torfiger Sumpf. Links steigt die feuchte Flanke des 674 m hohen Meall Cala auf. Unser Weg wendet sich nun in südwestliche Richtung und erreicht seinen **höchsten Punkt (3)** mit etwa 595 m (Koordinaten NN 497141). 3:15 Std.

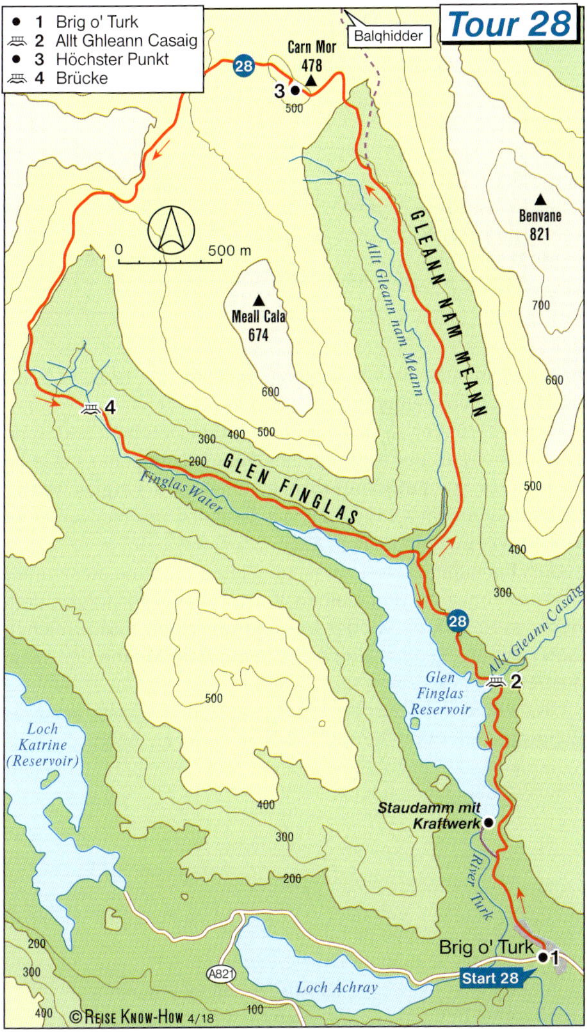

Man genießt in diesem Höhenabschnitt einen wunderbaren Blick auf die umliegenden Berge: Südöstlich ragt der Ben Ledi empor (s. Tour 30), weiter entfernt nach Nordosten erkennt man

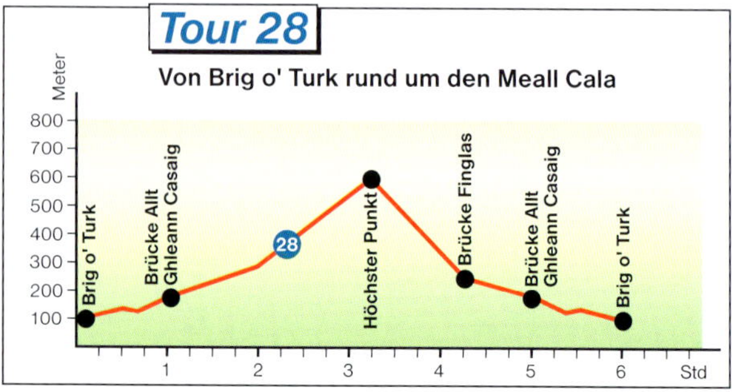

nahe beieinander die markanten Gipfel Stuc a' Chroin (975 m) und Ben Vorlich (985 m).

Der weitere Weg ist steil und steinig, aber stets breit und weniger mühevoll als der Aufstieg. Eine Stunde lang geht es ständig bergab bis zur **Fußgängerbrücke über den Finglas Water** (Koordinaten NN 493118; **4**). Wir befinden uns hier auf einer Höhe von etwa 240 m. 4:15 Std.

Das Bachufer bietet idyllische Plätze für eine Rast unter Bäumen, etwa an den kleinen Wasserfällen. Wir folgen dem Bach, müssen kurz wieder an- und absteigen und erreichen hinter der Brücke über den **Allt Gleann nam Meann** den Weg, auf dem wir gekommen sind. 5 Std.

Noch eine gute Stunde – und wir stehen wieder am Ausgangspunkt der Wanderung in **Brig o' Turk (1).** 6 Std.

Glen Finglas

Wenn das Wasser im Glen Finglas Reservoir auf einen niedrigen Stand sinkt, treten alte Feldmauern zu Tage – Zeugnisse eines untergegangenen Tals. Vom 14. bis zum 18. Jh. war Glen Finglas königlicher Jagdgrund, das Lieblingsrevier einiger schottischer Könige, die hier Eber und Hirsch erlegten. Das Wasser des Reservoirs und das des benachbarten Sees Loch Katrine, den ein Tunnel mit Glen Finglas verbindet, stillt heute den Durst der Bewohner von Glasgow, aber nicht das ganze Tal wurde geflutet. Das 4000 Hektar große Gut Glen Finglas, das dem Naturschutzverein Woodland Trust gehört, besteht aus Weideland und einigen Waldparzellen mit sehr alten Bäumen: Haselnussbäumen z.B., Eschen und 200 Jahre alten Eichen. Reste des ehemaligen Baumbestands sind am Nordufer des Reservoirs zu sehen. Mit einer halben Million Bäumen sollen die jetzt öden Flächen unter 400 m Höhe künftig zu mehr als 50% aufgeforstet werden; dagegen will man die Plantagen nicht-einheimischer Nadelbaumarten entfernen.

Entlang von zwei kurzen, ausgeschilderten und mit Infotafeln ausgestatteten Spazierwegen ab Little Drum Car Park (Parkplatz 1 km östlich von Brig o' Turk zwischen der Straße A 821 und dem Ufer von Loch Venachar) und im dortigen Besucherzentrum nördlich der Straße dokumentiert und veranschaulicht der Woodland Trust seine Arbeit zum Schutz der Wälder (www.woodlandtrust.org.uk).

071_high Foto: js

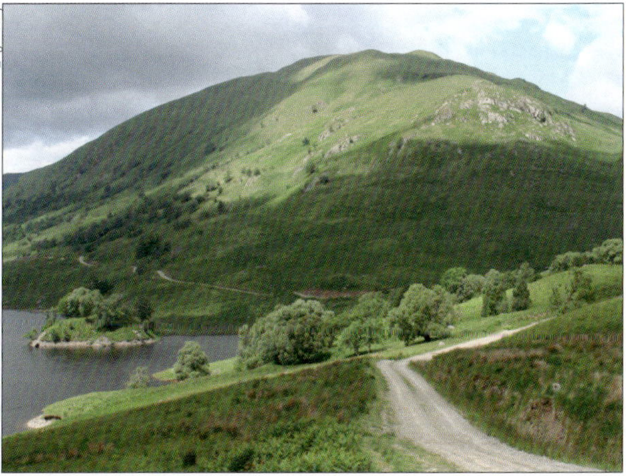

Tour 29
Gipfeltour am See

4:45 Std.
▲ 640 m ▼ 640 m
Anforderung 3

Der See Loch Katrine gilt seit Beginn des 19. Jh. als Inbegriff der romantischen Highlands, nachdem Sir Walter Scott sein episches Gedicht „Lady of the Lake" schrieb, das in der Gegend spielt. Den besten Blick auf das Gewässer und die umgebende Landschaft hat man vom Gipfel Ben Venue, zu dem abwechslungsreiche Wald- und Bergpfade hinaufführen.

072_high Foto: js

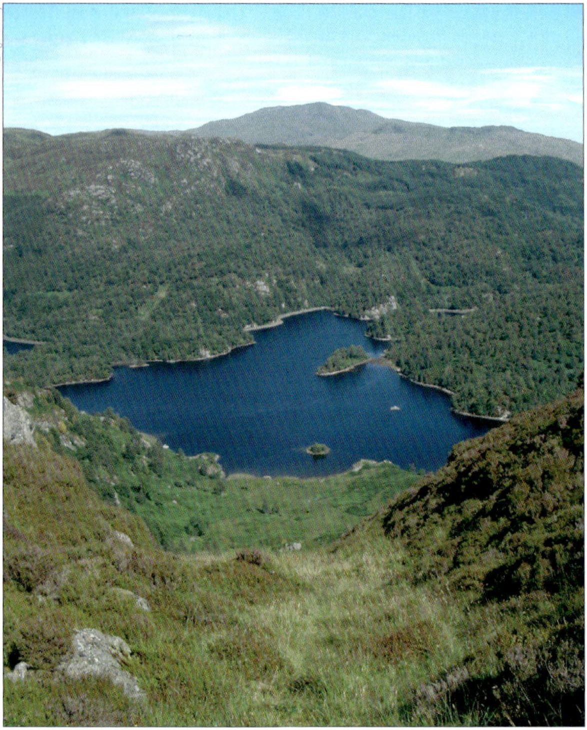

Auf dem Gipfel von Ben Venue liegt Ihnen Loch Katrine zu Füßen

Von Loch Achray Hotel auf den Ben Venue

Landschaft: Der Westen des Trossach-Gebirges um Loch Katrine gilt seit dem 19. Jh. als Inbegriff der romantischen Highlands. Das Gebiet am Ostufer von Loch Katrine und um Loch Achray gehört zum Queen Elizabeth Forest Park und ist durch Forstwege für Wanderer erschlossen. Die Berge am Nordufer des Sees sind nicht höher als 550 m, am Südufer erreichen sie mit dem Ben Venue 727 m Höhe

Routencharakter: Zielwanderung, anfangs auf guten, von der Forstbehörde gepflegten Wegen und durch das geschützte Tal Gleann Riabhach; im letzten Drittel geht man auf einem steilen Bergpfad über kahle Hänge

Auf und Ab: ▲ 640 m ▼ 640 m

Höhenlage: zwischen 90 m (Loch Achray Hotel) und 727 m (Gipfel Ben Venue)

Gehzeit: 4:45 Std., ca. 10 km (bis Waldsaum 1:15 Std.; bis Kamm 2 Std.; bis Gipfel Ben Venue 2:30 Std.)

Anforderungen: bis 3; keine besonderen Herausforderungen, was Orientierung oder Wegbeschaffenheit betrifft

Risiken: Vorsicht, dass Sie nicht auf die extrem abschüssige, von Abhängen flankierte Nordseite des Ben Venue abkommen!

Wegmarkierung: Wegweiser auf dem ersten Wegstück, dem Wald-Teil der Wanderung. Achtung! Als Folge von Forstarbeiten sind hier Umleitungen/Routenveränderungen möglich

Einkehrmöglichkeit: keine unterwegs; Loch Achray Hotel am Ausgangs- und Endpunkt der Wanderung: Loch Achray Hotel, Callander FK17 8HZ, Tel. 01389/71 37 13, www.lochachray hotel.com

Abbruchmöglichkeit: bei schlechtem Wetter Verzicht auf die höheren Lagen der Route und Rückkehr auf dem Hinweg

Ausrüstung: Standard

Karten: Ordnance Survey Explorer Nr. 365, The Trossachs, 1: 25.000; Harvey Superwalker Ben Venue 1: 25.000

Anfahrt: Da es keine Busverbindung nach Loch Achray gibt, muss man ein Taxi nehmen oder mit dem Rad fahren (ca. 14 km von Callander). – Auto: zum Parkplatz am Loch Achray Hotel an der A 821, ca. 15 km westlich von Callander

Die Route

Auf der Rückseite des **Loch Achray Hotel** (Koordinaten NN 503063; **1**) führt eine Brücke (Höhe: 90 m) über den Bach und auf einen Waldweg. Den ersten Teil der Wanderung im Wald markieren grüne Pfosten mit blauer Einkerbung. Nach 5 Min. – unser Ziel, Ben Venue, ist bereits sichtbar – gabelt sich der Weg. Wir halten uns links und kommen nach weiteren 5 Min. bergauf erneut zu einem Wegekreuz, wo wir den schmaleren Weg geradeaus wählen. Auf ihm geht es hinauf zu einem breiten Fahrweg, dem wir nach links folgen, aber nur für ca. 200 m. Hier müssen Sie auf den rechts ansteigenden Pfad überwechseln.

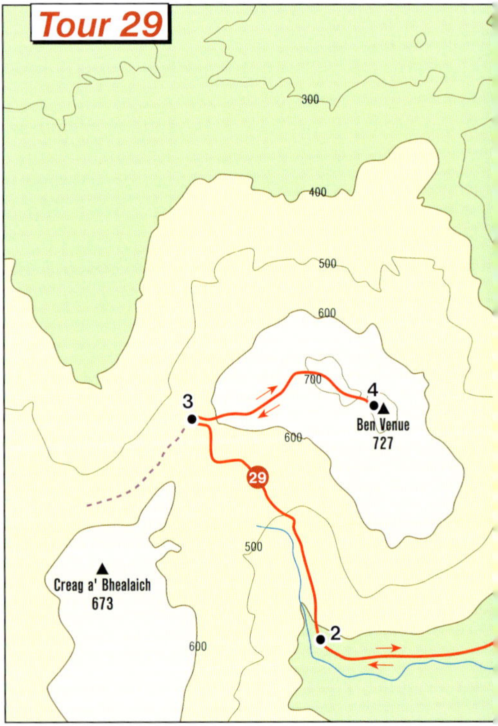

(Hinweis: Änderungen der Route sind wegen Forstarbeiten möglich; im Zweifelsfall orientiert man sich an den blauen Pfostenmarkierungen.) 20 Min.

Dieser Pfad ist klar ausgeprägt und führt stetig, aber ohne größere Anstrengung in südwestlicher Richtung bergauf. Bald liegen Loch Achray und Loch Venachar im Rückblick. Zwischendurch wird ein Fahrweg überquert. Stellenweise gehen wir über abgeholztes Gelände, dann wieder in den Wald hinein. Der Waldpfad bleibt ständig auf der nördlichen Seite des Tals **Gleann Riabhach** und wendet sich allmählich in Richtung Westen. Bei einem Zauntritt ist, auf ca. 390 m Höhe, die **Waldgrenze** erreicht (Koordinaten NN 474051; **2**). 1:15 Std.

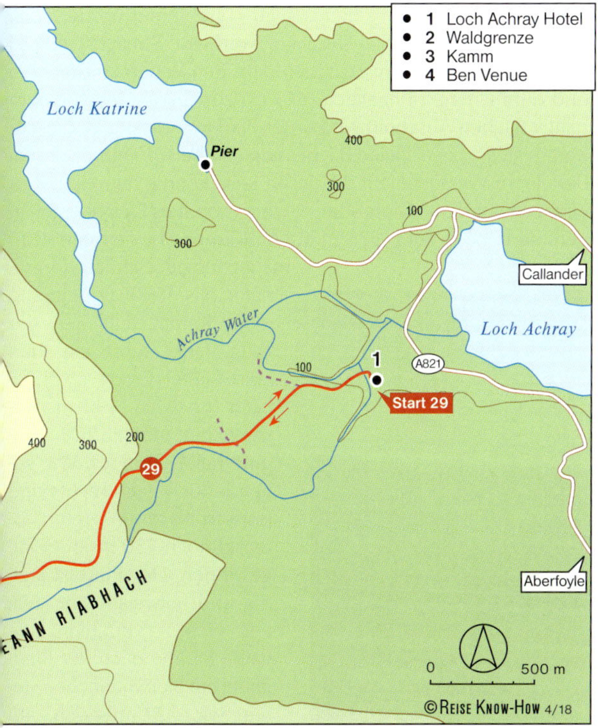

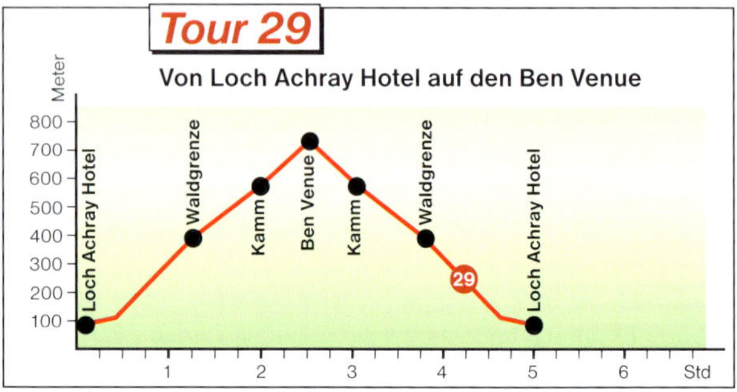

Der Weg hinauf zu unserem Gipfel zeichnet sich klar ab, aber nach den bisher bequemen, von der Forestry Commission gepflegten Pfaden wird es nun steinig – und immer wieder auch sumpfig. Die Richtung wechselt auf Nordwest. Zunächst geht es hinauf zu einem Kamm zwischen dem Ben Venue zur Rechten und dem Creag a Bhealaich (673 m) zur Linken. Nach einem relativ flachen Abschnitt wird unser Pfad im Aufstieg zu diesem Kamm steiler; zwei kleine Bäche müssen übersprungen werden. Bei einem Wasserfall auf der linken Seite könnte man eine Rast einlegen vor dem „Gipfelsturm". Über mooriges Gelände gelangen Sie danach zum 575 m hohen **Kamm (3),** den ein Steinmännchen bezeichnet (Koordinaten NN 469061). 2 Std.

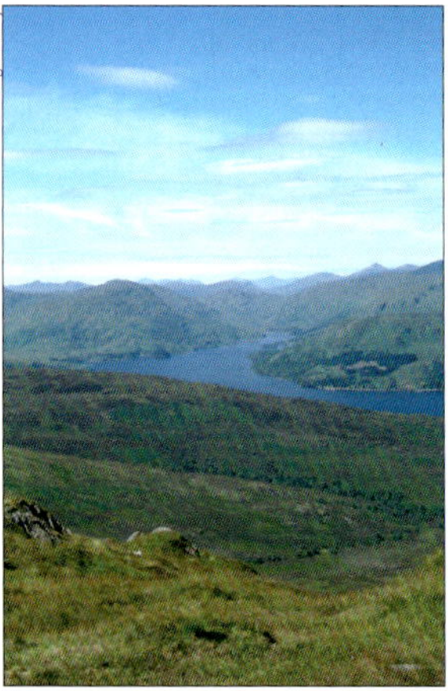

073_high Foto: js

Am Kamm teilt sich der Weg. Links führt ein Pfad zum Gipfel Creag a' Bhealaich (noch ca. 100 m Aufstieg; hin und zurück eine gute halbe Stunde). Wir gehen jedoch nach rechts und müssen bis zu unserem Gipfelziel noch 150 m an Höhe gewinnen. Der Pfad ist steinig und teilweise sehr steil, aber nicht zu verfehlen. Eine halbe Stunde nach der Pfadgabel am Steinmännchen stehen wir, 727 m hoch, auf dem westlichen und höheren der beiden **Gipfel des Ben Venue** (Koordinaten NN 475064; **4**). 2:30 Std.

Schmuckstück des beeindruckenden Rundblicks von Ben Venue/West ist Loch Katrine direkt unter uns im Norden. Das Panorama reicht von anderen Seen der Umgebung, etwa Loch Achray und Loch Venachar, zu den Munro-Bergen Ben Vorlich und Ben Lawers im Nordosten, den „Arrochar Alps" im Westen jenseits von Loch Lomond und - bei klarem Wetter - sogar bis zu den Wohntürmen von Glasgow.

Zurück zum Ausgangspunkt am **Loch Achray Hotel (1)** nehmen wir die Route, auf der wir gekommen sind; sie stellt den einzigen sicheren Rückweg dar. 4:45 Std.

Loch Katrines berühmte Insel

Mit Balladen wie „Die Jungfrau vom See" („Lady of the Lake") und Romanen wie „Rob Roy" löste Sir Walter Scott im frühen 19. Jh. eine Welle romantischer Begeisterung für die Highlands aus. 1822 besuchte George IV. als erster britischer Monarch seit 170 Jahren Edinburgh. Scott organisierte anlässlich dieses Besuchs prunkvolle Feierlichkeiten, die zur Neuentdeckung der Highlands-Tracht samt Schottenrock und Schottenmuster durch die feine Gesellschaft beitrug. Als 20 Jahre später die junge Königin Victoria und ihr deutscher Ehemann Albert sich in die Highlands verliebten und das Gut Balmoral, noch heute die bevorzugte Sommerresidenz der Queen, kauften, kannte die modische Schwärmerei für Schottland keine Grenzen mehr.

Seither gehört Loch Katrine zu den herausragenden touristischen Zielen Schottlands. Als Theodor Fontane 1858 dorthin reiste und Ellen's Isle besuchte, Heimat der schönen Ellen Douglas, Heldin der erwähnten Scott-Ballade, zeigte er sich beeindruckt von dem „schönen, berg- und seegeschmückten Landstrich" bei Callander, behielt aber beim Besuch von Loch Katrine und Ellen's Isle (gälisch: Eilean Molach) angesichts all der Highlands-Romantik klaren Verstand. Er lobte die Taubenpastete in der Herberge, genossen nach seiner Bootsfahrt, mit deutlich kräftigeren Worten als den Anblick der Insel, wo „nur Birken und junge Tannen die unwirtbare Fläche überragen".

Auf dem See verkehrt noch heute der Ausflugsdampfer „Sir Walter Scott", ein altmodisches Dampfschiff (www.lochkatrine.com/cruises/loch-cruises).

Noch einmal Loch Katrine, Inbegriff der Highland-Romantik

Tour 30
Himmlische Aussichten

4:30 Std.
▲ 755 m ▼ 755 m
Anforderung 3

Der Ben Ledi ist zwar nicht der höchste Gipfel des Landstrichs, aber wer das Gipfelpanorama erlebt hat, versteht die Beliebtheit dieser Tour und die uralte Stellung von Ben Ledi als „Gottes Berg“.

114_high Foto: js

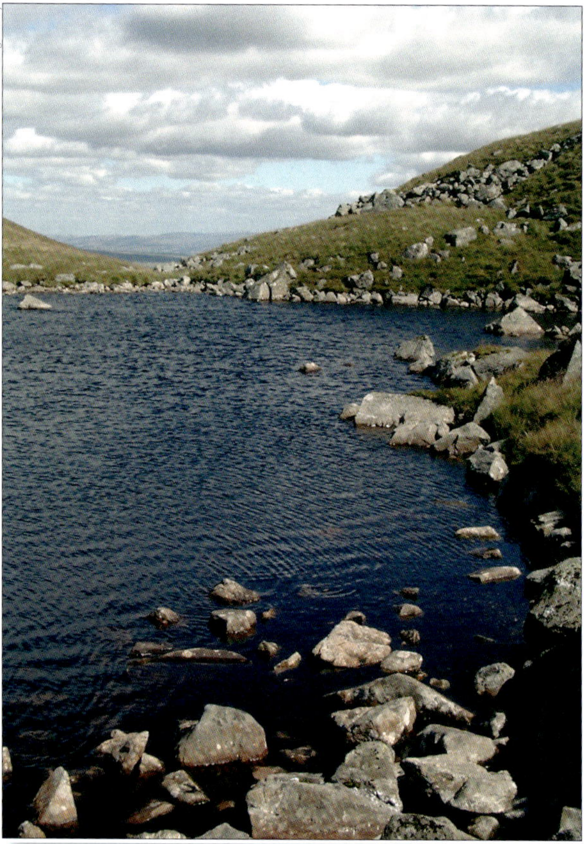

Hinauf zum Gipfel Ben Ledi

Landschaft: Lang gestreckte Seen zwischen bewaldeten Hängen kennzeichnen das Trossach-Gebirge zwischen Callander und Aberfoyle. Der 879 m hohe Ben Ledi, höchster Gipfel an den Seen der Trossachs, bietet einen grandiosen Blick auf das gesamte Gebiet und zu den höheren Bergen im Umfeld

Routencharakter: Rundwanderung. Der streckenweise steile Auf- und Abstieg erfolgt auf breiten Forstwegen an den unteren Hängen und auf deutlich ausgeprägten Bergpfaden in höheren Lagen. Oberhalb der Baumgrenze (ca. 350 m) ist die Route dem Wetter ausgesetzt, aber nirgendwo gefährlich exponiert. Waldarbeiten können zu Abweichungen vom hier beschriebenen Weg führen (in diesem Fall auf die Wegmarkierungen der Forstbehörde achten!)

Auf und Ab: ▲ 755 m▼ 755 m

Höhenlage: zwischen 125 m (Brücke über den Garbh Uisge) und 879 m (Gipfel Ben Ledi)

Gehzeit: 4:30 Std., ca. 9,5 km (bis Bachquerung/Zauntritt 45 Min.; bis Kamm 1:30 Std.; bis Gipfel Ben Ledi 2:15 Std.; bis Bealach nan Corp 2:45 Std.)

Anforderungen: bis 3; der steile Aufstieg erfordert etwas Kondition und Trittsicherheit

Risiken: Bei tief hängenden Wolken ist die Orientierung im Abstieg nicht ganz einfach – unbedingt Karte und Kompass mitführen!

Wegmarkierung: Markierungen und Wegweiser nur an den unteren Hängen

Einkehrmöglichkeit: keine

Trinkwasser: ausreichend Trinkwasser mitnehmen

Abbruchmöglichkeit: keine (bzw. an jedem beliebigen Punkt Rückkehr auf dem Hinweg)

Ausrüstung: Standard

Karten: Ordnance Survey Explorer Nr. 365, The Trossachs, 1: 25.000; Harvey Superwalker Ben Ledi 1: 25.000.

Anfahrt: Bus C60 Callander Public Toilets, 8.50 Uhr Richtung Killin bis Ben Sheann Hotel, dann bis zum Ben Ledi Car Park laufen. – Auto: von der A 84, ca. 5 km westlich von Callander,

Im Abstieg von Ben Ledi: der „Totensee" Lochan nan Corp

Tour 30

links abbiegen; jenseits der Brücke befindet sich der Parkplatz für den Aufstieg auf Ben Ledi.– Zu Fuß oder mit dem Fahrrad: ab Callander auf der Callander & Strathyre Cycle Route
Rückfahrt: Bus C60 von Ben Sheann Hotel

Die Route

Von der ca. 125 m hohen Brücke über den **Garbh Uisge** (Koordinaten NN 587093; **1**) führt, bezeichnet durch grüne Pfosten mit blauer Einkerbung, ein Weg Richtung Westen in der Verlängerung der Brückenachse steil hinauf in den Nadelwald. Beim Überqueren eines breiten Waldweges haben wir nach etwa 20 Min. bereits mehr als 100 m an Höhe gewonnen. Die grünen Pfosten zeigen uns auch weiterhin unseren Weg den Hang hinauf. Mal plätschert linker Hand, mal rechter Hand ein kleiner Bach. Unsere Route wendet sich allmählich nach links, nimmt einen südwestlichen Kurs und nähert sich einer Schlucht. Bald ist eine Höhe von 350 m erreicht, und der Rückblick auf Callander und in Richtung Stirling wird immer reizvoller. Nach einer **Bachquerung** geht es auf der anderen Seite über einen Zauntritt. Reichlich 45 Min.

Nun müssen Sie sich links halten, und zwar auf einem deutlich ausgeprägten Weg, der unterhalb des Südkamms von Ben Ledi entlangzieht. Nach etwa einer halben Stunde schwenkt unsere Trasse, hier ca. 570 m hoch, in **scharfer Kehre** nach rechts (Koordinaten NN 571086; **2**). Knapp 1:30 Std.

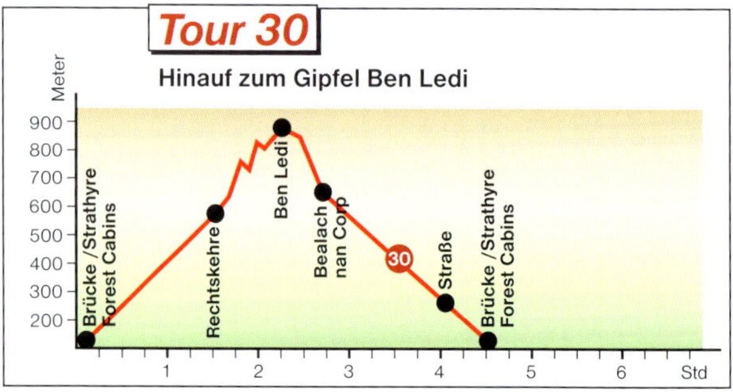

Wir befinden uns jetzt auf dem **Kamm des Ben Ledi** und halten nach Norden auf den Gipfel zu. Der Pfad zieht bald stärker in Richtung Nordwesten. Eine Abfolge von drei flacheren, gefolgt von drei steileren Abschnitten erweckt verfrühte Hoffnungen, bereits auf der Gipfelhöhe zu stehen. Erst nach Zwischenhöhen von 724 m, dann 811 m beginnt der letzte Aufstieg zum höchsten Punkt des **Ben Ledi** (Koordinaten NN 562097; **3**). 2:15 Std.

Vom Gipfel (879 m) sieht man bei klarer Sicht nicht nur das Trossach-Gebiet mit Loch Venachar (südlich), Glen Finglas Reservoir und Loch Katrine (beide westlich), sondern weiter im Westen auch die auffälligen Doppelhörner von „The Cobbler" (nahe Loch Lomond) und sogar „Goat Fell", den höchsten Berg der Insel Arran an der Atlantikküste.

Wer den kürzesten Abstieg vorzieht, geht auf dem Anweg zurück. Mehr Abwechslung bietet die Fortführung der Wanderung über den **Kamm nördlich des Gipfels.** Der Pfad ist hier

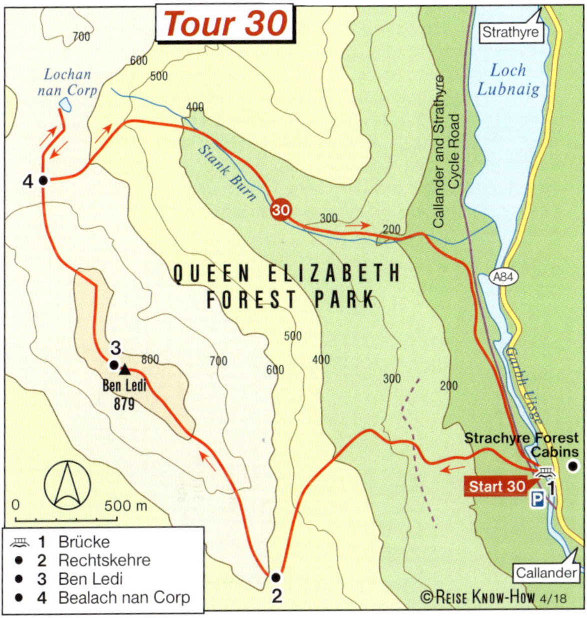

allerdings weniger klar ausgetreten als auf unserer Aufstiegsroute, doch gibt eine Reihe alter Zaunpfähle, an deren Zug wir uns halten, die notwendige Orientierung. Zunächst geht es nach Norden, ca. 400 m vom Gipfel entfernt schwenkt der Pfad dann Richtung Nordwesten. An einem gut erkennbaren Abzweig verlassen wir die Reste der Zaunlinie und wandern rechts hinunter zum 650 m hohen **Pass Bealach nan Corp (4)** oberhalb des Bachs Stank Burn (Koordinaten NN 558110). 2:45 Std.

Gottes Berg

Der Name Ben Ledi ist eine Kurzform von Beinn le Dia. Dieser „Berg Gottes" war schon in vorchristlicher Zeit eine Kultstätte. Noch heute wird am 30. April das keltische Neujahr, Beltane, in der Hauptstadt Edinburgh mit einem großen Feuer auf dem Calton Hill gefeiert. Ben Ledi war zu früheren Zeiten ein wichtiger Schauplatz solcher Riten. Zu Beltane entfachte das Oberhaupt der Gemeinde ein neues Feuer. Man tanzte um die Flammen und trieb das Vieh daran vorbei, um es zu reinigen und ein fruchtbares Jahr heraufzubeschwören. Mit einem brennendem Holzscheit aus diesem Neujahrsfeuer konnte jede Familie den Jahreszyklus am eigenen Herd neu beginnen.

Dem kleinen See knapp 1,5 km nördlich des Gipfels, Lochan nan Corp, haftet eine weniger angenehme Überlieferung an. Der Name bedeutet Kleiner See des Todes. Es heißt, dass eine Trauergemeinde, die – von Glen Finglas kommend – einen Leichnam über den Bergkamm in Richtung Callander zum Friedhof des McKinlay-Clans tragen musste, sich hier im Schnee verirrte und die dünne Eisfläche des Lochan betrat. Einige Trauernde brachen ein und ertranken im eisigen Wasser.

Ein Bild für die Götter: Weitblick von Ben Ledi
Nächste Seite: Die alte Brücke von Invermoriston

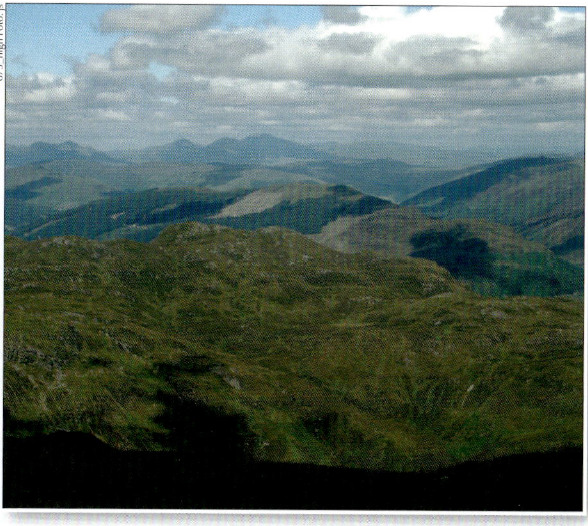

Abstecher

Lohnend ist ein Wegschlenker zum Bergteich **Lochan nan Corp.** Knapp 20 Min. (ohne mühevolle Steigungen) sind es vom Pass bis dort nach Norden. Der Teich ist relativ seicht und wärmt sich bei Sonnenschein schnell auf, lädt also eher zum Bad ein als die schottischen Bergseen sonst (siehe aber den Exkurs mit der Erklärung des Namens). Ein schöner Rastplatz.

Mit oder ohne Abstecher geht es von Bealach nan Corp auf einem deutlich ausgetretenen Pfad im Abstieg nach Osten, begleitet von einem Bachlauf. Nach ca. 20 Min. ist ein Zauntritt zu überwinden. Durch abgeholztes Gelände gelangen wir danach auf einen Forstweg, der uns nach rechts über einen Bach führt.

Den weiteren Verlauf des Weges an kleinen Wasserfällen vorbei hat die Forstbehörde mit grünen Pfosten markiert. Nach knapp 4:15 Std. reiner Gehzeit erreichen wir die Straße, auf der es nach rechts, entlang des Flüsschens **Garbh Uisge,** zurück zum Ausgangspunkt unserer Runde geht, den **Strathyre Forest Cabins (1).** 4:30 Std.

006_high Foto: js

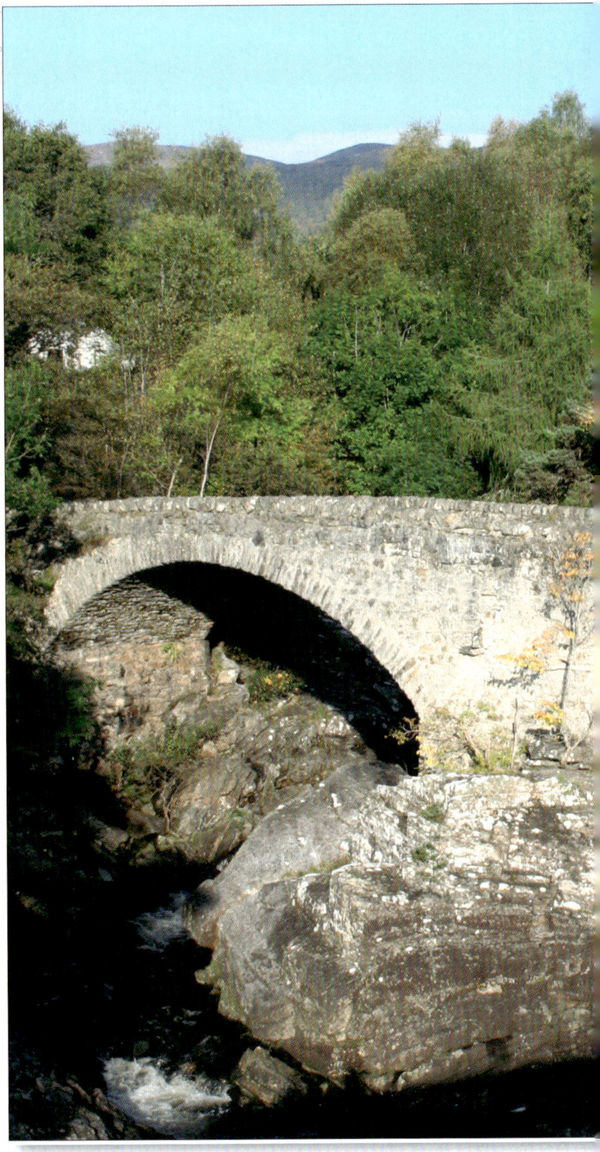

The Great Glen Way

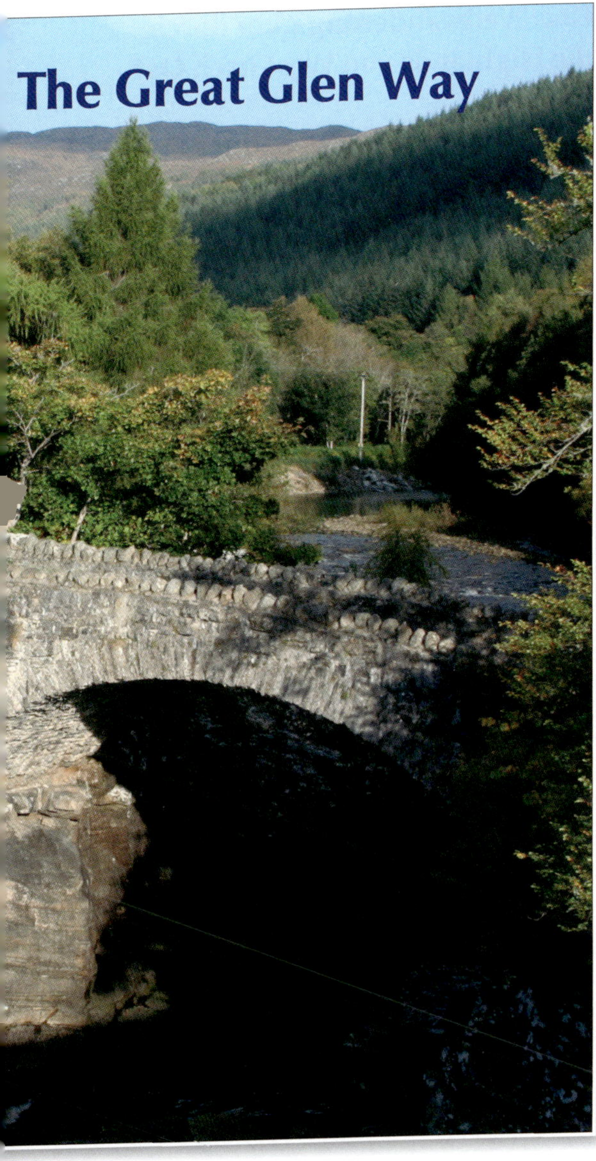

Eine Weitwanderung quer durch die Highlands von West nach Ost

Einführung

Als Great Glen, als Großes Tal, bezeichnet man jene von Südwest nach Nordost verlaufende geologische Spalte, die gleichsam einen Diagonalstrich quer durch Schottland zieht und die nördlichen von den südlichen Highlands trennt. Der Grabenbruch verläuft von Fort William im Südwesten bis nach Inverness im Nordosten. Der 2002 eröffnete Great Glen Way (GGW), ein 117 km langer Weitwanderweg, verbindet die beiden Orte. Der Bruch hat etwa auf halber Strecke eine Wasserscheide – so fließt der Loch Lochy westlich in den Loch Linnhe, der in den Atlantik mündet. Der Loch Ness hingegen mündet in den Moray Firth an der Nordsee.

Empfohlen sei der Weg Wanderern, die längere Strecken nicht scheuen, große Steigungen aber gern meiden, denn der GGW erreicht eine maximale Höhe von nur 380 m. Dieser bescheidene Hochpunkt wird übrigens auf dem letzten der sechs Wegabschnitte erreicht. Die ersten beiden Etappen bleiben größtenteils am Kanal- oder am Seeufer und kommen fast ganz ohne Steigungen aus. Auch die Länge der Tagesetappen stellt angesichts der geringen Höhenunterschiede vor keine besonderen sportlichen Herausforderungen, es sei denn am letzten Tag. Entspannter Landschaftsgenuss ist das Grundprinzip des GGW.

Etappe 1: Fort William – Gairlochy	17 km
Etappe 2: Gairlochy – South Laggan	19 km
Etappe 3: South Laggan – Fort Augustus	17 km
Etappe 4: Fort Augustus – Invermoriston	12 km
Etappe 5: Invermoriston – Drumnadrochit	22 km
Etappe 6: Drumnadrochit – Inverness	29 km

Varianten sind möglich, denn da und dort besteht die Möglichkeit zu Zwischenübernachtungen (s. die Tourentexte).

Man durchwandert auf dem GGW eine See- und Waldlandschaft, mal mit Blick auf hohe Berge wie das Ben Nevis-Massiv, mal im Laub- oder Nadelwald ohne Fernblick, mal mit Seepanorama, so etwa, wenn der Weg durch die Hänge oberhalb von Loch Ness zieht. Teile der Etappen 1, 5 und 6 liegen auf wenig befahrenen Asphaltstraßen, während die Etappen 1, 2 und 3 den alten Treidelpfad des Caledonian Canal (s. S. 314) nutzen. Im übrigen ist man auf autofreien, meist breiten Wanderwegen unterwegs. An keiner Stelle stellen sich dem Weitwanderer technische Schwierigkeiten. Immer wieder, vor allem am Kanalufer, muss er – dies die schlechte Nachricht – die Weglinie allerdings mit dem Radverkehr auf dem Great Glen Cycle Way teilen.

Zu jeder Jahreszeit hat der GGW seine Reize, wobei September und Oktober empfehlenswerte Monate sind. Dann entfalten sich die Herbstfarben im Wald – und im übrigen sprechen kühlere Temperaturen und kürzere Tage eher für eine Wanderung in Tieflage. Ebenso reizvoll sind die Monate April, Mai und Juni.

Der Weg ist auf der gesamten Länge mit einem eigenen Symbol, der weißen Distel, klar markiert und kann in beiden Richtungen begangen werden. Im Folgenden wird die Strecke von West nach Ost mit Start in Fort William beschrieben. Das hat den Vorteil, dass man den Wind meist im Rücken hat.

Um die gesamte Strecke in fünf Tagen zurückzulegen, kombinieren Sie am besten die dritte mit der vierten Etappe. Ambitionierte Wanderer können zudem die leichten Etappen 1 und 2 an einem einzigen Tag bewältigen und benötigen so nur vier Tage für den Great Glen Way. Wer nur Teile des Weges erproben will, findet auf den Etappen 2, 3 und 4 eine sehr reizvolle Seenlandschaft vor.

Diese Empfehlung deckt sich teilweise mit einem zweiten Hinweis: Wer sich den naturgemäß schwereren Rucksack des Weitwanderers nicht aufbürden möchte, sei daran erinnert, dass mit den zwischen Inverness und Fort William verkehrenden Citylink-Bussen die Start- und Endpunkte fast aller Etappen des GGW zu erreichen sind. Diese Etappen können somit auch als Tagestouren mit Leichtgepäck gegangen werden. Die Ausnahme von dieser Regel stellt Gairlochy am Ende von Etappe 1 dar – von Gairlochy muss man ein Taxi nehmen oder unerfreuliche 5 km (entlang einer Asphaltstraße) zur Talhauptstraße wandern, um Busanschluss nach Fort William oder Inverness zu finden.

Praktische Informationen

Auf dem Great Glen Way steht dem Wanderer die für ihn wichtige Infrastruktur in sehr unterschiedlichem Maße zur Verfügung. Am Anfang in Fort William und am Ende in Inverness findet er eine rundum gute Versorgungssituation vor. Fort Augustus und Drumnadrochit sind touristisch geprägte Orte mit einem zwar nicht opulenten, aber ausreichenden Angebot an Unterkunft, Gaststätten und Lebensmittelgeschäften. Das Dorf Invermoriston bietet dem Wanderer immerhin ein „Grundinventar“. Achtung aber! Auf den drei Etappen zwischen Fort William und Fort Augustus, die mit 53 km knapp die Hälfte des Weges ausmachen, gibt es keine Banken, keine Geldautomaten, kaum Gaststätten und nur ein einziges kleines Lebensmittelgeschäft.

Während der Tagesetappen findet sich nur selten Gelegenheit, in einem Café oder Pub einzukehren: Wenn man morgens aufbricht, sollte man deshalb genug Wasser und Proviant für den folgenden Wegabschnitt mitführen, auch wenn er vielleicht nicht sonderlich lang ist.

Auskunft

- **Tourist Information Centre:** s. Fort William, s. Inverness; zudem:
- **Spean Bridge,** Tel. 01397/71 22 60
- **Fort Augustus,** Tel. 01320/36 63 67
- **Drumnadrochit,** Tel. 08452/25 51 21
- Die Internetseite der Great Glen Way Rangers informiert über Unterkunft, Gepäcktransport, Restaurant, Geschäfte und Sehenswürdigkeiten unterwegs. Ferner gibt es Auskunft über mögliche Wegsperrungen und Gefahren sowie über geplante Alternativrouten, z.B. über die in Vorbereitung befindliche Höhenroute: **Great Glen Way Rangers,** Auchterawe, Fort Augustus, Invernessshire PH32 4BT, Tel. 01320/36 66 33, www.greatglenway.com

Anreise

Für den westlichen Teil der Fernwanderung, s. Anreise nach Fort William (s. S. 70); für den östlichen Teil, s. Anreise nach Inverness (s. S. 342).

Gleich geht's los: am Startpunkt der Weitwanderung in Fort William

Gepäckdienst

Wenn Sie nur mit Tagesrucksack wandern möchten:

- **Great Glen Travel,** Invergarry, Tel. 01809/50 12 22, www.greatglentravel.com
- **The Sherpa Van Project,** Tel. 01748/82 69 17, www.sherpavan.com

001_high Foto: js

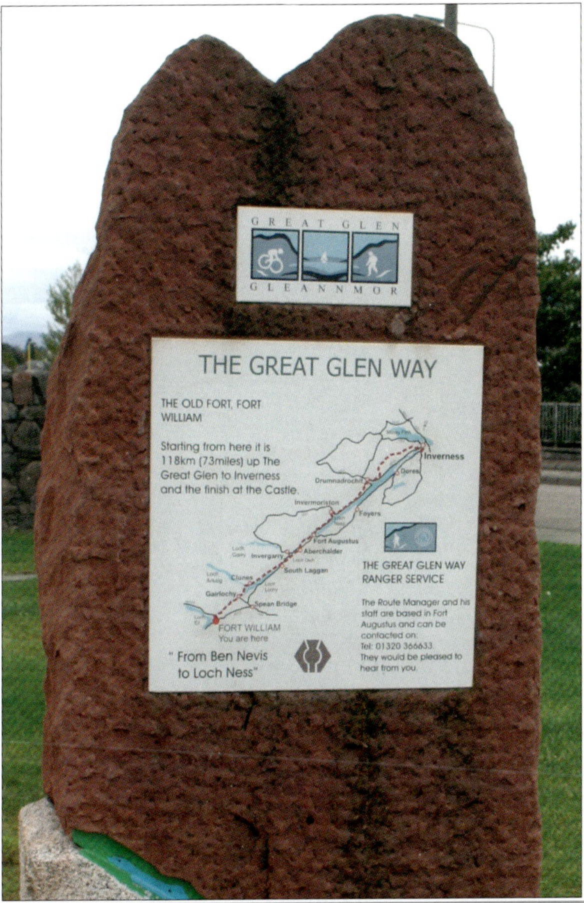

Etappe 1 Zwischen Kanal und Fluss

4:15 Std
▲ 33 m ▼ 33 m
Anforderung 1

Eine gemächliche, nicht sonderlich lange Etappe, die zur interessanten Schleusenanlage Neptune's Staircase führt, dann auf breiten, stets nahe am Wasser gebauten Wegen in Richtung Loch Lochy. Lohnende Rückblicke auf das Ben Nevis-Massiv.

002_high Foto: js

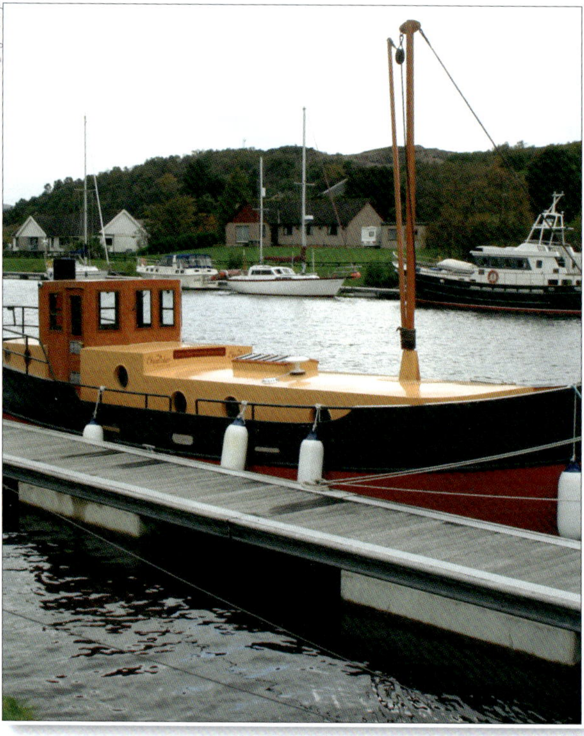

Bei Caol erreicht der Caledonian Canal die Westküste

Von Fort William nach Gairlochy

Landschaft: flaches, breites Tal in Meeresnähe, durchzogen vom River Lochy und dem Caledonian Canal
Sehenswertes: Neptune's Staircase, Banavie, Fort William PH33 7NG, www.outdoorcapital.co.uk. Acht Schleusenkammern reihen sich auf „Neptuns Treppe" im Caledonian Canal aneinander und überwinden eine Höhe von 20 m. Das Spektakel lockt immer viele Touristen an
Routencharakter: breite, gut ausgebaute Wege, meist direkt am Kanal; in der ersten Stunde teilweise Gehwege entlang einer Autostraße
Auf und Ab/Höhenlage: Die Strecke beginnt auf Meereshöhe und erreicht in Gairlochy mit 33 m über NN ihren „höchsten" Punkt (es wurde deshalb auf die Erstellung eines Routenprofils verzichtet)
Gehzeit: 4:15 Std., ca. 17,5 km (bis Brücke River Lochy 30 Min.; bis Neptune's Staircase/Bahnhof Banavie 1 Std.; bis Sheangain Aqueduct 1:45 Std.; bis Loy Aqueduct 2:45 Std.; bis Moy Swing Bridge 3:15 Std., bis untere Schleuse Gairlochy 4 Std.)
Anforderungen: 1; die erste Etappe des GGW ist die leichteste und hat den Charakter eines längeren Spaziergangs
Wegmarkierung: deutliche Orientierungshilfen auf der gesamten Strecke in Gestalt von Wegweisern und Markierungspfosten, auf denen das Symbol des Great Glen Way (GGW), die weiße Distel, gut zu erkennen ist
Einkehrmöglichkeit: nur am Anfang und am Ende der Tagesetappe
Trinkwasser: am Anfangs- und Endpunkt
Abbruchmöglichkeit: nach 1 Std. von Banavie mit der Bahn zurück nach Fort William
Wegvariante: Abkürzung durch Start am Bahnhof Banavie. Die erste Stunde des Weges bis zum Stadtrand von Fort William ist nicht sonderlich reizvoll. Wem die Wandererehre dies nicht verbietet, könnte mit dem Zug von Fort William nach Banavie fahren (Richtung Mallaig, Fahrzeit 6 Min., 8.30 und 12.10 Uhr ab Fort William) und den Great Glen Way an der Schleusentreppe Neptune's Staircase beginnen. Vor allem für Ambitionierte, welche die gesamte Fernwanderung in nur vier Tagen bewältigen und deshalb am ersten Tag bereits in

Laggan eintreffen möchten, empfiehlt sich diese Abkürzung, bei der landschaftlich nichts versäumt wird

Ausrüstung: Standard; für die zahme Strecke genügen, sofern es nicht regnet, auch Turn- oder Sportschuhe

Karte: Harvey Great Glen Way 1: 40.000

Anfahrt: s. Kapitel „Zentren und Stützpunkte", Fort William

Rückfahrt: Wer in Gairlochy nicht übernachten möchte, kann ins 5,5 km entfernte Spean Bridge entlang der Straße B 8004 wandern, wo es mehrere Übernachtungsmöglichkeiten gibt. – Busse Nr. 41, 42 und 919 fahren mehrmals täglich nach Fort William, Fahrtzeit 30 Min. – Die dritte Möglichkeit: ein Taxi (Tel. 01397/70 49 10)

Die Etappe

Der offizielle Ausgangspunkt der Weitwanderung ist ein Stein in den Ruinen der alten **Festung von Fort William** (Koordinaten NN 103743; **1**). Von der Stadtmitte findet man den Weg dorthin, indem man am Meeresufer in Richtung Norden geht, oder vom Bahnhof aus zuerst den Parkplatz des Supermarktes und anschließend am Kreisverkehr die Straße überquert. Linker Hand ist nun das begrünte Gelände des ehemaligen Forts zu sehen. Hier ließ Wilhelm von Oranien, der als König William III. im Jahr zuvor den Thron bestieg, 1690 einen Stützpunkt errichten, um die Anhänger der alten Stuart-Dynastie, die Jakobiter-Rebellen, unter der Highland-Bevölkerung unter Kontrolle zu bringen. Das Fort wurde in den 1880er Jahren zerstört, als neue Eisenbahngleise gelegt wurden. Heute sieht man im kleinen Park am Meeresufer nur noch einige Mauerreste.

Wegweiser mit der weißen Distel des GGW zeigen die Richtung um den Kreisverkehr und an einer MacDonalds-Filiale vorbei zu einem geteerten Weg. Dieser leitet uns um einen Sportplatz und eine Wohnsiedlung herum zu einer Brücke über den **River Nevis.** Direkt hinter der Brücke geht es nach links und am Ufer des **River Lochy** weiter. Auf dem gut befestigten Weg erreichen wir eine zweite Holzbrücke, blicken auf die Ruinen von Inverlochy Castle und überqueren neben der Eisenbahnbrücke den Fluss. Knapp 30 Min.

Nach 200 Jahren mutet der Caledonian Canal streckenweise wie ein natürlicher Wasserweg an

Auf der anderen Seite dieser Brücke geht es über die Straße B 8006 und nach links, dann nach 10 Min. wieder links in die Glenmallie Road. Hier legen wir ein kurzes Stück am Meeresufer des Loch Linnhe zurück. Links sehen wir Fort William und wandern an den Häusern des Ortsteils **Caol** vorbei, bis wir **Corpach Lock,** eine Schleuse des Caledonian Canal, erreichen. Hier lohnt sich ein kurzer Abstecher nach links zu den Häuschen der Schleusenwärter und dem kleinen Leuchtturm.

Ab jetzt wird der Kanal uns bis zum Tagesziel Gairlochy begleiten. Wir bleiben stets am Ostufer und genießen einen prächtigen Blick auf den Ben Nevis und die umliegenden Gipfel. Vom Corpach Lock ist es nur eine Viertelstunde zur eindrucksvollen Schleusentreppe mit dem schönen Namen **Neptune's Staircase** (Koordinaten NN 103743; **2**). Am Fuß der Schleusen überqueren wir die Straße A 830 und die Eisenbahnschienen am **Bahnhof Banavie.** 1 Std.

003_high Foto: js

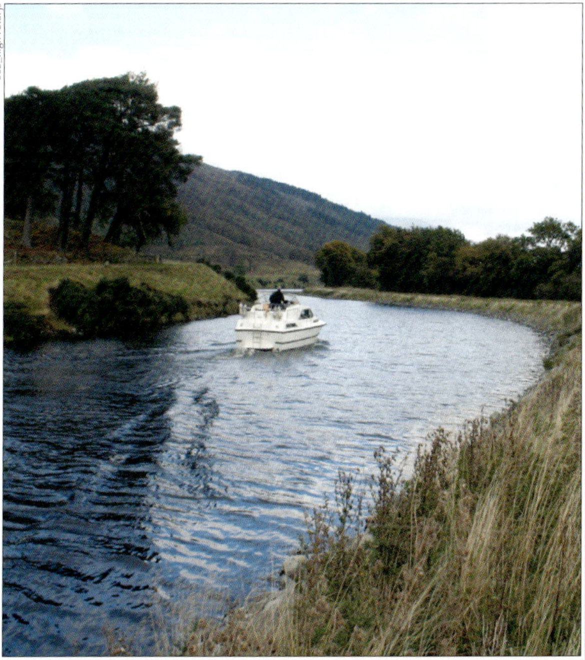

Nördlich von Neptune's Staircase wandern wir direkt am Kanalufer auf breitem Schotterweg dahin, teilweise unter alten Buchen und Eichen. Zwischen den Hügeln zur Linken und dem River Lochy zur Rechten wurde der **Caledonian Canal** teils in den Fels gehauen, teils auf einem erhöhten Damm gebaut, so dass wir zur einen Seite auf höher gelegene Hänge schauen, zur anderen auf bewaldete Böschungen und den River Lochy hinunter. Etwa eine Dreiviertelstunde nach Neptune's Staircase stehen weiß getünchte Häuser am **Sheangain Aqueduct (3),** wo der gleichnamige Bach unter dem Kanal hindurch in den River Lochy fließt. Knapp 1:45 Std.

Auf dem nächsten Routenabschnitt liegt unser Weg teilweise etwas erhöht über dem Kanal. Nach etwa einer Stunde erreichen wir den **Loy Aqueduct (4),** wo der River Loy tief unter uns plätschert, nach weiteren 30 Min. eine hübsche Drehbrücke, **Moy Swing Bridge (5).** Hier bietet sich in schöner Lage (dazu mit Picknicktischen und einer öffentlichen Toilette) eine gute Rastgelegenheit. 3:15 Std.

Für den letzten, vielleicht schönsten Teil des Weges nach Gairlochy benötigen wir etwas mehr als eine halbe Stunde. Unser Uferpfad liegt unmittelbar zwischen Kanal und Fluss, der hier in seinem steinigen Bett dahinzieht. Herrlich ist der Rückblick auf das Ben Nevis-Massiv. Bald stehen wir an der gepflegten, von Rasen umgebenen **unteren Schleuse von Gairlochy,** und können in Muße das Durchfahren der Kabinenkreuzer verfolgen (Koordinaten NN 176842; **6**).
Knapp 4 Std.

An der oberen der beiden Schleusen verkauft ein kleiner Tea Room in den Sommermonaten Erfrischungen. Zur nächsten Etappe des Great Glen Way geht es – Hinweis für den morgigen Tag – an den Schleusen auf der Straßenbrücke nach links über den Kanal. Die (nicht eben reich gesäten) Übernachtungsmöglichkeiten in **Gairlochy** finden Sie dagegen rechts, wenn Sie am alten Friedhof vorbei entlang der Straße B 8004 in Richtung Spean Bridge trotten.

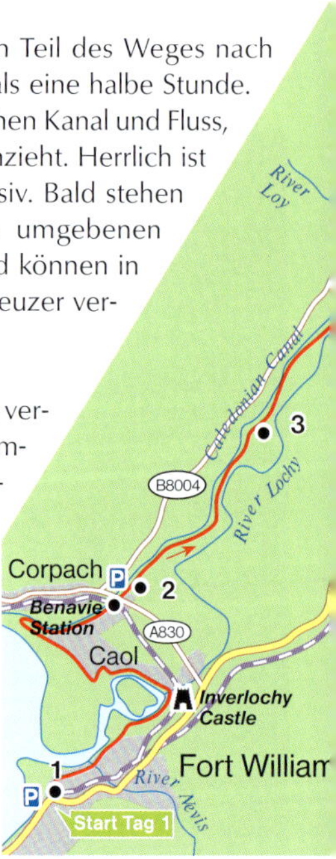

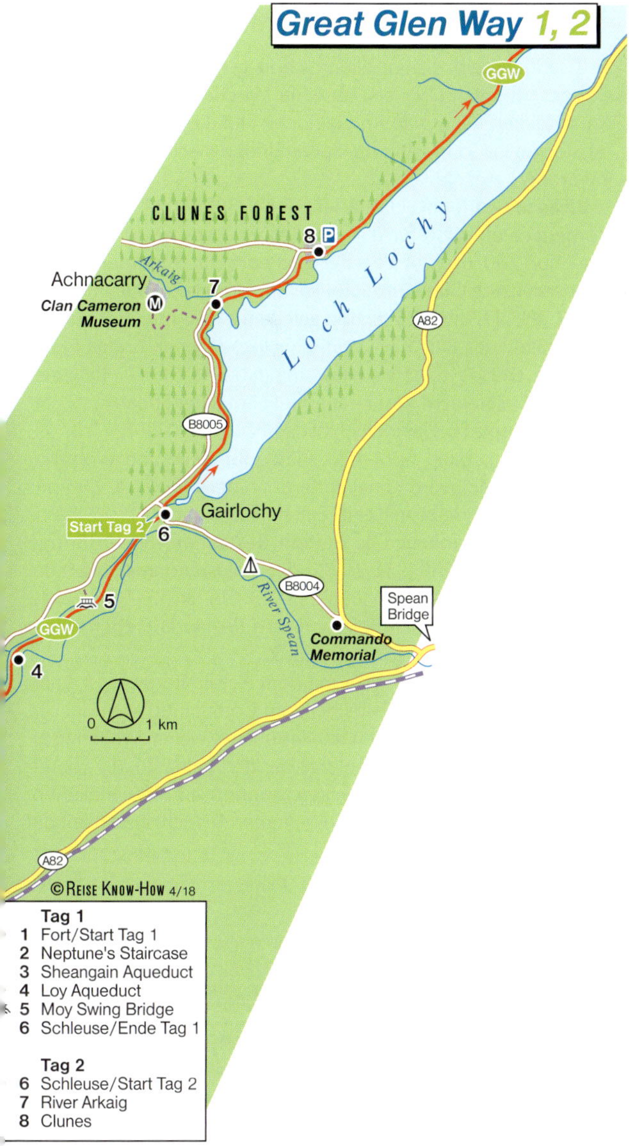

Tag 1
1 Fort/Start Tag 1
2 Neptune's Staircase
3 Sheangain Aqueduct
4 Loy Aqueduct
5 Moy Swing Bridge
6 Schleuse/Ende Tag 1

Tag 2
6 Schleuse/Start Tag 2
7 River Arkaig
8 Clunes

Etappenort Gairlochy

In Gairlochy gibt es vor allem schön gelegene Cottages und Lodges, die man aber erst ab einer Woche Aufenthalt mieten kann. Zelten kann man im Gairlochy Holiday Park. Wer einen Abstecher ins 5 km entfernte Spean Bridge macht, findet dort eine größere Auswahl.

B&Bs in Gairlochy: Dalcomera, Tel. 01397/71 27 78, www.dalcomera.co.uk. £ 80 für das DZ, schöne Lage am River Lochy und nur 200 m vom Wanderweg entfernt. Abendessen auf Wunsch. Coire Glas Guest House, Roy Bridge Rd, Spean Bridge PH34 4EU, DZ ab £ 75. Schön gelegenes B&B mit Blick auf das Bergmassiv des Ben Nevis. Smiddy House, Spean Bridge PH34 4EU, Tel. 01397/71 23 35, www.smiddyhouse.com. Gediegeneres Hotel mit feinem Restaurant direkt am River Spean.

Campingplatz: Gairlochy Holiday Park, Tel. 01397/71 27 11, www.theghp.co.uk. April–Okt. Plätze für Zelte und Wohnwagen, ca. 10 Min. vom Kanal entfernt an der B 8004. £ 7,50 pro Person für Wanderer mit Zelt, Zelt mit Auto und 2 Pers. £ 17.

Essen und Trinken: Old Station Restaurant, Spean Bridge PH34 4EF, Tel. 01397/71 25 35, www.oldstationrestaurant.co.uk, geöffnet März–Okt. Mo–Mi 17–23, Do–Sa 17–1, So 17–12 Uhr. Rustikale Pubküche bietet dieses Restaurant, ebenso wie Unterhaltung in Form von Live-Musik.

Sehenswürdigkeiten: Wer mit dem Auto unterwegs ist, kann in Spean Bridge einen Abstecher zum Commando Memorial an der A82 machen. Hier oben trainierten im Zweiten Weltkrieg alliierte Soldaten und das Denkmal der drei Soldaten, die von einem Podest in die Ferne blicken, erinnert an die Gefallenen. Nicht zuletzt ist hier oben ein exzellenter Aussichtspunkt auf die umliegenden Berge.

Der Caledonian Canal

Der 97 m lange Kanal wurde 1803 nach Plänen des namhaften Ingenieurs Thomas Telford gebaut und war eines der größten Bauprojekte, das die Highlands jemals gesehen haben. Nicht zuletzt wollte man hierdurch Arbeitsplätze in den von Abwanderung bedrohten Bergregionen schaffen. Er sollte eine Alternative zum langen, gefährlichen Seeweg um den Norden Schottlands herum bilden. Wie bei so vielen Bauprojekten dauerte der Bau wesentlich länger und war teurer als geplant. Aus sieben wurden siebzehn Jahre, auch die Kosten verdoppelten sich auf fast £ 1 Million.

Schon bald nach seiner Eröffnung 1822 verlor der Kanal seine wirtschaftliche Bedeutung – zum einen gab es inzwischen Konkurrenz durch die Eisenbahn, zum anderen hatte sich der Schiffsbau weiterentwickelt und die wesentlich größeren Schiffe passten nicht mehr auf den engen Wasserweg. Der größte Teil der Strecke verlief auf den Seen Loch Ness, Loch Oich und Loch Lochy, Kanalausbauten erfolgten auf der restlichen Strecke. 29 Schleusen waren notwendig, um Schiffe zum 40 m über NN gelegenen Scheitelpunkt am Loch Oich und dann wieder zum Meer hinunter zu befördern. Allein acht dieser Schleusen reihen sich aneinander und bilden die eindrucksvolle, Neptune's Staircase genannte Schleusentreppe nahe dem westlichen Abschluss des Kanals.

Heute wird der Caledonian Canal fast ausschließlich von Freizeitskippern benutzt. Die erste Ausflugsfahrt unternahm Queen Victoria bereits im Jahr 1873. Die Ingenieursleistung, erbracht in der Zeit der industriellen Revolution, wird heute weniger ob ihrer technischen als ihrer ästhetischen Reize bewundert: Die Kaianlagen, Schleusentore, Wärterhäuschen und Drehbrücken besitzen einen robusten Charme und werden liebevoll gepflegt. In Corpach, Gairlochy, Fort Augustus und Inverness stehen zudem kleine, an Salzstreuer erinnernde Leuchttürme. Der Baumwuchs der letzten 200 Jahre hat dem Kanal ein grünes Kleid gegeben, verleiht ihm streckenweise sogar das Aussehen eines Naturgewässers.

004_high Foto: js

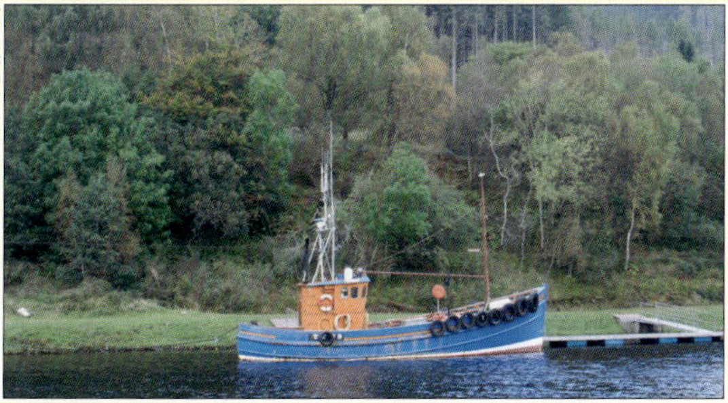

Etappe 2
Loch Lochy zur Rechten

4:45 Std
▲ 10 m ▼ 10 m
Anforderung 1

Wiederum eine wenig anstrengende Wanderung auf guten Wegen, die ab Clunes in geruhsamer Linie dem Ufer des Sees Loch Lochy folgen, bis mit Laggan Locks die nächste Staustufe des Caledonian Canal und kurz darauf das Etappenziel erreicht ist.

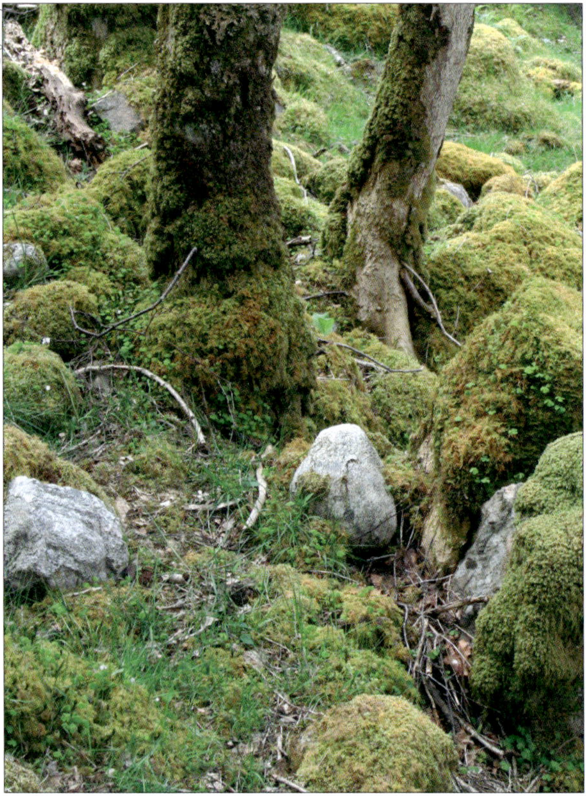

033_high Foto: js

Von Gairlochy nach Laggan

Landschaft: Das Great Glen erweist sich in diesem Wegabschnitt als ein relativ enges Tal mit bewaldeten Hängen beiderseits des Loch Lochy. Die umliegenden Berge erreichen 800 bis 900 m Höhe (höchster Gipfel ist der 935 m hohe Sron a'Choire Gairbh)
Sehenswertes: Clan Cameron Museum, Achnacarry, Spean Bridge H34 4EJ, www.clancameronmuseum.co.uk, geöffnet April–Okt. tägl. 10–16.30 Uhr, Winter s. Website, Eintritt frei, Spende erbeten. Der Clan verfolgt in diesem Museum seine lange Geschichte bis ins 14. Jh. zurück
Routencharakter: gut ausgebaute Fußwege am oder nahe dem Ufer von Loch Lochy; ein insgesamt knapp einstündiger Wegabschnitt verläuft entlang einer ruhigen Autostraße (die stark befahrene A 82 befindet sich auf der anderen Seite des Tals)
Auf und Ab/Höhenlage: nur sehr geringe Höhenunterschiede, der Ausgangspunkt liegt bei 33 m, das Etappenende bei 43 m Höhe über NN (es wurde deshalb auf die Erstellung eines Routenprofils verzichtet)
Gehzeit: 4:45 Std., ca. 19 km (bis Brücke River Arkaig 1 Std.; bis Clunes 1:45 Std.; bis Kilfinnan Burn 4:30 Std.)
Anforderungen: 1; die Etappe bereitet keinerlei Schwierigkeiten
Wegmarkierung: Wegweiser für den Great Glen Way (s. Etappe 1)
Einkehrmöglichkeit: nur am Ende der Etappe, s.u.
Trinkwasser: ausreichend Wasser mitnehmen
Abbruchmöglichkeit: keine
Ausrüstung: Standard; auch Turn- oder leichte Sportschuhe sind, sofern es nicht regnet, ausreichend
Karte: s. Etappe 1
Anfahrt: Bus Nr. 19 ab Interchange, Fort William bis Spean Bridge. 5,5 km Fußweg ab Spean Bridge (s. auch S. 130)
Rückfahrt: Citylink-Busse zwischen Inverness und Fort William mehrmals tägl. ab Laggan Lock nach Fort William ebenfalls regelmäßig nach Inverness

Auf vielen Strecken des Great Glen Way wandert man im Baumschatten

Die Etappe

Wie überall am Great Glen Way sind der Anfang (Koordinaten NN 176842) wie auch der weitere Verlauf des Weges klar markiert. An der Schleuse in **Gairlochy (6)** geht es zuerst nach links, dann auf der B 8005 nach rechts mit einem kurzen, aber steilen Anstieg. Nach einigen hundert Metern verlässt der Great Glen Way an einer kleinen Steinbrücke die Asphaltstraße nach links, überquert sie bald wieder und steigt zum Ufer von **Loch Lochy** hinab. Nach einem autofreien Wegstück folgen wieder Passagen entlang des Asphalts, wobei wir auf der Straßenbrücke den **River Arkaig (7)** überqueren. Der Blick nach Osten auf die Berge entschädigt für das Dahintrotten auf Hartbelag. 1 Std.

Abstecher

Kurz vor dem Fluss könnte man links auf einem Fußweg nach Achnacarry wandern, der Heimat des Clans Cameron of Lochiel; ein Museum, untergebracht in einem Bauernhaus des 17. Jh., präsentiert dem Besucher dort die Clan-Geschichte (ca. 3 km hin und zurück, geöffnet April bis Anfang Okt. tägl. 13.30–17 Uhr, Juli–Aug. tägl. 11–17 Uhr).

Bei den holzverkleideten Häusern in **Clunes (8),** wo die Asphaltstraße nach links biegt, wendet sich der Great Glen Way nach rechts (Koordinaten NN 201887). Wir folgen dem breiten Fahrweg durch ein Metalltor. Hinter dem Tor teilt sich der Weg, und das Symbol der weißen Distel leitet uns zum See hinunter. Reichlich 1:45 Std.

Ab hier ist die Orientierung einfach. Unter den Bäumen des Clunes Forest bleibt der Great Glen Way bis kurz vor Ende dieser Tagesetappe

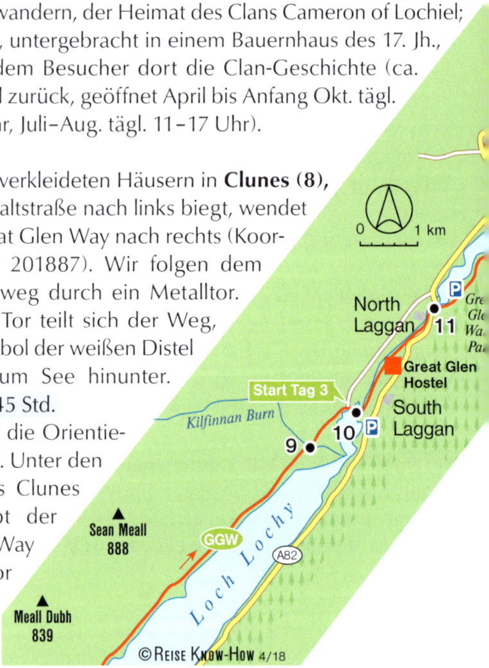

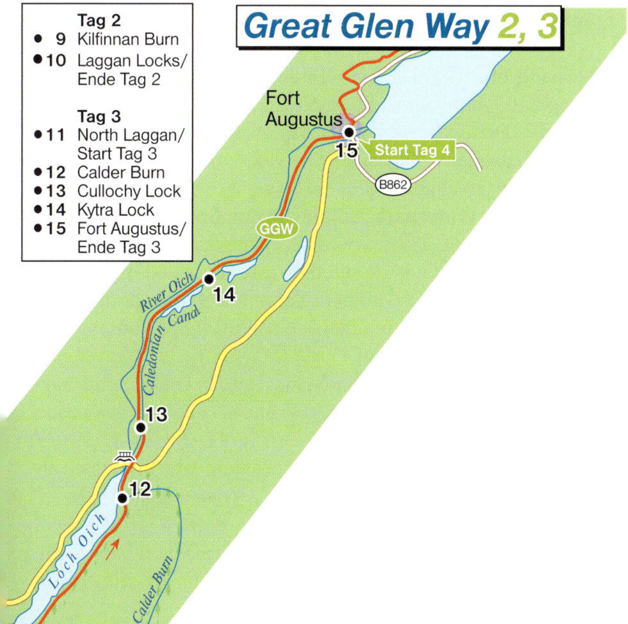

am Seeufer. Dieses Stück gehört zu den reizvollsten Abschnitten der Weitwanderung, denn wir entfernen uns vom Autoverkehr ebenso wie von Siedlungen und haben nach rechts einen großartigen Blick über Loch Lochy hin zu den Bergen um den Ben Nevis. Oberhalb der steilen Hänge zur Linken steigen die Gipfel Meall Dubh (839 m) und Sean Mheall (888 m) auf.

Unser Pfad wird ohne Schwierigkeiten über einige kleine Bäche (u.a. **Dearg Allt**, **Allt na Bruaich**) geleitet. Wo es auf einer Brücke über den etwas breiteren **Kilfinnan Burn (9)** geht, werden wieder Häuser sichtbar. Wir haben uns in dieser Passage ein wenig vom Ufer entfernt und sind am nördlichen Ende von Loch Lochy angelangt. Reichlich 4:30 Std.

Eine Autostraße führt uns weiter zur **Schleuse Laggan Locks (10)**, wo wir entweder nach rechts zur Hauptstraße A 82 wandern oder die Tagesetappe an einem kurzen, Loch Lochy mit Loch Oich verbindenden Stück des Caledonian Canal abschließen. 4:45 Std.

Etappenort Laggan

Übernachten: Great Glen Hostel, Tel. 01809/50 14 30, www.greatglenhostel.co.uk, £ 20–22. Stattliches, renoviertes Haus, fast direkt am Great Glen Way zwischen Loch Lochy und Loch Oich gelegen. Mit „Pick-up service": müde Wanderer werden auf Wunsch abgeholt.

Great Glen Waterpark, South Laggan, Spean Bridge PH34 4EA, Tel. 01809/50 13 81, www.greatglenwaterpark.co.uk. Hier werden viele Aktivitäten rund ums Wasser angeboten wie Kajak fahren, Angeln und Schwimmen. Zudem kann man Lodges und Cottages mieten. In dem angegliederten Café-Restaurant werden auch Wanderer bedient.

Essen und Trinken: Eagle Barge Inn, Laggan Locks, South Laggan PH34 4EA, Tel. 07789/85 85 67, https://eaglebargeinn.weebly.com, geöffnet Mi 16.30–23, Do–Sa 11–23, So 12.30–23 Uhr. Das holländische Handelsschiff aus dem Jahr 1926 dient als uriges Restaurant direkt auf dem Kanal an den Laggan Locks.

Ein **Lebensmittelgeschäft** (Mo–Fr 6–18, Sa 8–18, So 9–15 Uhr) befindet sich an der A 82 an der Westseite von Loch Oich, gut 1 km nördlich der Stelle, wo der Great Glen Way die A 82 in North Laggan überquert.

Schleusentreppe in Fort Augustus am westlichen Zipfel von Loch Ness

034_high Foto: js

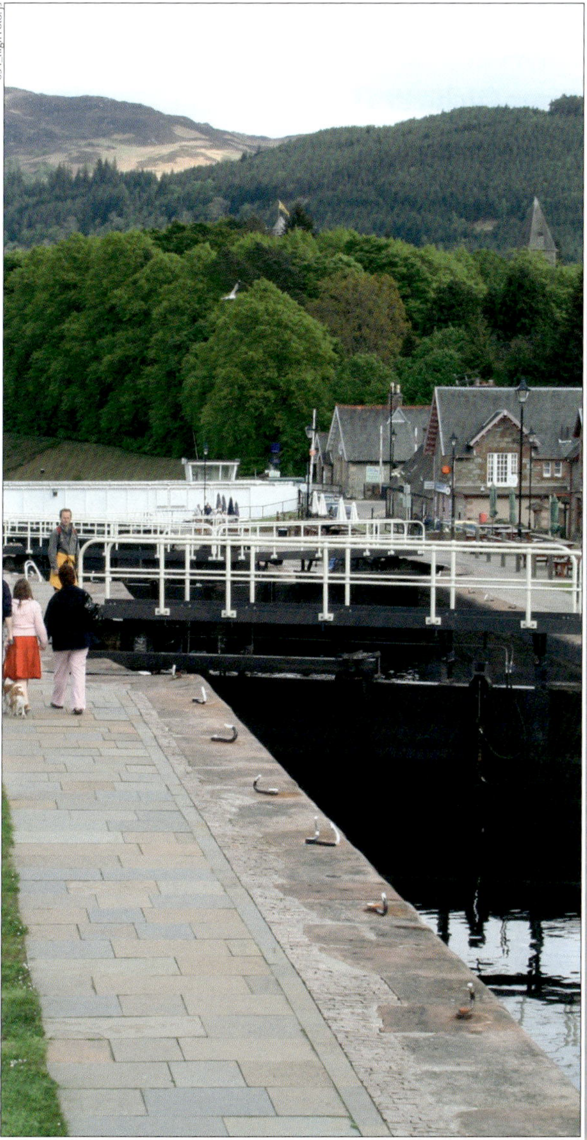

Etappe 3
Loch Oich und River Oich zur Linken

4:15 Std
▲ 30 m ▼ 55 m
Anforderung 1

Eine weitere Schlenderstrecke im Mittelstück des Great Glen Way. Ohne größere Steigungen geht es mal am Seeufer, mal am Caledonian Canal bzw. am River Oich entlang.

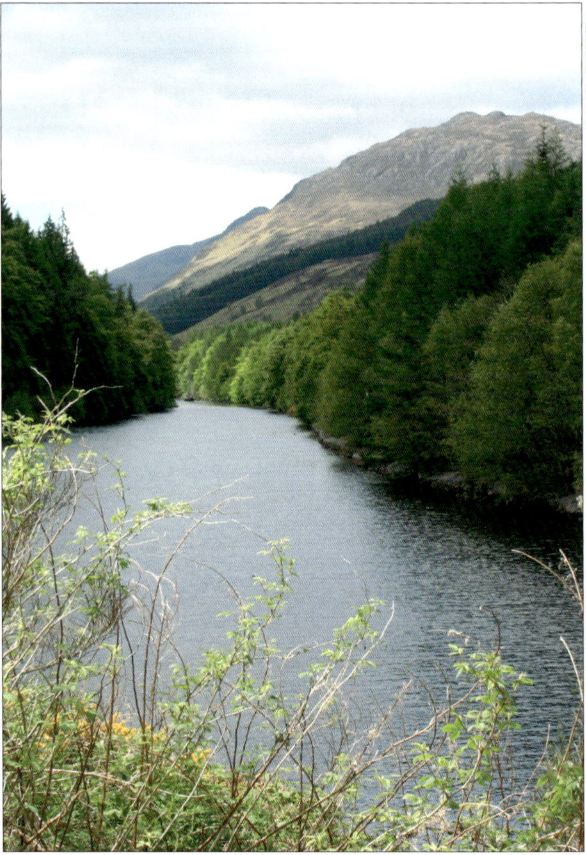

030_high Foto: js

Von Laggan nach Fort Augustus

Landschaft: Der mittlere Abschnitt des Great Glen Way verläuft durch ein enges Tal mit steilen, teils bewaldeten Hängen am Ufer des langen, schmalen Loch Oich

Routencharakter: Gute, ebene Wege am Ufer von Loch Oich und am Caledonian Canal, teils durch Laubwälder auf einer stillgelegten Eisenbahntrasse

Auf und Ab/Höhenlage: unbedeutend; Ausgangspunkt bei 43 m, Etappenendpunkt 18 m über NN (es wurde deshalb auf die Erstellung eines Routenprofils verzichtet)

Gehzeit: 4:15 Std., ca. 17 km (bis Südende Loch Oich 45 Min.; bis Brücke Calder Burn 2:15 Std.; bis Cullochy Lock 2:45 Std.; bis Kytra Lock 3:45 Std.)

Anforderungen: 1; auch diese Etappe ist weitgehend frei von Steigungen und als ein längerer Spaziergang einzuschätzen

Wegmarkierung: Wegweiser für den Great Glen Way (s. Etappe 1)

Einkehrmöglichkeit: Café des Great Glen Water Park 1,5 km nach dem Aufbruch (s. Etappe 2), Gaststätten in Fort Augustus am Ende der Etappe

Abbruchmöglichkeit: Nach etwa der Hälfte der Wegstrecke überquert der GGW die A 82; hier Busse nach Fort William bzw. Fort Augustus

Ausrüstung: Standard; auch Turn- oder leichte Sportschuhe sind, sofern es nicht regnet, ausreichend

Karte: Harvey Great Glen Way 1: 40.000

Anfahrt: Citylink-Busse 915, 916, 919 ab Fort William z.B. um 8.45 und 10.30 Uhr nach Laggan Locks, Fahrzeit 34 Min.; Busverbindung ab Inverness nach Laggan Locks z.B. um 8.55 und 10.15 Uhr, Fahrzeit 75 Min.

Rückfahrt: Bus von Fort Augustus z.B. um 15.08 und 18.38 Uhr nach Fort William, Fahrzeit 52 Min., und z.B. um 15.12, 16.40, 17.42 Uhr nach Inverness, Fahrzeit 60 Min.

Dicht bewachsene und bewaldete Ufer zwischen Loch Oich und Fort Augustus

Etappe 3

Die Etappe

Von der **Schleuse in Laggan** (Koordinaten NN 28696; **10**) bleibt der Great Glen Way zunächst auf einer fast 3 km langen Strecke am rechten Kanalufer, das hier mit Bäumen bewachsen ist. Dieser Abschnitt ist die „Scheitelstrecke" des Kanals, 40 m über dem Meer. Nach einer knappen halben Stunde geht es am Great Glen Hostel vorbei (s. S. 320), danach weiter am Kanalufer bis zum südlichen Ende von **Loch Oich (11),** wo die Straße A 82 überquert wird. 45 Min.

Ein kurzes Stück Teerweg führt um die Häuser am **Great Glen Way Water Park** herum. Dahinter stoßen wir auf die Trasse einer stillgelegten Eisenbahn. Der folgende Wegabschnitt ist bewaldet und führt durch das Naturschutzgebiet **Leiterfearn Forest** – rechts steile Hänge, links die stille Fläche von Loch Oich. Alte Laubbäume und eine Vielfalt von Blumen säumen den Weg; im Mai und Juni, wenn die Glockenblumen *(bluebells)* und die gelben Schwertlilien blühen und man wilde Erdbeerpflanzen sieht, ist dieser Weg besonders reizvoll. Teils verläuft er am Bahndamm entlang, teils direkt am Ufer von Loch Oich. Nach etwa eineinhalb Stunden verlässt der Great Glen Way den Wald, überquert den **Calder Burn (12)** auf der Brücke der ehemaligen Eisenbahn und hält sich links zum Seeufer hin (Koordinaten NN 338029). Reichlich 2:15 Std.

Hier hat man einen schönen Blick zurück in Richtung Südwesten durch das Great Glen. Der **River Oich** und der **Caledonian Canal** münden an dieser Stelle in Loch Oich. Wir überqueren die A 85, gehen weiter am rechten Kanalufer bis zur **Schleuse Cullochy Lock (13)** und wechseln dort auf die linke Seite des Kanals. Von nun an bis zum Ende der Etappe in Fort Augustus verläuft der Great Glen Way zwischen dem River Oich und dem Caledonian Canal. 2:45 Std.

Am Cullochy Lock beginnt für den Schiffsverkehr der Abstieg über mehrere Schleusen zum Loch Ness. Unser Weg erweist sich als breiter, baumloser Schotterpfad. Links unten schlängelt sich der Fluss, während der Kanal zunächst als gerader Wasserweg dahinzieht, sich später aber in Gestalt kleiner Seen verbreitert. Etwa eine Dreiviertelstunde nach Cullochy Lock ist die

Blick auf Loch Oich

nächste Schleuse erreicht, die gepflegte **Kytra Lock (14),** ausgestattet mit einem schmucken Wärterhäuschen. 3:45 Std.

Ab Kytra Lock ist der Weg wieder attraktiver, der Kanal windet sich ein wenig, und bald kündigt ein erstes Bed & Breakfast-Haus an, dass Fort Augustus nicht mehr fern ist. Das letzte Stück in den Ort hinunter verläuft neben einer eindrucksvollen Schleusentreppe, an der im Sommer ein reges Leben und Treiben mit Segelbooten und Kabinenkreuzern herrscht. An der Brücke in **Fort Augustus (15)** bieten Pubs, Cafés oder auch nur Sitzbänke Rastmöglichkeiten am Kanal. 4:15 Std.

Etappenort Fort Augustus

B&B: Caledonian House, Station Road, Tel. 01320/36 62 36, www.caledonianhouse.co.uk, 5 Zimmer, ab £ 40 pro Person, nur 100 m vom Great Glen Way entfernt.

Campingplatz: Cumberlands Campsite, Glendoe Road, (Nähe A 82, südlich Fort Augustus, 5 Min. zu Fuß zum Ort), Tel. 01320/36 62 57, www.cumberlands-campsite.com, £ 10 p. P.

Essen und Trinken: The Boathouse Lochside Restaurant, Fort Augustus PH32 4BD, Tel. 01320/36 66 82, www.lochnessboathouse.co.uk. Mediterran inspirierte Küche direkt am Loch mit Außenterrasse.

The Moorings Restaurant, Canal Side, Fort Augustus PH32 4DJ, Tel. 01320/36 64 84, geöffnet tägl. 11–22 Uhr. Leichte Gerichte und Snacks von Sandwiches über Pizzas und Pies bis Kuchen.

Fish&Chips: es gibt mehrere Shops am Kanal.

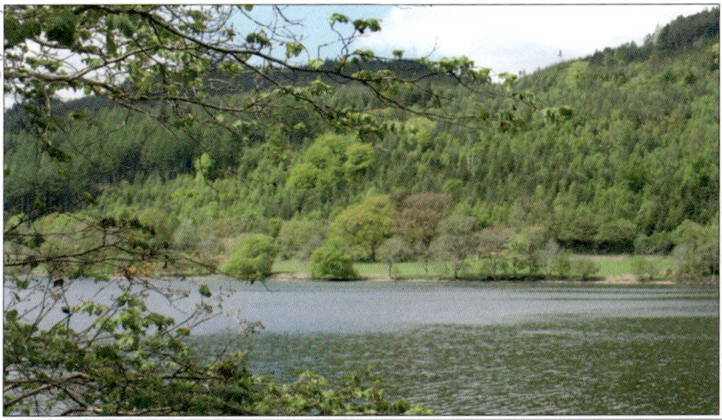

032_high Foto: js

Etappe 4
Entlang von Loch Ness

3:30 Std
▲ 150 m ▼ 130 m
Anforderung 1

Wiederum eine bequeme, zudem kurze Etappe, diesmal einige Dutzend Meter hoch über dem See Loch Ness, der großen landschaftlichen Reiz besitzt (auch wenn das berühmte Seeungeheuer partout nicht auftauchen will).

007_high Foto: js

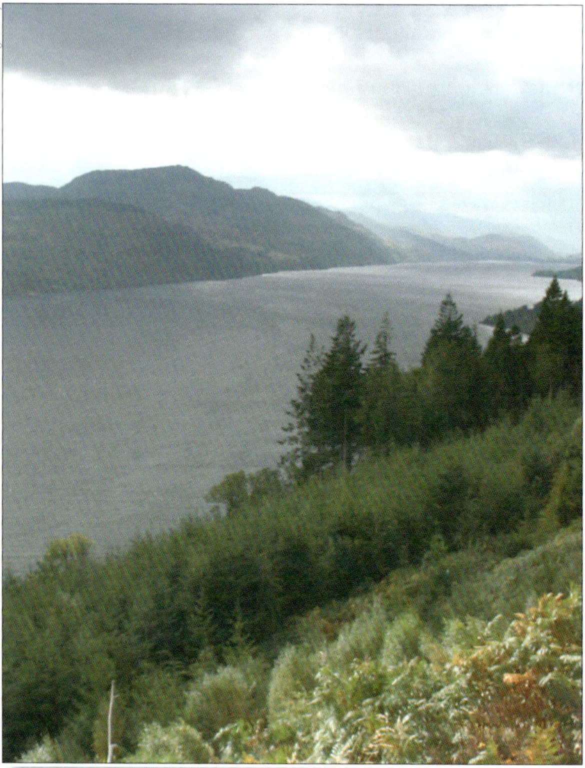

Hoch über Loch Ness

Von Fort Augustus nach Invermoriston

Landschaft: bewaldete untere Hänge der ca. 600 m hohen Berge am Nordwestufer des Loch Ness mit Blick auf die 700 bis 800 m hohen Gipfel südwestlich des Sees
Routencharakter: breite, gut ausgebaute und gewartete Forstwege, am Anfang und am Ende der Etappe kurze Strecken auf Asphalt
Auf und Ab: ▲ ca. 150 m▼ ca. 130 m
Höhenlage: zwischen 18 m (Fort Augustus) und 120 m (kurz vor dem Abstieg nach Invermoriston); man wandert überwiegend entlang der 75 m-Konturlinie
Gehzeit: 3:30 Std., 13 km (bis Parkplatz 45 Min.; bis Portclair Burn 2:15 Std.)
Anforderungen: 1; keinerlei Schwierigkeiten
Wegmarkierung: Wegweiser für den Great Glen Way (siehe Etappe 1)
Einkehrmöglichkeit: nur am Anfang und am Ende der Tagesetappe
Abbruchmöglichkeit: keine
Ausrüstung: Standard
Karte: Harvey Great Glen Way 1: 40.000
Anfahrt: An der Kanalschleuse in Fort Augustus halten mehrmals täglich in beiden Richtungen die Citylink-Busse 915, 916 und 919 zwischen Fort William und Inverness verkehren, s. Etappe 3
Rückfahrt: Die Citylink-Busse 915, 916 und 919 fahren von Invermoriston z.B. nach Drumnadrochit, wo die nächste Etappe endet und nach Inverness (Fahrplan zum Download unter www.citylink.co.uk/timetables/Winter2017/WEB_ObanInverness.pdf)

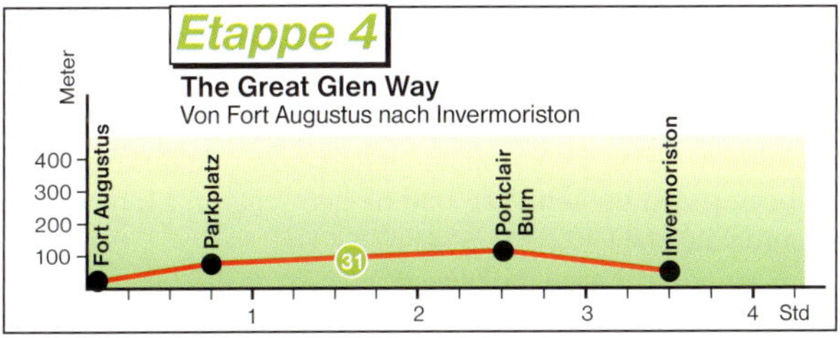

Die Etappe

An der begrünten **Schleusenanlage in Fort Augustus (15),** wo die Straße A 82 den Caledonian Canal überquert (Koordinaten NH 379092), beginnt die vierte Etappe des Great Glen Way. Auf der linken Straßenseite verlassen wir die Ortsmitte in Richtung Norden und sehen links den für uns maßgeblichen Wegweiser mit der weißen Distel, der uns bergan in eine steile Seitenstraße und nach ca. 5 Min. zum Parkplatz an der kleinen Free Church führt. Wir folgen der Asphaltstraße durch ein Wohngebiet, biegen dann direkt bei einer kleinen Steinbrücke links ab und gelangen in Wald. 15 Min.

Der GGW steigt ein kurzes Stück steil an, bis ein breiter Waldweg erreicht ist. Hier geht es für uns nach rechts (wir bleiben dem nun eingeschlagenem Weg fast bis zu unserem Tagesziel Invermoriston treu). Wenige Minuten nur, dann lichten sich die Bäume und geben den Blick auf den etwa 60 m tiefer liegendener See **Loch Ness** frei. Nach etwa einer halben Stunde auf unserem Waldweg erreichen wir ein Metalltor und wandern gemäß der „Distel-Beschilderung" zuerst nach links zu einem **Parkplatz (16)** hinauf, dann auf der hinteren Seite des Parkplatzes nach rechts. 45 Min.

Jetzt schlängelt sich der breite Forstweg, dem wir weiter folgen, ohne Steigungen durch Tannenwald, und es dauert eine Dreiviertelstunde, bis wir wieder einen freien Blick auf Loch Ness gewinnen. Auf der folgenden, ebenso schönen wie bequemen Strecke gewinnen wir kaum an Höhe, das Auge erfasst immer wieder das reizvolle Seepanorama. Betonbrücken führen über die Bäche **Allt a' Mhuilinn** und **Portclair Burn (17).** An einer Weggabelung halten wir uns links und bleiben somit auf dem höheren Pfad. 2:30 Std.

Wenige Minuten später wendet sich der Great Glen Way langsam in westliche Richtung, lässt also Loch Ness rechts unten zurück und geht allmählich in den Anstieg. An der nächsten Gabelung halten wir uns rechts. Nun verliert der GGW deutlich an Höhe – der Abstieg in das Seitental **Glen Moriston** hat begonnen. Keine 5 Min. später verlassen wir an der nächsten Gabelung den breiten Weg und biegen scharf nach rechts ab (Koordinaten NH 402174). Reichlich 3 Std.

Auf einem schmalen, steinigen Weg geht es steil hinab. Unten, in der Talsenke angekommen, folgen wir der Schotterstraße, die bald zu einer bescheidenen Asphaltstraße wird, passieren zwei Bed & Breakfast-Häuser und erreichen die Hauptstraße A 82 am Rande des kleinen Orts Invermoriston. Von beiden Seiten der modernen Straßenbrücke hat man einen bezaubernden Blick in die Schlucht des **River Moriston** – und auf die alte Brücke aus dem Jahre 1813 (s. Abb. S. 302/303). Nun sind es nur noch wenige Schritte bis zur Straßenkreuzung in der Ortsmitte von **Invermoriston (18).** 3:30 Std.

Etappenort Invermoriston

Invermoriston ist ein kleiner Ort mit Post/Dorfladen, wo man in bescheidenem Umfang auch Lebensmittel einkaufen kann.

B&B: Bracarina House, Loch Ness, Invermoriston, IV63 7YA, Tel. 01320/35 12 79, www.bracarinahouse.co.uk. Mitten in Invermoriston befindet sich dieses moderne B&B. DZ ab £ 78.

Hotel: Glenmoriston Arms Hotel, Tel. 01320/35 12 06, www.glenmoristonarms.co.uk, 11 Zimmer, 8 im altschottischen, 3 im zeitgenössischen Stil in einer 1740 erbauten Herberge mit traditionellem Restaurant, ab £ 55 pro Person im DZ, £ 85–95 im EZ.

Jugendherberge: The Lochside Hostel, Alltsigh, Glenmoriston, Loch Ness IV637YD, Tel. 01320/35 12 74, http://lochsidehostel.com. Betten ab £ 22, keine DZ nur Vierbettzimmer nach Geschlecht getrennt.

Campingplatz: Cumberlands Campsite, Glendoe Road, Fort Augustus PH32 4BG, Tel. 01320/36 62 57, www.cumberlands-campsite.com. £ 10 p.P. mit Zelt. Auch Wohnmobile.

Essen und Trinken: Glen Rowan Restaurant & Café, Tel. 01320/35 13 52, http://glen-rowan-cafe.co.uk, Skye Road (A 887) und dem Restaurant im Glenmoriston Arms Hotel (s.o.).

Vorherige Seite: Trübes Wetter an den Hängen über Loch Ness

Etappe 5 Loch Ness zum Zweiten

6 Std
▲ 500 m ▼ 450 m
Anforderung 2

Eine einfache, diesmal aber längere Etappe auf dem Great Glen Way. Man wandert recht bequem etwas oberhalb von Loch Ness dahin, leider eine Stunde lang auch auf einem Asphaltsträßlein.

025_high Foto: js

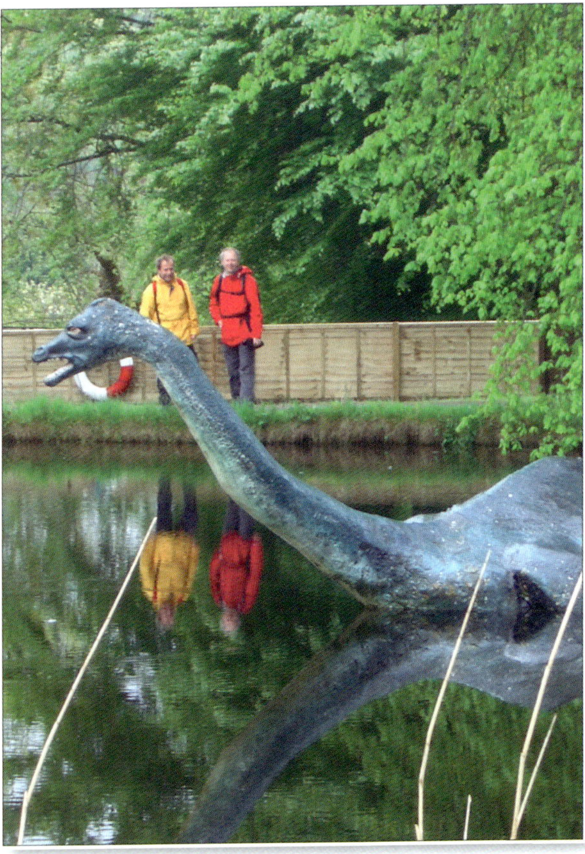

Von Invermoriston nach Drumnadrochit

Landschaft: Die erste Hälfte der Etappe verläuft am Nordwestufer des Loch Ness, und zwar entlang steiler Hänge im Wald unterhalb des 699 m hohen Meall Fuar-mhonaidh; die zweite Hälfte durch eine landwirtschaftlich genutzte Ebene; danach steigt der Great Glen Way nach Drumnadrochit ins Tal ab

Routencharakter: anfangs breite, befestigte Forstwege, am Ende der Wanderung eine längere, ermüdende Strecke auf einer (wenig befahrenen) Asphaltstraße

Auf und Ab: ▲ ca. 500 m ▼ ca. 450 m

Höhenlage: zwischen 40 m (Invermoriston) und 294 m (oberer Saum des Ruskich Wood)

Gehzeit: 6 Std., ca. 22 km (bis Stone Seat 1 Std.; bis Abzweig Jugendherberge 2 Std.; bis höchster Punkt 2:45 Std.; bis Parkplatz 4 Std.; bis Ende Asphaltsträßlein 5:15 Std.)

Anforderungen: 1 bis 2; keinerlei technische Schwierigkeiten, doch gehört diese Etappe zu den beiden Abschnitten des Great Glen Way mit nennenswertem An- und Abstieg

Wegmarkierung: Wegweiser für den Great Glen Way (s. Etappe 1)

Einkehrmöglichkeit: nur am Anfang und am Ende dieser Tagesetappe

Abbruchmöglichkeit: nach etwa 2 Std. Abzweig rechts zur Jugendherberge in Alltsigh an der Straße A 82 (s. Etappe 4)

Ausrüstung: Standard

Karte: Harvey Great Glen Way 1: 40.000

Anfahrt: s. Etappe 4

Rückfahrt: Wer Drumnadrochit, den ausgesprochen touristischen Endpunkt der Etappe, meiden möchte, nutzt die regelmäßige Busverbindung zum nahen Inverness (Fahrzeit 30 Min.); die Alternative: Übernachtung am Ortsrand

In Drumnadrochit: Der Nessie-Tourismus treibt wunderliche Blüten

Die Etappe

Am Straßenkreuz in **Invermoriston (18)** benutzen wir zunächst die A 887, die sich in Richtung Kyle of Lochalsh von Loch Ness entfernt, biegen aber bereits nach 50 m rechts ab. Hier wie auch sonst ist der GGW deutlich gekennzeichnet. Hinter dem Invermoriston Arms Hotel steigt eine Teerstraße mit Links- und Rechtskehren steil den Hang hinauf, bis wir – ca. 200 m hoch – an einem Bach nach rechts auf einen Forstweg einbiegen (Koordinaten NH 420173). 20 Min.

Der erste Aufstieg ist damit bewältigt. Nach ca. 10 Min. halten wir uns an einer ersten Weggabelung rechts und wandern weiter durch Wald bis zu einer zweiten Gabelung der Forstwege. Hier lohnt sich der kurze, ausgeschilderte **Abstecher zum Stone Seat,** einer steinernen Bank mit Aussicht über Loch Ness.
Knapp 1 Std. (mit Abstecher)

Zurück an der zweiten Weggabel, nehmen wir rechts den schmalen Pfad bergab zu einem breiteren Forstweg, wandern parallel zum Ufer von Loch Ness weiter und passieren bald den **Stone Cave,** einen Unterstand aus mörtellosen Steinen. Eine knappe Stunde geht es nun ohne große Höhenunterschiede weiter, teils unter Bäumen und über längere Strecken mit schönem Blick auf den See; dann auf einer Betonbrücke über den **Allt Sigh (19),** wo ein Weg nach rechts zur

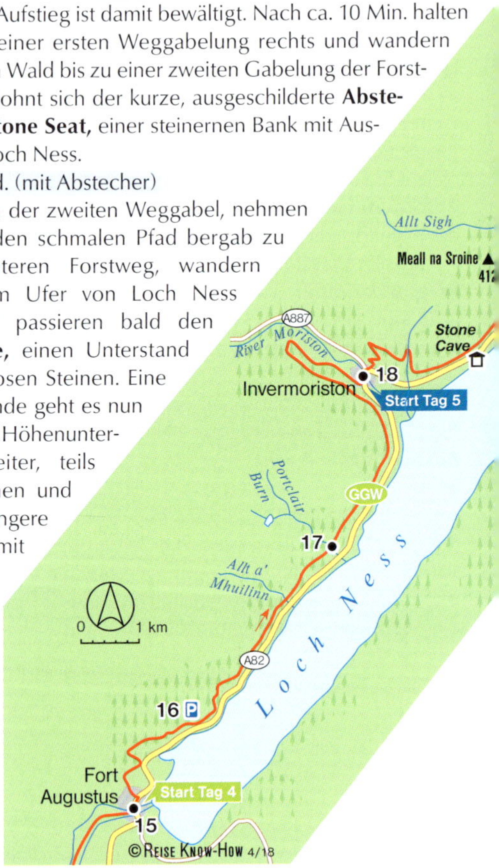

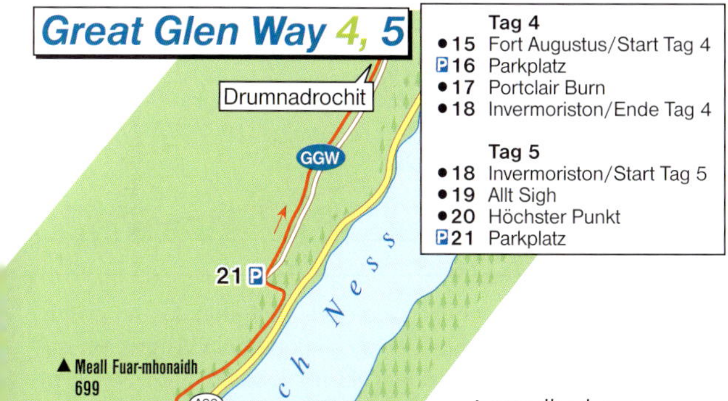

Jugendherberge am Loch Ness hinunterführt. Auch eine B&B-Übernachtungsmöglichkeit ist hier ausgeschildert (Koordinaten NH 456191). 2 Std.

Nach dieser Stelle steigt der GGW in langen Kehren stetig an. Er wendet sich nach links in den Hang hinein, um dann mit einer Rechtswendung in die nordöstliche Richtung zurückzuschwenken. Am Ende dieses langgezogenen Aufstiegs ist mit 294 m der **höchste Punkt (20)** der Tagesstrecke erreicht. 2:45 Std.

Unser breiter Waldweg steigt die nächste halbe Stunde sanft ab und endet bei einem Schild, das uns auf einen schmaleren Pfad verweist. Wir verlieren nun deutlicher an Höhe, der Weg verbreitert sich wieder. An einer Kreuzung wenden wir uns nach links, gehen durch ein Tor und treten wenig später aus dem Wald. 4 Std.

Vor uns liegt nun der wohl tristeste Abschnitt des gesamten Great Glen Way. An einem **Parkplatz** (Koordinaten NH 491238; **21**) gelangen wir durch ein weiteres Tor auf eine geteerte Nebenstraße, auf der wir in der Folge mehr als eine Stunde bleiben. Nach den reizvollen Forstwegen ist das ein unerfreuliches Fortkommen, zumal es kaum Gelegenheiten gibt, seitlich der Straße auf weicheren Boden auszuweichen. Wir wandern an Bauernhäusern und Schafweiden vorbei, später durch Nadelwald. Da dieses Autosträßchen eine lange Sackgasse bildet und am

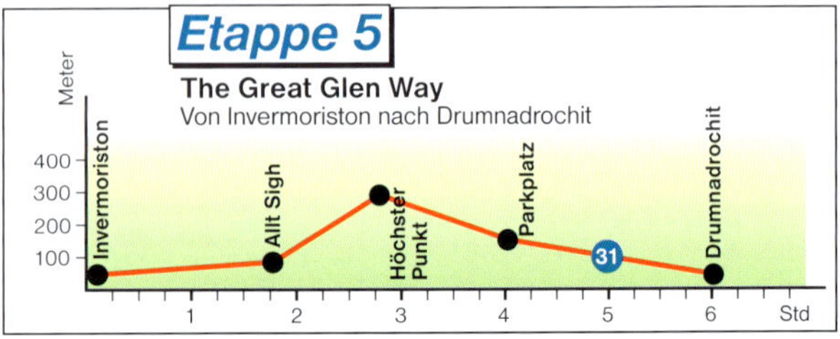

erwähnten Parkplatz endet, wird sie – immerhin das sei positiv vermerkt – wenig befahren. Endlich kündigt ein Wegweiser an, dass der GGW nach links durch ein Tor von der Straße abzweigt (Koordinaten NH 510281). 5:15 Std.

Durch Wald steigen wir in ein Seitental hinab und erreichen nach etwa 20 Min. den Weiler **Clunebeg,** wo es ein Restaurant und Gästezimmer gibt. Auf einer Schotterstraße wandern wir danach entlang des **River Coiltie** weiter und stoßen bald auf die Hauptstraße A 82. Auf ihr bzw. entlang des Asphalts geht es nach links zur Ortsmitte von **Drumnadrochit (22),** wo man alle Auswüchse des „Nessie-Tourismus" aus nächster Nähe studieren kann. 6 Std.

Etappenort Drumnadrochit

Als Zentrum des Rummels um das Loch Ness-Ungeheuer ist Drumnadrochit auf den Touristenansturm bestens vorbereitet – wobei die Weitwanderer eine verschwindende Minderheit bilden.

Auskunft: www.visitinvernesslochness.com

Restaurants im Drumnadrochit Hotel und im Benleva Hotel.

B&Bs: Benleva Hotel, Drumnadrochit, IV63 6UH, Tel. 01456/ 45 00 80, www.benleva.co.uk, DZ ab £ 80. Modernes Pub-Hotel mit guter Küche und selbstgebrautem Bier.

Loch Ness Lodge Hotel, Drumnadrochit IV63 6TU, Tel. 01456/45 03 42, www.lochness-hotel.com, DZ ab £ 109. Wer noch mehr Komfort sucht, findet ihn in diesem kleinen Hotel mit sehr gutem Restaurant.

Backpackerherberge: Loch Ness Backpackers, Coiltie Farmhouse, East Lewiston, Drumnadrochit IV63 6UJ, am Great Glen Way (rechts nach der Brücke über den River Coiltie), Tel. 01456/45 08 07, www.lochness-backpackers.com, 40 Betten in einem ehemaligen Bauernhaus, ab £ 20 pro Person.

Hotel: Drumnadrochit Hotel, Tel. 01456/45 02 18, www.lochness.com, 29 Zimmer, DZ £ 60–90, in der Ortsmitte.

Sehenswürdigkeiten: Urquart Castle, Drumnadrochit IV63 6XJ, Tel. 01456/45 05 51, www.historicenvironment.scot, tägl. April–Sept. 9.30–18, Okt. 9.30–17, Nov.–März bis 16.30 Uhr, Eintritt £ 9. Wer dem Nessie-Tourismus in Drumnachdrochit entfliehen möchte, sollte sich zu dieser außerhalb des Ortes liegenden Burg aufmachen. Auf vielen Postkarten von Loch Ness erscheint die historische Ruine als Vordergrund. Vom Gelände hat man einen guten Blick auf den See.

Loch Ness und sein Ungeheuer

Auch ohne sein berühmtes Ungeheuer ist Loch Ness ein bedeutendes Gewässer. Es hat eine Länge von 37 km und eine maximale Breite von 1,5 km, nimmt die Regenfälle eines 1800 km² großen Gebiets auf, ist das größte Süßwasserreservoir Großbritanniens und hat das dreifache Volumen des flächenmäßig größten schottischen Sees, Loch Lomond. Loch Ness ist nämlich ungewöhnlich tief – eine Tatsache, die Spekulationen über die Existenz des fabelhaften Wesens „Nessie" nährte. Die tiefste Stelle, 270 m, befindet sich in der Nähe von Urquhart Castle bei Drumnadrochit, wo es in der Vergangenheit immer wieder zu „Nessie-Sichtungen" kam.

Die Legende reicht in die Tiefen der schottischen Geschichte zurück. Im Jahr 565 soll der Hl. Kolumban ein schreckliches Geschöpf vom nördlichen Ende des Sees vertrieben haben. Der erste Zeitungsbericht aus dem Jahr 1868 bezieht sich auf eine lokale Überlieferung, dass es in Loch Ness Riesenfische gäbe. Ab den 1930er Jahren wuchs dann „Nessies" Ruhm, vor allem durch ein gefälschtes Foto, das ein Saurier-ähnliches Tier mit einem langen Hals zeigte. Seitdem haben unzählige Berichte über mysteriöse Lebewesen im Wasser von Loch Ness der Fantasie freien Lauf gelassen. In den 1960er Jahren forschten sogar kleine U-Boote nach dem Ungeheuer – ergebnislos; die schlechte Sicht im trüben Seewasser erschwerte alle Recherchen. Freilich nicht zur Entmutigung der nächsten Generation von „Nessie"-Forschern. In einer großangelegten Aktion suchten im Jahre 1987 20 mit Sonargeräten ausgestattete Boote etwa 80 % des Sees systematisch ab. Sie fanden nichts – was natürlich auch nichts beweist. So lebt die Legende denn weiter, zumal erst im Mai 2007 ein neues Video – nun, sagen wir – auftauchte, das ein ca. 15 m langes aalähnliches Ungeheuer zeigt.

Die beiden konkurrierenden „Nessie"-Unternehmen in Drumnadrochit, das Loch Ness Centre and Exhibition (www.lochness.com) und das Nessieland (www.nessieland.co.uk), brauchen einen großen Parkplatz für die vielen Reisebusse und machen reißenden Umsatz mit langhalsigen grünen Plüschtieren, die gerne eine hübsche Schottenmütze tragen.

Etappe 6
Abschied von „Nessie“

8 Std
▲ 340 m ▼ 365 m
Anforderung 2

Asphalt trübt auf dieser längsten Etappe des Great Glen Way streckenweise das Wandervergnügen. Andererseits erlebt man die Highlands in ihren reizvollen Facetten: mit Wald, Moorland und Schafweiden – dazu mit weiten Ausblicken.

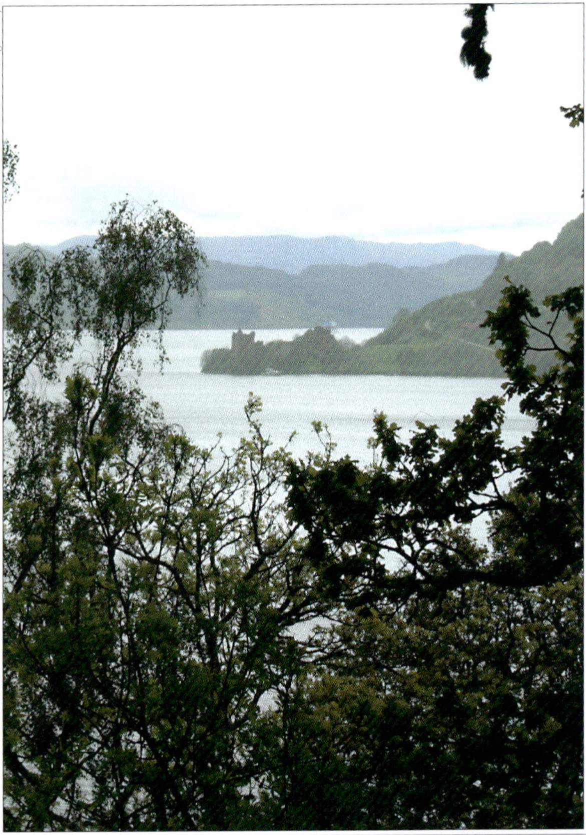

028_high Foto: js

Von Drumnadrochit nach Inverness

Landschaft: bewaldete Hänge am Nordwestufer des Loch Ness, im späteren Verlauf offenes Hochmoor, Nadelwald und die grünen Außenbezirke von Inverness
Routencharakter: gute Forstwege und Bergpfade, am Ende der Wanderung Asphaltstraßen und städtische Gehwege
Auf und Ab: ▲ 340 m ▼ 365 m
Höhenlage: zwischen 15 m (Inverness) und 380 m (nahe Wegweiser: Inverness 18,8 km)
Gehzeit: 8 Std., ca. 29 km (bis Temple House 15 Min.; bis Waldsaum 2 Std.; bis Abzweig Abriachan 3:15 Std.; bis Ende Asphaltstraße 5:15 Std.; bis künstlicher See 6:15 Std.)
Anforderungen: bis 2; keine technischen Schwierigkeiten, doch ist diese längste Etappe des Great Glen Way Wind und Wetter ausgesetzt und fordert durch einige Auf- und Abstiege
Wegmarkierung: Wegweiser für den Great Glen Way (s. Etappe 1)
Einkehrmöglichkeit: nur am Anfang und am Ende dieser Tagesetappe
Zwischenübernachtung: In Abriachan (Waldgebiet zwischen Drumnadrochit und Inverness, etwa nach der Hälfte dieser langen Etappe) gibt es einen sehr einfachen, von einem Aussteigerpaar ökologisch geführten Campingplatz, auch mit B&B im Wohnwagen; man erreicht ihn, am selbst gebastelten Hinweisschild den GGW nach rechts verlassend (Koordinaten NH 545365). Hier gibt es auch ein Café-Restaurant: Abriachan Eco-Campsite and Café, Wester Laide, Abriachan, Tel. 01463/86 14 62, http://abriachan-cafe-campsite-wester-laide.business.site.
Trinkwasser: ausreichend Trinkwasser mitführen
Abbruchmöglichkeit: nach 3:15 Std. rechts ab auf die Autostraße, auf ihr noch ca. 5 km bis zur Hauptstraße A 82 am Loch Ness
Ausrüstung: Standard
Karte: Harvey Great Glen Way 1: 40.000
Anfahrt: s. Etappe 4

Auch bei Urquhart Castle gab es schon „Nessie“-Sichtungen (aber wir Wanderer kommen ja immer zu spät)

Die Etappe

Das erste Kilometer des Weges von bzw. nach **Drumnadrochit (22)** liegt auf bzw. entlang der vielbefahrenen A 82 in Richtung Inverness. Nach etwa einer Viertelstunde ist am **Temple House** ein kurzer Umweg nötig, der um ein Haus mit Garten herumführt. Anschließend zieht der GGW links nach oben, passiert ein Tor und benutzt einen schmalen Pfad. Weiter geht es durch ein zweites Tor, parallel zur Autostraße an alten Eichen vorbei, dann links nach oben um eine Schafweide herum (an dieser Stelle sind im Frühling, wenn die Lämmer geboren werden, Umleitungen möglich) und hinein in den Kiefernwald. 30 Min.

Nach einem zunächst sanften Anstieg durch Wald geht es auf einer Brücke über einen kleinen Bach und in eine Linkskehre, danach durch Fichtenwald stets bergauf, bis der Great Glen Way abflacht, auf Trittsteinen einen zweiten Bach quert und zu einem breiten Schotterweg wird. Nach einer weiteren halben Stunde wendet sich der Weg nach Norden, verlässt den Wald und führt auf offenes, mit Heidekraut bewachsenes Moor. 2 Std.

Vor uns ist nun das einsame **Bauernhaus Corryfoyness (23)** sichtbar. Nach 20 Min. geht es wieder in Wald hinein, und nicht lange danach zeigt ein Wegweiser (Drumnadrochit 9 km, Inverness 18,8 km), dass wir inzwischen ein knappes Drittel der Tagesetappe hinter uns gebracht haben. 2:45 Std.

Nun beginnt der lange Abstieg nach Inverness. Nach 10 Minuten zieht der Great Glen Way nach rechts. Wir befinden uns jetzt auf einem geradli-

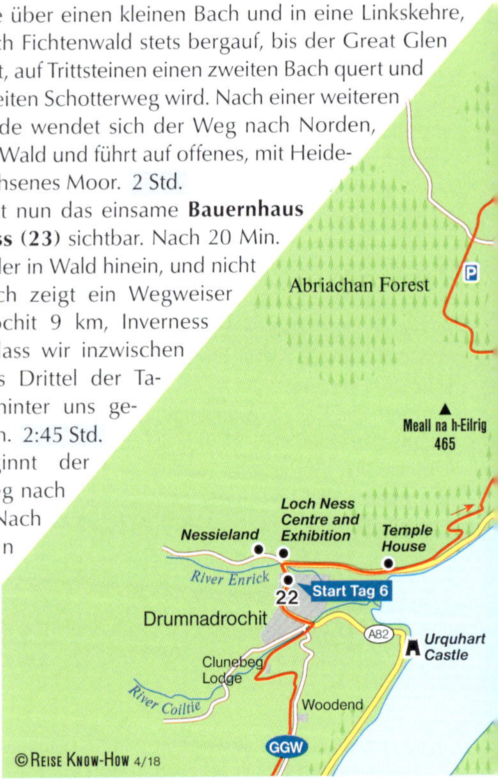

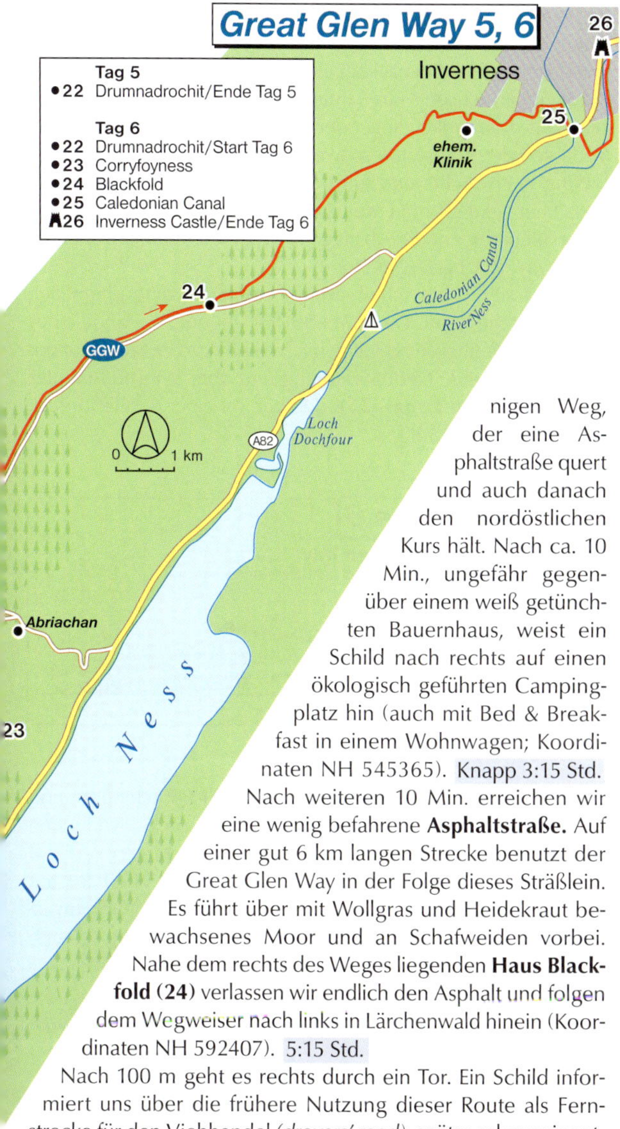

nigen Weg, der eine Asphaltstraße quert und auch danach den nordöstlichen Kurs hält. Nach ca. 10 Min., ungefähr gegenüber einem weiß getünchten Bauernhaus, weist ein Schild nach rechts auf einen ökologisch geführten Campingplatz hin (auch mit Bed & Breakfast in einem Wohnwagen; Koordinaten NH 545365). Knapp 3:15 Std.

Nach weiteren 10 Min. erreichen wir eine wenig befahrene **Asphaltstraße.** Auf einer gut 6 km langen Strecke benutzt der Great Glen Way in der Folge dieses Sträßlein. Es führt über mit Wollgras und Heidekraut bewachsenes Moor und an Schafweiden vorbei. Nahe dem rechts des Weges liegenden **Haus Blackfold (24)** verlassen wir endlich den Asphalt und folgen dem Wegweiser nach links in Lärchenwald hinein (Koordinaten NH 592407). 5:15 Std.

Nach 100 m geht es rechts durch ein Tor. Ein Schild informiert uns über die frühere Nutzung dieser Route als Fernstrecke für den Viehhandel *(drovers' road)*; später sehen wir entsprechend die Ruinen einer Hütte, die von den Viehtreibern benutzt wurde. Unser Fußweg ist in gutem Zustand und durchquert Nadelwald. Rechts liegt eine alte, mit Moos und Blaubeerkraut überwachsene Grenzmauer, und gelegentlich hat man Blick auf die nördlich liegenden Berge. Etwa eine Stunde nach Verlassen der Autostraße schwenkt der Weg unter einer Stromleitung nach rechts und führt um einen **kleinen künstlichen See.** Hier genießt man weite Aussicht auf Inverness und das Meer. Nun beginnt der Abstieg ins Tal zum Endpunkt des Great Glen Way. Reichlich 6:15 Std.

Wir passieren ein schlossartiges Gebäude, eine ehemalige psychiatrische Klinik. Dann werden wir über das Gelände eines neuen Krankenhauses geleitet, nach einem kurzen Stück auf der Straße durch eine Neubausiedlung und über Wiesen hinunter zum **Caledonian Canal (25),** den wir auf einer Straßenbrücke überqueren. 7:30 Std.

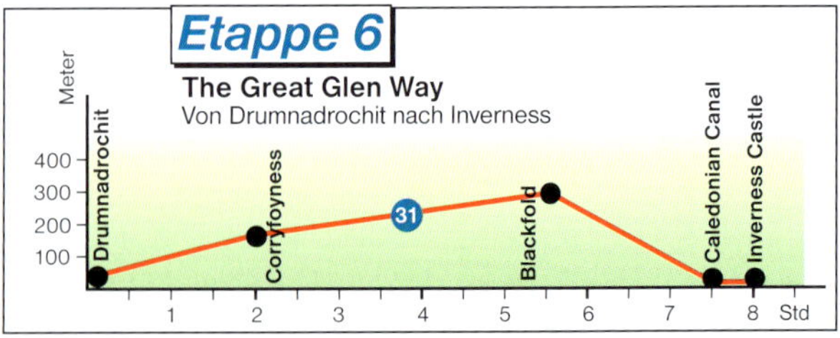

Der letzte Abschnitt der langen Etappe führt durch Sport- und Grünanlagen der Stadt Inverness. Fußgängerbrücken verbinden das linke Ufer des **River Ness** mit einem prächtigen Park auf einer Insel im Fluss, dann mit dem rechten, östlichen Ufer, auf dem wir an Hotels und Gasthäusern vorbei zur Burg von **Inverness (26)** spazieren. Ein Stein an der Auffahrt zur Burg (s. auch S. 307) markiert das Ende unserer Weitwanderung. 8 Std.

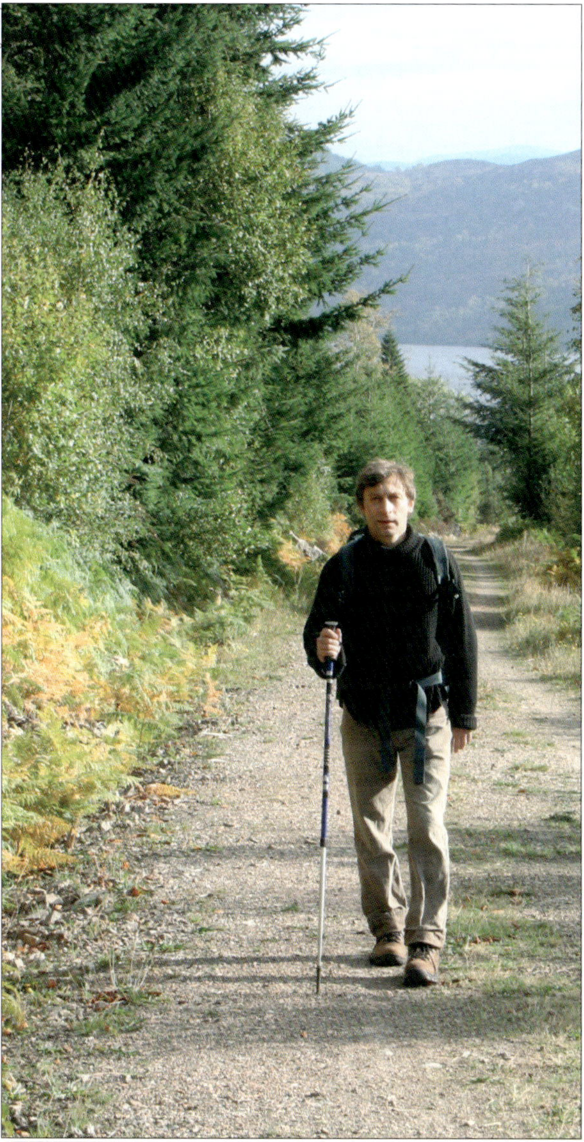

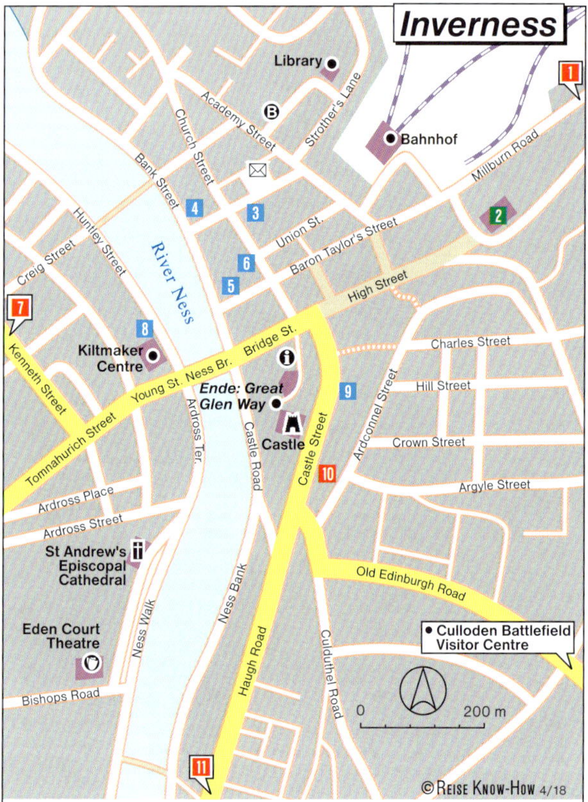

Unterkunft
1 SYHA Jugendherberge
7 Trafford Bank Guest House
10 Craigside Lodge
11 Inverness Hostel

Essen und Trinken
3 Rajah
4 The Mustard Seed
5 Johnny Fox's
6 Hootananny
8 The Kitchen
9 Café One

Einkaufen
2 Eastgate Einkaufzentrum

Etappenort Inverness

Die Highlands-„Hauptstadt“ Inverness (ca. 52.000 Einwohner) liegt, von Bergen umgeben, beiderseits des River Ness an der Meeresbucht Moray Firth. Als größte Stadt im Norden der Highlands bietet Inverness eine ausgezeichnete Infrastruktur mit Geschäften, Hotels und Restaurants und hat dabei eine sehr freundliche Atmosphäre. Schon im 6. Jh. soll der Hl. Kolumban hier gewirkt und den Anführer der Pikten zum Christentum bekehrt haben. Die strategische Bedeutung der Stadt als „Tor" zum Great Glen und in den Nordwesten der Highlands führte im Laufe einer wechselhaften Geschichte immer wieder zu Belagerungen und Zerstörungen. Im Zuge der Jakobitenaufstände Mitte des 18. Jh. brannte die Stadt nieder; größere historische Sehenswürdigkeiten fehlen entsprechend. Kommerziell war Inverness über Jahrhunderte vom Seehandel mit Wolle und Pelzen geprägt.

Um den Ausblick auf die Stadt zu genießen, wandert man am besten auf den Schlossberg. Der heutige Bau des Inverness Castle stammt aus dem 19. Jh., kann allerdings nicht besichtigt werden, denn er beherbergt das Amtsgericht.

Inverness ist nicht zuletzt aufgrund der Battle of Culloden ein Begriff. Nur wenige Kilometer östlich von hier standen die Jakobiterrebellen 1746 den übermächtigen Regierungstruppen gegenüber und erlitten ihre letzte vernichtende Niederlage, die das Ende für viele Highland Clans bedeutete. Am Rande des Schlachtfelds befindet sich ein informatives Besucherzentrum.

Auskunft

- **Tourist Information Centre,** Castle Wynd, Tel. 01463/23 43 53, www.inverness-scotland.com
- **Culloden Battlefield Visitor Centre,** Culloden Moor, Inverness IV2 5EU, Tel. 08444/93 21 59, www.nts.org.uk/Culloden, tägl. Jan., Feb., Nov., Dez. 10–16, März–Mai/Sept.–Okt. 9–18, Juni–Aug. 9–19 Uhr, Eintritt £ 11.

Anreise/Rückreise

Bahn: Direktverbindung nach Glasgow Queen Street, mit Umsteigen in Perth auch nach Edinburgh, mehrmals tägl., Fahrzeit ca. 3:20 Std.

Busse fast stündlich ab/nach Glasgow und Edinburgh, teilweise mit Umsteigen in Perth, Fahrzeit 3:40 Std.

Flüge: Die Fluggesellschaften British Airways und easyJet verbinden Inverness z.B. mit London. Auskunft: www.hial.co.uk, www.easyjet.com oder www.britishairways.com. Mit dem stündlich oder häufiger verkehrenden Flughafenbus erreicht man die Stadtmitte (Bridge Street und Queensgate) in 22 Min.

Unterkunft

Inverness besitzt einige Backpacker- und Jugendherbergen und eine große Auswahl an Hotels und B&Bs.

- **Inverness Hostel,** Merlewood Road, Tel. 0758/111 12 00, www.invernesshostel.co.uk, 50 Betten, 5-Sterne Hostel, 1,5 km südlich der Stadtmitte, nahe den Ness Islands und dem GGW. Mit Frühstück DZ ab £ 46.
- **SYHA Jugendherberge,** Victoria Drive (10 Min. zu Fuß vom Bahnhof), Tel. 01463/23 17 71, ganzjährig geöffnet, 166 Betten; von der Qualität sozusagen eine „4 Sterne"-Herberge. Übernachtung ab £ 12, DZ ab £ 31.
- **Craigside Lodge,** 4 Gordon Terrace, Tel. 01463/23 15 76, http://craigsideguesthouse.co.uk. 5 schön eingerichtete Zimmer nahe Inverness Castle am Endpunkt des GGW. DZ ab £ 80.
- **Trafford Bank Guest House,** 96 Fairfield Road, Tel. 01463/24 14 14, www.traffordbankguesthouse.co.uk, 5 luxuriöse Zimmer mit Designer-Einrichtung in ehemaliger Bischofsresidenz, WLAN kostenlos, DZ ab £ 100.

Essen und Trinken

- **The Mustard Seed,** 16 Fraser St., Inverness IV1 1DW, Tel. 01463/22 02 20, www.mustardseedrestaurant.co.uk. Tägl. Lunch 12–15, Dinner 17.30–22 Uhr. Feine schottische Küche mit mediterranem Einschlag. Auch vegetarische Gerichte.
- **Café One,** 75 Castle Street, Tel. 01463/22 62 00, www.cafe1.net. Feine internationale Küche mit Fleisch vom eigenen Bauernhof der Familie.
- **Rajah,** 2 Post Office Avenue, Tel. 01463/23 71 90, www.rajahinverness.com. Bewährtes Lokal mit preiswerter indischer Küche.
- **The Kitchen,** 15 Huntly St., Inverness IV3 5PR, Tel. 01463/25 91 19, tägl. (außer So) 12–15 und 17–22 Uhr. Moderne schottische Küche direkt am Fluss Ness.

Einkaufen

Inverness bietet die besten Einkaufmöglichkeiten der ganzen Highlands-Region. In der Gegend um High Street, Church Street und Academy Street sowie im großen Eastgate Shopping Centre findet man alles, was das Herz begehrt. **Lebensmittel** z.B. bei Marks & Spencer, High St., oder in den Supermärkten im Eastgate Centre; **Bücher und Karten** bei Waterstone's im Eastgate Shopping Centre, 50–52 High St.; **Ausrüstung** z.B. bei Trespass im **Eastgate Centre.**

Blick auf den River Ness vom Inverness Castle

Unterhaltung

In der Stadtmitte, vor allem in Bridge Street und Academy Street, gibt es viele Clubs und Bars, die am Wochenende auch bis spät in die Nacht hinein geöffnet haben.

- **Hootananny,** 67 Church St., Tel. 01463/23 36 51, www.hootanannyinverness.co.uk. Traditionelle schottische Küche und Ceilidh-Bar. Das Lokal ist eine führende Adresse für keltische Live-Musik.
- **Johnny Fox's,** Bank St., www.johnnyfoxes.co.uk. Laute, moderne Lounge-Bar am Fluss, gute Stimmung und Musik.
- **Eden Court Theatre,** Eden Court, Reay House, Old Edinburgh Road, Tel. 01463/23 42 34. Schauspiel, Tanz, Musical und andere Veranstaltungen.

Kommunikation

- **Post:** 14\16 Queensgate, Inverness IV1 1AX, Tel. 03456/11 29 70, nahe dem Bahnhof.

125_high Foto: ln

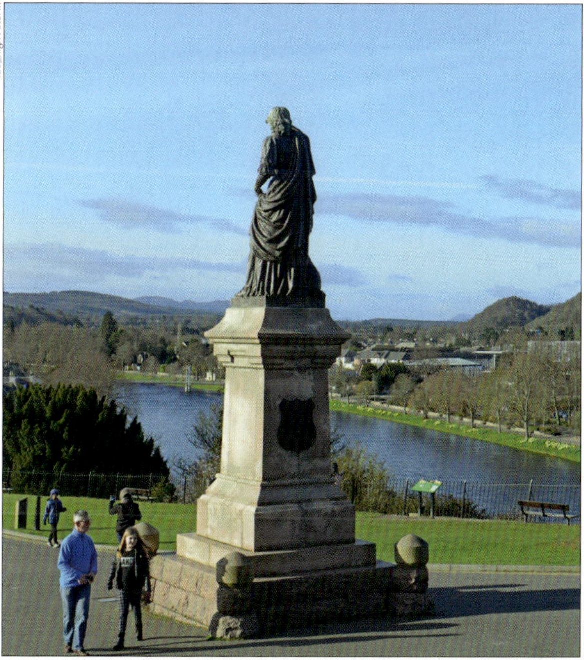

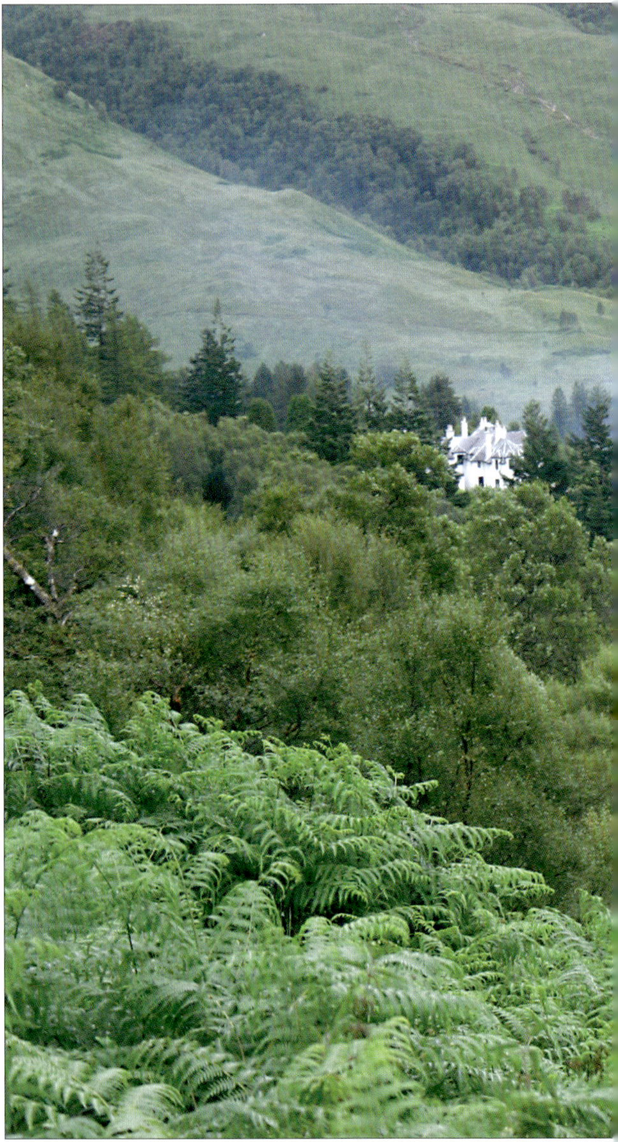

078_high Foto: js

Hintergründe

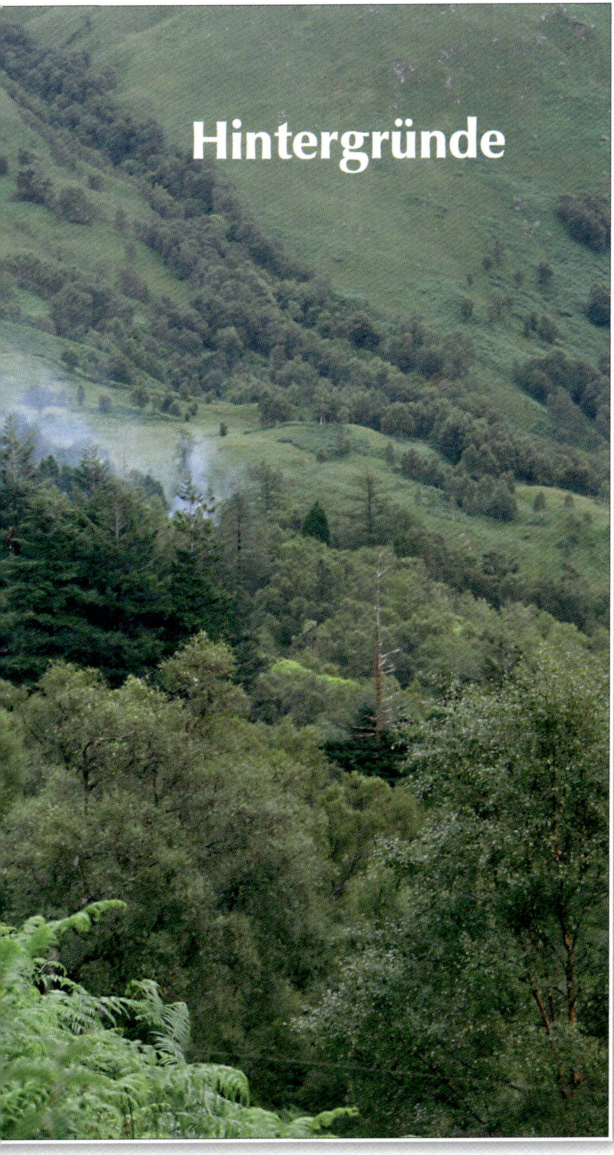

Naturraum schottische Highlands

Auf einem 78.722 km^2 großen Gebiet leben 5,4 Millionen Schotten. Damit nimmt das Land ein Drittel der Fläche Großbritanniens ein, ist etwa so groß wie Österreich und hat eine Bevölkerungsdichte von 67,5 Menschen pro km^2 – nur etwa ein Viertel der entsprechenden Zahl für die Bundesrepublik Deutschland.

Mit diesen Grunddaten ist den besonderen Verhältnissen der schottischen Highlands allerdings noch nicht hinreichend Rechnung getragen. Denn die Highlands-Region ist im Vergleich zu den drei anderen geradezu menschenleer: Auf einer Fläche von insgesamt 25.000 km^2 wohnen hier durchschnittlich nur acht Menschen pro km^2.

Die meisten Schotten leben in dem Gebiet um die größten Städte, Glasgow und Edinburgh, das den Lowlands zugerechnet wird.

Geologie und Landschaft

Geografisch ist Schottland in die Regionen Highlands und Lowlands aufgeteilt. Die Trennlinie markiert die Highland Boundary Fault, eine tektonische Bruchlinie, die etwa von der Isle of Arran im Westen bis nach Stonehaven im Osten verläuft. Zu den Highlands werden auch die Hebrideninseln im Westen, Orkney und Shetland, gerechnet. Die Highland Boundary Fault bildet die Grenze zwischen zwei Kontinenten, die vor 440 Millionen Jahren kollidierten. Danach vereinte sich die Landmasse der Highlands mit den Gebieten, die später zu England und zum europäischen Kontinent wurden. Die Kollision drückte Gesteinsschichten empor und türmte die Hochland-Gebirgsketten auf, die in den folgenden Äonen durch Erosion auf die heutige Höhe abgetragen wurden.

Ein großer geologischer Bruch, das von Fort William nach Inverness verlaufende Tal Great Glen, trennt die nördlichen von den südlichen Highlands. Dieser Graben entstand vor ungefähr 380 Millionen Jahren, als die Highland-Zone noch mit Kanada,

Vorherige Seite: Wald- und Wieseneinsamkeit: Während der Jagd übernachtete König Edward VII. in Mamore Lodge bei Kinlochleven

Grönland und Teilen von Norwegen zusammen einen eigenen Erdteil bildete. Great Glen ist bis heute dasjenige Gebiet Großbritanniens, in dem Erdbeben am häufigsten registriert werden. Es gibt aber auch Gestein, das lange vor diesen Ereignissen entstand: Die drei Milliarden Jahre alten Gneis-Formationen im Nordwesten des Hochlands und auf der Insel Lewis gehören zu den ältesten Gesteinen der Welt. Die Lowlands bestehen aus den Central Lowlands und den Southern Uplands. Hier markiert die Southern Upland Fault, eine weitere Verwerfung, die Trennlinie. Sie verläuft von den Rhins of Galloway im Westen bis nach Dunbar im Osten.

Viele schottische Landschaftsformen haben einen vulkanischen Ursprung. Das bekannteste Beispiel ist der Hausberg von Edinburgh, „Arthur's Seat", aber auch das Granitgebirge der Cairngorms ging aus erstarrtem Magma hervor, das erst nach Erosion der darüber liegenden Sedimentgesteine an die Erdoberfläche gelangte.

Während des Tertiärs trennten sich die Landmassen Amerikas und Europas. Von den Vulkanen am östlichen Rande des entstehenden Atlantischen Ozeans zeugt die Geologie der Insel Skye. Dieser letzten Formationsphase neuen Gesteins folgten Eiszeiten, die einen augenfälligen Einfluss auf die Gestalt der schottischen Landschaft hatten. Mindestens fünfmal in den letzten drei Millionen Jahren überzogen Gletscher das schottische Hochland. Sie schliffen U-förmige Täler und runde Kessel (genannt *coire* oder *corrie*), Hängetäler und tiefe Seemulden aus.

Klima

Schottland habe kein Klima, sondern nur Wetter, besagt ein geflügeltes Wort. In der Tat ist ständiger Wechsel ein Merkmal, das jedem Wanderer zu schaffen macht. Im Laufe eines Tages kann es abwechselnd sonnig, kalt, regnerisch und neblig sein.

Ein kühler Sommer und ein für den Breitengrad milden Winter sind die Regel für alle Regionen, wobei der Einfluss des Golfstroms und der atlantischen Winde dafür sorgt, dass an der Westküste weniger Schnee fällt als im östlichen Cairngorm-Gebirge. Die Tageshöchsttemperaturen im schottischen Tiefland betragen durchschnittlich 6 °C im Januar und 18 °C im Juli; in den Highlands ist es meist zwei bis drei Grad kälter. Die höchste je gemessene Temperatur des Landes betrug 32,9 °C im Grenzgebiet zu England, die tiefste -27,2 °C in Braemar in den östlich gelegenen Grampian-Bergen.

Der vorherrschende Südwestwind bringt nicht nur milde Winter, sondern führt auch viel Regen mit sich. Das westliche Hochland ist mit über 3000 mm Niederschlag jährlich das regenreichste Gebiet ganz Großbritanniens. Die Ostseite des Landes dagegen ist wesentlich trockener.

Eine wirklich regenarme Jahreszeit gibt es nicht. Feuchte Luftmassen aus dem Südwesten bringen den Bergen immer wieder Nebelwetter. Der höchste Berg des Landes, Ben Nevis, ist an nur 60 Tagen im Jahr wolkenfrei; oft hängen die Wolken einige hundert Meter unter dem 1344 m hohen Gipfel.

Was bedeutet diese Situation für den Wanderer? Kurz gesagt, dass er stets auf alles vorbereitet sein sollte, denn Regenschauer, Sonne und Nebel können sich in schneller Folge einstellen. Auch von Ort zu Ort lassen sich an ein und demselben Tag erstaunliche Unterschiede beobachten: Wer mobil ist, kann schon mal durch eine Fahrt ins nächste Tal einer geschlossenen Wolkendecke entkommen.

Bedingt durch das kühle Klima und den oft starken Wind, liegt die Baumgrenze bei höchstens 600 m, in exponierten westlichen Lagen wesentlich tiefer. Bei Wanderungen ist zu beachten, dass man bereits in Höhen von wenigen hundert Metern kaum Schutz vor Wind und Regen findet.

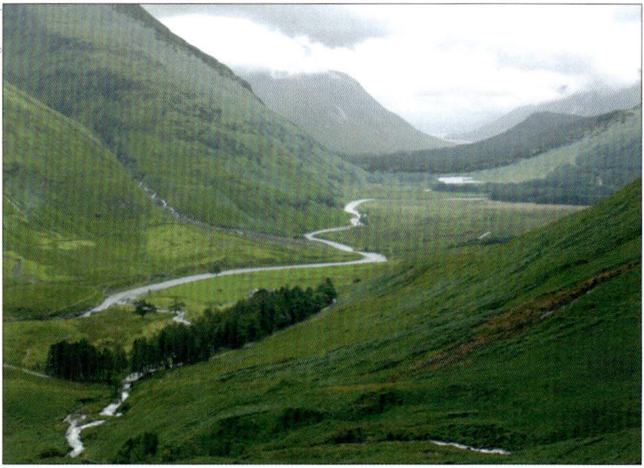

104_high Foto: js

Zwei Wochen währende sonnige Perioden sind in den Highlands keinesfalls unbekannt. Andererseits: Wer es mit dem schottischen Wetter schlecht trifft, wird kaum Trost in der Überlegung finden, dass es die vielen Seen, wunderbaren Bergbäche und polsterdicken Moosteppiche im Wald nicht gäbe, wenn das Land nicht so reich an Niederschlägen wäre.

Die Naturlandschaften

Die unterschiedlichen Naturräume Schottlands sind das Ergebnis der verschiedenen Höhenlagen, des Kontrasts zwischen Küstenregion und Binnenland und der jahrtausendelangen Einwirkung der Menschen auf die Landschaft.

Höhere Berglagen

In Lagen über 400 m Höhe gibt es nur noch wenig Wald. Die oberen Hänge werden als Schafweide benutzt und sind mit Farn- und Heidekraut besetzt. Auf einer Höhe von 1000 m wird Vegetation in jeglicher Form spärlich. Die Gipfel von Bergen wie Ben Nevis und Ben More Assynt gleichen Mondlandschaften aus Geröll und zerspaltenem Fels. Mancher Landstrich wiederum scheint nur aus Fels und Wasser zu bestehen, da in den Hochlagen allenthalben kleine Seen, Hinterlassenschaften der Eiszeit, anzutreffen sind. Auf dem Hochplateau der Cairngorm-Berge, wo die Wachstumsperiode im Jahr weniger als fünf Monate währt und Windgeschwindigkeiten zwischen 150 und 200 km/Std. nicht ungewöhnlich sind, herrscht eine tundra-ähnliche Vegetation mit seltenen Moosarten und Flechten vor. Entsprechend ist auf der Cairngorm-Hochebene ein ausgesprochener Exot anzutreffen: das aus Skandinavien eingeführte Rentier. Die hohen Cairngorms sind im übrigen auch das Verbreitungsgebiet des Alpenschneehuhns, das dreimal jährlich die Färbung wechselt: braun im Sommer, grau im Herbst und weiß im Winter.

Andere Bergregionen sind für ihre artenreiche Pflanzenwelt bekannt. An den Hängen des 1214 m hohen Ben Lawers am Loch Tay gedeihen z.B. alpine Pflanzen wie Schnee-Enzian, Alpen-Hornkraut und Schneesteinbrech.

Loch Etive an der Westküste

Moor und Heide

Weite Flächen der Highlands bestehen aus Hochmoor und Heideland. Hier sind Blaubeeren, in Feuchtgebieten Wollgras, verschiedene Moosarten und vor allem Heidekraut die typischen Pflanzen. Im August und September blüht, farblich zwischen Rosa und Purpur changierend, die Besenheide in all ihrer Pracht. Auch Grauheide und Glockenheide haben ihre Reviere. Den größten Farbenglanz entwickelt neben dem Heidekraut und dem gelb blühenden Ginster das Hasenglöckchen, das im April und Mai einen duftenden Teppich am Waldboden bildet. Neben Arten, die aus dem deutschen Raum vertraut sind (etwa die in Wäldern wachsenden Buschwindröschen und der Sauerklee), finden sich auch seltene Blumen, etwa die *Scots Primrose*, die nur an der Nordküste der Highlands (und auf den Orkney-Inseln) vorkommt.

Jährlich ab dem 12. August *(„the glorious twelfth")* zieht es Jäger in die Heidemoore, denn das Moorhuhnschießen ist nicht nur ein Computerspiel für gelangweilte Büroangestellte, sondern ein Faktor der ländlichen Wirtschaft im Norden Schottlands. Gejagt wird hauptsächlich eben das Moorschneehuhn *(red grouse)*. Moorschneehühner benötigen übrigens unterschiedlich hohe Vegetation: als Nahrung junge, zarte Pflanzen, zum Nisten einen höheren Bewuchs. Diesem Tatbestand wird Rechnung getragen: Alle 15 bis 20 Jahre brennt man in den Mooren ca. 30 x 50 m große Flächen ab, damit das Heidekraut neu heranwachsen kann.

Diese Bewirtschaftung der Heidemoore ist im übrigen auch von Bedeutung, um den Bestand von Steinadlern zu sichern, die junge Moorhühner und Schneehasen als Beute nehmen. Schneehasen, die im Winter mit einem weißen Fell aufwarten, fressen Heidekraut und leben in Gebieten ab 300 m Höhe. Kleineres Hochland-Getier wie die Erdmaus dient Bussarden, Turm- und Zwergfalken als Futter. Auch für Lerchen und Goldregenpfeifer sind die Heideflächen ein wichtiger Lebensraum.

Wald

Nach dem letzten Rückzug der Gletscher vor 8000 bis 10.000 Jahren bedeckten Wälder – der so genannte Caledonian Forest – in Höhen bis zu 600 m einen Großteil des Landes. Es handelte sich dabei um Mischwälder mit Beständen von Weide und Erle auf feuchtem Boden, von Birke, Eiche, Esche, Kirsch, Hasel und anderen Arten in tieferen, Eberesche, Waldkiefer und Wacholder in höheren Lagen.

Über einen Zeitraum von 4000 bis 5000 Jahren wurden die Wälder gerodet, um Weideland zu schaffen, Holz für den Schiffsbau und Brennholz für die Industrie zu liefern. Bis ins 20. Jh. setzten sich die Rodungen fort, obwohl die ersten Versuche einer Wiederaufforstung schon im 19. Jh. begannen. Nach 1945 überzog die staatliche Forestry Commission das Land mit dichten, dunklen Holzplantagen. Das Ergebnis waren hauptsächlich aus Fichten bestehende Monokulturen, die wenig Raum ließen für Artenvielfalt im Unterholz. Mittlerweile hat sich das Blatt gewendet. Die Forstbehörde, Vereine wie der Woodland Trust (s. S. 289) und private Grundbesitzer (s. S. 129) betreiben heute eine tendenziell andere Forstwirtschaft und kümmern sich um den Erhalt oder die Wiederherstellung der alten, urtümlichen Wälder.

Der bedeutendste, ja geradezu symbolische Baum der ursprünglichen Hochlandwälder ist die Waldkiefer *(Scots pine)*, die mit einem Bestand von 17.000 ha inzwischen aber nur noch 1 % der ursprünglichen Verbreitungsfläche einnimmt. Die wichtigsten Restbestände finden sich in den Rothiemurchus-Forsten (s. z.B. S. 234, 242), im Tal Glen Affric und an der Südseite von Loch Rannoch.

Wo die Waldkiefer wächst, bietet sie vielen Tierarten Terrain und Zuflucht. Zu den charakteristischen Vögeln dieser Altwälder gehören der Zeisig, die Haubenmeise (die hohle und verrottete Stellen in alten Bäumen als Nistplatz wählt) und eine Vogelart, die nur in Großbritannien vorkommt: der Schottische Kreuzschnabel.

Am Waldboden der schottischen Highland-Forsten wachsen Heidelbeeren und verschiedene Moosarten, die Steine und alte Baumstümpfe mit einem dichten Polster überziehen. Zu den größeren Waldtieren gehören der einst ausgerottete und im 19. Jh. wieder eingeführte Auerhahn, der sich von Blättern, Zweigen und Nadeln ernährt, der Baummarder, der Mäuse, Eichhörnchen und kleine Vögel jagt, sowie das Europäische Reh und das Birkhuhn. Dagegen wurden Wildschweine, Biber, Luchse und Bären schon vor langer Zeit ausgerottet, der letzte schottische Wolf im Jahr 1743 abgeschossen. Das größte heimische Landtier Schottlands ist der Rothirsch. Damwild und eingeführte

Sitka-Hirsche sind ebenfalls in größerer Zahl vorhanden, aber als Wirtschaftsfaktor ist das Rotwild ungleich bedeutender – Jahr für Jahr reisen zahlreiche solvente Gruppen von Waidmännern in die Highlands.

Meer, Küste und Gewässer

Die lange, im Westen stark eingebuchtete Küste mit ihren zahlreichen vorgelagerten Inseln erscheint als ein geradezu staunenswerter, von Artenvielfalt geprägter Naturraum. An den Küstenfelsen nisten Seevögel in großer Zahl. Die Insel Handa im Nordwesten mit ihren 100 m hohen Sandsteinklippen ist Heimat für mehr als 200.000 Seevögel, beispielsweise die Gryllteiste, die an der ganzen West- und Nordküste ihre Brutplätze hat, den Tordalk und die Dreizehenmöwe, die im Sommer um die gesamte schottische Küste zu sehen sind, dazu den Papageitaucher, der an Ost- und Westküste nistet. Überhaupt ist Schottland ein Paradies für Ornithologen. Der britische Vogelschutzverein Royal Society for the Protection of Birds (www.rspb.org.uk) unterhält Vogelreservate, von denen viele mit versteckten Aussichtsplätzen, Informationszentren und Webcams für Besucher gut erschlossen sind.

Unter den großen Raubvögeln konnte sich der Steinadler *(golden eagle)* mit großem Erfolg in vielen Teilen des Festlands und auf den Inseln behaupten. Es gibt gegenwärtig über 400 Paare. Das Weibchen erreicht ein Gewicht von 5 kg und eine Flügelspannweite von 2,2 m. Die Tiere sind dunkelbraun gefärbt mit goldgelben Tönen an Kopf und Nacken. Noch größer ist der Seeadler *(white-tailed eagle)*, der sich von Fischen, Wasservögeln und bis zu 3 kg schweren Säugetieren ernährt. Er lebt an felsigen Küsten, z.B. auf der Insel Skye. Über 30 Paare wurden zuletzt gezählt. Loch Garten bei Aviemore ist der Ort, an dem der Fischadler *(osprey)* 1955 wieder eingeführt wurde. Mittlerweile haben die *ospreys* sich ausgebreitet und sind auch an drei Plätzen im Great Glen vertreten. Mit einer Population von 200 Paaren gelten sie inzwischen nicht mehr als gefährdet. Der am häufigsten vertretene Raubvogel der britischen Inseln ist der Bussard, der umstrittenste die Kornweihe, für die verbotener-

Immer schön vorsichtig – hier im Glen Eanaich – den Bach queren!

weise Gift ausgelegt wird, weil sie Jagd auf Moorschneehühner macht.

Auch an Säugetieren sind die schottischen Gewässer reich. Das größte schottische Tier ist die Kegelrobbe, die bis 2,30 m lang werden kann. 90.000 dieser Tiere leben an der Küste Schottlands. Kleiner und weniger zahlreich sind die Seehunde, die vor allem im Umkreis der Inseln zu sehen sind.

Auf Bootsausflügen kann man Zwergwale, Tümmler und bis zu fünf Delfinarten beobachten, in seltenen Fällen Riesenhaie oder sogar Orcas, von denen eine kleine Gruppe ihr Revier vor den Hebriden hat. Auch einige Küstenlinien sind für Sichtungen von Meeressäugern bekannt, z.B. Stoer Point nördlich von Lochinver, Ellishadder bei Staffin auf der Insel Skye und die Landspitze Chanonry Point bei Fortrose nördlich von Inverness, wo Delfine sich oft nur wenige Meter vom Strand entfernt aufhalten.

Otter bevölkern viele Binnengewässer, leben aber auch im Meer.

101_high Foto: js

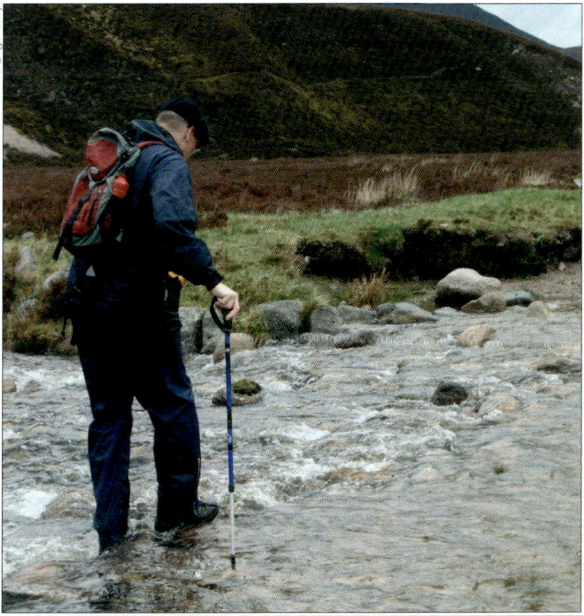

Kulturraum Schottland

Schottische Geschichte in Daten

- **ab 4500 v. Chr.:** Jungsteinzeit: Siedler vom europäischen Festland führen den Ackerbau ein. Das Dorf Skara Brae auf Orkney ist das bedeutendste Zeugnis dieser Zeit
- **ab 3000 v. Chr.:** Entstehung der ersten Steinkreise. Der bekannteste der ca. 30 in Schottland entdeckten Kreise steht in Callanish auf der Insel Lewis. Gräber und Kultstätten dieser Epoche werden bis in die Bronzezeit benutzt
- **ab 700 v. Chr.:** Eisenzeit: Gemauerte Verteidigungsbauten *(brochs)* und Hügelfestungen stammen aus dieser Periode. Verbreitung keltischer Kultur – nach neueren Erkenntnissen eher eine kulturelle Beeinflussung als das Ergebnis von Invasion oder Einwanderung
- **43 n. Chr.:** Die Römer beginnen mit der Eroberung Britanniens, können Schottland, damals *Caledonia* genannt, jedoch nicht unterwerfen. Anfang des 2. Jh. errichtet Kaiser Hadrian zwischen den Flüssen Solway und Tyne den Hadrianswall, einen gemauerten Limes, Vorläufer der modernen, weiter nördlich verlaufenden englisch-schottischen Grenze. 142 n. Chr. lässt Kaiser Antoninus Pius den Antoninuswall zwischen Forth und Clyde, eine nördliche Verteidigungslinie, anlegen, die aber nur 20 Jahre lang gegen die einheimischen Pikten gehalten werden kann
- **ab 500 n. Chr.:** Keltische Gälen aus Irland besiedeln Westschottland und kämpfen Jahrhunderte lang gegen die einheimische Bevölkerung. Schottland ist in vier Reiche unterteilt: die Gälen im Westen, die Pikten im Norden, die Angeln und Briten im Süden
- **563:** Von der Insel Iona aus beginnt der heilige Kolumban die Christianisierung des Landes
- **um 800:** Beginn der Wikinger-Einfälle. Vor allem auf den Orkney- und Shetland-Inseln und auf Skye hat sich der nordisch-skandinavische Einfluss bis heute in Sprache, Ortsnamen und Bräuchen erhalten
- **841:** Erstes geeintes schottisches Königreich „Alba" der Gälen und Pikten unter Kenneth MacAlpin. Scone bei Perth ist die Hauptstadt
- **1040–57:** Nach der Ermordung seines Vorgängers Duncan I. regiert der durch Shakespeares Drama bekannte Macbeth
- **1296–98:** Der englische König Edward I. versucht, Schottland zu unterwerfen. Dies führt zum ersten schottischen Unabhängigkeitskrieg. William Wallace („Braveheart") erringt in der Schlacht von Stirling Bridge den denkwürdigsten Sieg des schottischen Widerstands
- **1320:** König Robert the Bruce sichert mit einem Sieg über die englische Armee bei Bannockburn nahe Stirling die schottische Unabhängigkeit, die aber erst 1357 offiziell wird
- **ab 1371:** Dynastie der Stewarts (Stuarts) auf dem schottischen Thron
- **1542–67:** Die turbulente Regierungszeit der Maria Stuart. Nach Intrigen und Umsturz flieht sie nach England, wird dort gefangen gehalten und schließlich hingerichtet

● **1555:** Reformation in Schottland. John Knox, ein Jünger Calvins, gründet die reformierte, „presbyterianische" schottische Kirche
● **1603:** König James VI. von Schottland vereint als James I. von England die beiden Königshäuser von England und Schottland
● **1625–49:** Die absolutistische Politik von König Charles I. trifft in England und Schottland auf entschiedenen Widerstand, was zum englischen Bürgerkrieg führt. In Schottland verteidigen „Covenanters" ihre reformierte Kirche gegen Charles' katholische Tendenzen. 1646 muss sich Charles auf englischem Boden einer schottischen Armee ergeben. 1649 wird er in London enthauptet
● **1649–60:** Anhänger der Stuarts in Schottland rufen Charles II. zum König aus. Die parlamentarische Armee vertreibt ihn. Cromwell regiert England und Schottland als „Lord Protector"
● **1660:** Die Stuart-Dynastie wird wieder eingesetzt. Während der 25 Jahre seiner Regierungszeit besucht Charles II. sein schottisches Königreich nur ein einziges Mal
● **1688–94:** Zu Gunsten von William III. von Oranien (Orange) wird Stuart-König James II. in England und Schottland abgesetzt
● **1707:** „Act of Union", die in Schottland höchst umstrittene Vereinigung der Parlamente von Schottland und England, die jedoch die größte damalige Freihandelszone schafft und zu wirtschaftlichem Aufstieg auch in Schottland führt
● **1715:** Erfolgloser Aufstand der Jakobiter, der katholischen Stuart-Anhänger, gegen die Thronfolge des Hauses von Han(n)over
● **1745/46:** Erneuter Jakobitenaufstand. In der Schlacht bei Culloden wird das von Charles Edward Stuart („Bonnie Prince Charlie") geführte schottische Clan-Heer vernichtend geschlagen. Dies führt zur systematischen Verfolgung der Highland-Clans, von denen viele an den Aufständen beteiligt waren
● **1760–1770:** Beginn der so genannten *Highland Clearances.* Im Zuge der Zerschlagung der Highland-Clans werden die feudalen Strukturen der Highlandregionen zerstört. Kleinbauern *(crofters)* werden von ihrem Land vertrieben, viele wandern aus. Die Kluft zwischen Highlands und Lowlands vergrößert sich. In Edinburgh blüht das geistige Leben (u.a. der Philosoph David Hume und der Ökonom Adam Smith). Beginn der Industrialisierung in der Gegend um Glasgow
● **1822:** Georg IV. stattet als erster Monarch seit 1651 Edinburgh einen Staatsbesuch ab. Im Zeitalter der Romantik entdeckt man, angeregt durch die Werke Sir Walter Scotts, die gälische Kultur und die Highlands
● **1840–1901:** Königin Victoria auf dem Thron. Sie liebt die Highlands und baut mit ihrem deutschen Gemahl Prinz Albert das Balmoral Castle in den Cairngorms als Sommersitz aus. In den Städten schreitet die Industrialisierung voran. Zenit des British Empire. Am starken Bevölkerungswachstum haben die Highlands keinen Anteil. Zweite Welle der *Clearances.* Der Kampf der Kleinbauern gegen die Grundbesitzer hat einen Teilerfolg: Seit 1886 schützt der „Crofters Act" ihre Rechte
● **1928:** Gründung der Scottish National Party (SNP). Sie strebt die Loslösung von England an

- **ab 1960:** Erdöl- und Erdgasfunde in der Nordsee. Aberdeen boomt als Zentrum der Ölförderung. Nationalisten wollen den Ölreichtum allein für Schottland reservieren
- **1997:** Der in Edinburgh geborene Tony Blair wird Premierminister. Er verspricht eine Abstimmung über die Abtretung von Befugnissen der Londoner Zentralmacht an eine schottische Regierung (Devolution)
- **1999:** Schottland erhält das erste eigene Parlament seit 1707. Die neue schottische Regierung ist für Gesundheit, Bildung, öffentliche Ordnung, Umwelt- und Sozialthemen, Wirtschaftsförderung und Landwirtschaft, den Sport und die Künste zuständig. Verteidigung, Außenpolitik und die übergreifende Wirtschafts- und Finanzpolitik werden weiterhin in London bestimmt
- **2004:** Das neue Parlamentsgebäude in der Hauptstadt Edinburgh wird mit Verspätung und verzehnfachten Kosten (£ 400 Mio.) fertiggestellt
- **2014:** Der Parteiführer der regierenden linksgerichteten SNP – Scottish National Party, Alex Salmond, setzt eine Volksabstimmung über die völlige Unabhängigkeit Schottlands von London durch. 55% der Schotten sprechen sich jedoch für einen Verbleib in der Union aus.
- **2015:** Bei den schottischen Parlamentswahlen erringt die SNP einen Erdrutschsieg. Sie gewinnt 56 Sitze und löscht alle Oppositionsparteien in Schottland aus
- **2016:** Unter dem Druck der europafeindlichen populistischen Partei UKIP veranlasst die Tory-Regierung unter David Cameron am 23. Juni ein Referendum über den Austritt aus der EU. 51,9% der Briten stimmen für den „Brexit". Die Schotten entscheiden sich jedoch mit 62% dagegen. Die neue Vorsitzende der SNP Nicola Sturgeon propagiert daraufhin erneut die Abtrennung von England, damit Schottland in der EU bleiben kann
- **2017:** Nach dem Rücktritt des Premiers David Cameron übernimmt Theresa May seine Rolle. Es finden Neuwahlen statt, bei denen May keine regierungsfähige Mehrheit erhält. Auch die SNP muss Sitze an die Konservativen und die Labour Party abgeben

Die Landschaft der Menschen

Briten und Schotten, Gälen und Sachsen

Halten wir zunächst fest, dass die Schotten keine Engländer sind. Rechtlich gesehen sind sie britische Staatsbürger und die Wahlergebnisse zeigen, dass die meisten Schotten mit ihrer Position innerhalb des Vereinigten Königreichs zufrieden sind. Umfragen ergeben aber, dass sich die Mehrheit der Schotten eben eher als schottisch denn als britisch sieht und fühlt. Eine ausgeprägte eigene Identität lässt sie mit patriotischem Stolz auf ihre Geschichte zurückblicken. Die SNP, die linksgerichtete Scottish National Party, betrachtet die Ende des letzten Jahrhunderts verliehene Teilautonomie (mit einem schottischen Parlament) nur als ersten Schritt zur vollständigen Unabhängigkeit. In dieser Frage bleiben die Schotten jedoch gespalten: die Wirtschaftszentren in den Lowlands sind enger mit England verbunden als z.B. die ärmeren, landwirtschaftlich geprägten Highlands.

Dass die SNP dennoch in Schottland so erfolgreich ist, hat vor allem auch damit zu tun, dass sie sich auf lokaler Ebene für die Autonomie Schottlands in Belangen wie Gesundheit, Bildung, öffentliche Ordnung, Umwelt- und Sozialthemen, Wirtschafts-

110_high Foto: dk

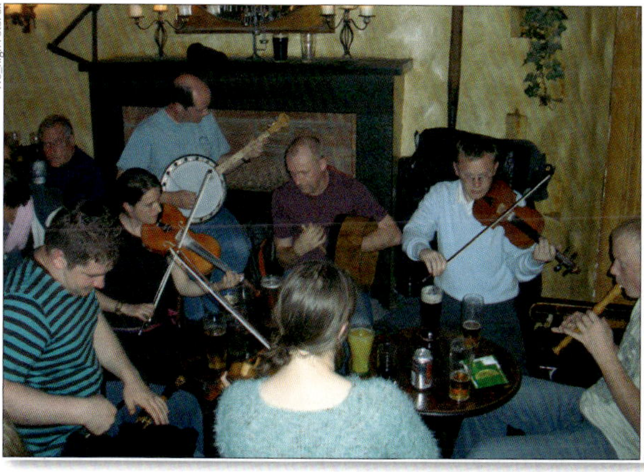

Schottisch geht's zur Sache: Eine Ceilidh-Runde in Portree/Skye

förderung und Landwirtschaft einsetzt. Die Schotten verteidigen auf diese Weise ihr wesentlich höheres Sozialbudget.

Im vorliegenden Buch geht es aber nicht um ganz Schottland, sondern um die Hochland-Region, die Highlands. Die Unterscheidung zwischen den Highlands und den südlich gelegenen Gebieten ist kulturell und landschaftlich nicht weniger bedeutend als die Frage: schottisch oder englisch?

Der abwertende schottische Begriff für einen Engländer, *Sassenach,* ist vom gälischen Wort für Sachsen abgeleitet. Tatsächlich aber rührt auch Scots, die alte Sprache in der südlichen Hälfte Schottlands, von den Sachsen her, die vor 1500 Jahren nicht nur England, sondern auch weite Teile des heutigen Schottland besiedelten. Das Hochland ist dagegen das historische Siedlungsgebiet der Gälisch sprechenden Clans. Highlands und Lowlands besitzen nicht nur verschiedene Landschaftsformen und historische Vergangenheiten, sondern haben auch eine unterschiedliche wirtschaftliche und kulturelle Entwicklung genommen.

Nach der Vereinigung im Jahre 1707 profitierten Städte wie Glasgow von der Zugehörigkeit zum britischen Weltreich, und das 18. Jh. war für die Hauptstadt Edinburgh eine kulturell glänzende Epoche. Ganz anders aber die Situation in den Highlands. Dort bestand noch vor 300 Jahren eine archaisch anmutende Clan-Gesellschaft. Das Clan-Oberhaupt war kein Aristokrat, der soziale Distanz zu seinem Volk hielt, sondern wurde weithin als militärischer Führer betrachtet, dem die Treue der Clan-Mitglieder zu gelten hatte, schützte er doch die Mitglieder seiner Gemeinschaft.

Viele Clans waren treue Anhänger der gestürzten Stuart-Dynastie, ihr letztes Aufgebot zog in die verlorene Schlacht von Culloden. Nach dieser Niederlage im Jahr 1746 kam es zu Repressalien, weil die Clans als Gefährdung des neu entstandenen britischen Staats angesehen wurden. Die gälische Sprache, der Dudelsack und die Tracht der Highlander wurden verboten, und sie mussten den englischen Oberherren eine Art Treueeid schwören.

Erst im Zuge der aufkeimenden Nationalromantik des 19. Jh. gab es eine Renaissance gälischer Kultur. Geschätzte 66.000 Menschen beherrschen heute noch das schottische Gälisch, eine mit dem Irischen verwandte keltische Sprache. Die Zahl derer, die etwas Gälisch verstehen, beläuft sich auf vielleicht

250.000 Personen. Hochburgen gälischer Kultur bleiben nach wie vor die westlichen Highlands sowie die Hebriden. Auf der Insel Skye bewahrt die gälische Universität Sabhal Mòr Ostaig das Erbe der Sprache.

Die entvölkerten Highlands

Wem gehört das schöne Land im Norden Großbritanniens? Wer hat auf die Landschaft der *glens* und *bens* (Täler und Berge), der Heidemoore und Seen so eingewirkt, dass sie ihr gegenwärtiges Aussehen erhielt?

Weite Teile Schottlands stehen heute im Zeichen der Viehzucht. In den Tälern grasen die berühmten zotteligen Highland-Rinder, in höheren Lagen Schafe. In den Highlands sind nur relativ kleine Flächen dem Ackerbau gewidmet. Angesichts des nährstoffarmen Bodens überrascht das nicht, doch war die Lage keineswegs immer so.

Land, das heute unbesiedelt ist, bot bis ins 19. Jh. Kleinbauern einfachste Existenz. Ihre Dörfer sind freilich verschwunden, denn sie bauten hauptsächlich mit Holz, Lehm und Stroh, und Spuren der ehemaligen Häuser und Hütten sind nicht mehr zu sehen. Noch vor 250 Jahren lebte die Hälfte der schottischen Bevölkerung in den Highlands, heute nur etwa 20 %. Hunderttausende verarmter Schotten tauschten ihr hartes Dasein in der Heimat gegen die Hoffnung auf ein besseres Leben in Nordamerika, Australien oder Neuseeland. Viele taten es nicht freiwillig, sondern wurden während der so genannten *Highland Clearances* von ihrem Grund und Boden vertrieben.

Nach dem Zerfall der alten Clan-Ordnung Ende des 18. Jh. erkannten Großgrundbesitzer, dass mit der Schafzucht weit mehr Gewinn zu machen war als aus den bescheidenen Zahlungen der Kleinbauern. Allein der Herzog von Sutherland ließ 15.000 Menschen unter teilweise grausamen Umständen aus ihren Häusern vertreiben und 200.000 Schafe auf den enstandenen Freiflächen weiden. In neuen Siedlungen in Meeresnähe sollten die Bauern für ihre Herren unterdessen eine einträgliche Fischerei aufbauen.

Während einer weiteren Welle von *clearances* in der zweiten Hälfte des 19. Jh. musste Bauernland neuen Jagdrevieren weichen, in denen vermögende Herrschaften aus England und den schottischen Lowlands Hirsch und Moorhuhn erlegten. Nun waren Heidekraut und Wald gefragt, die nach den ersten *clearances* vorherrschende Schafzucht trat in den Hintergrund.

Diesmal kam es zu gewaltsamen Auseinandersetzungen zwischen Kleinbauern und Ordnungskräften. Die *crofters* – diejenigen also, die ein kleines Gut oder *croft* bewirtschafteten – erkämpften sich Rechte unter einem 1886 verabschiedeten Gesetz: Unabhängige Gremien entschieden über eine gerechte Miethöhe, die Landparzellen durften vererbt werden, Vertreibungen waren nun untersagt. Für viele Siedlungen kam der Schutz jedoch hundert Jahre zu spät.

Die Frage, inwieweit die bäuerlichen Hochländer damals vertrieben wurden oder doch eher freiwillig nach Übersee und in die Städte auswanderten, wird bis auf den heutigen Tag kontrovers diskutiert. Die politische Linke weist darauf hin, dass alte Ungerechtigkeiten auch Anfang des 21. Jh. fortbestehen. Zwei Drittel der im Privatbesitz befindlichen Landflächen gehören tausend Grundbesitzern, und die Jagdgüter werfen gute Gewinne ab. Andererseits sind die Preise für Bauland so hoch, dass sich viele Schotten kein Eigenheim leisten können.

Die Vorstellung, die Kleinbauern seien die wahren Hüter schottischer Tradition, beschäftigt bis heute die Politiker. Durch eine Bodenreform im Jahre 2003 erhielt die Bevölkerung von Gebieten, in denen in der Vergangenheit *crofting* als Pachtsystem herrschte, das Recht, ihr Land zu kaufen, ob der Laird (schottisch für Lord) es will oder nicht. Ziel war und ist es, die Infrastruktur der dünn bevölkerten Gegenden aufrechtzuerhalten. Bewohner von Assynt und der kleinen Insel Eigg machten inzwischen bereits Gebrauch von ihrem neuen Recht.

In *crofting*-Gebieten sind die gälische Sprache und Kultur stärker als anderswo verbreitet. Im Übrigen gelten die Methoden der kleinbäuerlichen Landwirtschaft als umweltschonend. Von den gegenwärtig rund 18.000 *crofts* sind 80 % von den Grundbesitzern gepachtet, 20 % im Besitz der *crofters* selbst. Wer ein *croft* erbt und nicht selber bewirtschaften will, ist verpflichtet, einen Pächter einzusetzen oder an einen neuen *crofter* zu verkaufen.

Allerdings: Die durchschnittliche Größe eines *croft* beträgt nur 5 ha. Davon kann keine Familie leben, und heute wie vor hundert Jahren benötigen *crofters* mehrere Einkommensquellen: Sie sind Lehrer und Fischer, haben eine Arztpraxis oder Autowerkstatt, arbeiten im Supermarkt – oder vermieten Zimmer an Touristen.

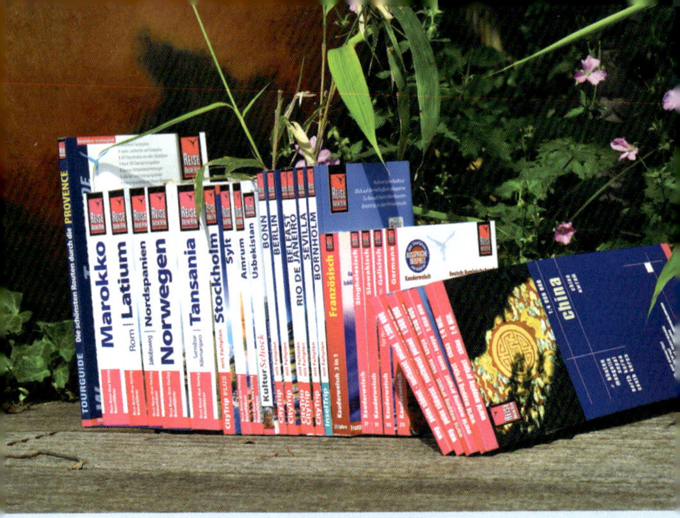
TOURGUIDE
Die schönsten Routen durch die PROVENCE
Marokko
Latium
Rom
Nordspanien
Norwegen
Tansania
Stockholm
Sylt
Amrum
Usbekistan
KulturSchock
BONN
BERLIN
BELFAST
RIO DE JANEIRO
SEVILLA
BORNHOLM
Französisch
Singhalesisch
Slowakisch
Galicisch
china

Ortsregister

A

Aberfoyle 272, 275, 297
Abhain Rath 159
Abhain Rath (Abb.) 156, 162
Abriachan 337
Ach-nan-Con 133
Achmelvich 205, 208
Achmelvich Beach 79, 82, 207
Achnacarry 318
Achnacroish 95, 98
Allt a' Choinne Mhill 227
Allt a' Mhaim 196
Allt a' Choinne Mhill 229
Allt a' Choire Riabhach 132
Allt a' Mhuilinn 328
Allt Ban 247
Allt Chranaidh 222
Allt Coire a Bhinnein 162
Allt Coire an t-Sneachda 268
Allt Coire na Bà 140
Allt Daraich 180, 183
Allt Dearg Beag 200
Allt Dearg Mor 196, 200
Allt Dearg Mor (Abb.) 42, 200
Allt Druidh 242, 257
Allt Eilde 160
Allt Ghleann Casaig 286
Allt Gleann na Giubhsachan 159
Allt Gleann nam Meann 286
Allt Iolairian 159
Allt Mor 240, 246, 258
Allt na Bruaich 319
Allt na Ciste 247
Allt na h-Eilde 141
Allt nan-Urchaire 151
Allt Poll an Droighinn 226
Alltsigh 331
Am Beanaidh 243, 251
Am Bhasteir 195
Am Bhasteir (Abb.) 194
An Lochan Uaine 245
An Lochan Uaine (Abb.) 245
Ardnamurchan 70
Ardroe 208
Arduaine Garden 65
Ardvreck 218
Assynt 10, 64, 78, 82, 215, 362
Augustus 306
Aviemore 37, 51, 64, 91, 233, 240, 257, 264, 354
– Praktische Informationen 84

B

Bach Allt a' Chamabhreac 159
Bad Step 184
Bad Step (Abb.) 60
Balmoral 295
Balvaig 280
Banavie 309
Bealach a' Mhaim 196
Bealach Mosgaraidh 181
Bealach Mosgaraidh (Abb.) 178
Bealach na h-Uidhe 219
Bealach na Sgairda 179, 183
Bealach nan Corp 300
Bealach nan Lice 199
Beanaidh Bheag 251
Beinn an t-Sidhean 278
Beinn an t-Sidhean (Abb.) 282
Beinn Dearg Mheadhonach 181
Beinn Dearg Mheadhonach (Abb.) 182
Beinn Dearg Mor 179
Beinn Luidh 281
Beinn na Lap 127
Beinn Uidhe 219
Ben Cruachan 9, 114
Ben Cruachan (Abb.) 114

Ben Lawers 88
Ben Ledi 296
Ben Macdui 258
Ben More Assynt 10, 224, 351
Ben Nevis 9, 22, 70, 130, 137, 148, 304, 319, 350
Ben Nevis (Abb.) 62, 124, 148, 154
Ben Venue 290
Ben Vorlich 88
Benderloch 65
Black Lochs 101, 104
Braeriach 258, 264
Brig o' Turk 274, 285
Brogaig 167
Bruach na Frithe 194

C
Cairn Gorm 10, 259, 263
Cairn Gorm (Abb.) 268
Cairn Lochan 263
Cairn Toul 258, 264
Cairngorm 73, 84
Cairngorm-Berge 232, 351
Cairngorm-Gebirge 239
Cairngorm-Gipfel 256, 258
Cairngorms 8, 10, 22, 64, 77, 233, 245, 262, 349
Cairngorms (Abb.) 232, 263
Calder Burn 324
Caledonian Canal 11, 305, 311, 315, 319, 322, 340
Caledonian Canal (Abb.) 308, 310, 323
Callander 51, 57, 295
– Praktische Informationen 88
Cam Loch 212
Cam Loch (Abb.) 211
Camasunary 186
Camasunary (Abb.) 188, 193
Canisp 213, 215
Caol 311
Carn Dearg 127
Chalamain Gap 257
Chalamain Gap (Abb.) 256
Clunebeg 334
Clunes 316
Cnap Glas 145
Coire a' Bhasteir 195, 199
Coire an Lochan 268
Coire Cas 263
Coire Dearg 118
Conival 224
Connel Bridge 100
Corpach 315
Corpach Lock 311
Corrour Bothy 257
Corrour Lodge 125, 128
Corrour Station 7, 125, 156
Corrour Station (Abb.) 124
Coylumbridge 239, 243, 251, 257, 261, 264
Creag a Bhealaich 294
Creaguaineach Lodge 159
Crianlarich 91
Cruachan Power Station 115, 120
Cruachan Reservoir 117
Cul Mor 215
Cullochy Lock 324

D
Dearg Allt 319
Drumnadrochit 304, 331, 334
Drumnadrochit (Abb.) 331
Duchray Water 277

E
Eas a' Chual Aluinn 217, 221
Edinburgh 28, 33, 49, 53, 71, 85, 295, 300, 348, 360
– Praktische Informationen 37

Eilean Donan Castle 75
Elgol 185, 187
Ellen's Isle 295
Elphin 211

F
Falls of Lora 101, 104
Fiacaill a' Choire Chais 263
Finglas Water 288
Fionn Choire 198
Firth of Lorn 103
Flodigarry 167
Fluss Balvaig 279
Fort Augustus 304, 315, 323
Fort Augustus (Abb.) 320
Fort William 9, 11, 19, 50, 52, 64, 69, 77, 87, 91, 125, 138, 143, 158, 304, 323, 327, 348
- Praktische Informationen 70
Fort William (Abb.) 306

G
Gairlochy 304, 309, 312
Garbh Uisge 298, 301
Glasgow 28, 33, 37, 52, 66, 71, 76, 85, 126, 289, 348, 360
- Praktische Informationen 33
Gleann Dorcha 213
Gleann Dubh 226
Gleann Eanaich 253
Gleann Einich (Abb.) 250
Gleann nam Meann 286
Gleann Riabhach 291, 293
Glen Affric 353
Glen Canisp 210
Glen Coe 102
Glen Dee 257
Glen Einich (Abb.) 354
Glen Finglas 284
Glen Finglas (Abb.) 272
Glen Finglas Reservoir 289
Glen Finglas Reservoir (Abb.) 288
Glen Moriston 328
Glen Nevis 9, 70, 72, 131, 132, 150, 157, 162
Glen Nevis Visitor Centre 132, 135, 149, 155
Glen Scaladal 187
Glen Shiel 49, 75
Glen Sligachan 184, 188, 192
Glen Spean 126
Glencoe 27, 50, 70, 137, 142, 146
Glencoe (Abb.) 147
Glencoe Junction 143, 144
Glenfinnan-Viadukt (Abb.) 33
Glenmore 84, 86, 245
Glenmore Forest Visitor Centre 239, 245, 248
Great Glen 70, 73, 304, 317, 324, 348, 354
Great Glen Way 11, 54, 304, 312, 318, 336
- Praktische Informationen 306
Gylen Castle 107, 110, 113
Gylen Castle (Abb.) 109

I
Inchnadamph 79, 82, 217, 225, 229
Inverdruie 233, 236, 252
Inverkirkaig 83
Invermoriston 304, 327
Invermoriston (Abb.) 300
Inverness 11, 37, 49, 52, 64, 69, 72, 77, 87, 91, 304, 315, 323, 327, 337, 340, 342, 348, 355
- Praktische Informationen 342

Invery 257
Ion 65

K
Kerrera 8, 65, 107, 110, 113
Kerrera (Abb.) 107
Kilcheran Loch 98
Kilfinnan Burn 319
Kinlochleven 137, 140
Kytra Lock 325

L
Laggan 309, 316, 320, 323
Laggan Locks 319
Lairig Ghru 10, 256, 264
Lismore 8, 94, 98
Lismore (Abb.) 68, 95
Little Horseshoe Bay 109
Loch Achray 291
Loch an Athain 188
Loch an Eilein 233
Loch an Tuim 208
Loch Ard 273, 275
Loch Assynt 218
Loch Assynt (Abb.) 224
Loch Awe 114
Loch Beag (Abb.) 216
Loch Bealach a' Bhuirich 222
Loch Braigh a' Bhaile 208
Loch Coruisk 185
Loch Coruisk (Abb.) 185
Loch Creran (Abb.) 95
Loch Druim Suardalain 215
Loch Dubh 208
Loch Eanaich 10, 251
Loch Earn 88
Loch Eilde Mor 137, 141
Loch Etive 102, 103
Loch Etive (Abb.) 351
Loch Fiart 95, 99
Loch Fiart (Abb.) 101
Loch Fleodach Coire 219
Loch Gamhna 233, 235
Loch Garten 241, 354
Loch Hasco 168, 171
Loch Katrine 11, 27, 289
Loch Katrine (Abb.) 290, 295
Loch Langaig 168, 171
Loch Leven 137, 139, 143
Loch Leven (Abb.) 137
Loch Linnhe 70
Loch Lochy 308, 315
Loch Lomond 10, 88, 335
Loch Lubnaig 88, 279, 281
Loch Lubnaig (Abb.) 278
Loch Morlic 240
Loch Morlich 10, 84, 86, 238, 241, 245, 251, 261
Loch na Creitheach 188
Loch na Gainimh 213
Loch na Gainimh (Abb.) 18
Loch na Gainmhich 217, 222
Loch Ness 11, 64, 305, 315, 324, 326, 328, 330
Loch Ness (Abb.) 329, 337
Loch Oich 315, 319
Loch Oich (Abb.) 324
Loch Ossian 125, 126, 158
Loch Ossian (Abb.) 65, 126
Loch Rannoch 353
Loch Roe 208
Loch Scavaig 187
Loch Tay 88
Loch Treig 128, 129, 158
Loch Venachar 274, 289
Lochan Buidhe 214
Lochan Deo 236, 239, 251
Lochan Deo (Abb.) 232
Lochan Dubh a' Chadha 259
Lochan Dubha 193
Lochan Fada 213
Lochan Mor 234

Lochan nan Corp 300
Lochan nan Corp (Abb.) 297
Lochan nan Geadas 241
Lochan Spling 277
Lochinver 78, 204, 211, 355
- Praktische Informationen 78
London 343
Loy Aqueduct 312
Luibeilt 161
Lusragan Burn 104

M
Mallaig 70, 73, 76
Mamore 137, 157
Mamore Lodge (Abb.) 348
Mamore Lodge Hotel 137, 140
Meall a' Bhuachaille 245
Meall a' Bhuachaille 247
Meall Cala 284, 285
Meall Cala (Abb.) 288
Meall Cuainail 119
Meall Doire na h-Achlais 162
Meall Dubh 319
Meall na Suiramach 171
Meanach 158, 161
Moray Firth 342
Moy Swing Bridge 312
Mull 65
Munro-bagging 118
Munros 118

N
Neptune's Staircase 308, 311, 315
North Coast 500 49
Northwest Geopark 78

O
Oban 8, 27, 64, 72, 77, 87, 91, 98, 100, 113
Oban (Abb.) 68
Old Man of Storr 170, 173
Old Man of Storr (Abb.) 172

P
Pap of Glencoe 142, 145
Pap of Glencoe (Abb.) 142
Perth 49
Pools of Dee 260
Port na Leighe 112
Portclair Burn 328
Portree 50, 167, 174, 196
- Praktische Informationen 75

Q
Quiraing 9, 166, 170
Quiraing (Abb.) 166

R
Rannoch Moor 7, 9
River Arkaig 317
River Coiltie 334
River Dee 260
River Forth 275
River Inver 208
River Leven 141
River Lochy 310, 312
River Luineag 241
River Moriston 329
River Ness 340, 342
River Nevis 131, 133, 135, 150, 162, 310
River Nevis (Abb.) 131
River Oich 322, 324
River Sligachan 193
River Traligill 218, 226
Road to the Isles 49, 52
Ryvoan Bothy 245, 247

S
Sean Mheall 319
Sgorr nan Lochan Uaine 264
Sgurr a Bhasteir 198
Sgurr Eilde Mor 141
Sgurr nan Gillean 197
Sheangain Aqueduct 312
Skye 9, 64, 69, 72, 74, 87, 91, 167, 172, 180, 349, 355
Sligachan 50, 179, 182, 193, 195, 200
South Laggan 304
Spean Bridge 306, 317
Speyside Way 84
Sron a Bhealain 181
Staffa 65
Stank Burn 300
Staoineag 158
Stirling 87, 91, 275
Stob Ban 162
Stob Coire an Laoigh 162
Stob Coire an t-Sneachda 264, 266
Storr 9, 170
Strathyre 88, 90, 279, 282
Strathyre Forest Cabins 301
Suilven 210
Suilven (Abb.) 211

T
The Needle 170, 174
The Prison 169
The Storr 173, 176
The Table 167, 169
Tobermory 65
Trossach-Gebirge 27, 273, 291, 297
Trossachs 10, 64, 87, 272, 299
Trotternish 167, 170, 174

U
Ullapool 69, 73, 77, 87
- Praktische Informationen 78
Ullapool (Abb.) 204
Urquhart Castle 335
Urquhart Castle (Abb.) 337

V
Venachar 293
Visitor Centre Loch an Eilein 234

W
West Highland Way 54, 131, 137, 140

Kartenverzeichnis

Stadtpläne

Aviemore 87
Callander 89
Edinburgh 38/39
Fort William 71
Glasgow 34/35
Inverness 342
Oban 67
Portree 74/75
Ullapool 81

Wanderkarten

Tour 1: Achnacroish-Fähre – Loch Fiart auf Lismore 96/97
Tour 2: Falls of Lora – Black Lochs 102/103
Tour 3: Insel Kerrera 110/111
Tour 4: Loch Awe – Gipfel von Ben Cruachan 119
Tour 5: Corrour Station – rund um Loch Ossian 128
Tour 6: In das Tal Glen Nevis und zurück am River Nevis 134
Tour 7: Kinlochleven – Loch Eilde Mor 138/139
Tour 8: Dorf Glencoe – Pap of Glencoe 144
Tour 9: Auf den Ben Nevis 152/153
Tour 10: Ins obere Glen Nevis 160/161
Tour 11: Um die Quiraing-Felsen an der Ostküste von Skye 169
Tour 12: „Old Man of Storr" und Gipfel von „The Storr" 177
Tour 13: Sligachan – Beinn Dearg Mor 182
Tour 14: Elgol – Loch Coruisk – Glen Sligachan 190/191
Tour 15: Sligachan – Black Cuillin-Gipfel Bruach na Frithe 198
Tour 16: Lochinver – Achmelvich 206/207
Tour 17: Elphin – Glen Canisp – Lochinver 213
Tour 18: Inchnadamph – Loch na Gainmhich 220
Tour 19: Inchnadamph – Conival – Ben More Assynt 228/229
Tour 20: Inverdruie – Loch an Eilein 235
Tour 21: Glenmore Forest Visitor Centre – Coylumbridge . 242/243
Tour 22: Glenmore – An Lochan Uaine – Meall a' Bhuachaille . 246
Tour 23: Coylumbridge – Gleann Eanaich – Loch Eanaich 254/255
Tour 24: Chalamain Gap – Lairig Ghru 260
Tour 25: Bergbahn-Talstation – Cairn Gorm – Cairn Lochan . . . 267
Tour 26: Aberfoyle – Loch Ard Forest 274/275
Tour 27: Strathyre – Beinn an t-Sidhean 280
Tour 28: Brig o' Turk – Meall Cala – Glen Finglas 287
Tour 29: Loch Achray Hotel – Ben Venue 292/293
Tour 30: Gipfel Ben Ledi 299
GGW 1, 2: Fort William – Gairlochy – Laggan 312/313
GGW 2, 3: Laggan – Fort Augustus 318/319
GGW 4, 5: F. Augustus – Invermoriston – Drumnadrochit . . 332/333
GGW 5, 6: Invermoriston – Drumnadrochit – Inverness . . 338/339

Der Autor

John Sykes wurde 1956 im Badeort Southport nahe Liverpool geboren und machte seine ersten Erfahrungen als Bergwanderer im nordenglischen Lake District. Seit vielen Jahren reist und wandert er immer wieder in Schottland. John Sykes ist Autor mehrerer deutschsprachiger Reiseführer über England und Schottland und arbeitet als Übersetzer und Redakteur von Reiseliteratur – dazu als Stadtführer in seiner Wahlheimat Köln, wo er seit mehr als 30 Jahren lebt.

Danksagung

Ein herzliches Dankeschön meinen Mitwanderern: Birgit Weber, Donatus Klein, Ryszard Rybicki, Thomas Bruderer, Thomas Schmitt. Durch Eure Gesellschaft und Unterstützung kam bei den Touren erst recht Freude auf.

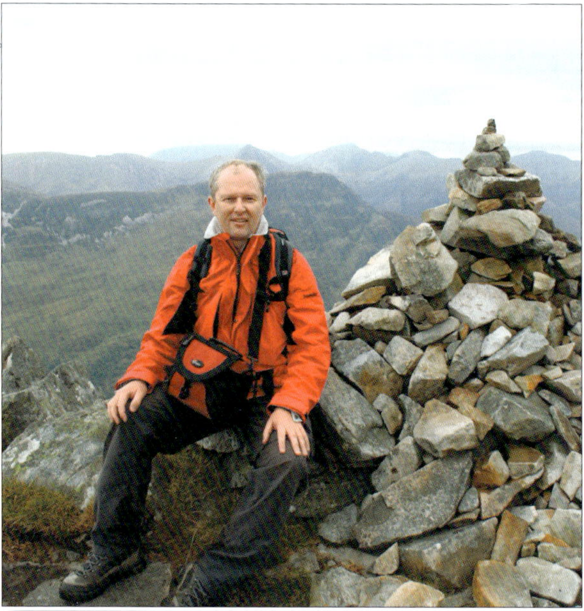

091_high Foto: rr